裁 判 规 则
与
法 律 适 用
丛 书

民间借贷案件

裁判规则
与
法律适用

吴在存 主编

法律出版社
LAW PRESS·CHINA

编辑委员会

序

民间借贷是人类社会生活中最原始、最典型、最普遍的交易形式之一，存在深厚的社会基础和历史渊源。现代商业社会的金融借款、小额贷款、融资租赁、商业保理、信托债券、典当等形式，无不具有"借贷"的基本内核，其起源、发轫均与民间借贷息息相关。

传统的民间借贷，一般是指自然人之间的借贷，即百姓之间的借贷。随着时代的发展，民间借贷的外延不断扩大，泛指国家金融监管体系之外的自然人、法人、其他组织之间及其相互之间的民间融资形式。除了概念范围扩张外，近年来，民间借贷以其手续简便、门槛较低、放款灵活、收益可观等优势而日趋活跃，规模不断扩大，实现了从生存性、生活性借贷向发展性、经营性借贷的转变，有效缓解了社会融资需求，增强了经济发展活力，促进了我国多层次信贷市场的发展和完善。与此同时，民间借贷粗放、盲目、无序、隐蔽的缺陷也愈加凸显，引发了资金链断裂、非法集资、高利贷、套路贷、暴力催收等各种社会问题，对国家金融秩序和社会安全稳定造成冲击，相关纠纷大量成讼涌入法院。2015 年以来，全国法院一审受理民间借贷案件数量已位居所有民商事案件类型首位，成为民商事审判第一大案由。民间借贷案件的爆炸式增加，加之新类型案件不断涌现，给法院的审判工作带来新的挑战。

一个规范、高效、便捷的民间融资市场，有助于降低市场运行成本，提高市场运行效率，深化推进金融供给侧结构性改革，从而为实现经济高质量发展提供坚实基础。北京市第一中级人民法院历来高度重视民间借贷案件的审判工作，将其作为化解社会矛盾、维护社会秩序、优化营商环境、保障金融安全、践行能动司法的重要抓手。自 2011 年 8 月开始，民间借贷案件由我院民三庭集中审理，通过审判实践中的积累，形成了一套较为成熟的裁判模式。

为充分发挥司法的指引、评价、教育作用，将司法实践与理论研究充分结合，本书以北京市第一中级人民法院处理的民间借贷纠纷典型案件为主，辅以最高人民法院及其他兄弟法院审理的典型案例作为关联参考，形成民间借贷纠纷典型案例60篇，内容涵盖了对民间借贷的法律关系认定、管辖及证明责任、合同效力、履行、担保、利率与违约责任以及民间借贷案件中的夫妻共债、诉讼时效、民刑交叉、网络借贷等问题，意图全面、系统、客观地总结民间借贷司法实践经验，回应社会关切，供各位法律界同仁参考。

北京市第一中级人民法院一直以来注重法律适用和司法实务研究工作。近年来，北京市第一中级人民法院坚持以习近平新时代中国特色社会主义思想为指导，深入学习贯彻习近平总书记关于调查研究的重要论述，进一步健全完善以重点课题为龙头、以案例研究为基础、以学术研讨为重点、以司法建议为延伸、以调研人才培养为保障的“五位一体”调研工作格局，将审判研究作为一项根本性、基础性、系统性工作统筹推进，坚持首善意识、首善标准，突出问题导向、需求导向，着力破解审判实践中的重难点问题和制约法院长远发展的“瓶颈”性问题，全力打造有力度、有厚度、有深度的首都法院审判研究高地，整体法律适用和司法实务研究工作取得了新进展、实现了新突破。

本书由北京市第一中级人民法院民三庭法官及法官助理经过一年多的时间撰写。为使本书成为一部比较理想的指导用书，案例编写通过“裁判要旨、案情、法院认为、法官评析、关联案例”等结构模式，准确归纳总结裁判主旨，清晰展示案情全貌，详细阐明法院立场，并对相关问题进行较为透彻的分析。《楚辞》中《渔父》篇曰：“沧浪之水清兮，可以濯吾缨；沧浪之水浊兮，可以濯吾足。”希望本书对民间借贷市场从无序而歌到循法而行的规制有所助力，对司法实践中的疑难复杂问题有所裨益。

当然，案例分析的撰写过程是法律适用方法不断深化完善的过程，案例中涉及相关法律问题的评析，是执笔人对具体法律问题的理解与阐释，囿于能力水平，本书难免有所疏漏，不妥之处，敬希各位读者批评指正。

是为序。

目录

第一章 民间借贷法律关系认定

第二章 民间借贷管辖及证明责任

第三章 民间借贷合同效力

第四章 民间借贷的履行

第六章 民间借贷的利率与违约责任

第七章 民间借贷中的夫妻共债及诉讼时效问题

1
CHAPTER

第一章

民间借贷法律关系认定

01

因赌博而出具借条，不构成民间借贷法律关系

——穆某与闫某民间借贷纠纷案

裁判规则

赌博是我国法律所禁止的行为，赌博行为之所得为违法所得，不应得到法律的保护。本案中，闫某向穆某出具的借条，系基于赌博行为而产生的债权债务关系，不具有法律效力，不应保护，故法院对穆某的诉讼请求不予支持。

案　情〔1〕

闫某曾向穆某借款3.8万元，并于2014年9月25日就该笔借款向穆某出具了借条，该款项用于赌博。穆某明知该款项的用途。闫某至今未偿还诉争款项。2015年9月22日，穆某诉至法院，要求闫某偿还借款3.8万元。

二审中，法院补充查明以下事实：闫某提交的录音证据中有如下内容："闫某：你说弄局那会，小勇给我打电话，说他跟你合着弄局，对不？现在小勇不露面了，等于说是你一个人弄的局，是不是？穆某：嗯，可他走，把那钱都扣了。闫某：我跟你说小穆，左右说你开局也挣钱了，对不？一共咱也就3.8万元也不多，反正你到时候能给我免就免点，我跟你说我尽最大努力，我跟我媳妇要，能要给你要出来，左右咱愿赌服输对不对？穆某：嗯，对对。闫某：翻过来以后，觉得我实在不成，咱们再走法院这条路，我也承认，是这个事不是？我那天也是这么说的

〔1〕（2016）京01民终1499号。

吧，因为咱哥们之间没矛盾，你放局，我乐意上你那玩去，我也没说别的对不对？穆某：那个，你也知道，这实在是拔不开麻了……"

闫某提交的手机通话录音中有如下内容："穆某：咱哥俩那事咋弄呢，凑上没有呢？闫某：想半天都没有谱，不敢应你，我这都不好意思接你电话，没办法。穆某：我这也实在没招，我那拿高利的也天天逼着我……闫某：这事我知道，咱心里都明镜似的，你要不输钱，你也不开这局，我也不至于输这3.8万元……闫某：你也是输钱了，然后开局挣点钱，然后还别人。穆某：是，我这也输钱了，没招了，没法弄。闫某：我理解你，你跟人家开局不一样，虽然说你也是开局，但你是为了开局挣点钱还账，对不对？穆某：对。"

经询问，穆某对于录音中多次提到的开局、输钱等事宜未能作出合理解释。

北京市延庆区人民法院认为：最高人民法院《关于审理民间借贷案件适用法律若干问题的规定》第14条规定："具有下列情形之一，人民法院应当认定民间借贷合同无效……（三）出借人事先知道或者应当知道借款人借款用于违法犯罪活动仍然提供借款的……"穆某向闫某出借款项时明知该款项用于赌博，故双方的借贷行为无效。合同无效或者被撤销后，因该合同取得的财产，应当予以返还；不能返还或者没有必要返还的，应当折价补偿。有过错的一方应当赔偿对方因此所受到的损失，双方都有过错的，应当各自承担相应的责任。据此，本案闫某应向穆某返还因无效借贷行为取得的3.8万元款项。综上，该院依照《中华人民共和国合同法》第五十八条，最高人民法院《关于审理民间借贷案件适用法律若干问题的规定》第十四条之规定，判决：闫某于判决生效后七日内返还穆某3.8万元。

北京市延庆区人民法院作出（2015）延民（商）初字第06486号民事判决：闫某于判决生效后七日内返还穆某3.8万元。判决后，闫某提起上诉。

【裁判结论】

北京市第一中级人民法院于2016年3月25日，作出（2016）京01民终1499号民事判决：1. 撤销北京市延庆区人民法院（2015）延民（商）初字第06486号民事判决；2. 驳回穆某的全部诉讼请求。

【裁判观点】

北京市第一中级人民法院认为：本案中，穆某主张与闫某之间存在民间借贷法律关系，并提交了闫某出具的借条证明其主张。闫某否认双方之间存在借贷关系，辩称借条涉及的3.8万元款项系因其参与穆某开设的赌局所欠的赌债，并提交了其与穆某的录音以证明该3.8万元为赌债。对此法院认为，穆某虽然提交了闫某出具的借条，但在向闫某催要钱款时，闫某在录音中多次提到开局，穆某并未予以否认。上述通话内容，可以表明穆某确曾开设赌局，闫某参加赌局并欠下了赌债。穆某未对上述录音真实性提出异议，亦未对录音内容中涉及的开局、输钱等做出合理解释，故法院认定本案诉争的3.8万元为赌债。赌博是我国法律所禁止的行为，赌博行为之所得为违法所得，不应得到法律的保护。本案中，闫某向穆某出具的借条，系基于赌博行为而产生的债权债务关系，不具有法律效力，且有违公序良俗，不应保护，故法院对穆某的诉讼请求不予支持。综上，法院依法予以改判。

法官评析

穆某与闫某之间的债权债务关系因赌博而产生，虽然在形式上与一般债权债务无异，但它基于非法的事实而产生，因此该债权债务关系不受法律保护。最高人民法院1991年8月13日颁布的《关于人民法院审理借贷案件的若干意见》第11条规定，出借人明知借款人是为了进行非法活动而借款的，其借贷关系不予保护。2011年12月公布的最高人民法院《关于依法妥善审理民间借贷纠纷案件促进经济发展维护社会稳定的通知》第4条规定，对于因赌博、吸毒等违法犯罪活动而形成的借贷关系或者出借人明知借款人是为了进行上述违法犯罪活动而形成的借贷关系，依法不予保护。因此在司法实践中，对于赌债通常掌握的尺度是，诉请支付赌债的不予支持；赌债给付以后诉请返还的也不予支持。2015年9月1日，最高人民法院《关于审理民间借贷案件适用法律若干问题的规定》实施，1991年的意见同时废止，不再适用。该规定第14条规定，具有下列情形之一，人民法院应当认定民间借贷合同无效：（一）套取金融机构信贷资金又高利转贷给借款人，且借款人事先知道或者应当知道的；（二）以向其他企业借贷或者向本单位职工集资取得的资金又转贷给借款人牟利，且借款人事先知道或者应当知道的；（三）出借人事先知道或者应当知道借款人借款用于违法犯罪活动仍然提供借款的；（四）违背社会公序良俗的；（五）其他违反法律、行政法规效力性强制性规定的。赌债既违反法律的禁止性规定,又违反社会公序良俗,故涉及赌债的民间借贷合同应当是无效,这一点是毋庸置疑的。但是,1991年意见与2015年规定对于违法借款无效之后如何处理的规定存在一定差异,前者表述为法律不予保护,后者对无效的后果未予明确,因此在司法实践中产生了不同的理解。有人认为,依据《合同法》第58条的规定,合同无效或者被撤销后,因该合同取得的财产,应当予以返还,本案一审判决即持此观点,因此,闫某应当向穆某返还3.8万元款项。但我们认为,2015年规定第14条规定的民间借贷合同无效之后果,应当视不同情况区别对待。该规定第14条第1、2种情形下,合同无效的后果显然应当是返还的,否则就会让不诚信的借款人获得不当的利益,也有违公平。但如本案赌债之情形,仍然应当坚持原来的裁判尺度,即诉请支付赌债的不予支持;赌债给付以后诉请返还的也不支持,这样处理与2011年通知的精神也是相符的。否则,在法院已经查明双方当事人借贷关系为赌债的情况下,仍然支持当事人的诉讼请求,则在客观上滋长了非法行为的持续进行,更容易引起社会公众的误解,显然有违立法者的本意。故二审法院依法予以改判。

【裁判依据】

最高人民法院《关于审理民间借贷案件适用法律若干问题的规定》第14条

【关联案例】

一、张某1与张某2民间借贷纠纷案

[案号] (2010)张金民初字第0001号

[案情] 张某1在澳门时在借款单上签字,确认向陆某借款120万港元。张某2主张,其代张某1归还了陆某借款,并已经受让该债权。张某1向张某2出具的借条载明:今向张某2借现金108万元。张某2向张某1出具的证明载明:因为张某1在澳门向陆某借款120万港元,由于暂时无法归还,由张某2代还全款,合人民币108万元,现码单在张某2手中,到期张某1归还某2全款,借条、码单作废,以此证明。因张某1未能及时归还上述款项,张某2诉至法院。

[简要分析] 澳门地区的博彩业为合法产业,但赌博为我国内地法律所禁止,且严重影响我国的社会公共利益,应属无效债权。虽然债权人与原债权人之间就赌债转让达成合意,但无法改变涉案债务源于赌债的性质,故债权人从原债权人处受让债权不符合债权转让的有效条件,债权本身及债权转让均无效,债务人无须承担还款责任。本案系江苏高院公报案例,可代表江苏地区法院系统对赌债的裁判尺度。

二、徐某与胡某民间借贷纠纷案

[案号] (2015)黔高民三终字第7号

[案情] 徐某与胡某签订合作协议,投资2000万港元用于澳门博彩业转码获取码粮经营,双方各投资1000万港元。合同签订后,徐某分两次通过银行汇款818.1万元给胡某,双方共同至澳门参与经营活动。此外,双方共同向新皇宫博彩中介一人有限公司分五次借款790万元。

[简要分析] 徐某与胡某所从事的转码行为在澳门特别行政区属于博彩中介服务的一种,系合法行为,但在内地则系为赌博提供直接帮助的行为,如果承认其合法性并对其提供保护,显然与我国内地的社会公共秩序和善良风俗相违背。《涉外民事关系法律适用法》第5条规定:"外国法律的适用将损害中华人民共和国社会公共利益的,适用中华人民共和国法律。"因此,法院在对涉案合同及徐某权利进行评判时,参照该条法律规定,审慎适用公共秩序保留原则,以中华人民共和国内地法律作为处理本案的法律依据和判断标准,确认双方所签订的协议无效。需要说明的是,本案一审法院判决驳回了徐某的全部诉讼请求,二审法院在确认一审法院关于合同无效认定的同时,考虑徐某已经将款项汇给胡某,如果否认徐某的胜诉权,将使不诚信的胡某不正当获得巨大利益,显失公平。在扣除徐某已经取得的分红款50万元后,改判胡某返还768.1万元,并依法支付相应利息。尽管一审、二审法院判决结果不同,但对于合同效力的认定是完全一致的。

(撰写人:黄占山)

02

因情感纠葛出具借条而无款项交付的不构成民间借贷

——吴某与顾某民间借贷纠纷案

裁判规则

双方之间有借款凭证但并无实际的款项支付，经查证借款凭证实际上是因情感纠葛而出具，则法院不予认定为民间借贷。

案　情[1]

2014年2月底，吴某与顾某通过社交软件认识。后双方发生性关系。2014年3月18日上午，吴某与顾某的对话录音显示，吴某向顾某索要12万元，双方就此进行协商，双方约定共同到派出所报案。吴某到派出所报案称顾某强奸。双方到派出所门口后，就吴某索要款项等问题发生争执。2014年3月18日，顾某在派出所向吴某出具欠条载明：本人顾某，于2014年3月18日向吴某借人民币4万元，本人将于2014年前还2万元，2015年12月31日前还2万元，无利息。

诉讼中，吴某称上述款项系其向顾某出借，交付形式为现金，交付时间为2014年3月15日下午2时，款项用一个相当于人民币大小的小信封包裹，但吴某未就此提交证据予以证明。

海淀区人民法院认为：当事人对自己的主张，有责任提供证据，本案中，吴某

[1] (2016)京01民终1325号。

虽提交顾某出具的"欠条"。但根据本案查明的内容，亦存在吴某曾以双方发生性关系为由向顾某索要款项的事实，且吴某未就双方之间存在真实的民间借贷关系提交证据证明，故一审法院对吴某主张顾某返还借款 4 万元及利息的诉讼请求，缺乏事实及法律依据，一审法院不予支持。

综上所述，海淀区人民法院依照《中华人民共和国合同法》第六条之规定，判决：驳回吴某的全部诉讼请求。判决后，吴某提起上诉。

【裁判结论】

北京市第一中级人民法院于2016 年4 月22 日，作出(2016)京01 民终1325 号民事判决：驳回上诉，维持原判。

【裁判观点】

北京市第一中级人民法院认为：最高人民法院《关于适用〈中华人民共和国民事诉讼法〉的解释》第 90 条规定："当事人对自己提出的诉讼请求所依据的事实或者反驳对方诉讼请求所依据的事实，应当提供证据加以证明，但法律另有规定的除外。在作出判决前，当事人未能提供证据或者证据不足以证明其事实主张的，由负有举证证明责任的当事人承担不利的后果。"本案中，吴某主张顾某向其借款 4 万元，后因顾某将其强奸到派出所报案在派出所顾某补打了欠条并提交了欠条予以证明。顾某抗辩称该欠条系二人发生性关系后吴某以毁坏顾某声誉威胁并多次索要财物后顾某无奈签署的，借款事实并不存在，并提交了两段录音予以证明。对此法院认为，依据《合同法》第 210 条的规定，自然人之间的借款合同，自贷款人提供借款时生效，因此除借条外，出借人还需要提交款项交付的证据。本案中，吴某提交的欠条系 2014 年 3 月 18 日顾某在派出所内出具的，结合当日二人在去派出所之前的谈话及吴某到派出所报案的情况，吴某需进一步举证证明其实际出借了款项。而除该欠条外吴某并未提交其他证据证明其交付了 4 万元借款，故应由其承担举证不能的法律后果，对吴某的上诉请求法院不予支持。

吴某上诉称：一审法院认定事实错误，对顾某强奸吴某的事实只字不提；一审法院法律关系认定错误，将顾某向吴某借钱的债权债务关系等同于顾某对吴某实施强奸的刑事法律关系；一审法院举证责任分配错误；一审法院审判程序违法。对此法院认为，首先，本案双方当事人均确认吴某与顾某曾发生过性关系，吴某到派出所报案称被顾某强奸,一审判决对该事实已经予以认定。本案系吴某与顾某之间有关民间借贷的纠纷,顾某是否强奸了吴某以及二人之间是否存在刑事法律关系不属本案认定范围,且截至二审诉讼并未有任何司法程序认定顾某构成强奸罪。其次,一审法院在审理款项交付的过程中,对吴某有关顾某涉嫌强奸的主张,以及顾某有关吴某涉嫌敲诈的主张予以涉及系基于双方当事人的诉辩意见,而非将吴某与顾某之间的刑事法律关系与债权债务关系等同。再次,吴某提交的欠条只是证明双方存在借款关系的初步证据,民间借贷合同属实践合同,债权人有义务举证证明款项交付的事实。在顾某提交录音证据证明存在吴某曾以双方发生性关系为由向顾某索要钱财的情况下,一审法院要求吴某提交证据证明双方之间存在款项交付行为并不属举证责任分配错误。最后,一审法院曾经就本案在2015年7月27日、8月26日、12月17日三次开庭,双方当事人都已经提交证据、发表质证意见,接受法庭询问、发表辩论意见以及做最后陈述,一审法院审理程序合法、完整,未违反民事诉讼法的规定。

法官评析

自然人之间的民间借贷合同属实践性合同,自款项交付时合同生效。在向债务人主张借款本息时,债权人除应举证证明双方当事人具有借贷合意(一般为借条、欠条等借款凭证)外,还有义务举证证明款项已经实际交付。在债权人能够通过银行或者支付宝、微信等转账凭证证明已经给付款项的情况下,应认定债权人已经尽到了举证责任。在债权人主张系通过现金方式出借的情况下,根据最高人民法院《关于审理民间借贷案件适用法律若干问题的规定》第16条第2款的规定,被告抗辩借贷行为尚未实际发生并能作出合理说明,人民法院应当结合借贷金额、款项交付、当事人的经济能力、当地或者当事人之间的交易方式、交易习惯、当事人财产变动情况以及证人证言等事实和因素,综合判断查证借贷事实是否发生。具体到本案中,吴某起诉要求顾某偿还款项,并主张系现金交付,但对于交付的情况未作出合理说明,且与已查明的录音证据相违背,故综合案件事实,应认定双方系因情感纠葛产生的纠纷,吴某并未实际出借款项,民间借贷合同并未生效。

同理,在因赌博产生的债务纠纷中,即一方因赌博欠另一方赌资,故签署借条或欠条,实际上并无款项交付,此时,若债务人能够对情况进行合理说明,并初步举证证明双方之间的纠纷来源,对于债权人的诉讼请求,法院亦不应予以支持。

【裁判依据】

1.《中华人民共和国合同法》第210条

2.最高人民法院《关于审理民间借贷案件适用法律若干问题的规定》第16条第2款

【关联案例】

一、沈甲诉夏甲、翁某某民间借贷纠纷案

[案号] (2016)沪民再29号

[案情] 翁某某于2014年向沈甲借款25万元,并约定有高额利息。借款发生时,夏甲与翁某某系夫妻关系。后沈某起诉夏甲、翁某某偿还借款。法院另行查明:翁某某因参与赌博,曾被传唤至上海市公安局松江分局接受讯问。在讯问笔录中,翁某某向公安机关表示其于2013年年底到2014年4月初参与网上赌博。翁某某向沈甲所借款项并未用于家庭生活。2014年6月,夏甲报警称,翁某某下落不明,无法取得联系。夏甲于2015年1月以翁某某嗜赌如命为由诉至上海市虹口区人民法院,要求与翁某某离婚。上海市虹口区人民法院于2015年7月以"婚后翁某某参与网络赌博,事发后离家至今,夫妻感情已破裂"为由作出(2015)虹民一(民)初字第501号民事判决,准予夏甲与翁某某离婚。该判决已生效。

[简要分析] 本案中,根据翁某某所借款项的账户走向,结合本案查明的翁某某确有赌博恶习,其参与赌博的期间与本案借款发生的期间基本吻合。翁某某以其个人名义在较短时间内向多人举债数额较大,已远远超过翁某某与夏甲婚姻关系存续期间夫妻日常生活所需,结合翁某某借款后不久即下落不明等事实,可以推断案涉借款并非用于翁某某与夏甲婚姻关系存续期间夫妻共同生活,应认定为翁某某个人债务,由翁某某负责偿还。

(撰写人:苑　珊)

03

劳动者签署“用款单”不应认定民间借贷合同

——欧辉公司与马某民间借贷纠纷案

裁判规则

劳动者在与用人单位履行劳动合同过程中,劳动者为了完成工作任务从单位支取费用并签署“用款单”,后劳动者按照用人单位的内部财务规定,以票据报销的方式冲抵账目。在此过程中,劳动者签署的“用款单”“支取单”“报销单”等文件不能作为认定双方存在民间借贷法律关系的依据。用人单位与劳动者之间因不属于民事法律关系中的平等主体,不能认定存在民间借贷合同关系。

案 情[1]

2014 年 1 月 26 日,马某填写《北汽福田汽车股份有限公司借款凭证(付款凭证附件)》(以下简称借款凭证),借款凭证载明:借款人马某申请金额为 30 万元,预计还款或冲销时间为 2014 年 8 月,单位为国内营销,仅限营销项目借款。《借款凭证》中手写注明:严格按报告执行,由全某和马某负责,与业绩挂钩,如不能返还,由以上两人承担。

另查,2014 年 1 月 26 日,刘某某向马某汇款 30 万元。

再查,2015 年 11 月 12 日,欧辉公司出具《关于解除马某同志劳动合同的通知》,载明,国内营销公司湖南市场部销售经理马某,男,身份证号 43011119750611

[1] (2016)京 01 民终 5259 号。

××××,于2014年1月底向公司借款30万元,其拿到借款未开展实际业务,也未能实现销售,公司要求其归还借款时,无正当理由,拒绝归还,直至今日仍未归还。该同志以上行为严重违反公司规章制度,根据《员工违纪管理办法》的相关规定及《劳动合同法》第39条第2款,经与部门沟通研究决定从2015年11月12日起依法自动解除与马某同志签订的劳动合同。

北京市昌平区人民法院认为:本案争议焦点系欧辉公司与马某之间是否形成了借款合同关系。当事人对自己提出的诉讼请求所依据的事实或者反驳对方诉讼请求所依据的事实有责任提供证据加以证明。没有证据或者证据不足以证明当事人的事实主张的,由负有举证责任的当事人承担不利后果。本案中,欧辉公司提供了借款凭证及银行转账凭证等证据,证实其向马某交付30万元的事实,马某亦认可其借款凭证上的签字及收款的事实,故该院对双方之间存在借款合同法律关系予以确认。马某提供了《北汽福田空调公交车订购合同书》,证明其支取上述款项是为了开展欧辉公司与客户之间的义务,该行为系公司内部行为,不属于民事主体之间的法律关系。该院认为,马某提供的合同不能证明其将上述款项用于开展业务,故马某的该项主张缺乏充分有效证据佐证,该院不予采纳。欧辉公司要求马某偿还借款于法有据,该院予以支持。因双方约定预计还款时间为2014年8月,故该院认为自2014年9月1日开始起算利息更为适宜。

综上所述,依据《中华人民共和国合同法》第一百九十六条、第二百零六条、第二百零七条之规定,判决:1. 马某于判决生效后7日内返还欧辉公司借款30万元;2. 马某于判决生效后7日内支付欧辉公司自2014年9月1日至实际付清之日止的利息(以30万元为基数,按照中国人民银行同期贷款利率的标准计算);3. 驳回欧辉公司的其他诉讼请求。

一审判决后,马某提起上诉。

【裁判结论】

北京市第一中级人民法院于2016年10月26日,作出(2016)京01民终5259号民事判决:1. 撤销北京市昌平区人民法院(2015)昌民(商)初字第16819号民事判决;2. 驳回欧辉公司的全部诉讼请求。

【裁判观点】

北京市第一中级人民法院认为:最高人民法院《关于适用〈中华人民共和国民事诉讼法〉的解释》第91条规定:“人民法院应当依照下列原则确定举证证明责任的承担,但法律另有规定的除外:(一)主张法律关系存在的当事人,应当对产生该法律关系的基本事实承担举证证明责任……”欧辉公司以借款合同纠纷为由起诉马某,其应就双方之间存在借款合同关系的事实承担举证责任。在欧辉公司主张的借款事实发生期间,马某担任该公司销售,承接该公司在岳阳公交车项目事宜。马某虽认可在任职期间从欧辉公司支取过款项,但表示该款项均用于公司的经营管理,并非其个人借款,且相关款项的支出凭证已交回欧辉公司。故本案双方当事人争议的焦点即在于马某与欧辉公司是否存在借款合同法律关系。

欧辉公司起诉主张,本案马某的借款为业务性借款,在记账凭证中记录为业务费,业务费支付后实报实销,马某未向欧辉公司提交报销票据或者归还借款。结合上述欧辉公司的主张,以及马某在欧辉公司任职期间为公司销售的事实,可以认定,本案马某向欧辉公司的“借款”实为马某以欧辉公司经营需要而预支的业务性支出。而马某所签署的借款凭证是作为公司内部记账及结算意义上的款项支出凭证,目的不是要求“借款人”返本付息,而是需要“借款人”提供支出凭单或者报销票据用以证明款项具体用于公司哪方面的经营活动,同时在会计账册上用以冲减相关费用。从欧辉公司提交的马某其他的还款凭证中亦可看出,所谓“还款”即是马某提交支出凭单或者公司开立收据用以冲减借款。另,从本案欧辉公司提交的借款凭证的形式和填制内容看,借款并不需要法定代表人签字盖章,而是由公司负责人、财务主管、会计人员签字确认后即可支取,亦表明“借款凭证”实质上属于在公司内部财务管理和经营运作活动中,员工因公司经营需要从公司支取现金的审批程序,不是员工因私借款的凭据。综上,法院认为,在欧辉公司无证据证明马某的借款系其个人因私借款的情况下,马某签字并从公司支取钱款的行为,并不是平等民事主体之间的借贷行为,欧辉公司以民间借贷为由起诉马某没有事实及法律依据,法院不予支持。一审法院对双方法律关系的认定存在错误,法院予以纠正,马某的上诉请求由事实及法律依据,法院予以支持。

法官评析

本案涉及劳动者与用人单位因完成工作任务而产生的法律关系的认定

问题。实践中,因用人单位财务制度等规定,劳动者在完成工作任务时,如遇需要提前预支款项的情况,多以“用款单”“报销单”“支取单”等方式,由劳动者签署后,用人单位将款项预先支付给劳动者用以完成工作任务,待工作完成后,劳动者以实际发生的票据交回用人单位,核销账目。在此过程,款项的往来、凭据的签署、账目的核销等手续产生的法律关系能否认定为劳动者与用人单位之间构成民间借贷合同,需要从民间借贷合同关系的构成要件予以评析。

第一,民事法律关系的构成须以平等主体为前提。劳动者与用人单位形成劳动合同关系或者劳务合同关系,在此类法律关系中,劳动者与用人单位之间存在隶属关系。基于此种隶属关系而形成的法律关系,并不属于民事法律关系中平等主体之间的法律关系,进而也不能认定为民间借贷法律关系。同时,基于用人单位与劳动者之间的隶属关系,此类款项的结算及纠纷的解决往往在劳动合同关系、劳务合同关系中予以一并处理。

第二,合同双方须存在借贷的合意。借贷是指贷款人将货币所有权转移给借款人,借款人按约定偿还货币的行为。货币所有权是否转移为认定借贷合意是否存在关键之一。本案类似的案件中,劳动者与用人单位之间虽然存在款项的交付,但此类款项的交付往往基于用人单位的财务管理制度或者为了完成具体的工作任务,与货币所有权的转移无关,因此无法认定在此情形下用人单位与劳动者之间存在民间借贷的合意。

第三,对于符合民间借贷合同构成要件的借贷应予认定。用人单位与劳动者之间形成的借款并非一概不属于民间借贷合同,对于双方基于平等主体、借贷合意形成的法律关系应当依据民间借贷合同的认定标准予以确认。

【裁判依据】

1.《中华人民共和国合同法》第 196 条
2.《中华人民共和国民法总则》第 2 条

(撰写人:孙 鑫)

04 信用卡还款人与信用卡户主是否构成民间借贷法律关系

——李某与魏某民间借贷纠纷案

裁判规则

民间借贷法律关系的成立，需要同时具备借款的意思表示以及款项真实出借的事实。对于仅持信用卡还款凭证诉信用卡户主还款的，原告已经完成了初步的举证，倘若信用卡户主主张双方之间并非民间借贷法律关系，其应就其他法律关系予以举证证明，倘若不能，信用卡户主应当承担不利后果。

案　情[1]

李某与魏某原系夫妻关系，魏某名下一张中国民生银行信用卡欠款57,600元，李某于2011年8月10日向其账户还款57,600元。其后，李某持银行还款凭证起诉至法院，要求魏某偿还相应款项。魏某认可李某的确向其名下信用卡还款，但主张该款项并非魏某使用，而是李某将其信用卡借给他人而造成的欠费，因此，自己不应还钱。一审庭审中，谷某勇作为证人出庭作证，其陈述：谷某勇与李某系朋友关系，当初自己向李某借款，李某表示手头没有，遂将魏某的信用卡交予其使用。

北京市海淀区人民法院审理认为：本案的争议焦点为李某向魏某的信用卡中存入的57,600元的性质为何。庭审中，双方当事人及证人谷某勇均认可魏某

〔1〕（2012）一中民终字第11939号。

的信用卡之所以会发生欠款，系因谷某勇使用该信用卡进行了消费，且到期无力向银行还款。谷某勇在出庭作证时陈述，其当初是向李某借款，李某自己没有，遂将魏某的信用卡交予其使用；谷某勇与李某系朋友关系，谷某勇之所以认识魏某是因为李某带谷某勇回家，谷某勇见到了魏某；谷某勇称其与魏某之间"应该"是朋友，但是，是最普通的朋友关系，其与魏某之间除信用卡一事之外再无交往；谷某勇为欠款出具了欠条，欠条现在李某手中。谷某勇的上述陈述表明，与谷某勇之间有朋友关系的是李某，而谷某勇虽与魏某之间存在信用卡一事的关联，但信用卡却是李某交付于谷某勇的。依据上述事实，该院认为，该案所涉信用卡虽为魏某所有，但该信用卡中的欠款并非魏某本人消费所致，亦非其本人将信用卡外借所致。而李某自己将该信用卡交付于谷某勇，明知该信用卡发生欠款的原因系谷某勇使用该信用卡进行了消费。谷某勇出庭作证时亦明确认可该信用卡中所负债务是其消费所致，其就该欠款出具了欠条，欠款应由其负担。现谷某勇所出具的欠条亦在李某手中。综上，该院认定李某在其自己将该案所涉信用卡交予谷某勇使用，并明知信用卡欠费系因谷某勇消费所致的情况下向本案所涉的信用卡中存入57,600元，并非为魏某还款。现李某主张其由于为魏某还款而与魏某之间存在民间借贷关系不能成立，魏某并非本案的适格被告。

北京市海淀区人民法院作出(2012)海民初字第12143号民事裁定书，依照《中华人民共和国民事诉讼法》第一百零八条、第一百四十条第一款第(三)项之规定对李某的起诉予以驳回。

【裁判结论】

北京市第一中级人民法院作出(2012)一中民终字第11939号民事裁定，驳回上诉，维持原裁定。

【裁判观点】

北京市第一中级人民法院认为：一审中，李某为支持其诉讼请求提供了中国民生银行信用卡业务回单及证人，但该组证据无法证明魏某具有借款的意思表示，亦无法证明魏某是涉案款项的使用者。相反，根据一审中李某本人及其提供的证人谷某勇的陈述可知，谷某勇系向李某借钱，李某将魏某的信用卡交付给谷某勇。李某是在明知信用卡欠费系因谷某勇消费所致的情况下，向本案所涉的信用卡存入57,600元,因此,李某与魏某之间的借贷关系不能成立,魏某并非本案的适格被告。另外,李某与另案他人的借贷关系与本案并非同一法律关系,不存在裁判一致性问题。故一审法院裁定驳回李某的起诉,并无不妥。李某的上诉理由不成立,法院不予支持。依照《中华人民共和国民事诉讼法》第一百五十四条之规定,裁定驳回上诉,维持原裁定。

法官评析

民间借贷,是指自然人、法人、其他组织之间及其相互之间进行资金融通的行为,它是社会经济发展过程中,相对于国家正规金融行业自发形成的一种民间融资信用形式。民间借贷法律关系的成立,需要同时具备借款的意思表示以及款项真实出借的事实。原告仅依据金融机构的转账凭证提起民间借贷诉讼,被告抗辩转账系偿还双方之前借款或其他债务,被告应当对其主张提供证据证明。被告提供相应证据证明其主张后,原告仍应就借贷关系的成立承担举证证明责任。也即是说,对于原告而言,其提供信用卡还款凭证即完成了初步的举证,倘若信用卡户主认为双方之间并非民间借贷而系其他法律关系,信用卡户主应当举证证明。

司法实践中,对于离婚引发的民间借贷纠纷,我们更加注重审查真实的借贷合意,以确定是否存在真实借贷意思表示,防止打击报复、挽回损失等意图的虚假诉讼。本案原被告双方原系夫妻关系,离婚后,前夫李某诉前妻魏某还钱。一审中,李某为支持其诉讼请求提供了中国民生银行信用卡业务回单及证人,但该组证据无法证明魏某具有借款的意思表示,亦无法证明魏某是涉案款项的使用者。相反,根据一审中包括李某本人在内的各方当事人及证人谷某勇的陈述可知,谷某勇系向李某借钱,李某将其持有的魏某的信用卡交付给谷某勇。李某是在明知信用卡欠费系因谷某勇消费所致的情况下,向本案所涉的信用卡存入57,600元,因此,李某与魏某之间的借贷关系不能成立,魏某并非本案的适格被告。综上,即使李某系向魏某的信用卡账户还款57,600元,但李某与魏某之间并不当然构成民间借贷法律关系。

民间借贷纠纷中的被告是否适格问题,不仅存在于本案这一起案例中。司法实践中,有的公司因为破产清算,与公司职员产生劳动争议等情形,公司破产管理人、清算人等会拿着公司的会计账簿来诉领款人还钱，领款人抗辩自己并非个人借款行为，而系职务行为。对此，法院需要查明领款人在公司的职务，所领款项的用途，记账凭证对应的借款单或原始凭证反映出的款项用途是否属于其公司职务范围的合理支出。以上内容的查明，均是为了探究个人与公司之间是否具有民间借贷的意思表示，倘若个人在公司的财务支出系职务行为或者公司高管的临时授权，则个人与公司之间并未构成民间借贷法律关系，从而法院应当裁定驳回公司方要求个人还款的起诉。

需要说明的是，司法实践中，对该类案件的处理有两种方式：一是认为被告并非借款人，从而裁定驳回原告起诉；二是认为原被告之间不存在民间借贷法律关系，从而判决驳回原告起诉。现在多采用第二种方式处理。

【裁判依据】

1.《中华人民共和国民事诉讼法》第 108 条、第 140 条第 1 款第 3 项

2. 最高人民法院《关于审理民间借贷案件适用法律若干问题的规定》第 2 条、第 17 条

（撰写人：杨　力）

05

仅有转账记录缺乏合意表示，不构成民间借贷法律关系

——杨某某与薛某民间借贷纠纷案

裁判规则

民间借贷关系的成立需同时具备两项要素，一是当事人之间具有借贷的合意，二是当事人之间有款项的实际交付。本案中，杨某某依据转款凭证主张薛某偿还借款并支付利息，却无法证明其与薛某具有借款的合意，故无法认定双方存在民间借贷法律关系。

案　情〔1〕

薛某与李某某系夫妻关系。李某某与杜某某相识。2012年12月31日，李某某向杜某某提供借款本金40万元。后杜某某逾期未返还借款，李某某向其催要未果。2016年，李某某与薛某夫妇欲购机动车。杜某某得知后，与李某某协商，由其为李某某夫妻购置价值与欠款金额相当的机动车，用以抵销其欠李某某的欠款本息，李某某表示同意。2016年1月16日，杜某某指示朋友杨某某为薛某支付了购车款及相应手续费、保险费用，车辆登记在薛某名下。当日杨某某受杜某某指示，共支付购车款和保险费共计496,223.13元。

二审中，法院补充查明以下事实：杨某某和案外人杜某某都是干租赁行业的同行，双方共同投资做项目。杨某某按照杜某某指示付款时对于买车的钱是用

〔1〕（2019）京01民终10092号。

于偿还杜某某欠李某某的债务一事并不知情。薛某是某建筑公司的领导,杨某某为了维持与薛某、李某某的关系,之前一直没有追索过代付的车款,后来虽口头追索也没有书面证据。对于借款的利率、借款期限等,双方都没有约定。

北京市海淀区人民法院认为,借款合同是借款人向贷款人借款,到期返还借款并支付利息的合同。自然人之间的借款合同,自贷款人提供借款时生效。审查当事人之间是否存在借贷关系,需主要审查如下两个方面:一是当事人之间是否具有借贷的合意;二是当事人之间有无款项的实际交付。本案中,杨某某主张其为薛某支付购车费用496,223.13元,故双方存在借贷关系,但其并未提交任何证据证明薛某曾向其作出借款的意思表示。即杨某某的举证,仅能证明款项的交付,无法证明款项的交付原因是出于双方之间的借贷合意。

薛某主张杨某某代其支付购车款项,是受杜某某指示,代杜某某付款抵销杜某某欠其妻子李某某的欠款。首先,薛某的举证能证明如下事实:1. 杜某某与薛某之妻李某某存在借贷关系,杜某某逾期未还李某某欠款;2. 薛某与李某某欲购机动车,并与杜某某达成合意,由杜某某代为支付购车款项,用以抵销杜某某欠李某某的欠款;3. 杜某某指示杨某某为薛某支付购车款项。2018年5月22日,杨某某委托律师向薛某发出的《律师函》也写明,其为薛某支付购车款,是受杜某某指示,因杜某某以杨某某名义向他人借款,涉案购车款即从此笔借款中支出,后杜某某无力偿还欠款,杨某某才向薛某主张返还购车款。

综上,杨某某提交的证据仅能证明其代薛某支付购车款项496,223.13元,不能证明双方之间存在借贷的合意。而薛某的举证能证明双方之间确实存在因为其他法律关系而发生款项往来的可能。最高人民法院《关于审理民间借贷案件适用法律若干问题的规定》第17条规定:"原告仅依据金融机构的转账凭证提起民间借贷诉讼,被告抗辩转账系偿还双方之前借款或其他债务,被告应当对其主张提供证据证明。被告提供相应证据证明其主张后,原告仍应就借贷关系的成立承担举证证明责任。"据此,法院认定杨某某的诉讼主张不能成立,其要求薛某返还借款496,223.13元并支付利息缺乏事实和法律依据,法院不予支持。

综上,该院依照最高人民法院《关于审理民间借贷案件适用法律若干问题的规定》第十七条,最高人民法院《关于适用〈中华人民共和国民事诉讼法〉的解释》第九十条之规定,作出(2019)京0108民初34979号民事判决:驳回原告杨某某全部诉讼请求。

判决后,杨某某提起上诉。

【裁判结论】

北京市第一中级人民法院于2019年12月12日,作出(2019)京01民终10092号民事判决:驳回上诉,维持原判。

【裁判观点】

北京市第一中级人民法院认为,民间借贷关系的成立需同时具备两项要素,一是当事人之间具有借贷的合意,二是当事人之间有款项的实际交付。杨某某以民间借贷为诉因提起本案诉讼,主张薛某偿还借款并支付利息,薛某则主张双方从不认识,也没有任何关联,不存在民间借贷法律关系。本案的争议焦点为双方是否具有借款的合意,进而判断是否存在民间借贷法律关系。

最高人民法院《关于审理民间借贷案件适用法律若干问题的规定》第17条规定:"原告仅依据金融机构的转账凭证提起民间借贷诉讼,被告抗辩转账系偿还双方之前借款或其他债务,被告应当对其主张提供证据证明。被告提供相应证据证明其主张后,原告仍应就借贷关系的成立承担举证证明责任。"本案中,杨某某依据车辆购置付款凭证向薛某主张借款,薛某抗辩此款项系杨某某代杜某某偿还其与薛某之妻李某某之间的借款。对此,薛某提供了李某某光大银行对账单、杜某某出具的《借款条》、杜某某在一审庭审中的证言等证据。上述证据,可以证明杨某某代其支付购车款项是受杜某某指示,用车款抵销杜某某欠其妻子李某某的欠款。故而,关于杨某某与薛某的借贷关系是否成立,相关举证证明责任继续由杨某某承担。根据杨某某提交的证据,仅能证明其已实际支付了购车款项,但其对于与薛某之间是否具有借贷的合意,并未提供直接证据予以证明。

最高人民法院《关于适用〈中华人民共和国民事诉讼法〉的解释》第90条规定:"当事人对自己提出的诉讼请求所依据的事实或者反驳对方诉讼请求所依据的事实,应当提供证据加以证明,但法律另有规定的除外。在作出判决前,当事人未能提供证据或者证据不足以证明其事实主张的,由负有举证证明责任的当事人承担不利的后果。"本案中,杨某某未能举证证明其与薛某之间的借贷关系同时具备达成借款的合意和完成款项交付两个要素,一审法院结合在案证据及案情,认定双方之间不存在民间借贷法律关系,法院予以确认。故法院对杨某某的上诉意见不予支持。

法官评析

借款合同关系的基础事实不仅包括款项的实际交付，更应包括双方存在借款合意，因而仅凭金融机构的转账凭证，尚不足以证明双方存在借款合意，除被告认可双方之间借贷关系的情形外，原告应当进一步举证证明双方之间存在借款关系。实践中借款合同关系发生的情形比较复杂，在双方当事人之间存在其他交易关系的情况下，存在原告凭据其他交易中支付款项的转账凭证，试图要求被告归还并不真实存在的借款的可能，因而对此不应仅凭款项支付凭证认定双方之间的借贷关系，这是符合借款合同的成立以双方当事人之间存在借贷合意的基本特点的。

但另一方面，鉴于目前一些借款合同的当事人法律意识的水平不一，也会存在因为这样或那样的原因没有签订书面借款合同亦没有出具借据的情况。当出借人对于借款关系的证明存在一定的困难时，可以认为在提出金融机构转账凭证的情况下，出借人对双方之间借款合同关系的存在完成了初步举证责任，此时应当进一步结合被告的答辩情况，对对方是否存在借款合同关系进行分析认定。

本案充分体现了在缺乏借款合同（直接体现借贷合意的基本要素）的案件中举证责任的分配规则。本案中，证明借款合同成立的举证责任在当事人杨某某和薛某之间发生了几次转换。杨某某在没有书面借款合同和借据的情况下，提供了金融机构的转账凭证，完成了初步举证责任，证明借款合同成立的举证责任转移至薛某。薛某在庭审中提出合理抗辩，款项系用于偿还其他债务，至此，举证责任再次转移回杨某某。直至诉讼终结，法官根据全案证据仍无法判明杨某某主张事实的真伪，故判定由杨某某承担不利的诉讼后果。

【裁判依据】

最高人民法院《关于审理民间借贷案件适用法律若干问题的规定》第17条

（撰写人：陈　实）

06

原告主张民间借贷，被告抗辩其他法律关系的处理

——卢某与郭某民间借贷纠纷案

裁判规则

原告依据借条等借款凭证以民间借贷为诉因起诉被告还款付息，被告抗辩系基于投资、合伙或委托理财关系产生的债务时，首先应判断双方之间的基础法律关系，若能确定基础法律关系，则应按照基础法律关系审理；其次还应进一步判断双方是否已经通过调解、和解或者清算达成新的债权债务协议，在达成新的债权债务协议的情况下，应认定双方之间法律关系已经转换为民间借贷法律关系。

案　情[1]

2014年9月19日，郭某向卢某账户转款30万元，卢某向郭某出具借据，载明："今借到郭某30万元整，特立此据"，借据落款处由出借人郭某、借款人卢某、证明人王某签字。卢某于2016年2月5日偿还了该30万元自2014年9月20日至2015年9月19日，按照年利率13%的标准计算的利息3.9万元，后卢某又于2016年4月15日偿还500元，2016年5月15日偿还500元，2016年7月15日偿还1000元，2016年8月15日偿还500元，2016年9月15日偿还500元，2016年10月16日偿还500元，2016年11月16日偿还500元，2016年12

[1] (2017)京01民终4411号。

月31日偿还500元。此后,卢某再未还款。经计算,借款30万元,按照年利率4.75%计算,自2015年9月20日至2016年12月31日的利息为18,565元。

二审诉讼中,卢某提供了一份打印合同编号的表格,其称系从海淀经侦取得,经二审法院与卢某提供的海淀经侦承办警官核实,该承办警官称鼎某公司仅提供了合同编号,未提供相应的理财合同,郭某是否与鼎某公司存在真实的理财合同无法查实。郭某称其未与鼎某公司签订过30万元理财合同,即使存在理财合同也系卢某以其名义所为,其并不知晓,如确实存在该理财合同,则在卢某承担本案还款责任后,理财合同项下的权益均归卢某所有。

一审法院认为,合法的借贷关系受法律保护。依据郭某提交的账户明细及卢某出具的借条,可以认定双方之间存在民间借贷法律关系,系双方当事人真实意思表示,且未违反国家法律、行政法规的强制性规定,应属有效。卢某辩称,其与郭某之间不存在借贷关系,涉案30万元系郭某通过卢某的账户支付给鼎某公司的理财款,且该款项已转给鼎某公司的会计向某。该院认为,首先,卢某对其抗辩意见并未提交有效证据予以证明,应承担举证不能的法律后果;其次,依据卢某出具的借据,可以认定卢某与郭某之间就涉案30万元形成了借贷合意,郭某已经向卢某支付了借款,卢某亦分数次向郭某偿还了部分款项,故双方之间存在真实有效的民间借贷法律关系,对于卢某的答辩意见该院不予采信。郭某作为出借方,已经履行了给付借款的义务,卢某作为借款人,应按期足额偿还借款。

综上,一审法院依照《中华人民共和国民法通则》第九十条,《中华人民共和国合同法》第八条、第一百零七条、第二百零六条、第二百零七条之规定,判决:1.卢某于判决生效之日起十日内偿还郭某借款本金30万元及逾期利息(截至2016年12月31日为14,065元,自2017年1月1日起算至判决生效之日止,以30万元为基数,按照年利率4.75%的标准计算)。2.驳回郭某其他诉讼请求。

【裁判结论】

北京市第一中级人民法院于2017年6月12日,作出(2017)京01民终4411号民事判决:驳回上诉,维持原判。

【裁判观点】

北京市第一中级人民法院认为:卢某向郭某出具借据,郭某向卢某支付借款

30万元,故双方之间形成民间借贷法律关系且合法有效。卢某上诉称郭某与鼎某公司存在30万元理财合同关系,案涉30万元系其代鼎某公司收取的理财款,收款行为系职务行为。首先,根据最高人民法院《关于适用〈中华人民共和国民事诉讼法〉的解释》第90条规定,即"当事人对自己提出的诉讼请求所依据的事实或者反驳对方诉讼请求所依据的事实,应当提供证据加以证明,但法律另有规定的除外。在作出判决前,当事人未能提供证据或者证据不足以证明其事实主张的,由负有举证证明责任的当事人承担不利的后果",卢某应当对其上述主张承担举证责任。其虽然提供了合同编号以及证人证言,但上述证据均无法直接证明郭某与鼎某公司之间存在30万元理财合同,亦不能证明其系鼎某公司工作人员,其收取款项的行为系职务行为。其次,即便如卢某所述郭某确与鼎某公司存在30万元理财合同,但其基于此向郭某出具借据并已实际偿还部分利息的行为,亦表明其同意偿还鼎某公司的相应债务。二审诉讼中,郭某否认其与鼎某公司签订过30万元理财合同,其表示即使存在理财合同也系卢某以其名义所为,其并不知晓,如确实存在该理财合同,则在卢某承担本案还款责任后,理财合同项下的权益均归卢某所有。综上所述,卢某应当按照其出具的借据向郭某承担还款责任。综上所述,卢某的上诉理由均不能成立,对其上诉请求法院不予支持。

法官评析

民间借贷法律关系成立的前提为双方之间具有民间借贷的意思表示,实践中,普遍存在因买卖、委托理财等法律关系引发纠纷后,为解决矛盾,当事人之间通过欠条或者收据等形式对债权债务进行总结。在此情况下,根据最高人民法院《关于审理民间借贷案件适用法律若干问题的规定》第15条的规定,"原告以借据、收据、欠条等债权凭证为依据提起民间借贷诉讼,被告依据基础法律关系提出抗辩或者反诉,并提供证据证明债权纠纷非民间借贷行为引起的,人民法院应当依据查明的案件事实,按照基础法律关系审理。当事人通过调解、和解或者清算达成的债权债务协议,不适用前款规定",应判断当事人是否已经通过调解、和解等方式达成了新的债权债务协议。若已经达成,则视为当事人之间已经产生了新的合意,可以按照新合意确定的民间借贷法律关系审理,否则,则应认定双方之间不具备民间借贷的合意，为更好的解决纠纷，应按照基础法律关系审理，当然，其前提为债务人提出了有效证据证明基础法律关系的存在。

本案系典型的一方抗辩为委托理财关系的民间借贷纠纷，实践中，多数民间委托理财形式并不规范，熟人之间互相委托、介绍委托，统一由介绍方与理财机构签订合同，其他主体并未签署。当款项不能找回时，委托人会要求该介绍方出具借条或欠条，由介绍方统一进行偿还。在这种情况下，判断一个案子系委托理财纠纷还是民间借贷纠纷应着重考量以下几个层面：第一，债务人能否证明委托理财关系的存在，在债权人与理财机构具有直接款项往来（比如，理财机构定期返还利息）且有委托理财合同的情况下，更易认定委托理财关系的存在；第二，根据债务人出具的债务凭证的性质判断：该债务凭证是否在被胁迫情况下出具，是否能够认定为债务人主动承担偿还责任的承诺；第三，在认定双方之间构成民间借贷关系，债务人承担偿还责任的情况下，对于债权人在理财机构可能具有的权益，应明确由债务人享有。

【裁判依据】

最高人民法院《关于审理民间借贷案件适用法律若干问题的规定》第15条

（撰写人：苑　珊）

2

CHAPTER

第二章

民间借贷管辖及证明责任

01

民间借贷纠纷的管辖

——王某与陈某、某重工公司民间借贷纠纷案

裁判规则

民间借贷纠纷可以由被告住所地或合同履行地人民法院管辖。民间借贷纠纷原告诉请被告偿还案涉款项,原告作为接收货币一方,其所在地即为合同履行地,合同履行地法院对本案享有管辖权。

案　情〔1〕

2017 年 4 月 19 日,陈某向王某借款人民币 5000 万元进行资金周转,约定的利率为年化 10%,还款时间为 2017 年 8 月 31 日,并立有《借据》为证。2017 年 4 月 26 日,王某将 5000 万元款项转至陈某指定的孔某账户,履行了出借义务。2017 年 11 月 3 日,因陈某到期未偿还借款本金及利息,再次向王某作出承诺,并出具《借据》:就截至 2017 年 10 月 19 日的利息 250 万元,陈某承诺于 2017 年 11 月 10 日前一次性清偿;剩余利息与本金于 2018 年 4 月 19 日一并偿还。陈某于 2017 年 11 月支付 250 万元利息后,再未履行还款义务。2018 年 6 月 15 日,为担保陈某履行还款义务,某重工公司将其持有的某材料公司 11% 的股权(对应注册资本为 660 万元)出质给王某,并办理了相应的股权质押手续。时至今日,陈某尚未仍未履行《借据》项下的还款义务,给王某造成了巨大经济损失。

王某请求判令:1. 陈某向王某支付借款本金 5000 万元及自 2017 年 10 月 20 日起至实际清偿之日止的利息(利息计付标准为 10%/年,暂计至 2018 年 7 月

---

〔1〕 (2018)京 01 民初 606 号。

20日的本息合计53,750,000元);2.王某对某重工公司出质的某材料公司11%的股权(对应注册资本为660万元)的拍卖、变卖价款享有优先受偿权;3.陈某、某重工公司承担本案诉讼费用及因办理财产保全所支出的担保费用(以实际发生金额为准)。

某重工公司在提交答辩状期间,对管辖权提出异议,认为:依据《民事诉讼法》第21条的规定,对法人或其他组织提起的诉讼,由被告住所地(位于江苏)人民法院管辖;最高人民法院《关于调整高级人民法院和中级人民法院管辖第一审民商事案件标准的通知》第2条规定,江苏省高级人民法院所辖中级人民法院管辖诉讼标的物5000万以上一审民事案件,故本案应由某重工公司住所地中级人民法院即无锡市中级人民法院管辖,本案应移送至无锡市中级人民法院管辖。

【裁判结论】

北京市第一中级人民法院于2018年8月27日,作出(2018)京01民初606号之一管辖裁定:驳回某重工公司对本案管辖权提出的异议。

【裁判观点】

法院认为:《民事诉讼法》第23条规定:"因合同纠纷提起的诉讼,由被告住所地或者合同履行地人民法院管辖。"最高人民法院《关于适用〈中华人民共和国民事诉讼法〉的解释》第18条规定:"合同对履行地点没有约定或者约定不明确,争议标的为给付货币的,接收货币一方所在地为合同履行地。""合同没有实际履行,当事人双方住所地都不在合同约定的履行地的,由被告住所地人民法院管辖。"依据上述法律规定,因本案系王某与陈某、某重工公司之间的民间借贷纠纷,故本案可以由被告住所地或合同履行地人民法院管辖。又因本案为王某诉请陈某偿还案涉款项,故王某作为接收货币一方,其所在地即为合同履行地,合同履行地法院对本案享有管辖权。王某住所地为北京市海淀区,属法院辖区。又根据最高人民法院《关于调整高级人民法院和中级人民法院管辖第一审民商事案件标准的通知》中关于当事人一方住所地不在受理法院所处省级行政辖区的第一审民商事案件的相关规定,北京市中级人民法院管辖诉讼标的额为5000万元以上的一审民商事案件,北京市高级人民法院管辖诉讼标的额3亿元以上的一审民商事案件,就本案而言,王某的诉讼请求数额为53,750,000元,属于标的额在5000万元以上且当事人一方住所地不在本辖区的第一审民商事案件，故法院对本案具有管辖权。

法官评析

民间借贷合同纠纷中，关于合同履行地的确定，有民事实体法和民事诉讼法之别。就民事实体法视角而言，我国《合同法》第62条已经规定，给付货币的，一般以接受货币一方所在地为合同履行地。之所以确定接受货币一方所在地为合同履行地，是因为货币一般等价物的特性决定了债务人履行货币给付义务时可以选择现金、转账等多种履行方式。而债务人对履行金钱给付义务方式的选择一般对债权人债权的实现影响不大。故实践中，一般对债务人履行货币义务的方式不作限制。相应地，为平衡债权人和债务人之间的利益，在金钱债务场合，通常以债权人所在地为履行地点，又称"债务人找债权人"。该规定让债务人自由选择给付金钱的方式，并承担金钱传送途中的风险，故债权人对债务人给付金钱的方式无权干涉。在我国，对此亦有例外，例如，《票据法》第23条第3款规定："汇票上未记载付款地的，付款人的营业场所、住所或者经常居住地为付款地。"鉴于我国《民法通则》《合同法》等对给付货币义务履行地的确定一直坚持接受货币给付一方所在地标准，最高人民法院《关于审理民间借贷案件适用法律若干问题的规定》仍延续上述立法精神，将特定情形下的合同履行地确定为"接受货币一方所在地"，可从以下几个角度分析：第一，民间借贷纠纷中的"接受货币一方所在地"与一般合同纠纷中的"接受货币一方所在地"有所不同。一般合同纠纷中，双方当事人对待给付义务的基本模式为一方当事人给付的是实物、劳务等非货币财产；另一方当事人则给付货币。因此，在该类合同中，"接受货币一方所在地"作为合同履行地时是特定的，即均为给付实物、劳务等非货币财产一方当事人所在地。但在民间借贷纠纷中则有所不同。由于民间借贷纠纷中双方当事人承担的给付义务所指向对象均为货币：出借人应履行的主要合同义务是将约定借款金额的货币交付给借款人；借款人应履行的主要合同义务则为按约定还款期限，将约定借款金额及其利息以货币形式交付给出借人。故民间借贷纠纷中所谓"接受货币一方所在地"存在两种可能：出借人所在地和借款人所在地。所以，当双方当事人在案涉借款是否出借事项上产生争议时，以借款人所在地为合同履行地；当双方当事人在案涉借款及其利息是否归还事项上产生争议时，以出借人所在地为合同履行地。

第二，民间借贷合同履行过程中，给付货币一方应自行承担在接受货币一方所在地给付货币之前的履约费用和风险。根据民间借贷合同中“接受货币一方所在地”存在两重性特点，出借人和借款人均要承担在向对方所在地交付货币前所支出的履约费用。例如，采用现金给付方式时，出借人或借款人要自行承担前往对方所在地交付货币过程中产生的交通费用、住宿费用、安保费用和餐饮费用等。如采用银行转账、汇款方式，则应由出借人或借款人自行承担将约定借款转账或汇款至相对方所在地的费用。至于合同履行中的风险，则以接受货币一方所在地为界点，在给付货币一方按约定在接受货币一方所在地给付货币之前，由给付货币一方承担货币损失的风险；在此之后，则由接受货币一方自行承担货币损失风险。

第三，“接受货币一方所在地”是判断民间借贷纠纷中各方当事人是否违约的标准之一。正如前文所言，民间借贷关系中，根据双方当事人履行合同义务先后关系的不同，“接受货币一方所在地”依次为借款人所在地和出借人所在地。相应地，如果出借人未按约定在借款人所在地交付借款，则构成违约。反之，如果借款人未在出借人所在地归还借款及其利息，亦构成违约。

就《民事诉讼法》角度而言，则“接受货币一方所在地”这一表述解决了民间借贷合同纠纷中长久以来在以合同履行地确定管辖方面的争议。从以往司法实践情况来看，由于民间借贷合同中双方当事人履行合同义务的表现形式都是给付货币，故很难适用前述特定履行地原则来确定合同履行地，从而也就无法根据合同履行地原则确定管辖法院。因此，关于民间借贷合同纠纷的合同履行地确定问题，多由司法解释直接规定。但由于对合同履行地的认识不一，前后司法解释之间也立场有异。例如，最高人民法院《关于借款合同纠纷案件管辖问题的复函》(〔1990〕法经函字第 11 号）中对借款合同纠纷案管辖问题的答复意见为，1. 借款合同签订地法院有管辖权；2. 借款合同的履行地法院有管辖权。在随后 1991 年颁布的最高人民法院《关于人民法院审理借贷案件的若干意见》第 5 条中则指出，债权人起诉时，债务人下落不明的，由债务人原住所地或其财产所在地法院管辖。这条虽然没有明确债务人是指出借人还是借款人，但从上下文体系解释可知，似应指借款人。也即借款人原住所地或其财产所在地法院有管辖权。2015年颁布实施的最高人民法院《关于适用〈中华人民共和国民事诉讼法〉的解释》第18条则借鉴《合同法》第62条第一次将“接收货币一方所在地”规定为合同履行地。其主要理由为，从立法本意上看，两者是同一的。因为《民事诉讼法》没有对“合同履行地”一词另行作出特殊的规定，不适用《合同法》对合同履行地的规定，无法理依据。大多数观点在阐述如何确定合同案件的管辖时，明确指出，对履行地约定不明确的合同，应当根据《合同法》第62条的规定确定履行地。根据实体法理论，可将程序法的合同履行地定义为当事人根据合同约定或者法律规定履行合同义务的地点。要确定合同履行地管辖，首先要确定是否有合同约定，若没有合同约定，可根据《合同法》第61条、第62条的规定进行确定。这样一来，无论口头合同还是书面合同，也不论是否约定了合同履行地以及是否实际履行了合同，任何合同纠纷都有可能依据实体法的合同履行地确定管辖权。相应地，关于民间借贷纠纷中所谓“合同履行地”的确定标准才尘埃落定。最终，最高人民法院《关于审理民间借贷案件适用法律若干问题的规定》沿袭了最高人民法院《关于适用〈中华人民共和国民事诉讼法〉的解释》第18条的规定，将“接收货币一方所在地”作为合同履行地。[1]

【裁判依据】

1.《中华人民共和国合同法》第62条

2. 最高人民法院《关于适用〈中华人民共和国民事诉讼法〉的解释》第18条

3. 最高人民法院《关于审理民间借贷案件适用法律若干问题的规定》第3条

〔1〕 最高人民法院民事审判第一庭编著:《最高人民法院民间借贷司法解释理解与适用》，人民法院出版社2015年版，第82页。

【关联案例】

一、某建设公司与任某因民间借贷纠纷管辖异议案

[案号] (2019)最高法民辖终221号

[案情] 某建设公司、任某因民间借贷纠纷管辖权异议一案,河北省高级人民法院裁定邯郸市中级人民法院具有管辖权,某建设公司认为该案应移送广东省广州市天河区人民法院审理。

[简要分析] 本案是民间借贷纠纷,双方当事人未约定协议管辖,故本案应根据法律规定确定管辖。根据《民事诉讼法》第23条的规定,因合同纠纷提起的诉讼,由被告住所地或者合同履行地人民法院管辖。最高人民法院《关于适用〈中华人民共和国民事诉讼法〉的解释》第18条第2款规定,合同对履行地点没有约定或者约定不明确,争议标的为给付货币的,接受货币一方所在地为合同履行地。本案中,任某的诉请为归还借款本息,按照前述司法解释规定,接受货币一方所在地为合同履行地,任某为接受货币一方,其住所地在河北省邯郸市,故河北省人民法院对本案具有管辖权。

二、黄某、某家居公司、曾某与戴某因民间借贷纠纷管辖裁定案

[案号] (2017)最高法民辖终245号

[案情] 黄某、某家居公司、曾某与戴某民间借贷纠纷一案,不服甘肃省高级人民法院(2017)甘民初15号民事裁定,向最高人民法院提出上诉。甘肃省高级人民法院根据戴某有关黄某没有向其出借款项的答辩意见,认为双方为出借争议,并据此确定借款人戴某所在地为合同履行地,裁定将本案移送内蒙古自治区呼和浩特市中级人民法院处理。黄某、某家居公司、曾某则认为本案应由甘肃省高级人民法院管辖。

[简要分析] 本案的争议焦点是本案合同履行地应如何确定的问题。黄某、某家居公司、曾某起诉要求戴某归还借款本金并支付利息,双方未约定案件管辖法院,亦未通过其他方式协商一致确定管辖法院,故请求以其接收货币一方所在地为合同履行地并确定管辖法院。本案系民间借贷纠纷,争议标的为给付

货币，接收货币一方所在地为合同履行地，但“接受货币一方所在地”实践中存在两种情形，即出借人所在地和借款人所在地。当双方当事人在案涉借款是否出借事项上产生争议时，以借款人所在地为合同履行地；当双方当事人在案涉借款及其利息是否归还事项上产生争议时，以出借人所在地为合同履行地。本案黄某、某家居公司、曾某的诉讼请求是要求戴某归还借款本金并支付利息，因此本案系因借款归还问题发生的争议，应以出借人所在地即甘肃省为合同履行地。原审根据戴某有关黄某没有向其出借款项的答辩意见，认为双方为出借争议，并据此确定借款人戴某所在地为合同履行地，属适用法律错误，最高人民法院撤销了一审裁定，认定本案应由甘肃省高级人民法院管辖。

（撰写人：曲建婷）

02

原告仅以转账凭证主张民间借贷的举证责任分配

——蔡某与王某民间借贷纠纷案

裁判规则

原告以转账凭证起诉民间借贷纠纷的,被告能够证明双方之间存在其他债务关系的,原告应就双方之间是否存在民间借贷关系进一步举证证明。被告无法证明的,可以确认双方之间的民间借贷法律关系。

案　情[1]

2015 年 8 月 26 日,蔡某通过银行向王某转款 4 万元;2016 年 1 月 27 日,蔡某通过银行向王某转款 6 万元;2016 年 3 月 23 日,蔡某通过银行向王某转款 215 万元,上述款项共计 225 万元。2016 年 10 月 12 日,王某与蔡某的通话录音中显示:“王……如果是利息的话,我说实话,我有什么说什么。我现在承担不了 6.9 万元那么多。”

蔡某认为,其与王某系民间借贷法律关系,虽未签订书面借款合同,但口头约定每月利息为 6.9 万元。故起诉至法院要求:1. 判令王某向蔡某返还借款 225 万元;2. 判令王某向蔡某支付利息(从 2016 年 7 月起至实际支付之日止,按约定每月利息为 6.9 万元计算)。王某则认为,其与蔡某之间的资金往来并非民间借贷关系,而系投资关系。王某与蔡某之间未签订过借款合同,也未对借款利

[1] (2018)京 01 民终 2002 号。

息进行约定,且王某向蔡某的打款没有固定的支付金额,符合投资回报款不确定性的特征。王某与蔡某之间从未约定过利息。

北京市海淀区人民法院审理认为:蔡某出具汇款记录、电话录音、还款记录等证据可以证明蔡某与王某之间的借款关系成立且生效。蔡某主张王某给付借款及利息的诉讼请求该院予以支持。针对王某有关225万元并非借款而是投资款的答辩意见,经查,王某并未向该院提供相关证据佐证,于法无据,故该院对此点答辩意见不予支持。综上所述,该院依据《中华人民共和国合同法》第八条、第二百条、第二百零六条、第二百零七条、第二百一十条,最高人民法院《关于审理民间借贷案件适用法律若干问题的规定》第十七条、第二十六条、第二十九条,《中华人民共和国民事诉讼法》第一百四十四条之规定,判决:一、王某于判决生效后10日内给付蔡某借款本金2,236,815元及利息(利息以本金2,236,815元为基数,自2016年6月24日至本金2,236,815元实际还清之日止,按年息24%计算)。二、驳回蔡某的其他诉讼请求。

【裁判结论】

北京市第一中级人民法院于2018年3月16日,作出(2018)京01民终2002号民事判决:驳回上诉,维持原判。

【裁判观点】

北京市第一中级人民法院认为:本案争议焦点一为王某与蔡某之间是否成立民间借贷法律关系。根据已查明事实,蔡某通过银行汇款方式向王某转款共225万元,王某上诉称该款项系投资款而非借款,对此法院认为,根据最高人民法院《关于审理民间借贷案件适用法律若干问题的规定》第17条规定:"原告仅依据金融机构的转账凭证提起民间借贷诉讼,被告抗辩转账系偿还双方之前借款或其他债务,被告应当对其主张提供证据证明。被告提供相应证据证明其主张后,原告仍应就借贷关系的成立承担举证证明责任",因蔡某已完成初步举证责任,此时应由王某就款项性质承担举证证明责任。因王某未提举有效证据予以证明,故其应承担举证不能的不利后果,双方之间成立民间借贷法律关系。

本案争议焦点二为王某与蔡某之间是否就案涉款项约定过利息。王某上诉主张其未与蔡某约定过相应的利息,根据法院查明的事实,在与蔡某的通话录音中,王某对每月利息6.9万元的事实予以认可,在无其他证据足以否定其自述的情况下,法院对其该项上诉主张不予支持。此外,一审判决依据最高人民法院《关于审理民间借贷案件适用法律若干问题的规定》对本案利息标准进行调整并重新计算欠款数额,无不当之处,法院予以维持。

法官评析

本案是关于民间借贷纠纷中仅有转账凭证引起的举证责任分配问题。《合同法》第196条规定,借款合同是借款人向贷款人借款,到期返还借款并支付利息的合同。第210条规定,自然人之间的借款合同,自贷款人提供借款时生效。因此,自然之间的借款两个构成要件,一是借贷合意,二是款项交付,用公式表达就是:民间借贷=借贷合意+款项支付。在具体的表现形式或者说证据形式上,借贷的合意可以表现为借条、欠条、双方达成借贷合意的微信、短信、录音等,款项交付表现为转账交付或者现金交付。但在日常生活中,由于当事人的疏忽大意或者现实情况限制,并不是所有的借贷都能保留借贷合意和款项交付的证据。本案解决的问题就是在只有转账凭证下的举证责任分配问题。

一、举证责任分配的基本规则

最高人民法院《关于适用〈中华人民共和国民事诉讼法〉的解释》以及最高人民法院《关于民事诉讼证据的若干规定》对举证责任分配的规定,基本上采取了法律要件分类说中的规范说。最高人民法院《关于适用〈中华人民共和国民事诉讼法〉的解释》第90条规定,当事人对自己提出的诉讼请求所依据的事实或者反驳对方诉讼请求所依据的事实,应当提供证据加以证明,但法律另有规定的除外。在作出判决前,当事人未能提供证据或者证据不足以证明其事实主张的,由负有举证证明责任的当事人承担不利的后果。第91条规定,人民法院应当依照下列原则确定举证证明责任的承担,但法律另有规定的除外:1.主张法律关系存在的当事人,应当对产生该法律关系的基本事实承担举证证明责任;2.主张法律关系变更、消灭或者权利受到妨害的当事人,应当对该法律关系变更、消灭或者权利受到妨害的基本事实承担举证证明责任。在民间借贷法律关系中,原告要对存在民间借贷法律关系承担举证证明责任。

二、仅有转账凭证下的举证责任分配原则

不少民间借贷案件中，缺乏借款合同等能够直接证明借款合同关系存在的书面证据，在此情况下，举证责任如何分配呢？最高人民法院《关于审理民间借贷案件适用法律若干问题的规定》第 17 条进行了规定，“原告仅依据金融机构的转账凭证提起民间借贷诉讼，被告抗辩转账系偿还双方之前借款或其他债务，被告应当对其主张提供证据证明。被告提供相应证据证明其主张后，原告仍应就借贷关系的成立承担举证证明责任。”首先，该条坚持了举证责任分配的一般原则，由原告就借贷关系的成立承担举证证明责任。其次，在该类案件中，被告对原告提交的金融机构转账凭证的真实性往往不存异议，因为这些凭证的真伪容易核实查清。但对凭证所反映的转账目的，被告则可能以转账系偿还双方之前借款或其他债务等为由，从而否认原告提出的借款事实主张。在这种情况下，被告所持的抗辩的内容，实际上是一个新的法律关系，应当承担举证证明责任。再次，如果被告提供的证据能够证明双方之间存在其他法律关系，则由原告承担举证不能的不利后果。否则，则一般认可原告的主张。之所以如此规定，是考虑到现实生活中，不少借贷关系并没有书面凭证，仅有转账记录，原告虽然没有能够提交借款合同作为直接证据，但提交了款项实际支付的相应证据，即应当认为其对与被告之间存在借贷关系的事实完成了初步举证。以此平衡双方的利益。民事诉讼中，通常是以高度盖然性作为证据的证明标准。因此，在被告无法举证证明存在其他法律关系的情况下，结合转账凭证及其他证据印证，能够表明当事人主张的借贷事实存在概率远远大于不存在，即可认定民间借贷事实的存在。

【裁判依据】

1.《中华人民共和国合同法》第 196 条、第 210 条

2. 最高人民法院《关于审理民间借贷案件适用法律若干问题的规定》第 17 条

【关联案例】

黄某诉李某民间借贷纠纷案

[案号] (2018)粤民终315号

[案情] 黄某与李某民间借贷纠纷一案,不服广东省肇庆市中级人民法院(2017)粤12民初33号民事判决,提起上诉。黄某主张向李某出借本金100余万元,提供了转账及存款记录。李某主张双方系因存在不正当关系引发的经济往来,并非民间借贷,并提供了广东省肇庆市端州区人民法院正在审理的其他案件相关材料。

[简要分析] 本案中黄某提供的证据仅为转账及存款记录,针对接受涉案款项的事实,李某抗辩称涉案款项是因双方存在不正当关系期间黄某向其的赠与,并提供了广东省肇庆市端州区人民法院正在审理的黄某配偶周某某就本案部分款项提出赠与合同纠纷案件的相关材料,证明黄某向其转款有可能成立其他法律关系。在此种情况下,黄某仍应就借贷关系的成立承担举证证明责任。但黄某并没有举证证明其持有借据、欠条或其他债权凭证,无法证明双方有民间借贷的合意,其陈述的出借理由亦不符合生活常理。综合本案证据,黄某就其与李某之间存在借贷关系这一事实的举证未能达到高度可能性标准,对其主张不予支持。

(撰写人:郭　帅)

03

主张大额现金交付但未作出合理说明的，对交付事实不予认定

——孙某与李某、周某民间借贷纠纷案

裁判规则

主张大额现金交付但对交付细节无法作出合理说明，前后矛盾的，对交付事实不予认定。

案　情[1]

2012年，周某以李某(乙方)的名义与孙某(甲方)签订委托投资合同，约定甲方将其向三九泛华建设开发有限公司投入的投资款共计人民币300万元，期限12个月，合同项下月利率1.5‰，用于内蒙古煤矿开采，现甲方将该投资款全部委托给乙方管理，以乙方名义持有该股份并代持行使相应投资权利。委托期限为1年，自2012年3月1日起到2013年3月1日止。

孙某认为，2012年年初，周某通过委托投资形式向孙某借款人民币300万元，月利率15.5‰，期限1年。因周某提出，鉴于其特殊身份，合同不方便出面签，要以其私人司机李某的名义签署，其作为保证人。后孙某将现金300万元交给周某。借款到期后，周某未按期还款，故起诉至法院，要求：1.解除孙某与李某之间的"委托投资合同"；2.李某向孙某偿还借款本金300万元、利息33.7万元，共计333.7万元；3.判令周某承担连带偿还责任。李某则认为，从未与孙某签订

[1] (2014)一中民终字第5563号。

过委托投资合同，也从未收取过300万元投资款。周某认为，从未为投资合同承担担保责任，也未收取过300万元投资款。

诉讼中，孙某向法庭提供了保证担保合同一份。该合同的甲方（保证人）为周某，乙方（债权人）为孙某。诉讼中，孙某还向法庭提供了一份“收据”。载明：今收到孙某送来的委托投资款300万元。该收据落款的经手人处签有“李某”字样。

关于300万元借款的交付经过，孙某在起诉书中称：2012年3月1日，在周某车内，孙某将现金300万元交给周某。但在2013年12月16日一审第三次开庭审理时，孙某本人出庭称：“2012年2月28日、2012年3月1日分两次将三个各装有100万元现金的箱子给了周某。第一次在2012年2月28日晚上6点半左右，将200万元现金装入两个箱子内（各装100万元），第二次在2012年3月1日晚上7、8点钟左右，将100万元现金装入一个箱子，两次都在航天桥东侧大概几百米的山水时尚酒店前面的一个煤气站的路边。”诉讼中，孙某认可装现金的箱子为26寸（45cm×28cm×69cm）。周某问孙某：“用26寸箱子装100万元，是否刚好满？”孙某答：“是的，我没再多装，怕太重拎不动。”周某询问孙某后，当庭出示一个红皮箱（尺寸约为20cm×40cm×60cm），并提供一箱练功钞（与真币相同，一万元一捆），要求孙某当庭将100万元练功钞装入红皮箱。孙某当庭进行装箱演示，演示结果：孙某用100万元练功钞装入该红皮箱后只占红皮箱的一半。

北京市海淀区人民法院经审理认为，关于本案诉争款项的交付过程及委托投资合同、收据、担保合同的签署情况，孙某在起诉书中所陈述的现金交付及合同、收据书写过程与孙某在庭审中所进行的陈述存在较大差异，孙某也未能作出合理解释；并且周某在庭审中提供练功钞（与真钞图案、尺寸一致）及红皮箱一只（该皮箱的尺寸小于孙某庭审中自认的皮箱的尺寸）要求孙某将100万元练功钞进行装箱演示，装箱演示结果：即孙某用周某提供的练功钞100万元（1万元一捆）装入周某提供的红皮箱后，只占红皮箱近一半，该结果与周某在庭审中询问孙某的100万元现金装箱后是否已满，孙某答复“是的”的结果也存在明显不同，因此，该院不能认定孙某实际向周某、李某交付了300万元现金的事实。综上所述，该院依据《中华人民共和国民事诉讼法》第六十四条第一款之规定，判决：驳回孙某的全部诉讼请求。孙某不服提起上诉。

【裁判结论】

北京市第一中级人民法院于2014年8月5日，作出（2014）一中民终字第5563号民事判决：驳回上诉，维持原判。

【裁判观点】

北京市第一中级人民法院认为：对于涉案款项是否实际交付一节，法院认为孙某应当承担举证责任。虽然孙某提交了经鉴定后确认系周某代李某书写的收据，用以证明其款项已经交付，在周某不予认可的情况下，孙某应当对巨额款项的交付情节承担进一步的举证责任。对于款项的交付情节，孙某在起诉状中对于合同签订的过程、现金交付以及书写收据的相关陈述与其在庭审过程中的陈述存在较大差异，针对孙某描述的款项交付细节，一审法院在庭审过程中进行了当庭演示，演示结果也与孙某的陈述存在明显不同，故一审法院综合上述情节认定孙某未向周某交付款项并无不妥。

法官评析

本案是关于现金交付的案件，争议焦点为300万元现金是否现实交付。根据各方的诉辩意见，孙某虽然主张已经交付，但前后陈述矛盾，关于交付的细节模糊，且关于“用26寸箱子装满100万元”的陈述明显与实验证明不符，故孙某的陈述无法达到高度盖然性的标准，对其现金交付的主张不应支持。民间借贷纠纷中，“现金交付”一直是审判的重点和难点之一。笔者将详述如下：

一、现金交付的特点

第一，适用范围广。从主体来看，现金交付不仅经常发生在自然人与自然人之间，自然人与法人、其他组织之间也时常涉及。从交付金额来看，既有大额现金交付，也有小额现金交付。

第二，交付类型多。从现金交付比例来看，有的案件全部金额均采用现金交付，有的部分金额采用现金交付。从交付次数来看，有的一次性全部现金交付，有的分期分笔多次现金交付。

第三，当事人同时出庭率低。诉辩双方作为现金交付的直接亲历者，当庭对峙有助于法官查明事实，由于双方同时出庭率低，诉讼代理人对细节不够了解，导致当庭查明事实效果不佳，增大了审理难度。

二、司法审查方法

第一，金额大小"区别审查"。对于现金交付数额较小的案件，依据借方出具的借据或贷方对交付细节合理的描述，在没有其他有力反证的情况下，即可认定借款的存在。对于现金交付金额较大的案件，借据仅具有初步的证明效力，贷方仍应提供其他佐证，排除合理怀疑，如应提供款项来源证明、证人证言、视听资料、电子证据等。对于金额大小之界定，需要根据个案具体情况裁量。

第二，交付类型"细致审查"。对于借据载明的款项，如果绝大部分金额通过银行转账方式支付，贷方主张小部分系现金交付的，应提供证据证明，否则对其主张不予采信。尤其是在贷方为专业放贷机构、放贷人的情况下，为打击不合理的"砍头息"，更应仔细审查。

第三，合理怀疑"从严审查"。对于现金交付事实存在较大争议的，诉辩双方无明显对抗且案件涉第三方利益的，或其他引起合理怀疑的，应当责令双方当事人到庭说明情况，无正当理由拒不到庭履行说明义务的，应当承担相应后果。

第四，案件认定"综合审查"。鉴于现金交付的普遍性、多样性和复杂性，对案件事实的认定还应当综合考虑现金交付的原因、时间、地点、次数、金额大小、款项来源、用途、在场人员、支付能力、交易方式、交易习惯及亲疏关系等因素，依据"高度盖然性"的证明标准，综合审查。

三、各方经验归纳

对于现金交付的审查，最高人民法院及地方各级人民法院进行了卓有成效的探索。如最高人民法院《关于依法妥善审理民间借贷纠纷案件促进经济发展维护社会稳定的通知》第7条规定："对现金交付的借贷，可根据交付凭证、支付能力、交易习惯、借贷金额的大小、当事人间关系以及当事人陈述的交易细节经过等因素综合判断。"浙江省高级人民法院下发的《关于审理民间借贷纠纷案件若干问题的指导意见》第17条规定："对于现金交付的借贷，债权人仅凭借据起诉而未提供付款凭证，债务人对款项交付提出合理异议的，法院可以要求出借人本人、法人或者其他组织的有关经办人员到庭，陈述款项现金交付的原因、时间、地点、款项来源、用途等具体事实和经过，并接受对方当事人和法庭的询问。无正当理由拒不到庭的，应承担相应后果。法院应当根据现金交付的金额大小、出借人的支付能力、当地或者当事人之间的交易方式、交易习惯及借贷双方的亲疏关系等诸因素，结合当事人本人的陈述和庭审言辞辩论情况以及提供的其他间接证据，依据民事诉讼高度盖然性的证明标准，运用逻辑推理、日常生活常理等，综合审查判断借贷事实是否真实发生。必要时，法院可以依职权进行调查取证。”南京市中级人民法院《关于审理民间借贷纠纷案件若干问题的指导意见》第18条规定：“当事人主张现金交付的，人民法院应当根据现金交付的金额大小、出借人的支付能力、当地或者当事人之间的交易方式、交易习惯以及借贷双方的亲疏关系等因素，结合当事人本人的陈述和庭审言辞辩论情况以及提供的其他间接证据，依据民事诉讼高度盖然性的证明标准，综合审查判断借贷事实是否真实发生。必要时，人民法院可以依职权进行调查取证。对于数额较大的现金交付，债权人仅凭借据起诉而未提供付款凭证，债务人对款项交付提出合理异议的，人民法院可以要求出借人本人、法人或者其他组织的有关经办人员到庭，陈述款项现金交付的原因、时间、地点、款项来源、用途等具体事实和经过，并接受对方当事人的质询和法庭的询问。无正当理由拒不到庭的，应承担相应的法律后果。对于数额较小的现金交付，出借人作出合理解释的，一般视为债权人已经完成证明责任，可以认定借贷事实存在。对于金额大小的界定，可根据出借人个体经济能力差异等，由法官根据个案具体情况裁量。”

【裁判依据】

1.《中华人民共和国合同法》第210条

2.最高人民法院《关于适用〈中华人民共和国民事诉讼法〉的解释》第90条

【关联案例】

一、韩某某诉某房地产公司、某开发公司民间借贷纠纷案

[案号] (2019)最高法民申1295号

[案情] 韩某某诉某房地产公司、某开发公司民间借贷纠纷案,不服云南省高级人民法院(2018)云民终384号民事判决,向最高人民法院申请再审。韩某某主张2013年2月5日出借1000万元,其中转款为820万元,现金交付为180万元,利息标准为月息1.5%,并提供了收条进行佐证。对原审法院未认定180万元现金交付存在异议。

[简要分析] 本案再审审查的焦点为:以现金方式交付的借款本金是否实际发生。

首先,在韩某某提交了借款人某开发公司出具的收条以此证明所主张的现金借款已经交付的情况下,某开发公司及某房地公司抗辩现金借款未收到且作出说明其系“砍头息”,依照最高人民法院《关于审理民间借贷案件适用法律若干问题的规定》第16条之规定,本案首先应当审查某开发公司与某房地公司所作说明是否合理。现以韩某某所主张的2013年2月5日180万元现金交付来看,该笔借款本金共计为1000万元,其中转款为820万元,现金交付为180万元。而双方约定的利息标准为月息1.5%(每月利息15万元),借款期限为12个月,则利息为180万元。上述情况表明韩某某所主张的现金交付数额恰与期内利息相吻合。某开发公司和某房地公司所作的“砍头息”的说明具有一定合理性。故在某开发公司与某房地公司作出了合理说明的情况下,本案应当结合贷款金额、款项交付、当事人的经济能力、当地或者当事人之间交易方式、交易习惯、当事人财产变动情况及证人证言等事实和因素,综合判断查证借贷事实是否发生。

其次,就韩某某所主张的2013年2月5日180万元现金交易来看,某开发公司出具的2013年2月5日《收条》表明820万元的转款系当日发生,但180万元现金却并非当日交付,而是此前多次现金交易的汇总。而某开发公司、某房地公司于2015年7月17日向韩某某出具的《还款承诺书》载明,双方的借贷关系是“从2013年起”,表明2013年之前双方并未发生借贷关系,则该事实与2013

年2月5日某开发公司出具收条所载明的“原来多次现金借支180万元”相悖。故韩某某对于该笔现金交易的事实不能达到民事诉讼“高度盖然性”的标准。

最后，从双方的交易方式来看，主要款项均是通过转款形式发生，尚不能评判双方形成了以现金交付借款的交易习惯。另对于大额的现金交易，虽法律并未明确禁止，但其具有一定的法律风险，韩某某作为出借人对此应是明知的。而出借人韩某某在有条件防范这一风险发生的情况下，却并未采取转款支付等有效措施，导致本案认定现金交付存疑，其后果应由韩某某自行承担。

（撰写人：郭　帅）

04

电子证据在民间借贷纠纷中的认定

——朱某、伊某与迟某、汪某民间借贷纠纷案

裁判规则

由于通信技术的快速发展,很多借贷双方会通过微信、短信、支付宝等方式完成借贷合同的磋商、订立、履行,形成电子数据。在没有书面证据的情况下,电子数据作为一种证据形式,可以成为认定当事人之间构成民间借贷法律关系的依据。

案 情[1]

朱某与伊某系夫妻关系,双方于2001年10月22日登记结婚;迟某与汪某系夫妻关系,双方于2004年4月26日登记结婚。迟某系北京华毅力添国际建筑装饰工程有限公司的股东,占股98%。

2014年11月,朱某与迟某通过邮件商谈向招商银行贷款事宜。2015年1月17日,朱某在朱某、伊某、迟某、汪某四人的微信群聊(以下简称群聊)中说:"老汪和园园(迟某):替你们贷的50万元的款,昨天招商银行说这两天就放款,50万元直接汇到你们公司的账户,请注意查收。"迟某表示了感谢。其后,朱某说:"再把你们公司的账户信息告诉我一下,贷款发放时银行可能会打电话与我核对收款的账户。"随后,迟某回复:"北京华毅力添国际建筑装饰工程有限公司×××工行天竺支行!再次感谢!回头一个月还多少他会告诉你吧!"朱某回复:"收到!每月还款时银行会有短信提醒。我收到后转给你或老汪,你们按照

〔1〕(2017)京01民终7642号。

短信的金额还款就好了。”迟某、汪某随即表示知悉并感谢。

2015年1月22日,在群聊内,朱某表示:“老汪和园园:你们的那批50万元贷款招行刚与我电话核实过,一两个工作日到华毅力添账户,收到后告诉我一下啊。”迟某表示对此知悉。朱某随后将银行关于朱某开通随借功能、贷款款项已发放(收方户名为北京华毅力添国际建筑装饰工程有限公司)短信截图发至群内。迟某表示在外办事,随后查询;随后,汪某表示已收到。

2015年1月30日,朱某、迟某、汪某在群聊内商讨再向银行借款10万元的事项,关于等额本息还是等额本金的还款方式的选取,迟某表示:“哪个都成你看着办吧! 什么时间可以到账呢? 还款总计是多少? 一个50万元加一个10万元?”朱某要求迟某提供10万元的收款账户,迟某随即将自己的账户发至群中。当日下午朱某收到10万元银行个贷放款,随后向迟某账户汇款10万元。

2015年11月25日,朱某告知汪某、迟某其在招商银行的贷款逾期了,迟某回复:“生病在家,不好意思,已汇。”朱某回复:“好的。”2015年12月21日,朱某向迟某发送银行12月提醒还款的短信(截图),迟某表示知悉。2016年1月29日,朱某告知迟某:“10万的贷款月还款日期是每月1日,请别忘记还款。下面是招行提醒还款的短信。”随后将银行的短信转发给迟某。迟某表示:“我现在实在无力偿还能先用公司款垫付一下吗? 我之前也借给公司不少了,现目前客户都没有回款! 资金非常紧张。”朱某表示自己想想办法。2016年3月1日,迟某回复朱某2月28日催款的短信:“朱总麻烦你用我们公司款付一下谢谢。”朱某回复:“迟总,收到短信。那由深衣阁公司替你先垫付了,垫的月还款是4424。另外,现在委托记账,看到短信后请确认一下,我好发给代理会计,因为她不明白,汇到我的账户,为什么要记你的借款。”迟某回复:“好。”朱某回复:“园园:下面三笔是借款一样的,汇到了我招行还贷账户,但实际是你的借款,短信确认一下,我发给代理会计。1月24日代垫迟总月供3436;2月1日代垫迟总月供4424;2月24日代垫迟总月供3436。”迟某未做回复。2016年3月9日,朱某向迟某、汪某发短信:“园园:上面借公司款的事还在等你补个确认? 另外,已经过了很多天了,借据的事,你和汪总商量好了吧? 何时能给我们?”迟某未做回复。

一审法院判决认为,根据银行交易记录、微信聊天记录,双方当事人均认为其行为系借贷行为,故该院认为朱某、伊某与迟某、汪某之间系民间借贷关系。关于借贷关系的本金,庭审中朱某、伊某称:“就50万元贷款,截至2015年12月

25日尚欠银行借款本金488,078.27元,已经还本金11,921.73元,之前的利息都已经清偿;就10万元贷款,截至2015年12月31日已经还本金40,073.35元,尚欠本金59,926.65元,之前的利息都已经清偿。因为在贷款50万元的合同中我方交纳了10万元保证金,所以我方在起诉时已经将该10万元予以扣除。”迟某、汪某表示认可。故该院认为迟某、汪某尚欠朱某、伊某借款本金为443,875.37元。

北京市海淀区人民法院作出(2017)京01民终7642号民事判决:迟某、汪某偿还朱某、伊某借款本金443,875.37元并支付利息。判决后,迟某、汪某提起上诉。

【裁判结论】

北京市第一中级人民法院于2017年11月29日,作出(2017)京01民终7642号民事判决:驳回上诉,维持原判。

【裁判观点】

北京市第一中级人民法院认为:朱某与伊某、迟某与汪某均系夫妻关系,通过四人建立的微信群,双方对借款、支付、还款、催收等事项进行了协商和沟通,四人对微信群中所有涉及借款的事项均知晓,夫妻中的一人从未对另一人的行为提出过异议;朱某、伊某出借的60万元系在夫妻关系存续期间取得,其中50万元更是朱某、伊某共同向银行借款,伊某亦在四人微信群中提醒过迟某还款。故,一审法院认定借款双方是朱某、伊某与迟某、汪某是正确的。

法官评析

本案是关于电子证据的典型案例。《民事诉讼法》第63条规定,证据包括:1.当事人的陈述;2.书证;3.物证;4.视听资料;5.电子数据;6.证人证言;7.鉴定意见;8.勘验笔录。明确将电子证据作为法定证据类型的一种。最高人民法院《关于适用〈中华人民共和国民事诉讼法〉的解释》第116条规定:“电子数据是指通过电子邮件、电子数据交换、网上聊天记录、博客、微博客、手机短信、电子签名、域名等形成或者存储在电子介质中的信息。”司法实践中,由于通信技术的快速发展,很多借贷双方会通过微信、短信、支付宝等方式完成借贷合同的磋商、订立、履行，形成电子数据。在没有书面证据的情况下，电子数据作为一种证据形式，可以成为认定当事人之间构成民间借贷法律关系的依据。

网上聊天记录属于电子证据。但对微信聊天记录等电子证据该如何采用以及其证明力的大小，一直存在争议，笔者认为，对于电子证据，仍应主要从真实性、关联性、合法性三个方面进行认定。第一，对电子证据原件的识别。与传统证据形式原件一般能够直接证明案件事实不同，电子证据由于是存储于电子介质中的电子数据信息，由此引发电子证据的原件如何识别的问题。笔者认为，电子证据的原件应当指最初生成的电子数据及其首先固定所在的各种存储介质，如果某一电子证据首先固定于某块计算机硬盘上，则该硬盘或其上的电子数据就是原件；如固定在手机上，手机上的数据就是原件。当然，考虑到举证、质证的方便，未经篡改的电子证据的副本也应当予以认可。关于是否篡改问题，就涉及电子证据完整性的认定。形式上的完整性是指电子证据必须保持生成之时的原状，包括格式调整在内的任何更改都将视为完整性受到损害。而电子证据内容上的完整性是指电子证据自形成之时起，其内容保持完整、未遭到非必要的添加或删除。第二，对关联性的识别。这个与传统证据并无差异。第三，合法性的识别。最高人民法院《关于民事诉讼证据的若干规定》第 68 条规定，以侵害他人合法权益或者违反法律禁止性规定的方法取得的证据，不能作为认定案件事实的依据。最高人民法院《关于适用〈中华人民共和国民事诉讼法〉的解释》第 106 条规定，对以严重侵害他人合法权益、违反法律禁止性规定或者严重违背公序良俗的方法形成或者获取的证据，不得作为认定案件事实的根据。因此，在对电子证据进行审查时，要考量电子证据的生成、储存、传输、获得等环节是否合法。

【裁判依据】

1.《中华人民共和国民事诉讼法》第 63 条

2. 最高人民法院《关于适用〈中华人民共和国民事诉讼法〉的解释》第 116 条

【关联案例】

肖某诉简某民间借贷纠纷案

[案号] (2015)漳民终字第3621号

[案情] 肖某与简某民间借贷纠纷一案,不服(2015)靖民初字第2821号民事判决,提起上诉。肖某主张简某从2014年12月30日起陆续向其借款66,000元,并提供了转账及微信记录。简某认为自己的微信号并未实名认证,否认存在借款关系。

[简要分析] 微信号(昵称嗳财宥道)于2015年7月13日与原告微信号(昵称快速刻章)在微信平台上互应对方要求进行银行转账,根据中国民生银行厦门东浦支行提供的个人对账单来看,该笔转账交易对方户名为简某,可以认定微信号(昵称嗳财宥道)使用人是被告简某。从简某微信号(昵称嗳财宥道)于2015年7月15日,在微信聊天平台上向原告微信号(昵称快速刻章)承认"之前不是还欠你35,000元,一共6.6万元"的事实,结合本案汽车抵押借款合同、中国民生银行厦门东浦支行个人对账单、中国建设银行银行卡客户交易查询单、证人郑某某证言、原被告微信聊天记录等证据及原告庭审陈述,被告简某尚欠原告肖某借款本金人民币66,000元,应当予以确认。

(撰写人:郭　帅)

05

民间借贷中高度盖然性的认定标准

——刘某某与禹某某民间借贷纠纷案

裁判规则

民间借贷法律关系的认定在举证证明中采用高度盖然性的证明标准，当事人提交之证据对法律关系的判断无法达到高度盖然性时，对其主张的民间借贷法律关系不予认定。

案　情[1]

2013年2月25日，禹某某向刘某某出具收条，载明今收到刘某某现金10万元。2013年10月15日及2015年2月25日，禹某某共向刘某某账户内转入了1.3万元，刘某某对此予以认可。后双方产生纠纷，刘某某向法院起诉请求：1.禹某某返还刘某某10万元及利息2万元；2.禹某某承担本案诉讼费。

经询问，禹某某主张收取了刘某某的上述10万元款项后，将款项转给了北京世纪博爱医学研究所股份有限公司天津分公司，并主张与刘某某之间系委托合同关系。经询问，禹某某称与北京世纪博爱医学研究所股份有限公司天津分公司签有合同，并向该院提交了其与北京世纪博爱医学研究所股份有限公司天津分公司签订的《购货合同》，及其与鹏爱宫（北京）国际贸易有限公司签订的《委托货物出口全程代理合同书》等，但并未见过产品实物。

禹某某作为甲方与乙方刘某某签订的《货权代理合作协议》约定：1.甲方代收一方购货款人民币壹拾万元整，由乙方按约定时间通过银行汇款转入甲方指

[1] （2018）京01民终1975号。

定账户。2. 甲方代表乙方参与中医药出口贸易。甲方代表乙方与世纪鹏爱集团鹏爱宫(北京)国际贸易有限公司签订委托代理合同,合同号为BDD1303-0811,本期合同到期日为2013年9月17日,解付日期为2013年10月。3. 乙方结算货款=乙方购货款×(1+20%)。本期结算金额为120,000元。货款解付后,由甲方及时将乙方货款以银行汇款方式转入乙方指定账户。货款到账后,本协议终止。刘某某认为上述《货权代理合作协议》并未实际履行,认为本案系借款法律关系,并坚持以民间借贷纠纷起诉。

一审法院判决认为,本案双方当事人对于刘某某曾向禹某某交付了10万元的事实并无争议,双方争议焦点即上述款项性质问题。最高人民法院《关于适用〈中华人民共和国民事诉讼法〉的解释》第90条规定:"当事人对自己提出的诉讼请求所依据的事实或者反驳对方诉讼请求所依据的事实,应当提供证据加以证明,但法律另有规定的除外。在作出判决前,当事人未能提供证据或者证据不足以证明其事实主张的,由负有举证证明责任的当事人承担不利的后果。"现刘某某已经提交了禹某某出具的收条,可以认定双方之间存在借贷关系;禹某某提交的合同、银行记录等证据材料,在禹某某未能提供证据证明刘某某对其与案外公司签订合同之事知晓并认可的情况下,无法判断其与本案争议事实的关联性。综合上述情形,该院认为,本案10万元款项系禹某某向刘某某的借款,双方存在民间借贷合同关系,合同系双方当事人真实意思表示,合法有效。对借款期限没有约定或者约定不明确,借款人可以随时返还,贷款人可以催告借款人在合理期限内返还。现禹某某已返还了刘某某1.3万元,故禹某某仍应返还剩余借款8.7万元。自然人之间的借款合同对支付利息没有约定或者约定不明确的,视为不支付利息。刘某某未向该院提交证据证明双方就该笔款项约定了还款期限及利息,刘某某有权随时主张,但其要求禹某某支付利息的诉讼请求,没有事实和法律依据,该院不予支持。禹某某主张应中止本案审理,但关于世纪博爱等公司的刑事案件不影响双方之间民事纠纷的处理。

北京市昌平区人民法院作出(2017)京0114民初3714号民事判决:1. 禹某某于判决生效之日起七日内返还刘某某借款本金8.7万元;2. 驳回刘某某的其他诉讼请求。

【裁判结论】

北京市第一中级人民法院于2018年4月22日,作出(2018)京01民终1975号民事判决:1.撤销北京市昌平区人民法院(2017)京0114民初3714号民事判决;2.驳回刘某某的全部诉讼请求。

【裁判观点】

北京市第一中级人民法院认为:刘某某依据收条以民间借贷为诉因提起本案诉讼,主张禹某某偿还借款,禹某某认可收到款项但抗辩称本案并非民间借贷法律关系而是委托代理关系,双方各执一词。对此法院认为,最高人民法院《关于适用〈中华人民共和国民事诉讼法〉的解释》第90条规定:"当事人对自己提出的诉讼请求所依据的事实或者反驳对方诉讼请求所依据的事实,应当提供证据加以证明,但法律另有规定的除外。在作出判决前,当事人未能提供证据或者证据不足以证明其事实主张的,由负有举证证明责任的当事人承担不利的后果。"刘某某尚未提供充分证据证明双方具有借贷合意,结合二审期间查明的事实,刘某某的举证尚未达到高度盖然性之证明标准,法院难以确信双方就该笔资金形成了借贷的意思表示。故对于刘某某以民间借贷为由要求禹某某偿还借款的诉讼请求,法院不予支持。

法官评析

本案是关于民间借贷纠纷中高度盖然性证明标准的典型案例。在诉讼举证认定中,法律关系的判断遵循高度盖然性的证明标准。

一、高度盖然性的认定标准

关于高度盖然性的证明标准,最早隐约见于最高人民法院《关于民事诉讼证据的若干规定》第73条,"双方当事人对同一事实分别举出相反的证据,但都没有足够的依据否定对方证据的,人民法院应当结合案件情况,判断一方提供证据的证明力是否明显大于另一方提供证据的证明力,并对证明力较大的证据予以确认"。该条确立了证据认定中明显大于的标准,被认为高度盖然性标准的雏形。鉴于上述表述并不明确,在2015年的最高人民法院《关于适用〈中华人民共和国民事诉讼法〉的解释》第108条明确规定:"对负有举证证明责任的当事人提供的证据,人民法院经审查并结合相关事实，确信待证事实的存在具有高度可能性的，应当认定该事实存在。对一方当事人为反驳负有举证证明责任的当事人所主张事实而提供的证据，人民法院经审查并结合相关事实，认为待证事实真伪不明的，应当认定该事实不存在。法律对于待证事实所应达到的证明标准另有规定的，从其规定。”

二、民间借贷纠纷中的具体应用

在本案中，原告主张民间借贷法律关系存在，为本证。被告主张并非民间借贷法律关系，而为委托关系，为反证。本证证明活动的目的在于使本案法官对待证事实的存在与否形成内心确信，即所谓的“心证”，这种内心确信应当满足证明评价的最低要求即法定的证明标准。而该种证明标准即为“高度盖然性”的证明标准。反证的证明活动，其目的在于动摇法官对于本证所形成的内心确信，使其达不到证明评价的最低要求。因此，对于本案所谓的委托关系反证而言，其证明的程度要求相比本证要低，只需要使待证事实陷于真伪不明即可。

本案中，原告负有举证证明责任，其所主张的民间借贷法律关系成立应当达到高度盖然性的标准。但观其证据，关于是否存在借贷的合意确并不清晰。对此，被告提出委托合同等证据，初步证明了双方系委托关系，动摇了原告的本证。原告应当承担举证不利的后果。

【裁判依据】

1.《中华人民共和国合同法》第196条

2. 最高人民法院《关于适用〈中华人民共和国民事诉讼法〉的解释》第90条、第108条

【关联案例】

王某某与何某某民间借贷纠纷案

［**案号**］ （2019）京01民终8427号

［**案情**］ 王某某与何某某民间借贷纠纷一案，不服北京市海淀区人民法院（2018）京0108民初63066号民事判决，提起上诉。何某某主张其于2014年7

月 15 日通过银行转账方式向王某某账户内汇入 36.6 万元,系民间借贷法律关系。王某某称涉案款项性质是还款而非借款,提供了何某某作为付款人签字确认的收条。何某某对收条的真实性不认可,主张是在李某某诱导下签署的空白文件。

[简要分析] 本案中,何某某依据转账凭证主张 36.6 万元是向王某某出借款项,但未能提供借据等证据证明双方存在借款合意。首先,王某某主张上述 36.6 万元是何某某的还款,为证明其主张,王某某提供了何某某作为付款人签字确认的收条,确认 36.6 万元为还款。何某某认可收条中"付款人:何某某 2014 年 7 月 15 日"系其本人书写,但主张是在李某某诱导下签署的空白文件,何某某对此并未提供有效证据予以证明,故对收条的真实性和内容予以确认,该收条能够证明案涉款项并非借款。其次,根据一审期间何某某提供的录音证据以及二审期间王某某提供的录音证据显示,针对诉争 36.6 万元,何某某陈述是案外人李某某指示向王某某支付,且何某某一再表示与王某某之间"没有事儿",而是想知道李某某为什么要求其向王某某账户付款,上述录音证据反映王某某与何某某之间并无直接的借款合意。最后,虽然王某某作为收款人向自己出具收条,与常理不符,但不足以推翻收条内容;王某某、李某某称因担心日后纠纷故书写收条,亦属于合理抗辩。综合上述情形,何某某提供的证据尚不足以达高度盖然性的证明标准,王某某提供的证据导致案件事实真伪不明,在此情况下,何某某应就与王某某之间存在民间借贷合同关系进一步提供证据予以证明。故对何某某关于案涉 36.6 万元是借款的主张不予采信。

(撰写人:陈　实　郭　帅)

06

当事人拒不到庭的处理

——宋某某与陈某某民间借贷纠纷案

裁判规则

负有举证证明责任的当事人拒不到庭，其代理人对相关事实无法解释清楚的，法院对其主张的事实不予认定。

案　情[1]

宋某某称其与陈某某是朋友关系，陈某某曾向其借款3.5万元，并提交《借条》一张载明：“今宋某某借给陈某某人民币叁万伍仟元整，¥35,000元，自即日起每月还款贰仟元整。借款人：陈某某。2014.10.31”。宋某某称借条实际书写时间为2014年11月底，陈某某书写时间为2014年10月31日，当时碍于情面，且觉得并非重要问题，故没有让陈某某修改。

庭审中，陈某某对借条中“宋某某”三字不予认可，其余内容均认可是其本人书写。陈某某称其书写该借条是因为当时急需用钱，准备向其他朋友借款，故先书写该借条；书写该借条之时，“宋某某”三个字的位置是空白；因其与宋某某系男女朋友关系，后该借条不知何时被宋某某获取；“宋某某”三字并非其本人书写，而是宋某某自行添加。庭审中，陈某某申请对“宋某某”手写字迹处是否有涂改、伪造痕迹进行鉴定。经北京华夏物证鉴定中心鉴定，鉴定意见为：未发现检材正文第一行上“宋某某”手写字迹处有涂改、伪造现象。庭审中，陈某某对上述鉴定意见不服，又申请对借条上“宋某某”三个字与该借条上其他字迹是

---

〔1〕（2018）京01民终3046号。

否具有同一性进行鉴定。2016 年 12 月 22 日，北京盛唐司法鉴定所出具《终止司法鉴定通知书》载明：因比对的两部分中无相同字无法进行笔迹鉴定，故终止鉴定。

就钱款给付方式，2014 年 10 月 19 日，宋某某通过其交通银行账户向陈某某转账 8000 元；2014 年 11 月 18 日，宋某某通过其交通银行账户向陈某某转账 2000 元。另，宋某某称其于 2014 年 10 月 30 日给付陈某某现金 25, 947 元，以上共计 35, 947 元。就为何借条上书写的借款金额与宋某某主张的实际给付不一致一节，宋某某称其在让陈某某书写借条时，自愿放弃了部分利益。

陈某某认可收到宋某某转账的 1 万元，但其主张均为赠与，其中 8000 元系宋某某让其买衣服，2000 元系陈某某提出分手后，宋某某作为挽留和安慰的费用。对于宋某某主张的 25, 947 元现金，陈某某不认可收到。

北京市海淀区人民法院认为：当事人对自己提出的诉讼请求所依据的事实或者反驳对方诉讼请求所依据的事实有责任提供证据加以证明。没有证据或者证据不足以证明当事人的事实主张的，由负有举证责任的当事人承担不利后果。

本案宋某某主张陈某某向其借款 3.5 万元，并出具《借条》及部分转账凭证为证。陈某某对借款不予认可，但对其反驳理由未出示相应证据，且根据北京华夏物证鉴定中心出具的鉴定意见及检验过程，未发现"宋某某"手写字迹处有涂改、伪造现象，未发现与其他内容字迹笔墨颜色、笔痕特征、光源吸收、光谱反射特征存在差异。据此，宋某某的主张，证据充分，该院予以认可。陈某某的辩称理由，证据不足，该院不予采信。综合上述分析，该院确认陈某某向宋某某借款 3.5 万元的事实。

自然人之间的借款合同，自出借人提供借款时生效。陈某某向宋某某借款，双方形成民间借贷关系，系双方真实意思表示，未违反法律、行政法规的强制性规定，应属合法有效。双方应当按照约定全面履行义务。借条中约定"自即日起每月还款贰仟元整。"最后一笔转账时间为 2014 年 11 月 18 日，据此推算 17.5 个月，还款期限早已届满，故陈某某已经构成违约，理应及时履行还款义务。

此外，庭审中，陈某某对借条中"宋某某"三字不认可是其本人所写，并进行激烈抗辩，该院考虑陈某某所述双方为男女朋友关系，慎重起见，该院多次开庭，并准许陈某某两次申请鉴定，但是该院在最后一次合议庭开庭之前，向陈某某邮寄送达了开庭传票，并电话告知其终止司法鉴定的情况，但陈某某及其委托代理人无正当理由，拒不到庭应诉，不影响该院依据查明的事实依法判决。

北京市海淀区人民法院作出(2016)京0108民初20309号民事判决，判决：陈某某偿还宋某某借款3.5万元。判决后，陈某某提起上诉。

二审期间补充查明，一审诉讼中，一审法院为了查明案件事实通知宋某某，要求其本人到庭陈述相关事实情况，宋某某称其在外地出差，工作较忙，拒绝出庭。二审诉讼中，二审法院再次要求宋某某本人到庭参加审理以查明案件主要事实，并告知拒不到庭的法律后果，宋某某本人亦未到庭参加二审审理。

二审诉讼中，宋某某主张款项为2014年11月底出具，陈某某对此不予认可，宋某某未提交其他证据予以证明。

宋某某在起诉状中称"2014年10月陈某某以个人名义借款，宋某某以现金方式交付陈某某"，而诉讼中，宋某某则称案涉借款为2014年10月、11月，分三次借出，有转账有现金交付，借条是11月底出具的三次借款汇总的总条。法庭询问其前后陈述不一致的原因，宋某某的委托诉讼代理人先称"认为转账汇款也是现金交付"，后称"开始当事人是这么说的，后来律师审查证据材料时发现不对，宋某某又具体说明了当时情况"。就2014年10月30日给付陈某某现金25,947元的情形，宋某某的委托诉讼代理人称宋某某在10月30日取款3万元，消费了一部分剩下的都给了陈某某，但消费了什么记不清了，没有取款凭证，当时使用的银行卡也已经注销了，不清楚是哪个银行取的，不清楚款项交付细节。

【裁判结论】

北京市第一中级人民法院于2017年6月26日，作出(2017)京01民终4832号民事判决：1.撤销北京市海淀区人民法院(2016)京0108民初20309号民事判决；2.陈某某于本判决生效之日起10日内偿还宋某某1万元；3.驳回宋某某的其他诉讼请求。

【裁判观点】

北京市第一中级人民法院认为：陈某某向宋某某出具《借条》，载明宋某某借给陈某某人民币3.5万元，陈某某主张借条并非向宋某某出具，借条中的"宋某某"三字为他人添加，为此，一审法院依陈某某申请对借条中"宋某某"三个字是否经过涂改、伪造进行鉴定，北京华夏物证鉴定中心出具鉴定意见，认为未发现有涂改、伪造现象；一审法院又依陈某某申请对借条中"宋某某"三字与其他字迹是否具有同一性进行鉴定，北京盛唐司法鉴定所出具终止司法鉴定通知书，载明因比对的两部分中无相同字无法进行鉴定而终止鉴定程序，一审诉讼中相关鉴定程序并无不当。陈某某未能就其主张的借条并非向宋某某出具提交充分证据予以证明，该院对其该项上诉意见不予支持。现有证据可以认定，《借条》是双方当事人真实意思表示，内容不违反法律、行政法规的强制性规定，应属合法有效。

《合同法》第210条规定，"自然人之间的借款合同，自贷款人提供借款时生效。"可知，民间借贷关系的成立并生效需同时具备借款合意及款项交付两个要件。宋某某主张《借条》并非所载日期"2014年10月31日"出具，陈某某不予认可，宋某某未提交证据予以证明，同时，关于借条中款项的支付方式及支付时间，特别是现金交付的金额问题，宋某某在起诉状中及庭审中陈述前后不一致。在此情形下，借条中所载明的出借款项存疑，借条仅能作为陈某某、宋某某之间借贷合意的证据，宋某某应就款项交付进一步举证证明，双方真实借贷关系应以实际交付的借款数额为准。宋某某为证明款项交付提交了2014年10月17日及2014年11月18日向陈某某转账共计1万元的转账凭证，陈某某辩称该款项为宋某某在恋爱中赠予其的款项，但未对此提交证据予以证明，该院对陈某某的抗辩意见不予采信，该1万元应认定为宋某某交付陈某某的借款。宋某某另称其于2014年10月30日给付陈某某现金25,947元，陈某某对此不予认可。最高人民法院《关于审理民间借贷案件适用法律若干问题的规定》第18条规定，"根据最高人民法院《关于适用〈中华人民共和国民事诉讼法〉的解释》第一百七十四条第二款之规定，负有举证证明责任的原告无正当理由拒不到庭，经审查现有证据无法确认借贷行为、借贷金额、支付方式等案件主要事实，人民法院对其主张的事实不予认定。"为查清案件主要事实，一审法院及二审法院均通知宋某某本人到庭予以说明，而其本人拒不到庭，其委托诉讼代理人主张该现金借款来源于其10月30日取款3万元，但明确表示无法提交取款凭证并称银行卡已注销、不清楚哪个银行取的，不清楚借款交付细节。在此情况下，该院对宋某某主张的其于2014年10月30日向陈某某交付现金25,947元的事实不予认定。综上，对于宋某某的诉讼请求中其已实际向陈某某交付的1万元予以支持，对于宋某某未能证明已交付的款项，该院不予支持。

法官评析

当事人陈述作为民事诉讼法中的一种独立的证据形式，是认定案件事实的组成部分。诉讼中，在缺乏其他证据佐证的情形下，如何确认当事人陈述的效力。最高人民法院《关于审理民间借贷案件适用法律若干问题的规定》第18条中，对“负有举证证明责任的原告无正当理由拒不到庭”的情形和后果作出了规定，对法院为查清案件事实通知原告本人出庭提供了法律依据，客观上也促进了当事人陈述在证据法中证明作用的提升。

一、当事人陈述的作用

当事人陈述，是指案件的当事人向人民法院提出的关于案件事实和证明这些事实情况的陈述，是《民事诉讼法》列明的八种证据之一。依据“人民法院应当以证据能够证明的案件事实为依据依法作出判决”的诉讼理念，除非对方认可，当事人陈述一般不能单独作为裁判依据，需要结合其他证据证明待证事实。

而当事人陈述也具有独特的作用，比如，当事人自相矛盾的陈述可能使其诉讼主张无法得到采信与支持，但可以与其他证据相互佐证、能够就一些特殊事实予以充分解释的当事人陈述，可能强化法官心证，使那些存疑的证据得到采信，或在案件缺乏证据的情况下，使其诉讼请求得到支持。

充分发挥当事人陈述的证明作用，在民间借贷案件审理过程中尤具意义，特别是在借贷主要事实真伪存疑的情况下，仅凭诉讼代理人代为陈述事先有所准备的事实，难以还原借贷原貌，而要求主张权利的原告到庭，接受法官及对方当事人的突然询问，如果原告主张的事实是虚假的，则其回答及对质很有可能与其主张的其他事实彼此矛盾。

二、当事人本人拒不到庭的法律后果

当事人享有委托诉讼代理人参加诉讼的法定权利，一般来讲，其本人可以不到庭参加诉讼活动，但有些民事案件，涉及特殊身份关系，《民事诉讼法》及其司法解释对相关当事人本人到庭参加庭审活动作出了规定，如负有赡养、抚育、抚养义务和不到庭就无法查清事实的情形。而对于其他普通民事案件，可以适用最高人民法院《关于适用〈中华人民共和国民事诉讼法〉的解释》第110条规定，“人民法院认为有必要的，可以要求当事人本人到庭，就案件有关事实接受询问……负有举证证明责任的当事人拒绝到庭、拒绝接受询问或者拒绝签署保证书，待证事实又欠缺其他证据证明的，人民法院对其主张的事实不予认定”。最高人民法院《关于审理民间借贷案件适用法律若干问题的规定》第 18 条与此相统一，均明确了负有本人出庭义务的当事人拒不到庭，其所应承担的法律后果，即其主张的事实或诉讼请求无法得到支持。

特别强调负有举证证明责任的原告本人出庭的义务，是因为在民间借贷纠纷案件中，原告作为主张权利一方，负有证明借贷关系存在、借贷金额、支付方式等案件基本事实的举证义务，同时其本人也更了解相关事实。

在适用最高人民法院《关于审理民间借贷案件适用法律若干问题的规定》第 18 条过程中认定当事人本人拒不到庭法律后果之时，应特别注意相应法律程序。首先，认定原告必须到庭的前提是所涉案件的借贷事实存疑，以现有证据难以作出认定。其次，应采用传票传唤的方式通知，并向其释明法律依据及不到庭的法律后果。最后，对于经传唤当事人本人到庭的，应按照符合最高人民法院《关于适用〈中华人民共和国民事诉讼法〉的解释》第 110 条规定的方式，要求其签署保证书保证如实陈述，即使到庭但拒绝接受询问或拒签保证书的，可以视为拒绝到庭，此情形下法院仍可对其主张的事实不予认定。

三、本案裁判意见

本案中，经司法鉴定，宋某某据以主张权利的借条是真实的，法院要求宋某某到庭对其主张的事实进行进一步陈述，主要是基于案件主要事实尚有存疑之处。其一，案涉借条金额为 3.5 万元，而宋某某主张实际给付金额与借条不一致。其二，宋某某在起诉状中称“2014 年 10 月陈某某以个人名义借款，宋某某以现金方式交付陈某某”，而诉讼中，宋某某则称案涉借款为 2014 年 10 月、11 月，分三次借出，既有转账也有现金交付，借条是 11 月底出具的三次借款汇总的总条。前后陈述不符。其三，陈某某否认收到宋某某交付的现金，宋某某主张以现金方式交付现金 25,947 元，并主张该现金借款来源于其 10 月 30 日取款 3 万元，但明确表示无法提交取款凭证并称银行卡已注销、不清楚哪个银行取的，不清楚借款交付细节。在法院已明确告知宋某某拒不到庭法律后果的情况下，其本人仍无正当理由拒不到庭，故就无法核实部分的款项，法院未予支持。

【裁判依据】

最高人民法院《关于审理民间借贷案件适用法律若干问题的规定》第18条

【关联案例】

王某某与桂某某民间借贷纠纷案

[案号] (2016)琼72民初172号

[案情] 2011年10月31日,王某某通过中国工商银行账户向桂某某账户三次转款共计40万元,2016年1月20日王某某第一次向桂某某发出《欠款催收通知书》主张权利,后将桂某某诉至法院,请求其偿还借款本金40万元及利息。

审理期间,法院传唤王某某本人到庭接受询问调查,王某某本人无理由拒不到庭,法院最终判决驳回其诉讼请求。

[简要分析] 当事人可以委托诉讼代理人参加诉讼,代为在庭审中进行陈述。委托诉讼代理人所做陈述的法律后果归属于当事人本人。在民间借贷纠纷中,人民法院对于借款事实应予全面考察,特别是主张权利的原告,应对其所主张的民间借贷关系的基本事实予以举证证明。在司法实践中,或基于诉讼代理人接受委托时对案情了解不全面,或基于当事人有意回避其他事实,委托诉讼代理人代为陈述但无法说清基本事实的情况并不罕见,在证据不足的情况下,当事人将承担不利后果。负有举证证明责任的原告应慎重对待其到庭义务。

(撰写人:刘　婷)

3

CHAPTER

第三章

民间借贷合同效力

01 企业间临时性资金拆借依法予以保护

——爱优递公司与合力金桥公司民间借贷纠纷案

裁判规则

企业间为生产、经营需要相互间临时性的资金拆借行为，依法应予认定有效。对于借贷双方之间的民间借贷法律关系，不因主体为企业而认定无效。

案　情[1]

2011 年 1 月 30 日，甲方合力金桥公司、乙方曹某、丙方合力环球公司、丁方爱优递公司签订内部管理协议，约定在本协议的委任管理期内，甲方董事会委任乙方为甲方董事长兼任总经理，由乙方依法履行职责经营管理，委任期限自 2011 年 3 月 1 日至 2014 年 2 月 28 日，委任管理期内甲方的债务均由乙方负责，乙方应按时给付或处理。协议还对四方其他权利义务进行了约定。

2012 年 2 月 9 日，合力金桥公司的公司章程第 19 条规定：董事会是合营公司的最高权力机构，决定合营公司的一切重大事宜，公司贷款或者以其他应该融资的须经出席董事会会议的董事一致通过方可作出决议。

后，合力金桥公司因资金短缺，于 2013 年 6 月 6 日至 2015 年 2 月 6 日，向爱优递公司累计借款 2600 万元，其中：2013 年 6 月 9 日借款 50 万元、2013 年 7 月 9 日借款 100 万元、2013 年 7 月 25 日借款 100 万元、2013 年 8 月 7 日借款 200 万元、2013 年 9 月 4 日借款 150 万元、2013 年 10 月 17 日借款 100 万元、2013 年 11 月 4 日借款 280 万元、2013 年 11 月 6 日借款 70 万元、2013 年 11 月 12 日借

〔1〕（2017）京 01 民终 7379 号。

款150万元、2013年11月18日借款600万元、2013年12月5日借款350万元、2014年3月19日借款150万元、2014年7月7日借款100万元、2015年2月6日借款200万元。双方就前六笔借款签订了借款合同,约定了双方的权利义务,后八笔借款签订了确认函,以上借款双方均约定借款期限为一个月,如到期未还,则按银行规定当期利息支付资金占用费等。爱优递公司于2013年6月8日至2015年2月9日以转账方式分17次向合力金桥公司支付了上述借款。2015年5月15日,合力金桥公司向爱优递公司偿还借款本金200万元。同日,合力金桥公司出具收条,载明:"今受到爱优递公司送来的催收函(欠款金额2400万元)"。

2015年5月22日,爱优递公司向合力金桥公司出具询证函,载明:"下列数额出自本公司账簿记录,如与贵公司记录相符,请在本函下端数额证明无误处签章确认,如有不符,请在数额不符及需要加说明事项处详为指正,数据截止日期为2015年5月15日,贵公司应欠2400万元(合力金桥公司未返还的借款)"。合力金桥公司在该函下端的数额无误处签章。后,合力金桥公司再未偿还任何款项,至今尚欠借款2400万元。

一审法院认为:合法的借贷关系受法律保护。合力金桥公司辩称,其收到爱优递公司的2600万元系基于双方之间存在的其他经济往来,但并未就此提供证据予以证明,应承担举证不能的法律后果。故该院对该项辩称不予采信。合力金桥公司还辩称,双方之间存在的多个借款合同法律关系,应分案处理。该院认为,双方之间虽存在多笔借款,但双方已就多笔借款进行了统一结算并出具了询证函,在一个案件中处理未违反法律规定,故对合力金桥公司该项辩称亦不予采信。依据合力金桥公司与爱优递公司签订的借款合同、确认函及爱优递公司的转款凭证、合力金桥公司出具的收条及询征函,可以认定双方之间存在民间借贷法律关系,系双方当事人真实意思表示,且未违反国家法律、行政法规的强制性规定,应属有效。爱优递公司作为出借方,已经履行了给付借款的义务,合力金桥公司作为借款人,应按期足额偿还借款。现借款期限均已届满,合力金桥公司尚欠爱优递公司借款2400万元未还的行为,属违约行为,应承担还款的违约责任。关于合力金桥公司提出的诉讼时效抗辩,该院认为,根据相关法律规定,诉讼时效因提起诉讼、当事人提出要求或者同意履行义务而中断。2015年5月15日,合力金桥公司收到了爱优递公司就2400万元欠款的催款函,诉讼时效自该日中断，至2016年1月20日爱优递公司提起本案诉讼，并未超过诉讼时效，故对合力金桥公司的该项辩称，该院亦不予采信。合力金桥公司还辩称，根据内部管理协议的约定，在曹某委任管理期间内，合力金桥公司的债务均由曹某负责，曹某应按时给付或处理，故涉案债务应由曹某承担。对此该院认为，首先，曹某委任管理期间的职责是作为合力金桥公司的董事长兼任总经理对公司进行经营管理，对公司债务的处理系职务行为，其次，在已签署内部管理协议的前提下，合力金桥公司于2015年5月15日向爱优递公司偿还200万元借款及其在询证函中确认尚欠爱优递公司2400万元的事实，可以认定合力金桥公司认可其系涉案借款的债务人，而非曹某个人。故对合力金桥公司的该项辩称该院亦不予采信。合力金桥公司还辩称，涉案款项系爱优递公司、曹某利用爱优递公司及其关联公司转移合力金桥公司利润的行为，但就此并未提交有效证据予以证明，该院对此不予采信。合力金桥公司还辩称，根据合力金桥公司章程的规定，公司对外借款应经董事会一直通过，否则对外签署的借款合同无效。该院认为，该规定系公司内部决议程序，不能约束第三人，故该院对该项答辩意见亦不予采信。故爱优递公司主张合力金桥公司偿还借款本金2400万元的诉讼请求，有事实及法律依据，该院予以支持。综上，该院依照《中华人民共和国民法通则》第九十条及《中华人民共和国合同法》第八条、第一百零七条、第二百零六条之规定，判决：合力金桥公司于判决生效之日起10日内偿还爱优递公司借款本金2400万元。

一审判决后，合力金桥系统公司提起上诉。

【裁判结论】

北京市第一中级人民法院于2017年10月31日，作出(2017)京01民终7379号民事判决：驳回上诉，维持原判。

【裁判观点】

本案系爱优递公司依据六份《借款合同》、询证函等证据以民间借贷纠纷为由起诉合力金桥公司，请求其对爱优递公司承担还款义务。通观本案当事人的诉辩意见，本案二审期间的争议焦点有二：涉案《借款合同》的效力认定问题；本案债务应否由合力金桥公司承担的问题。

第一，关于涉案六份《借款合同》的效力认定问题。合力金桥公司上诉主张,涉案六份《借款合同》系曹某与爱优递公司恶意串通形成,目的是损害合力金桥公司的合法权益,因此应当被认定为无效合同。法院认为,《合同法》第52条规定:“有下列情形之一的,合同无效……(二)恶意串通,损害国家、集体或者第三人利益……”最高人民法院《关于适用〈中华人民共和国民事诉讼法〉的解释》第90条规定:“当事人对自己提出的诉讼请求所依据的事实或者反驳对方诉讼请求所依据的事实,应当提供证据加以证明,但法律另有规定的除外。在作出判决前,当事人未能提供证据或者证据不足以证明其事实主张的,由负有举证证明责任的当事人承担不利的后果。”根据上述法律、司法解释的规定,合力金桥公司主张涉案《借款合同》无效,应就曹某与爱优递公司存在恶意串通行为并造成合力金桥公司损失的事实承担举证责任,现合力金桥公司未就此提交证据加以证明,应当承担举证不能的法律后果,故法院对合力金桥公司的此点上诉理由,不予采信。法院认为,合力金桥公司与爱优递公司签署的涉案六份《借款合同》均系双方当事人真实意思表示,未违反法律、行政法规的强制性规定,当属合法有效。

第二,关于涉诉债务应否由合力金桥公司承担的问题。合力金桥公司主张,根据《内部管理协议》的约定,涉诉债务应由案外人曹某承担。法院认为,首先,案涉六份《借款合同》的签订主体系爱优递公司与合力金桥公司,《借款合同》中明确写明借款人为合力金桥公司,而非曹某个人。其次,《内部管理协议》写明曹某担任合力金桥公司总经理的委任期限自2011年3月1日起至2014年2月28日止,委任管理期内合力金桥公司的债务由曹某负担,但案涉的借款中有部分借款发生在2015年,不在《内部管理协议》中约定的曹某之委任期限内。最后,案涉借款发生后,合力金桥公司向爱优递公司偿还借款本金200万元,并于2015年应爱优递公司发出的《询证函》要求确认借款数额并加盖公章,根据上述实际还款行为、确认债务的行为,可以认定合力金桥公司同意对爱优递公司的案涉债务承担还款责任。虽然合力金桥公司主张上述还款、确认债务的行为均系曹某个人擅自操作并非合力金桥公司的真实意思表示,但其未就此提交证据,故法院对其此点主张不予认可。综合上述内容,法院认为,合力金桥公司主张案涉债务应由案外人曹某个人承担的上诉理由没有事实及法律依据,法院不予支持。

法官评析

最高人民法院《关于审理民间借贷案件适用法律若干问题的规定》第 1 条规定："本规定所称的民间借贷，是指自然人、法人、其他组织之间及其相互之间进行资金融通的行为。"第 11 条规定："法人之间、其他组织之间以及它们相互之间为生产、经营需要订立的民间借贷合同，除存在合同法第五十二条、本规定第十四条规定的情形外，当事人主张民间借贷合同有效的，人民法院应予支持。"根据上述司法解释的规定，法人、其他组织之间，为了自身生产经营的需要形成的民间借贷法律关系应当被认定为有效。对于此类民间借贷法律关系效力认定，除去民间借贷法律关系效力认定的基础构成要件外，还应当着重审查以下几个方面：

第一，对于借款目的的审查须以为自身生产经营为限。是否用于公司生产经营的审查可以通过对各方签署的借款合同的内容进行判定，例如，在借款合同中明确约定款项用于购买设备、公司经营、扩大再生产等；也可以根据款项的具体流转过程进行判定；还可以通过借款的数额、交易方式等来判定。

第二，对于法律、司法解释明确规定的无效情形应当严格把控。最高人民法院《关于审理民间借贷案件适用法律若干问题的规定》第 14 条规定："具有下列情形之一的，人民法院应当认定民间借贷合同无效：(一)套取金融机构信贷资金又高利转贷给借款人，且借款人事先知道或者应当知道的；(二)以向其他企业借贷或者向本单位职工集资取得的资金又转贷给借款人牟利，且借款人事先知道或者应当知道的；(三)出借人事先知道或者应当知道借款人借款用于违法犯罪活动仍然提供借款的；(四)违背社会公序良俗的；(五)其他违反法律、行政法规效力性强制性规定的。"根据上述司法解释的规定，对于上述四项违反司法解释的民间借贷合同，应当依法认定无效。

第三，对待经常性借款的效力认定须谨慎处理。实践中可能会发生某一法人或其他组织，其未获取国家金融许可证，但其却以对外放贷获取利息为业，对于此类扰乱国家金融秩序的民间借贷合同的效力应当认定无效。

【裁判依据】

最高人民法院《关于审理民间借贷案件适用法律若干问题的规定》第1条、第11条、第14条

【关联案例】

一、长江投资中心与哈尔滨汇雄公司民间借贷纠纷案

[案号] (2018)最高法民终934号

[案情] 长汇投资中心以民间借贷纠纷为由起诉哈尔滨汇雄公司,请求判令哈尔滨汇雄公司偿还借款本金1.8亿元及利息。2014年12月26日,长汇投资中心(委托人)与哈尔滨汇雄公司(借款人)、内蒙古银行(受托人)签订编号为内银哈分和(委借)字〔2014〕第001号《委托贷款借款合同》,约定:长汇投资中心委托内蒙古银行向哈尔滨汇雄公司提供借款3.3亿元,借款期限自2014年12月26日至2015年12月25日,借款实际发放金额和期限以借据为准。借款利率为月18‰,自受托人划拨贷款之日起计息,按月结息。后哈尔滨汇雄公司到期未予偿还借款。哈尔滨汇雄公司在诉讼中主张企业间借贷应属无效,故不应当偿还利息。

[简要分析] 法人、其他组织之间为了生产经营需要所形成的民间借贷法律关系,不存在《合同法》第52条规定的合同无效的情形的,应当认定合法有效。

二、闽成公司与西钢公司、刘某民间借贷纠纷案

[案号] (2019)最高法民终133号

[案情] 原告闽成公司以民间借贷纠纷为由起诉被告西钢公司、第三人刘某,请求判令被告西钢公司偿还借款本金1,059,244,471.52元及利息。2013年5月7日,刘某与西钢公司签署借款协议,约定刘某向西钢公司出借4500万元并约定利息,刘某通过闽成公司账户向西钢公司出借款项。后刘某将上述债权转让给闽成公司并通知西钢公司。借款到期后西钢公司未偿还借款,故闽成公

司提起诉讼。

［简要分析］ 法人、其他组织之间为了生产经营需要所形成的民间借贷法律关系，不存在《合同法》第52条规定的合同无效的情形的，应当认定合法有效。

（撰写人：孙　鑫）

02

职业放贷行为无效

——叶某某与吴某某民间借贷纠纷案

裁判规则

未依法取得放贷资格的以民间借贷为业的自然人从事的民间借贷行为，应当依法认定无效。同一出借人在一定期间内多次反复从事有偿民间借贷行为的，一般可以认定为是职业放贷人。

案　情[1]

2015年5月26日，原告叶某某与被告吴某某签订《借据》一份，载明：本人吴某某因资金周转，今借到叶某某30,000港元，于2016年5月19日还清，如到期未还，本人愿意在偿还本金及利息的同时，愿意承担由此引起的诉讼费、律师费、交通费等相关追偿费用。

后由于被告吴某某没有按照约定履行还款义务，原告向法院提起诉讼，请求：1. 判令被告向原告偿还借款本金30,000港元以及逾期付款利息3900港元（此处为暂计，以30,000港元为基数，按照中国人民银行同期贷款利率，自2016年5月20日起计至实际付清之日止）；2. 判令被告支付原告律师费人民币5000元；3. 判令被告承担本案全部诉讼费用。被告吴某某认为：被告收到的款项是27,000港元，还了三个月利息，每个月3000港元；被告是通过朋友介绍到“莲姐”那里借款，后经“莲姐”介绍，被告是在叶某锋处借款，被告认为应该是叶某锋借款给被告。

---

〔1〕（2018）粤0491民初1139号。

庭审中，原告叶某某陈述称，在经手人办理手续后，原告补签《借据》中出借人处姓名“叶某某”；在珠海吉大翼龙优商务有限公司（现名为珠海华想商务服务有限公司）由原告哥哥叶某锋向被告实际支付27,000港元，已扣除了3000港元，其中900港元是利息，2100港元是中介费给了张某某；口头约定月利率3%，即每月900港元；被告所称的“莲姐”就是张某某；原告没有委托张某某向被告收取款项，也没收到过张某某转交还款。

庭审中，被告吴某某陈述称：被告因需要资金周转，通过朋友“心姐”介绍到“莲姐”处借款，后经“莲姐”介绍在叶某锋处借款；签订涉案《借据》时，出借人处是空白的，“叶某某”是事后补填的，被告认为叶某锋系涉案款项的出借人；被告认可《借据》中被告签名的真实性；被告收到的款项为27,000港元；涉案款项口头约定的利息为月息3000港元，第一个月的利息是直接扣的，此后的利息，全部以现金方式交给被告的朋友“心姐”，再由“心姐”交给“莲姐”，被告还了三个月的利息，“莲姐”并未出具收款收据。

另查明，原告以其向含本案被告在内的24人出借款项为由，向法院提起23宗民间借贷纠纷之诉案，案号分别为（2018）粤0491民初1135－1157号。2018年12月5日，经法院释明，原告同意以民间借贷无效为由主张本案诉请。庭审中，双方当事人均选择我国内地法律作为审理本案的准据法。

【裁判结论】

广东省珠海横琴新区人民法院于2018年12月10日，作出（2018）粤0491民初1139号民事判决：1. 被告吴某某于本判决发生法律效力之日起七日内向原告叶某某返还借款本金27,000港元及利息（以27,000港元为基数，从2016年5月20日起，按中国人民银行同期贷款利率计付至款项还清之日止）；2. 驳回原告叶某某的其他诉讼请求。

【裁判观点】

广东省珠海横琴新区人民法院认为：被告吴某某系澳门特别行政区居民，本案为涉澳民间借贷纠纷，应参照适用我国有关涉外民事诉讼的特别规定。《涉外民事关系法律适用法》第41条规定：“当事人可以协议选择合同适用的法律。当事人没有选择的，适用履行义务最能体现该合同特征的一方当事人经常居所地法律或者其他与该合同有最密切联系的法律。”经双方当事人协商一致,本案应适用我国内地法律作为解决本案争议的准据法。

关于合同效力。根据本案查明的事实,原告共向含本案被告在内的24人出借资金,出借款项对象主体众多。原告通过向社会不特定对象提供资金以赚取高额利息,出借行为具有反复性、经常性,借款目的也具有营业性,未经批准,擅自从事经常性的贷款业务,属于从事非法金融业务活动。《中华人民共和国银行业监督管理法》第19条规定:“未经国务院银行业监督管理机构批准,任何单位和个人不得设立银行业金融机构或者从事银行业金融机构的业务活动”,该强制性规定直接关系国家金融管理秩序和社会资金安全,事关社会公共利益,属于效力性强制性规定。根据《合同法》第52条第5项关于“有下列情形之一的,合同无效……(五)违反法律、行政法规的强制性规定”以及最高人民法院《关于适用〈中华人民共和国合同法〉若干问题的解释(二)》第14条关于“合同法第五十二条第(五)项规定的‘强制性规定’,是指效力性强制性规定”的规定。金融业务活动系国家特许经营业务,原告作为自然人并不具有从事金融业务的资质,应认定案涉借款合同无效。

根据《合同法》第58条之规定,“合同无效或者被撤销后,因该合同取得的财产,应当予以返还;不能返还或者没有必要返还的,应当折价补偿。有过错的一方应当赔偿对方因此所受到的损失,双方都有过错的,应当各自承担相应的责任”,因涉案借款合同无效,被告因此所取得的借款,应予返还,利息应按人民银行规定的同期贷款基准利率予以保护。

关于被告吴某某所实际收到的款项,原告确认其扣除3000港元后,向被告实际支付27,000港元,被告亦对此予以确认,故法院认定被告实际收到的款项为27,000港元,应向原告返还,并应自2016年5月20日起按中国人民银行同期贷款利率计付利息。

另,被告吴某某抗辩称其已其向案外人张某某支付借款利息3笔(每笔3000港元)。法院认为,其一,被告并无证据证实其向张某某支付利息的事实,依法应承担举证不能的不利后果;其二,被告亦未举证证实原告曾委托张某某代收款项或利息之事实,即使被告向张某某支付上述利息属实,被告所支付款项也应属于被告同案外人张某某之间的法律关系,与原告无关,故被告的该项抗辩不能成立。

法官评析

本案是关于职业放贷人放贷行为无效的典型案例。

一、职业放贷人的认定

职业放贷人问题由来已久,近年来越发凸显。由于各地法院的认定标准不同,在司法实践中地域特征明显。2019 年 7 月,最高人民法院审判委员会刘贵祥在全国法院民商事审判工作会议上的讲话,再次提到了"职业放贷人"的认定和合同效力,其中表述为"要考虑出借行为是否具有经常性、出借资金是否为自有资金等因素综合认定某一出借人是否为职业放贷人,依法认定以高息放贷为业的职业放贷人签订的借贷合同无效"。

2019 年 11 月发布的《全国法院民商事审判工作会议纪要》第 53 条规定:"未依法取得放贷资格的以民间借贷为业的法人,以及以民间借贷为业的非法人组织或者自然人从事的民间借贷行为,应当依法认定无效。同一出借人在一定期间内多次反复从事有偿民间借贷行为的,一般可以认定为是职业放贷人。民间借贷比较活跃的地方的高级人民法院或者经其授权的中级人民法院,可以根据本地区的实际情况制定具体的认定标准。"

二、法律支持及推理路径

关于借贷合同无效的法律依据主要为《合同法》第 52 条和最高人民法院《关于审理民间借贷案件适用法律若干问题的规定》第 14 条。《合同法》第 52 条规定:"有下列情形之一的,合同无效:(一)一方以欺诈、胁迫的手段订立合同,损害国家利益;(二)恶意串通,损害国家、集体或者第三人利益;(三)以合法形式掩盖非法目的;(四)损害社会公共利益;(五)违反法律、行政法规的强制性规定。"最高人民法院《关于审理民间借贷案件适用法律若干问题的规定》第 14 条规定:"具有下列情形之一,人民法院应当认定民间借贷合同无效:(一)套取金融机构信贷资金又高利转贷给借款人,且借款人事先知道或者应当知道的;(二)以向其他企业借贷或者向本单位职工集资取得的资金又转贷给借款人牟利,且借款人事先知道或者应当知道的;(三)出借人事先知道或者应当知道借款人借款用于违法犯罪活动仍然提供借款的;(四)违背社会公序良俗的;(五)其他违反法律、行政法规效力性强制性规定的。"

职业放贷行为具体违反的是哪项呢?笔者认为,主要是对政府的金融秩序造成冲击，容易带来金融风险。《银行业监督管理法》第19条规定："未经国务院银行业监督管理机构批准，任何单位或者个人不得设立银行业金融机构或者从事银行业金融机构的业务活动。"《非法金融机构和非法金融业务活动取缔办法》第4条规定："本办法所称非法金融业务活动，是指未经中国人民银行批准，擅自从事的下列活动……（三）非法发放贷款……"由此来看，具体是依据《银行业监督管理法》第19条，职业放贷行为违反了"法律、行政法规效力性强制性规定"，应当认定为无效。

【裁判依据】

1.《中华人民共和国合同法》第52条

2.《中华人民共和国银行业监督管理法》第19条

3.《非法金融机构和非法金融业务活动取缔办法》第4条

【关联案例】

陈某某与陆某、张某某等债权转让合同纠纷案

［案号］ （2018）苏1283民初10279号

［案情］ 陆某向杨某某借款80,000元，月利率1.25%，借期自2018年1月5日起至2018年7月5日止，借款以转账方式进行交付。同日，张某某向杨某某出具连带责任担保书一份。2018年9月25日，杨某某与陈某某签订债权转让协议一份。陈某某将陆某、张某某起诉至法院。经查，杨某某以及杨某某的公司涉及职业放贷人，从被告目前在裁判文书网上查询的杨某某以及他的公司已经涉及十几起案件，与本案的形式是一致的。

［简要分析］ 违反法律、行政法规的强制性规定的合同无效。本案原告陈某某基于第三人杨某某转让的民间借贷债权向本案诸被告主张权利，但结合第三人杨某某涉诉、使用格式借条、借款交付、收取平台费用等情况，可以认定第三人杨某某为职业放贷人。第三人杨某某未经批准擅自从事经常性的贷款业务，属于从事非法金融业务活动。《银行业监督管理法》第19条规定："未经国务院银行业监督管理机构批准，任何单位或者个人不得设立银行业金融机构或者从

事银行业金融机构的业务活动。”该条属于效力强制性规定。因此，根据《合同法》第52条第5项的规定，案涉第三人杨某某与被告陆某之间的借贷合同无效。主合同无效，从合同亦无效，故被告张某某与第三人杨某某之间的担保合同亦应无效。《合同法》第五十八条规定：“合同无效或者被撤销后，因该合同取得的财产，应当予以返还；不能返还或者没有必要返还的，应当折价补偿。有过错的一方应当赔偿对方因此所受到的损失，双方都有过错的，应当各自承担相应的责任。”因案涉借款合同为无效合同，被告陆某应返还依据合同取得的借款款项。作为担保人的被告张某某如有过错，亦需对被告陆某不能返还的款项承担部分责任。

（撰写人：郭　帅）

03

小额贷款公司违规放贷对合同效力的影响

——白某、道某与百度小贷公司民间借贷纠纷案

裁判规则

小额放贷公司可以依照相关法律、法规及政策的规定发放贷款并收取相应的利息,尽管其行为可能违反了相关行政监管政策的规定,但规定小额贷款公司不能超额度、跨区域发放贷款是为了有效进行行政管理和控制小额贷款公司行业风险,并不涉及平等民事主体之间的私法关系,故小额贷款公司违反相关管理规定超额度、跨区域经营贷款业务,属于违反行政管理规定的行为,依法应当承担相应的行政责任,但是行政责任的承担并不影响借款合同的效力。

案　情[1]

白某与道某系夫妻关系,由于资金紧张向百度小贷公司进行借款。百度小贷公司系经批准从事各项贷款、票据贴现、资产转让等业务的公司。其中各项贷款与票据贴现业务可通过线上在全国范围内开展。

(2017)京国信内经证字第10911号公证书载明:“百度小贷公司与白某、道某于二〇一七年十二月二十五日向本处申请办理前面的《抵押借款合同》公证并赋予其强制执行效力。”“依据上述事实,兹证明申请人双方于二〇一七年十二月二十五日来到我处,签订了前面的《抵押借款合同》,双方当事人的签约行为符合《中华人民共和国民法总则》第一百四十三条的规定,该《抵押借款合同》的内容符合《中华人民共和国合同法》的有关规定。依据《中华人民共和国民事

[1] (2019)京01民终1805号。

诉讼法》第二百三十八条、《中华人民共和国公证法》第三十七条和《最高人民法院司法部中国银监会关于充分发挥公证书的强制执行效力服务银行金融债权风险防控的通知》的有关规定，自前面的《抵押借款合同》生效及双方债权债务形成之日起，本公证书具有强制执行效力。”

《抵押借款合同》约定：借款金额为71万元整，借款期限为12个月，实际借款期限自出借人银行转账之日起算，以“百度钱包App”房抵贷界面展示的还款计划为准。借款利率为0.85%/月，利息的支付时间以“百度钱包App”房抵贷界面展示的还款计划为准。同时，借款人以白某所有的坐落于北京市石景山区杨庄小区52号楼3层4单元302号的房屋为上述借款提供担保。

关于借款发放，《抵押借款合同基本条款》第2条约定，满足相应条件时，借款人可通过“百度钱包App”房抵贷界面发起借款发放申请。第5条约定，出借人通过北京百付宝科技有限公司的账户向借款人指定的账户发放借款。第7条约定，出借人有权通过外包催收的方式对借款人和抵押人进行催收。关于公告费，《抵押借款合同基本条款》第14条第3款约定，因本合同项下抵押房产办理评估、抵押登记所涉及的评估费、抵押费，由抵押人承担。因本合同涉及办理见证、公证或其他委托第三方提供服务的事项，相关费用由委托人自行承担；如出借人和借款人/抵押人等任何一方作为共同委托人的，则各承担50%。

办理上述公证后，百度小贷公司依约向白某支付71万元款项，现白某已经按照约定分十一次向百度小贷公司支付利息69,905.3元，现还款期限尚未届满。白某、道某认为百度小贷公司采用线下形式开展放贷业务，违反了其业务范围，故主张涉案借款合同无效，并主张百度小贷公司返还白某、道某支付的上述利息。

一审庭审中，白某、道某主张上述公证书系由北京百乘科技有限公司（以下简称百乘公司）代替百度小贷公司与借款人办理，百度小贷公司则认为其与百乘公司成立的是居间关系，并非白某、道某主张的代理关系。白某、道某提交的转账记录载明，2017年12月25日向百乘公司转账3730元，备注为公证费。百度小贷公司则主张公证费应该由出借人支付，发票应该由出借人向公证机构索取。关于公证费用，百度小贷公司认为应该以公证机构的收费标准收取，数额认可白某、道某主张的2130元。

关于还款保证金41,535元，白某、道某主张已经交付百乘公司，百度小贷公司则认为其没有收取白某、道某支付的还款保证金，故不应该承担返还义务。

二审中，补充查明以下事实：白某、道某认可就本案借款在网上进行填报、申请放款。

白某、道某向一审法院起诉请求：1. 确认《抵押借款合同》无效；2. 百度小贷公司退还白某、道某多交纳的公证费 1600 元，并向白某、道某交付 2130 元公证费发票；3. 百度小贷公司退还白某、道某交纳的还款保证金 41, 535 元；4. 百度小贷公司返还白某、道某交纳的利息 69, 905. 3 元。

北京市石景山区人民法院认为：首先，白某、道某与百度小贷公司之间签订的《抵押借款合同》系双方真实意思表示并已经过公证处进行公证，且不违反国家法律、行政法规的强制性规定，应属有效。双方应该依约履行各自的义务。百度小贷公司已经按照约定向借款人履行交付款项的义务，借款人亦已经按约支付利息。现借款人以出借人违反规定采取线下方式向借款人出借款项，应当认定借款合同无效并返还利息的主张，缺乏事实及法律依据，该院不予支持。

其次，关于白某、道某主张的返还公证费 1600 元并交付 2130 元公证费发票的诉讼请求，该院认为由于《抵押借款合同》对公证费的负担有明确约定，借款人与出借人作为共同委托人应该各自负担 50% 的公证费用。由于双方均认可公证费用为 2130 元，则双方应各承担 1065 元。关于公证费发票，由于百度小贷公司自认并未履行交纳公证费的义务，则借款人请求百度小贷公司向其交付 2130 元公证费发票的主张，该院不予支持。

最后，借款人主张的交付给百乘公司的还款保证金 41, 535 元，由于不能证明系由百度小贷公司收取，故该院对该项诉讼请求亦不予支持。

北京市石景山区人民法院依照《中华人民共和国合同法》第六十条、最高人民法院《关于民事诉讼证据的若干规定》第二条之规定，作出（2018）京 0107 民初 25625 号判决：1. 百度小贷公司于判决生效后 10 日内支付白某、道某公证费 1065 元；2. 驳回白某、道某的其他诉讼请求。

白某、道某上诉请求：1. 确认百度小贷公司与白某、道某签订的《抵押借款合同》无效；2. 百度小贷公司返还白某、道某交纳的利息 69, 905. 3 元和保证金 41, 535 元。

【裁判结论】

北京市第一中级人民法院于2019年3月20日，作出(2019)京01民终1805号民事判决：驳回上诉，维持原判。

【裁判观点】

北京市第一中级人民法院认为：白某、道某上诉主张，《抵押借款合同》不是白某、道某真实意思表示，且百度小贷公司超范围经营线下贷款业务，违反法律法规的禁止性规定，《抵押借款合同》应属无效，并要求百度小贷公司返还其缴纳的保证金和利息。

经询问，白某、道某认可在网上进行填报、申请放款，但认为入户调查、签署抵押合同并进行公证、办理抵押登记等均是线下进行，属于线下业务。对此法院认为，白某、道某进行线上申报，符合线上业务的基本特征。百度小贷公司作为依法成立的小额贷款公司，其可以依照相关法律、法规及政策的规定发放贷款并收取相应的利息，尽管其行为可能违反了相关行政监管政策的规定，但规定小额贷款公司不能超额度、跨区域发放贷款是为了有效进行行政管理和控制小额贷款公司行业风险，并不涉及平等民事主体之间的私法关系，故小额贷款公司违反相关管理规定超额度、跨区域经营贷款业务，属于违反行政管理规定的行为，依法应当承担相应的行政责任，但是行政责任的承担并不影响借款合同的效力。白某、道某关于百度小贷公司超范围经营，借款合同无效及以合同无效为由要求返还已付借款利息的上诉理由没有法律依据，法院不予支持。另，因百度小贷公司未收取白某、道某的保证金，白某、道某要求百度小贷公司返还保证金，缺乏事实和法律依据，法院亦不予支持。

关于白某、道某上诉认为《抵押借款合同》并非其真实意思表示的问题，法院认为，白某、道某签署上述合同，并在公证机关办理了公证，亦依约履行付息义务，其提供的现有证据不足以证明系被欺骗、胁迫签署《抵押借款合同》，法院不予采信。

综上，法院依法予以维持。

法官评析

本案系小额贷款公司与自然人之间的民间借贷纠纷，借款人主张小额贷款公司涉嫌违规放贷,借款合同无效,故本案争议焦点在于小额贷款公司是否适用民间借贷法律规定,以及其违规放贷是否影响合同效力。

一、小额贷款公司放贷是否属于民间借贷

最高人民法院《关于审理民间借贷案件适用法律若干问题的规定》第1条即规定其适用范围,即"本规定所称的民间借贷,是指自然人、法人、其他组织之间及其相互之间进行资金融通的行为。经金融监管部门批准设立的从事贷款业务的金融机构及其分支机构,因发放贷款等相关金融业务引发的纠纷,不适用本规定"。判断小额贷款公司是否属于不适用民间借贷规定的"经金融监管部门批准设立的从事贷款业务的金融机构及其分支机构"、其发放贷款的行为的性质是否属于民间借贷,是认定其签订合同效力的基础。

第一,依据相关规定,在应然层面,小额贷款公司不属于被民间借贷排除的主体范畴。

首先,在小额贷款公司的设立批准层面,其不属于需经金融监管部门批准设立的机构。2008年银监会与人民银行共同发布的《关于小额贷款公司试点的指导意见》规定:"申请设立小额贷款公司,应向省级政府主管部门提出正式申请,经批准后,到当地工商行政管理部门申请办理注册登记手续并领取营业执照。"且中国人民银行发布的《金融机构编码规范》明确了金融监管当局为银监会、证监会和保监会。故小额贷款公司设立须经政府主管部门批准,不属于经金融监管部门批准的情形。

其次,在金融机构的范围层面,小额贷款公司不属于金融机构。《金融许可证管理办法》第3条规定了金融机构的范围,即"金融机构包括政策性银行、商业银行、农村合作银行、城市信用社、农村信用社、村镇银行、贷款公司、农村资金互助社、金融资产管理公司、信托公司、企业集团财务公司、金融租赁公司、汽车金融公司、货币经纪公司等"。《中国银行业监督管理委员会非银行金融机构行政许可事项实施办法》第2条亦对非银行金融机构作出了界定:"本办法所称非银行金融机构,包括经银监会批准设立的信托公司、企业集团财务公司、金融租赁公司、汽车金融公司、货币经纪公司、境外非银行金融机构驻华代表处等机构"。依据上述规定,金融机构的范畴不含小额贷款公司。

第二，依据现有案例，在实然层面，小额贷款公司放贷适用民间借贷法律规范。

最高人民法院在（2016）最高法民申 2827 号（富登小额贷款北分公司诉陈某胜、马某辉等）等案件中已经明确，小额贷款公司是经金融主管部门批准设立的，具备贷款发放的资格，但其性质并不是金融机构，并不属于不适用民间借贷法律规定的情形。

二、小额贷款公司违规放贷对合同效力的影响

小额贷款公司违规放贷在实践中一般包含超出经营范围放贷、未在规定地域放贷、未以规定形式放贷等情形，本案中即涉及未以规定形式放贷。一般认为，只要其行为不涉及《合同法》第 52 条规定的合同无效情形，即不必然导致合同无效。

基于对当事人意思自治的尊重，以及契约严守原则，《合同法》第 52 条对认定合同无效情形予以限制："（一）一方以欺诈、胁迫的手段订立合同，损害国家利益；（二）恶意串通，损害国家、集体或者第三人利益；（三）以合法形式掩盖非法目的；（四）损害社会公共利益；（五）违反法律、行政法规的强制性规定"。即仅出现以上情形时才可认定合同无效。显然，超出经营范围放贷、未在规定地域放贷、未以规定形式放贷仅涉及违反行政规章，并不属于上述合同无效情形之列，应不影响合同效力，仅涉及管理性规定对小额贷款公司的处罚。

【裁判依据】

1.《中华人民共和国合同法》第 52 条

2. 最高人民法院《关于适用〈中华人民共和国合同法〉若干问题的解释（一）》第 10 条

3. 最高人民法院《关于审理民间借贷案件适用法律若干问题的规定》第 1 条

（撰写人：韩悦蕊）

04

高利转贷行为的认定与规制

——朱某一、陆某与朱某二民间借贷纠纷案

裁判规则

民间借贷中，出借人的资金必须是自有资金。出借人从金融机构套取信贷资金后，再高利转贷他人的借贷合同无效。出借人因高利转贷行为获取的违法所得数额较大时，可能同时触犯《刑法》第175条的规定，构成高利转贷罪。人民法院审理相关案件时，应根据法律规定，对涉刑线索予以移送。

案　情[1]

朱某一与朱某二系兄弟关系，朱某一与陆某系夫妻关系。2011年至2013年11月，朱某一、陆某多次向朱某二借款，总额超过1000万元，分别写有借据。开始借款利息均为1.5%/月，后双方口头约定改为1.25%/月。期间朱某一、陆某偿还了部分借款及利息（双方销毁了相应部分的借据），但至今仍有400万元未还。朱某二经多次催讨未果，故诉至法院。诉讼中，朱某一主张，朱某二于2011年12月23日在交通银行北京分行套取400万元银行贷款支付至陆某账户内，约定年利率18%。根据最高人民法院《关于审理民间借贷案件适用法律若干问题的规定》第14条第1款规定，应当认定民间借贷合同无效。且朱某一、陆某现已支付朱某二8,074,629万元款项，其中包括借款本、息。若本案已经支付利息数额属实，可以确定违法数额巨大，朱某二行为涉嫌构成高利转贷罪，应移送公安机关处理。

一审法院经审理认为，朱某二与朱某一、陆某间的民间借贷关系，系双方当

[1] （2018）京01民终6565号。

事人的真实意思表示，且借贷内容未违反法律法规的强制性规定，应属有效，具有法律约束力。

一审法院于2017年11月25日作出(2015)海民(商)初字第25865号判决：1. 朱某一、陆某于本判决生效后10日内偿还朱某二借款本金400万元及利息(自2014年5月1日起至借款本金付清之日止，按照月息1.25%标准计算)；2. 驳回朱某一、陆某的反诉请求。

【裁判结论】

北京市第一中级人民法院于2018年9月17日，作出(2012)一中民终字第11939号民事裁定：1. 撤销一审判决；2. 驳回朱某二的诉讼请求；3. 驳回朱某一、陆某的反诉请求。

【裁判观点】

北京市第一中级人民法院认为：朱某二以民间借贷纠纷为诉因提起本案诉讼，要求朱某一、陆某偿还未按约偿还的借款400万元及利息(自2014年5月1日起至借款本金400万元还清之日，按月息1.25%计算)。朱某一、陆某辩称，朱某二在2011年12月23日自交通银行北京分行芳群园支行套取400万元贷款，并当即以房贷的名义支付至陆某账户，约定年利率18%，朱某二的行为明显系套取金融机构资金并高利转贷他人，因此，本案借款合同无效，朱某一、陆某基于诉争合同项下已支付的8,074,629万元，朱某二应当予以返还。依照最高人民法院《关于在审理经济纠纷案件中涉及经济犯罪嫌疑若干问题的规定》第11条的规定，人民法院作为经济纠纷受理的案件，经审理认为不属经济纠纷案件而有经济犯罪嫌疑的，应当裁定驳回起诉，将有关材料移送公安机关或检察机关。根据本案审理过程中形成的卷宗材料可知，朱某二系以购买陆某名下某处房产的名义，向银行贷款400万元，但陆某明确自己并无该套涉案房产，亦未与朱某二存在真实的房屋买卖关系；况且，朱某一、陆某与朱某二约定的400万元借款的年利率为18%，远高于朱某二从银行贷款利率，故本案当事人具有伪造房产证书等材料进行骗贷和高利转贷的嫌疑，本案与其涉嫌的经济犯罪具备高度的关联性。

法官评析

近年来，随着国际金融危机、欧债危机与国内经济结构调整给我国经济带来的冲击与影响，金融创新与金融风险同时集中地反映在商事审判领域。合同作为市场化配置资源的主要方式，人民法院在审理合同纠纷时，坚持的原则是鼓励交易、充分尊重当事人意思自治，但合同的效力判定本身即是利益衡量的问题，倘若该合同内容涉及金融安全、市场秩序、国家宏观政策等公序良俗时，我们则需要审慎考量。

民间借贷中，出借人的资金必须是自有资金。出借人套取金融机构信贷资金又高利转贷给借款人的民间借贷行为，既增加了融资成本，又扰乱了信贷秩序，根据最高人民法院《关于审理民间借贷案件适用法律若干问题的规定》第14条第1项的规定，应当认定此类民间借贷行为无效。第九次《全国法院民商事审判工作会议纪要》明确，人民法院在适用该条规定时，应当注意把握以下几点：一是要审查出借人的资金来源。借款人能够举证证明在签订借款合同时出借人尚欠银行贷款未还的，一般可以推定为出借人套取信贷资金，但出借人能够举反证予以推翻的除外；二是从宽认定“高利”转贷行为的标准，只要出借人通过转贷行为牟利的，就可以认定为是“高利”转贷行为；三是对该条规定的“借款人事先知道或者应当知道的”要件，不宜把握过苛。实践中，只要出借人在签订借款合同时存在尚欠银行贷款未还事实的，一般可以认为满足了该条规定的“借款人事先知道或者应当知道”这一要件。

【裁判依据】

1. 最高人民法院《关于审理民间借贷案件适用法律若干问题的规定》第14条

2. 最高人民法院《关于在审理经济纠纷案件中涉及经济犯罪嫌疑若干问题的规定》第11条

3.《中华人民共和国民事诉讼法》第170条第1款第2项

（撰写人：杨　力）

05

保证人涉嫌非法吸收公众存款的保证合同效力认定

——姬某与张某民间借贷纠纷案

裁判规则

非法吸收公众存款罪属于违反市场准入类犯罪，参与非法吸收公众存款的主体可以体现为法人、非法人组织和自然人，在同一起非法吸收公众存款案件中，组织和实施非法吸收公众存款的嫌疑人可能涉及诸多主体，表现为一种有组织、有分工的犯罪行为，其中部分嫌疑人并非非吸行为的组织者，而是积极参与者，在借款无法清偿的情况下，往往出于各种考虑向出借人作出承担保证责任或清偿责任的承诺，该种承诺不因承诺人的嫌疑人身份而被认定为无效，在借款合同有效，以及承诺不存在其他应被认定为无效的情况下，承诺人应承担民事责任。

案　情[1]

2016 年 9 月 7 日，A 公司(甲方)与姬某(乙方)签订《借款协议书》，协议书中约定甲乙双方就甲方向乙方借款，用于集团旗下项目建设。甲方向乙方借款的金额为 20 万元整，借款期限为一年，自 2016 年 9 月 7 日起至 2017 年 9 月 6 日止。甲方向乙方借款，按照借款金额的 14% 计 2.8 万元支付年利息，满整年到期 5 个工作日内支付一次。借款期满 5 个工作日内本金利息一次性还清。关于违约责任，双方约定，在协议有效期内，甲乙双方均不得要求提前或延期解除协

---

[1] (2019)京 01 民终 5665 号。

议(如遇法定节假日顺延),如有违反,违约方须按借款金额的8%作为违约金赔付给守约方。A公司在甲方处盖合同专用章,姬某在乙方处签字。同日,A公司出具收据,确认收到20万元,收款方式:续,收款事由:筹建资金(一年期)。

同日,张某、杨某签署《担保书》,为A公司就借款事宜提供担保,担保姬某借给A公司的20万元整的本金与利息于合同期满日准时如数一次性归还。《担保书》约定如未能按时还本付息,从延误之日起由担保人负责按本金与利息总额的8%作为违约金给予赔付。担保如违约,担保人愿以公司的直接责任人承担相应责任。张某、杨某在担保人处签字。

2016年10月18日,公安机关作出《立案决定书》,对A公司涉嫌非法吸收公众存款立案侦查。

诉讼中,姬某称本案借款协议系2014年8月11日与A公司签订的借款协议的续签,续签过两次,最早借款本金20万元于2014年8月11日支付给了杨某,之前的借款本金没偿还就转入了下次借款。张某是为本案借款协议提供的担保。借款期满后,A公司未依约还本付息。

二审中,补充查明以下事实:公安机关2019年6月11日作出《取保候审决定书》,载明,张某因涉嫌非法吸收公众存款被取保候审。就张某被取保候审一事,二审法院赴公安机关调阅2019年6月11日针对张某制作的讯问笔录,在该笔录中,张某答称:"我来说明A公司投资的事情。现在该公司涉嫌犯罪,投资人的本金、利息无法返还,我主动来自首";公安机关询问:"你和A公司有何关系?"张某称:"我是该公司清华分部的顾问"。张某主张,其被取保候审就是因为A公司非法集资,本案涉及刑事案件,公安机关出具的《取保候审决定书》所涉及的张某涉嫌非法吸收公众存款罪与A公司刑事案件有一定的关系,但张某并不是因为出具担保合同而被公安机关取保候审;姬某之前确实投过该笔诉争款项,但是现在《担保书》对应的合同都是从之前的款项多次转存过来的,这笔钱是之前的旧债,通过续签合同在本案的合同中体现,姬某没有就本案现在的合同另行支付过款项。

北京市海淀区人民法院认为:《担保书》作为主合同《借款协议书》的从合同,主合同效力影响担保合同效力。张某否认《借款协议书》的真实性,认为与其无关,但认可协议由A公司出具,张某出具的《担保书》中亦对姬某出借A公司的借款金额进行了明确,故该院确认《借款协议书》的真实性。此外,《借款协议书》的债务人A公司因涉及非法吸收公众存款被立案侦查，并不直接影响其与姬某签署的《借款协议书》的效力，《借款协议书》反映了双方当事人的真实意思表示，且内容未违反法律、行政法规的效力性强制性规定，应属有效。《担保书》反映了张某的真实意思表示，张某与姬某之间形成保证合同关系，该法律关系未违反法律、行政法规的效力性强制性规定，应属有效。A公司刑事案件的审理结果不影响对本案的审理。本案的借款已实际发生，《借款协议书》的20万元已经实际出借。张某在《担保书》中未明确保证方式，故保证方式应为连带保证责任，姬某在保证期间内已提起诉讼，故张某的保证责任不能免除。对姬某要求张某偿还借款本金20万元并支付利息的请求，该院予以支持。

北京市海淀区人民法院作出（2018）京0108民初13684号民事判决：1. 张某于判决生效后十日内向姬某偿还借款本金20万元并支付利息（利息以20万元为基数，按照年利率14%，自2016年9月8日起计算至实际支付之日止）；2. 张某于判决生效后10日内向姬某支付违约金18,240元。

【裁判结论】

北京市第一中级人民法院于2019年5月24日，作出（2017）京0108民初53593号民事判决：驳回上诉，维持原判。

【裁判观点】

北京市第一中级人民法院认为：最高人民法院《关于审理民间借贷案件适用法律若干问题的规定》第13条规定："借款人或者出借人的借贷行为涉嫌犯罪，或者已经生效的判决认定构成犯罪，当事人提起民事诉讼的，民间借贷合同并不当然无效。人民法院应当根据合同法第五十二条、本规定第十四条之规定，认定民间借贷合同的效力。担保人以借款人或者出借人的借贷行为涉嫌犯罪或者已经生效的判决认定构成犯罪为由，主张不承担民事责任的，人民法院应当依据民间借贷合同与担保合同的效力、当事人的过错程度，依法确定担保人的民事责任。"本案中，A公司虽因涉嫌非法吸收公众存款被立案侦查，但姬某与A公司签订的《借款协议书》以及张某出具的《担保书》并非当然无效，现张某并未提供证据证明姬某在出借款项时即已得知A公司借款用于违法犯罪活动，亦未提供证据证明《借款协议书》和《担保书》存在应予被认定无效的其他情形，同时，张某认可其被公安机关取保候审并非基于出具案涉《担保书》。一审法院认定《借款协议书》和《担保书》系双方当事人的真实意思表示,且内容未违反法律、行政法规的效力性强制性规定应属有效并无不当。本案,姬某系依据张某出具的《担保书》要求其承担保证责任,与《借款协议书》属不同法律关系,张某依据《担保书》承担保证责任,并非必须以A公司、张某是否存在非法吸收公众存款的事实为依据,故张某关于应中止本案审理的主张缺乏事实和法律依据。

关于张某主张应追加A公司为本案被告一节。《担保书》并未约定张某承担保证责任的方式,故其应就诉争债务承担连带保证责任,姬某有权单独就张某承担保证责任提起本案诉讼,张某主张追加A公司于法无据。张某如对A公司偿还款项数额、还款性质等存在异议,应就此提供证据予以证明,在其未能举证证明的情况下,应承担举证不能的不利后果,一审法院依据《借款协议书》和《担保书》认定诉争债权数额以及张某应承担保证责任的范围并无不当。

诉争《借款协议书》系A公司未能清偿在先合同款项的情况下签订,张某二审诉讼期间亦认可诉争借款姬某之前已实际投入,结合张某出具《担保书》确认对姬某续借的20万元本金和利息进行担保的情况,姬某签订《借款协议书》时未实际交付款项不足以否定诉争债权债务关系存在的事实,一审法院认定姬某已实际出借《借款协议书》项下款项并无不当,张某应依据《担保书》约定的担保范围承担连带保证责任。

法官评析

一、非法吸收公众存款罪中具体借贷合同并非当然无效

民间借贷是非金融机构之间进行资金融通的主要途径,如其概念所示,该等资金融通行为系自发的、非官方的、难以通过国家金融体系调控的金融行为,具有任意性强、规范性差以及不利于监管的特点。特别是在当前国家实行金融行业准入制度的形势下,民间借贷往往游走于金融体制的边缘地带,对金融秩序和经济安全构成一定威胁。主要体现在借款人以非法吸收公众存款、集资诈骗的形式违反从事金融业务,放大经济风险。审判实践中,以民间借贷为表象,实质为未经批准非法吸收或变相非法吸收公众存款的行为并不少见,且已经实际对公民财产安全和国家经济秩序构成影响。非法吸收公众存款行为已被界定为刑事犯罪行为,大量与民间借贷行为交

义。非法吸收公众存款罪犯罪嫌疑人与不特定多数公众往往存在一系列的借贷合同,该罪名项下的犯罪行为涉及非法吸收存款参与人的多个合同,呈现出罪名整体化与行为分散化的特点,即从事非法吸收公众存款的行为的主体系违反市场准入制度构成犯罪,但参与存款的主体,除却以放贷为业的情况,并未违反前述制度。且一般而言,出借人之间对于向借款人出借款项一节并无合意,对于出借人而言,其出借行为亦对国家经济秩序和金融秩序没有直接影响,同时,当前环境下,民间借贷行为具有商事行为特征,一概认定出借人与犯罪嫌疑人的借贷合同无效,不利于对商事行为及交易规则的保护,故不宜对与具体借贷合同认定为无效合同,更不应认定为共同犯罪行为。

二、以民间借贷形式体现的非法吸收公众存款犯罪行为涉及的保证或担保法律关系,并非因借款人的犯罪行为而免除保证责任

最高人民法院《关于审理民间借贷案件适用法律若干问题的规定》颁布前,司法实践对于涉及刑事犯罪的民事合同多做无效认定的处理,亦将基于该合同而产生的担保合同做无效认定,在规定生效后,看似对于担保合同效力有了相对独立性的认定规则,但实则系基于主合同并非因当事人涉及刑事犯罪而当然无效的前提,进而对保证合同效力进行的规范。如前所述,在借款人涉嫌非法吸收公众存款被采取刑事强制措施,甚至被刑事裁判文书认定构成犯罪的情况下,借款人与出借人签订的借贷合同并非当然无效,据此,对该借款合同提供担保的担保合同,除非具有《合同法》第 52 条规定的无效的情形,否则不应否定其合同效力。在借贷合同被确认无效后,依据《担保法》第 5 条第 2 款的规定,担保合同亦应被确认无效,但就此是否免除保证人的保证责任,则应依据保证人的过错程度认定其责任承担的范围,在此需要考虑的,其实是保证人与借款人之间是否对借款合同的无效存在共同过错。因为保证合同无效,系因法律规定的主从合同效力认定规则所致,如保证人与借款人的犯罪行为并无关联,甚至保证人签订保证合同亦因借款人的诈骗、胁迫等犯罪行为所致,则保证人对于合同无效的后果并无过错,理应免除保证责任,反之,应根据其过错程度认定责任范围。

三、借款人和保证人均涉嫌非法吸收公众存款时,保证人并非当然免除保证责任

实践中,借款人和保证人均属非法吸收公众存款犯罪的嫌疑人,即可能

认定为该犯罪行为的共犯，而保证人承诺就借款承担保证责任，保证人常以借款合同涉嫌经济犯罪而主张中止对民事案件的审理，以及免除其保证责任。本案中，张某即提出该种抗辩。而根据已经查明的事实，张某为免除其保证责任，以其系非法吸收公众存款案件犯罪嫌疑人为由，主动到公安机关自首，公安机关亦对其采取了强制措施。但是，据此并不能认定出借人与借款人之间的合同以及出借人与保证人的保证合同因借款人存在犯罪嫌疑而无效，就本案而言，A公司虽然涉嫌非法吸收公众存款被刑事侦查，但姬某作为出借人并未参与吸收存款行为，而张某在姬某向A公司出借款项以及A公司续借款项时并未提供担保，而是在借款后对债务承诺承担保证责任，该行为亦非A公司非法吸收公众存款的手段，故借款合同和保证合同不存在应被认定无效的情形，即A公司和张某的犯罪嫌疑并非认定合同效力的依据。需要注意的是，借款人以外的涉嫌非法吸收公众存款的人员，在借款人无法偿还借款的情况下，对出借人作出承诺清偿借款的意思表示时，该承诺并非对债务进行的担保，而是债务加入或债务承担，与借款合同并非从主合同的关系，故不应再根据《担保法》的规定认定合同效力及承诺人的责任。

【裁判依据】

1.《中华人民共和国合同法》第52条

2.《中华人民共和国担保法》第5条

3.最高人民法院《关于审理民间借贷案件适用法律若干问题的规定》第13条

【关联案例】

一、吴某诉陈某、王某及B公司民间借贷、担保合同纠纷案

[案号] (2009年)湖德商初字第52号

[案情] 2008年11月4日，吴某、陈某签订一借款协议，陈某共向吴某借款人民币200万元，借款期限为2008年11月4日至2009年2月3日，并由王某

和B公司提供连带责任担保，当日吴某履行了出借的义务，陈某于当日收到原告200万元的借款，因陈某拖欠其他债权人款项无法及时偿还，数额较大，并已严重丧失信誉，现陈某无力归还借款，依照协议，遂要求陈某提前归还，王某、B公司承担连带责任。2008年12月14日陈某因故下落不明，吴某认为陈某拖欠其他债权人款项数额巨大，已无能力偿还，2008年12月22日陈某因涉嫌合同诈骗和非法吸收公众存款罪被公安机关立案侦查，依照协议，遂要求陈某提前归还，王某、B公司承担连带责任。2010年1月13日德清县人民法院以陈某犯非法吸收公众存款罪，判处有期徒刑五年二个月，并处罚金人民币25万元。该判决已生效。

[简要分析] 在借款人因非法吸收公众存款而受到刑事处罚的情况下，其与个案出借人签订的借款合同是否应予认定无效，仍应以《中华人民共和国合同法》第52条作为认定效力的法律依据，非法吸收公众存款罪本身属于非法经营类犯罪，系由多个借贷行为叠加构成，单独借贷行为本身并不构成犯罪。

二、郝某与朱某民间借贷纠纷案

[案号] 北京市第二中级人民法院(2018)京02民终3703号

[案情] C公司(甲方)与郝某(乙方)签订《借款合同》，约定：甲方向乙方借款43万元，借款期限6个月，从2016年10月20日至2017年4月20日，月息3%，甲方用其法人名下所有独资及控股企业全部资产为乙方做资金担保，确保乙方资金安全，该合同第二页附有朱某的身份证复印件。2016年10月25日，C公司(甲方)与郝某(乙方)再次签订《借款合同》，约定：第一条甲方向乙方借款24万元，借款期限6个月，从2016年10月25日至2017年4月25日，月息3%，即7200元，其他内容与前述借款合同一致。后，郝某向C公司支付67万元。朱某为包括郝某在内的十位客户代表出具《承诺》，载明：愿意以名下所有独资及控股企业全部资产以及其他个人资产为公司债务承担担保责任。审理中，朱某因涉嫌非法吸收公众存款罪被刑事羁押，提交受案回执、批准逮捕决定书、逮捕证、起诉意见书等材料。北京市第二中级人民法院经审理认为，朱某涉嫌非法吸收公众存款罪被刑事羁押，但C公司与郝某签订的借款合同并不当然无效。作为主合同的借款合同有效，作为从合同的保证合同并不必然有效，仍然要依据

《合同法》第52条、《担保法》及其司法解释等相关法律规定予以判断。朱某在其《承诺》中明确表示对本案诉争债务承担担保责任,是其真实意思表示,且不具有《合同法》第52条规定的无效情形,故应确认涉案保证合同合法有效,朱某应当承担其保证责任。

[简要分析] 该案中,朱某涉嫌非法吸收公众存款罪被刑事羁押,其具有刑事犯罪嫌疑,但非法吸收公众存款罪属于非法经营类犯罪,组织非法吸收存款并非仅由单一行为构成,故嫌疑人与出借人签订的借款合同本身并非刑事法律所评价的犯罪行为,故借款合同并非当然无效。同时,非法吸收公众存款的嫌疑人在出借人出借款项未能清偿的情况下,对该债务提供保证,亦非违反金融秩序和以合法形式掩盖非法目的的情形,在保证合同不存在其他应被认定无效的情况时,保证人仍应依据该合同承担相应责任。

(撰写人:徐　硕)

06

借款行为已被认定为犯罪行为时担保合同效力的认定

——梅某某与王C民间借贷纠纷案

裁判规则

在借款法律关系中，民事合同与刑事犯罪存在较为频繁的交叉和重叠，在借贷行为涉及刑事犯罪的情况下，借贷合同效力以及由此产生的担保合同的效力如何认定，在司法实践中的认识存在较为明显的变化，即从以往涉嫌犯罪的借贷合同一般认定为无效的理念，转变为借贷合同及担保合同并非当然无效，而应根据具体案件情况判断合同效力的认识。

案 情[1]

王A与王B系夫妻关系，王C系二人之子，王C与王D原系夫妻，于2016年6月23日离婚。

2007年8月1日，王A与某房地产开发有限公司签订了《北京市商品房预售合同》，购买北京市房屋一套。2009年6月2日，王A取得该房屋编号为A的《房屋所有权证书》。

王C于2013年，在王A、王B不知情的情况下拿走二人身份证、户口本及房产证等证件，后利用伪造的继承、房屋赠与公证书等虚假材料将王A名下诉争房屋过户至王C本人名下，并于2014年3月12日取得了编号B的《房屋所有

〔1〕 (2019)京01民终4400号。

权证》。

2014年3月13日,王C、王D(甲方、借款人)与梅某某(出借人、乙方)签订了《借款协议》,约定因资金周转需要拟向梅某某借款180万元,借期两个月,至2014年5月12日止;借款利息按银行贷款利息的四倍计算;甲方如逾期不还,每逾期一日,甲方应按日万分之五向出借人支付违约金。协议还约定了其他事项。

2014年3月13日,梅某某(抵押权人、甲方)与王C(抵押人、乙方)签订了《房地产抵押协议》,约定鉴于甲方与乙方签订的《借款合同》及其框架下借据,甲方向乙方提供180万元借款,乙方将其所有的房屋作为抵押物抵押至甲方未上述借款提供担保;担保范围为主合同项下的本金、利息、滞纳金、其他费用,抵押物为诉争房屋,还约定了其他事项。同日,王D签署了《共有人同意抵押证明》。

2014年3月19日,梅某某取得《房屋他项权证》,在案涉房屋设立了抵押权。

2014年3月13日,王D的账户收到了梅某某的汇款180万元,王C于当日向梅某某返还利息3.6万元。

2014年7月17日,区住建委出具了《收缴凭证》,将王A持有的证号为A的房屋所有权证据予以没收。

2015年12月,北京市朝阳区人民法院作出刑事判决书,认定:王C未经房屋产权人允许,采用弄虚作假手段擅自将他人房屋过户至自己名下,该行为不能产生使房屋归其所有的法律效果,其不能因此获得房屋的所有权,该行为不应以诈骗罪论处,故从整体分析,王C的行为是欺骗了向其出借款项的梅某某,梅某某为王C实施的诈骗行为的被害人,诈骗数额为梅某某向王C出借的款项减去梅某某认可的王C已返还给其的利息,即176.4万元,并判决王C犯合同诈骗罪、诈骗罪,决定执行有期徒刑、剥夺政治权利并处罚金。

2015年5月4日,梅某某向人民法院申请实现担保物权,法院经审查认为,王C系通过伪造公证书方式取得涉案房屋的所有权并办理房屋抵押登记,并非房屋的实际所有权人,故涉案房屋登记的抵押权未有效设立,并裁定驳回梅某某的申请。此后,在后续案件涉及执行诉争房屋时,王A、王B均提出了异议,法院均以王C采取虚假手段将诉争房屋变更登记至自己名下,王C不是该房屋的真实权利人为由支持王A、王B提出的异议。

二审中，补充查明以下事实：北京市朝阳区人民刑事判决书“关于被告人王C所犯诈骗罪的被害人认定的问题”一节认定：王C实施将王A名下房屋过户到自己名下之行为的最终目的是用于向梅某某等人的抵押借款，其将房屋过户的行为是为了最终得到借款所实施的手段行为，判决：王C犯合同诈骗罪，判处有期徒刑并处罚金；犯诈骗罪，判处有期徒刑、剥夺政治权利并处罚金，决定执行有期徒刑、剥夺政治权利及罚金；责令王C退赔梅某某176.4万元。

北京市海淀区人民法院认为：诉争房屋系王A与王B婚内购买，故该房屋为二人的共同财产。依据《中华人民共和国合同法》第52条的规定，“有下列情形之一的，合同无效：（一）一方以欺诈、胁迫的手段订立合同，损害国家利益；（二）恶意串通，损害国家、集体或者第三人利益；（三）以合法形式掩盖非法目的；（四）损害社会公共利益；（五）违反法律、行政法规的强制性规定”。依据北京市朝阳区人民法院刑事判决书的认定，王C采用非法手段将登记在王A名下房屋变更登记至自己名下，并以此做抵押向梅某某借款，诈骗梅某某，因王C变更登记的行为系非法行为，不能产生物权变动的效果，所以其无权将该房屋为梅某某办理抵押登记，违反了法律的强制性规定，故梅某某与王C之间签订的抵押合同无效。因抵押合同无效，所以梅某某不能取得诉争房屋的抵押权，故王A、王B可以依据《中华人民共和国物权法》第106条的规定主张诉争房屋的上梅某某的抵押权予以撤销。综上所述，该院依据《中华人民共和国合同法》第52条、《中华人民共和国物权法》第106条、《中华人民共和国民事诉讼法》第64条第1款、第144条，最高人民法院《关于适用〈中华人民共和国民事诉讼法〉的解释》第90条之规定，判决：1. 梅某某与王C于2014年3月13日签订的《抵押担保》无效；2. 撤销2014年3月19日梅某某取得的诉争房屋上的抵押权。

【裁判结论】

北京市第一中级人民法院于2019年5月24日，作出（2019）京01民终4400号民事判决：驳回上诉，维持原判。

【裁判观点】

北京市第一中级人民法院认为：本案争议焦点在于，梅某某与王C签订的《房地产抵押协议》是否有效，以及梅某某基于该合同设立的抵押权应否予以撤销。对此法院认为,北京市朝阳区人民法院作出的刑事判决书认定,王C以伪造的继承、房屋赠予公证书等虚假材料,将诉争抵押权对应的房屋过户至其本人名下后,对梅某某隐瞒上述实情,用该房屋向梅某某抵押借款,其行为属欺骗梅某某向其出借款项,梅某某系王C上述诈骗行为的被害人,即王C上述过户房屋行为以及其目的抵押借款属于诈骗梅某某出借款项的手段,据此,该刑事判决认定王C对梅某某进行诈骗的数额为梅某某出借款项180万元扣除王C已付3.6万元利息后的176.4万元,该判决判处王C犯合同诈骗罪、诈骗罪并对其进行刑罚,亦以上述犯罪行为作为依据之一,在此情况下,梅某某与王C之间的民间借贷法律关系属王C刑事犯罪行为的后果,王C的行为属于违法犯罪行为,梅某某亦被认定为该刑事犯罪行为的被害人,同时,上述刑事判决书责令王C向梅某某退赔176.4万元,即二人的借贷法律关系已在前述刑事案件中处理完毕,王C与梅某某之间的《借款合同》的效力已被该刑事判决书否定。《担保法》第5条第2款规定:“担保合同是主合同的从合同,主合同无效,担保合同无效。担保合同另有约定的,按照约定。”因梅某某与王C签订的《房地产抵押协议》属二人《借款合同》的从合同,一审法院认定《房地产抵押协议》无效,并据此撤销因该《房地产抵押协议》而设定的抵押权并无不当。

法官评析

本案系基于借款合同产生的担保物权效力的纠纷,核心问题在于借款合同本身涉及刑事犯罪的情况下,抵押权人能否依据为借款设定的抵押权实现对抵押物的权利。

一、借款人的借款行为已被认定为犯罪的,借款合同效力如何认定

刑事犯罪与民事合同关系存在交叉和重叠的情形,理论上,严重的民事侵权行为即为刑事法律所评价的犯罪行为,因此,民间借贷领域,如何认识涉嫌犯罪的民事案件中民事合同的效力,是民商事审判中的难点。最高人民法院《关于审理民间借贷案件适用法律若干问题的规定》颁布前,司法实践中存在较为通行的观点,即涉嫌犯罪的民间借贷合同当然无效,而在该规定颁布后,对于涉嫌刑事犯罪的合同效力的认定多持有较为谨慎的态度,需要根据具体的情形进行认定。最高人民法院《关于审理民间借贷案件适用法律若干问题的规定》第13条规定,“借款人或者出借人的借贷行为涉嫌

犯罪,或者已经生效的判决认定构成犯罪,当事人提起民事诉讼的,民间借贷合同并不当然无效。人民法院应当根据合同法第五十二条、本规定第十四条之规定,认定民间借贷合同的效力。担保人以借款人或者出借人的借贷行为涉嫌犯罪或者已经生效的判决认定构成犯罪为由,主张不承担民事责任的,人民法院应当依据民间借贷合同与担保合同的效力、当事人的过错程度,依法确定担保人的民事责任。”在借款人被生效刑事判决认定其借贷行为构成犯罪的情况下,应根据借款人行为的性质认定借款合同的效力。如刑事犯罪行为与借贷行为实质上属于同一行为,则可认定借贷合同存在应予被认定无效的情形。刑事法律对于行为人行为性质的认定,系基于对公法上价值的衡量,考察行为是否破坏产权秩序和交易秩序,对于严重侵害公共秩序的犯罪行为,应作出否定性评价。就本案而言,王 C 骗取房屋管理部门登记,将案涉房屋过户至自己名下,并据此向梅某某借用款项,王 C 的系列行为均系实施诈骗犯罪的环节和过程,同时,生效刑事判决认定,梅某某已被列为被害人,王 C 应向梅某某退赔借款合同项下款项,在此情况下,本案借款合同的订本身即为王 C 实施的合同诈骗行为,且梅某某已经通过刑事诉讼程序获得救济,故不宜依据王 C 合同诈骗行为确认借款合同的效力。

二、主合同效力对于抵押合同效力的影响

最高人民法院《关于审理民间借贷案件适用法律若干问题的规定》第 13 条不仅对涉嫌刑事犯罪的民间借贷合同的效力作出规定,亦就主合同涉及刑事犯罪情况下担保合同效力作出认定,即借款合同无效,担保合同并非当然无效。该规定与《担保法》第 5 条第 2 款的规定存在差异,因此,在涉嫌刑事犯罪的民间借贷纠纷案件中对保证合同效力的认定,不仅应审查主合同与从合同之间法律效力的关系,亦应对担保合同本身效力进行认定。一般而言,应根据担保人对担保合同签订是否存在过错认定担保合同的效力,即担保行为是否与借款行为共同构成犯罪行为。在借款人与担保人并非同一人的情况下,应着重审查担保人与借款人的犯罪行为是否存在关联,即担保人提供担保时,是否参与借款人的犯罪行为,主要在于出借人与借款人达成借贷合意时,担保人是否明知借款人具有诈骗等犯意,以及是否以提供担保而促使出借人相信借款人的诈骗行为,如担保人明知借款人系出于实施犯罪行为的意思订立借贷合同，并为了诱使出借人提供借款而提供担保，该担保行为本身即为虚假意思表示，甚至构成借款人实施诈骗行为的手段，则担保人提供担保的行为亦为刑事犯罪，则担保合同应为无效合同。如担保人提供担保行为发生于借款合同签订之后，则一般而言，担保人与借款人之间对于借款人的犯罪行为并无意思联络，即使担保人知悉借款人系基于犯意表示借款，担保人提供担保行为系对借款人的行为承担担保责任，并非与借款人共同实施犯罪行为，在此情况下，不宜认定担保合同无效，而应认定担保合同系担保人的独立意思表示，应根据合同内容认定担保人的责任。在担保人与借款人为同一人的情况下，涉及担保合同基于物或权利的抵押、质押等担保，而非保证担保，在此情况下，如借款人的借款行为已被认定为刑事犯罪，则其提供自我担保更多地表现为实施犯罪行为的手段或环节，据此，仍应审查出借人提供担保的行为本身是否涉及刑事犯罪，如其提供担保的物或权利本身即以犯罪手段取得，则宜认定该担保合同无效。就本案而言，王C系通过伪造材料等非法手段取得抵押物所有权证书，其向梅某某提供担保系诱使梅某某与其签订借款合同的合同诈骗行为的构成环节，上述行为性质已为生效刑事裁判文书认定，故认定该合同为无效合同具有事实基础。

【裁判依据】

1.《中华人民共和国合同法》第52条

2. 最高人民法院《关于审理民间借贷案件适用法律若干问题的规定》第13条

3.《中华人民共和国担保法》第5条第2款

【关联案例】

一、发展银行与机械公司、配件公司金融借款合同纠纷案

［案号］ 最高人民法院(2018)最高法民申61号

［案情］ 发展银行与机械公司作为借款人签订借款合同，发展银行与配件公司签订抵押合同和保证合同，由配件公司以其自有财产为机械公司借款提供

最高额抵押担保及连带责任保证。(2017)吉刑终71号刑事裁定书查明和认定:机械公司为骗取贷款,使用伪造的配件公司印章签订抵押合同、担保合同,用配件公司的财产为机械公司的贷款提供抵押担保,最终骗取贷款4000万元,机械公司骗取贷款的行为已构成骗取贷款罪。杨某身为发展银行信贷人员,没有仔细核实配件公司出具的收取股权转让款收据的真伪,未对抵押人配件公司是否盖章等进行核实,杨某违反国家规定,违法发放贷款4000万元,数额特别巨大,构成违法发放贷款罪。最高人民法院认为,根据已经生效的刑事裁判文书查明和认定,机械公司伪造材料骗取贷款构成骗取贷款罪,杨某在办理机械公司贷款过程中违反国家规定,违法发放贷款,构成违法发放贷款罪。机械公司上述犯罪行为构成以"签订《借款合同》"这一合法形式掩盖"骗取银行贷款"之非法目的,杨某的行为属于发展银行的职务行为,发展银行存在明显过错,并因此导致机械公司以合法形式掩盖非法目的得以实现,案涉《借款合同》明显构成《合同法》第52条第3项关于"以合法形式掩盖非法目的"的合同无效情形。因案涉《借款合同》被认定为无效,案涉《保证合同》和《抵押合同》为从合同,应认定为无效。发展银行工作人员违法发放贷款造成损失,其在没有证明配件公司参与了犯罪或者对该犯罪行为知情并仍然提供抵押担保的情况下,要求配件公司承担民事责任缺乏法律依据。

[简要分析] 最高人民法院(2018)最高法民申61号与(2019)京01民终4400号案情基本一致,均为借款合同已被生效刑事裁判文书认定为犯罪行为,且为该借款合同提供担保的从合同,包括抵押合同、保证合同,亦存在犯罪行为,在此情况下,无论从主合同而无效保证合同无效的角度出发,抑或保证合同本身效力认定出发,均不影响担保合同存在无效情形,担保人不应承担保证责任的认定。

二、汉中公司与A公司金融借款合同纠纷案

[案号] 最高人民法院(2017)最高法民终523号

[案情] 南湖支行与A公司签订《授信协议》,并分别与汉中公司、李某某、黄某某、肖某某、闫某某、B公司签订《最高额保证合同》。A公司与南湖支行依据《授信协议》的约定,共签订9份《银行承兑协议》。后南湖支行与A公司签订

《抵押合同》,约定A公司以其国有土地使用权提供担保,并办理抵押权登记。公安机关出具的《关于请求对南湖支行诉汉中公司一案中止审理的函》记载,2015年8月24日,汉中公司报案称A公司在与汉中公司签订协议过程中存在违法犯罪行为,公安机关已经对A公司涉嫌合同诈骗案立案侦查,认为该案应中止审理。最高人民法院认为,汉中公司举报的合同诈骗是A公司在与其签订钢材购销合同过程中的行为,与借款关系有关,但不是同一法律关系,即使构成犯罪,A公司还应承担相应的民事责任,而债务人构成犯罪并不是担保人免责的法定事由,担保人能否免责,需要依据担保法进行审查。

[简要分析] 本案与(2019)京01民终4400号案件存在区别,即本案虽然存在涉嫌经济犯罪的嫌疑,但并无生效刑事裁判文书认定借款合同本身是否涉及经济犯罪,同时,借款法律关系中可能存在多种法律关系,在涉及买卖合同关系等其他法律关系的情况下,不宜仅以合同当事一方存在在其他法律关系中的刑事犯罪嫌疑,即认可其在借款合同项下亦存在犯罪行为,原因在于,借款合同与其他法律关系应区别于借款合同与担保合同之间的主从关系,而是相对独立的不同法律关系,应针对不同法律关系项下当事人的行为区分认定。

(撰写人:徐　硕)

4

CHAPTER

第四章

民间借贷的履行

01

公司法定代表人以个人名义签订民间借贷合同，不视为公司借款

——林某与董某民间借贷纠纷案

裁判规则

法定代表人的行为构成公司的代表行为，要求法定代表人以公司的名义进行活动，并且代表行为必须在权限范围内。法定代表人以个人名义签订借条或出具还款保证的，事后主张是以公司的法定代表人身份代表公司向债权人借款的，不构成对公司的代表行为。

案　情[1]

董某是A公司法定代表人，其与林某系朋友关系。林某于2015年4月30日向董某转款21万元，董某就该款项向林某出具了借条：今借林某人民币现金21万元，用于资金周转，如出借人须还款，借款人在1个月内必须还款，借款时间为2015年4月30日。后林某主张董某偿还该款项，董某于2015年8月5日出具还款保证书：本人保证在2015年8月25日之前还清林某在2015年4月30日借给董某的一笔金额为21万元的借款。2015年9月5日，董某再次出具分期还款承诺书：2015年9月1日至30日之前，如本人有款进账，一次性付给林某欠款22万元，如到期还不上，承诺九月底之前付给林某3万元，余款20万元于2015年10月一次性还清，如2015年10月30日归还不了本金，每月底付林某1

〔1〕(2018)京01民终7811号。

万元利息。2015年10月20日，董某再次出具还款保证书：本人承诺2015年11月10日先期还款林某人民币5万元，于2015年12月10日再还5万，剩余款项最晚2016年1月10日还清，如有违约按借款之日起高于银行同期利息的4倍偿还。三份保证书出具后，董某均未还款。2015年11月13日，林某委托他人对涉案债权进行主张，董某微信同意还款。

一审法院认为，董某以个人名义向林某出具借条，依据林某提交的证据能够认定林某与董某之间存在民间借贷关系，该民间借贷关系不违反法律及行政法规的强制性规定，应属有效。林某作为贷款方，已依约向董某交付了借款，履行了出借义务，董某作为借款方，亦应履行还款义务。现还款期限已经届满，董某至今未偿还借款的行为已构成违约，应立即将尚欠款项偿还给林某。现董某对该欠款金额亦予以确认，故林某要求董某偿还借款21万元并支付相应利息的诉讼请求，于法有据，该院予以支持。

一审判决：1. 董某于判决生效之日起10日内偿还林某借款本金21万元及利息（利息以21万元为基数，自2015年4月30日起算至实际付清之日止，按照年利率24%的标准计算）；2. 驳回林某的其他诉讼请求。

【裁判结论】

北京市第一中级人民法院于2018年9月12日，作出（2018）京01民终7811号民事判决：驳回上诉，维持原判。

【裁判观点】

北京市第一中级人民法院认为：董某向林某出具金额为21万元的借条，林某向董某转账支付了21万元，董某对收到款项不持异议，故双方之间形成民间借贷法律关系且合法有效。针对案涉借款，董某先后出具三份还款保证，均表示同意偿还借款，该还款保证亦为董某真实意思表示，亦为有效。

董某上诉称其系代表A公司向林某借款，本院认为，借条上载明有借款人董某的身份证号码，可以表明其系以个人身份借款，在董某出具的三份还款保证书中，亦表明其本人同意偿还借款。董某亦未能证明其所借款项用于企业生产经营。故董某关于其以A公司法定代表人身份向林某借款的主张不能成立，本院不予采信。

法官评析

在民间借贷关系中,法定代表人可能具有两种身份:作为自然人进行个人借贷或代表企业借贷。实践中,关于区分其所借债务为个人债务还是企业债务存在一定难度。法定代表人虽然能代表企业行为,但其以个人名义实施的个人行为后果由其个人承担。

根据最高人民法院《关于审理民间借贷案件适用法律若干问题的规定》第23条第2款的规定,企业法定代表人或负责人以个人名义与出借人签订民间借贷合同,所借款项用于企业生产经营,出借人请求企业与个人共同承担责任的,人民法院应予支持。也就是说,在民间借贷关系中,其能证明所借款项用于企业生产经营的,可以认定为企业债务;不能证明所借款项用于企业生产经营的,且合同以法定代表人个人名义签订的,不能认定为企业债务。实践中的一种常见情况是,借贷合同仅有法定代表人签字,而并未加盖公司公章。此外,企业不得以法定代表人的任命不符合企业章程规定,或法定代表人超越权限为由,对抗善意第三人。而公司的股东、实际控制人等其他人员以个人名义签订的合同,无论是否用于企业生产经营,均不适用该项规定。

【裁判依据】

1.《中华人民共和国民法总则》第61条

2.《中华人民共和国合同法》第50条

3.最高人民法院《关于审理民间借贷案件适用法律若干问题的规定》第23条

【关联案例】

一、叶某诉黄某、A公司民间借贷纠纷案

[案号] (2016)最高法民终645号

[案情] 叶某于2009年年底到厦门招行工作,任职期间向黄某提供借款,分别与黄某签订了《借款合同》,与黄某及A公司签订了《不可撤销担保函》。黄

某在持续向叶某借款的同时,亦在不断归还借款本息。另查,A公司系黄某成立的自然人独资有限责任公司。黄某、A公司在庭审中认可A公司是案涉借款的实际使用人。叶某上诉称,A公司应就黄某的借款本息承担连带保证责任。A公司根据《不可撤销担保函》应当承担连带保证责任。1.《借款合同》及《不可撤销担保函》是在双方充分沟通和协商的基础上填写的,真实性应予认可,A公司应依约承担连带保证责任;2.从黄某个人银行卡交易明细和A公司的交易明细来看,双方存在明显的财务混同,A公司实际上是黄某的共同借款人,且黄某是A公司的唯一自然人股东,从债务混同的角度,A公司也应承担连带责任。A公司及黄某答辩称:即使双方存在债权债务关系,由于所有款项都是A公司用的,所以应当由A公司而非黄某个人承担偿还责任。

[简要分析] 尽管黄某没有和叶某签订民间借贷合同,但双方之间通过借贷及还款的资金往来事实形成了民间借贷合同关系。同时,黄某亦认可所借款项用于个人独资设立并实际控制的A公司的生产经营,故本案构成企业法定代表人以个人名义与出借人建立民间借贷合同关系,且所借款项用于企业生产经营的情形,即A公司系实际用款人及共同借款人,其依法应对黄某的借款本息承担共同还款责任。

二、A公司诉B公司等小额借款合同纠纷案

[案号] (2013)银民商初字第118号

[案情] B公司是从事典当行业的专业公司,贾某系B公司法定代表人。2012年1月19日,贾某未经B公司股东会同意,擅自以B公司名义与A公司签订借款合同,约定A公司给B公司借款400万元,合同并就借款利率、借款期间(2012年1月19日至5月18日)等事项作了明确约定。同日,原告A公司转入贾某个人账户400万元。后查,截至2012年1月28日贾某个人账户仅剩余额102.23元,该账户内400万元款项被贾某用于其个人支出,并未用于B公司典当业务。

[简要分析] 贾某以B公司法定代表人身份与A公司签订《借款合同》,向A公司借款400万元,该合同加盖B公司印章,并经法定代表人贾某签字,该合同合法有效。A公司向B公司法定代表人贾某账户转款400万元,应视为其

完成了出借义务。贾某将400万元并未用于B公司典当业务,其滥用B公司法人独立地位,以公司名义借款400万元却用于其个人支出,逃避债务,严重损害公司债权人A公司的利益,贾某应对借款合同债务承担连带责任。

(撰写人:孙梦青)

02

一人有限公司股东使用个人账户收取借款的责任承担

——李某与美某公司、祝某民间借贷纠纷案

裁判规则

一人有限公司借款，适用股东个人账户收取借款可以认定股东与公司存在财产混同，股东应对债务承担连带清偿责任。

案　情[1]

李某与美某公司存在借贷关系。2013 年 7 月 10 日，李某委托施某将 223 万元借款汇入美某公司指定的借款接收人祝某名下××××6583 账号中。

2013 年 12 月 26 日，李某与美某公司、祝某签订《借款合同》。合同约定，美某公司向李某借款 500 万元用于公司资金周转；美某公司及美某公司提供的第三人自愿为本合同项下债权提供担保……祝某作为美某公司的保证人在合同上签字，祝某自愿为美某公司在本合同项下的债务承担连带保证责任，保证期间为主债务履行期届满之日起二年，并约定保证期间内，李某与美某公司协议变更主合同的，应当通知祝某，祝某对变更后的主合同继续承担保证责任。

2014 年 2 月 5 日，李某与美某公司签订 1 份《商品房买卖合同》，作为前述《借款合同》的债务担保，但房屋未作抵押登记。

2014 年 4 月 5 日，李某与美某公司、祝某签订《借款合同》，将上述借款合同

[1] (2019)京 01 民终 1248 号。

的还款日期延期至2014年10月5日。

2014年10月5日，李某与美某公司、祝某签订《借款合同》，将上述借款合同的还款期限由2014年10月5日延长至2015年10月5日。

诉讼中，李某称涉诉借款合同的实际出借金额仅为223万元，其通过某物资中心向祝某支付的200万元并非本案借款。美某公司、祝某均未向其支付过借款的利息和本金，其与美某公司、祝某签订有多份借款合同，约定的使用费均为每月2%。

另查，祝某为美某公司法定代表人，美某公司为其个人独资公司。

至2018年1月5日，美某公司欠付的利息为2,406,200.55元。

二审诉讼中，法院查明：除本案《借款合同》外，李某还与美某公司、祝某签订了三份《借款合同》，签订时间分别为2012年7月26日，2012年11月12日及2013年2月5日，借款本金分别为500万元、498万元及288万元，上述《借款合同》中，李某系通过陈某、李双某、施某和某物资中心支付借款，出借资金亦大多汇入祝某个人账户，就这三份《借款合同》，李某另案提起了诉讼。

……

海淀区人民法院认为，李某与美某公司及祝某签订的《借款合同》，内容未违反国家法律规定，合法有效。美某公司未按照合同约定履行还款义务，构成违约，应承担相应的违约责任。李某有权要求美某公司返还借款本息。李某向美某公司出借的资金为223万元，应以其实际出借金额作为偿还利息的依据，故对李某超出部分诉讼请求不予支持。祝某为美某公司的债务提供连带责任担保，但因李某未提交在保证期间内要求祝某履行保证责任的证据，故其保证责任予以免除。但祝某为美某公司的法定代表人和唯一股东，李某出借的资金均转入祝某个人账户中，祝某不能证明所借资金用于美某公司的经营活动中，也不能证明美某公司的财产独立于祝某个人的财产，故应对美某公司的债务承担连带责任，故该院对李某要求美某公司与祝某连带偿还债务的诉讼请求予以支持。美某公司、祝某经该院公告送达开庭传票，未到庭参加诉讼，视为其放弃抗辩权，不影响该院依据已查明的事实作出裁决。

综上所述，海淀区人民法院依据《中华人民共和国合同法》第八条、第一百零七条、第二百零五条、第二百零六条、第二百零七条、第二百一十条，《中华人民共和国公司法》第二十条第三款、第六十三条，《中华人民共和国民事诉讼法》第一百四十四条规定,判决:1.美某公司、祝某于判决生效后10日内连带偿还李某借款本金223万元及利息(2018年1月5日前的利息为2,406,200.55元,自2018年1月6日起至实际付清之日止,按照月息2%的标准计算);2.驳回李某其他诉讼请求。

【裁判结论】

北京市第一中级人民法院于2019年3月8日,作出(2019)京01民终1248号民事判决:驳回上诉,维持原判。

【裁判观点】

北京市第一中级人民法院认为:根据美某公司、祝某的上诉理由,总结本案二审争议焦点并分别论述如下:

1.关于案涉《借款合同》的效力问题

《借款合同》系李某、美某公司、祝某的真实意思表示,未违反法律、行政法规的强制性规定,应为有效。

2.关于本案是否适用《合同法》第402条的问题

本案不适用《合同法》第402条,美某公司、祝某的该项主张,缺乏事实依据,不予支持。

3.关于美某公司、祝某向施某的还款是否包含了案涉《借款合同》还款的问题

对美某公司、祝某主张的还款事实,均不予支持。

4.关于祝某的责任问题

美某公司系一人有限责任公司,《公司法》第63条规定,一人有限责任公司的股东不能证明公司财产独立于股东自己的财产的,应当对公司债务承担连带责任。具体到本案中,首先,祝某未能提交证据证明其与美某公司财产相互独立;其次,《借款合同》的债务人为美某公司,款项却打入祝某的个人账户,祝某亦在接受法庭询问时称"公司就是我的公司,打给我个人和打给公司都是一样的",上述事实和陈述恰可证明祝某与美某公司存在财产混同;最后,祝某上诉称其将所有个人财产都投入了公司,并未损害公司利益,故不应让其承担连带保证责任。法院认为,《公司法》第63条规定,着眼于一人有限责任公司的特殊性,

在一人有限责任公司股东是否对公司债务承担连带责任这一问题上，要求股东举证证明公司财产独立于股东个人财产，而不再单纯考虑股东是否存在滥用公司法人独立地位和股东有限责任的情形，本案已就祝某及美某公司财产混同的事实予以了确认，故祝某应对美某公司的债务承担连带责任。

5.关于一审缺席审理程序是否合法的问题

本案不存在程序违法的情形，对美某公司及祝某关于一审程序违法的上诉理由，不予支持。

法官评析

一人公司是指股东为一人，并由该股东持有公司的全部出资或所有股份的有限公司。一人公司的出现对传统的公司法人人格理论产生了强烈的冲击，公司法对一人公司与股东财产独立的证明责任也设定了更高的要求。《公司法》第 20 条明确规定了公司法人人格否认规则，第 63 条又规定了一人公司法人人格否认规则，从而构成对一人公司适用的完整的公司法人人格否认规则。应认为，第 20 条与第 63 条的关系属于总则与分则的关系，第 20 条第 3 款是一般条款，而第 63 条为特别条款。在一人公司股东财产与公司财产产生混同情形下，有限适用第 63 条的规定，实行举证责任倒置。在一人公司股东滥用公司人格时仍适用第 20 条第 3 款，实行“谁主张，谁举证”的原则。

《公司法》第 63 条规定，着眼于一人有限责任公司的特殊性，在一人有限责任公司股东是否对公司债务承担连带责任这一问题上，实行举证责任倒置，要求股东举证证明公司财产独立于股东个人财产，而不再考虑股东是否存在滥用公司法人独立地位和股东有限责任的情形。

本案中，美某公司的借款打入祝某的账户，祝某对此表示“公司就是我的公司，打给我个人和打给公司都是一样的”，因此，祝某与美某公司发生财产混同的事实已经确认，祝某关于其将所有个人财产都投入了公司，并未损害公司利益，故不应让其承担连带保证责任的主张与《公司法》第 63 条的规定不符，故祝某应对美某公司的债务承担连带责任。

【裁判依据】

《中华人民共和国公司法》第20条、第63条

（撰写人：苑　珊）

03

未约定借款期限的借款，出借人可在合理催告期限后随时要求还款

——樊某与郑某民间借贷纠纷案

裁判规则

未约定借款期限或约定不明的，出借人有权在给予借款人合理催告期限之后，随时要求还款。催告届满，借款人未履行还款义务，已经构成违约，理应及时偿还，并承担相应的违约责任。

案　情[1]

樊某与郑某原系朋友关系。郑某向樊某出具借据一张，载明："今借樊某人民币贰拾万元整，我与樊某之间的债务纠纷只此这一笔，以前的借款均已经圆满解决。借款人：郑某；2015 年 7 月 6 日"。樊某主张该 20 万元为郑某向其的借款。就钱款的给付方式，樊某称以现金方式给付，因此前与郑某是朋友，郑某曾经向其借款 40 多万元，其均以现金方式给付，在书写借据当天，郑某向其偿还 12 万元，其又免除郑某部分借款，双方最终确认还剩 20 万元。

一审法院认为，当事人对自己提出的诉讼请求所依据的事实或者反驳对方诉讼请求所依据的事实有责任提供证据加以证明。没有证据或者证据不足以证明当事人的事实主张的，由负有举证责任的当事人承担不利后果。

本案樊某主张郑某向其借款 20 万元，并出示借据为证。樊某陈述的钱款给

[1] (2018)京 01 民终 1176 号。

付方式及经过与借据中所载明的"我与樊某之间的债务纠纷只此这一笔,以前的借款均已经圆满解决"能够相互印证。樊某给付了钱款,郑某书写了借据,双方形成民间借贷关系,系双方的真实意思表示,未违反法律法规的强制性规定,应属合法有效,双方应当按照约定全面履行义务。

借据中未约定还款期限,樊某称双方曾口头约定借款期限为1个月,但未出示相应证据,该院不予采信。根据法律规定,未约定借款期限或约定不明的,出借人有权在给予借款人合理催告期限之后,随时要求还款。该院确定本案立案之日为催告起始之日,本案开庭之日的2017年5月3日为催告期限届满之日。现催告届满,郑某未履行还款义务,已经构成违约,理应及时偿还,并承担相应的违约责任。樊某要求郑某偿还借款本金20万元的主张,于法有据,证据充分,该院予以支持。

一审法院判决:1. 郑某、张某于判决生效之日起10日内共同偿还樊某借款本金20万元及逾期利息(以20万元为基数,按照年息6%,自2017年5月4日起计算至实际给付之日止);2. 驳回樊某其他诉讼请求。

【裁判结论】

北京市第一中级人民法院于2018年3月30日,作出(2018)京01民终1176号民事判决:驳回上诉,维持原判。

法官评析

民间借贷纠纷中,当事人主张仅口头约定了借款期限,但并不能提举有效证据支持其主张的,视为对借款期限没有约定或者约定不明确。民间借贷合同中未约定还款期限的,借款人可以随时返还;贷款人可以催告借款人在合理期限内返还。

在自然人间的民间借贷合同中,常见的现象是当事人之间碍于情面,忽视了对民间借贷合同债权凭证,以及其他能够证明借贷法律关系存在及合同要素约定等证据的保存和提举。但实际上,此种情形下更应当将民间借贷法律与事实关系及合同要素以书面形式固定下来,以避免日后因合同约定不明确而产生争议。

【裁判依据】

《中华人民共和国合同法》第205条、第206条、第207条

【关联案例】

一、陈某诉A房地产公司等民间借贷纠纷案

[案号] (2014)民一终字第85号

[案情] 2011年8月14日,陈某与A房地产公司签订《借款合同》约定,A房地产公司向陈某借款2000万元,借款期限90天,自2011年8月15日至11月13日止,借款月利率为40‰,按月结息。2011年8月15日,陈某依约向A房地产公司划付2000万元借款。A房地产公司分多次共计向陈某还款320万元。2012年7月23日,陈某与A房地产公司达成以某营业房抵顶借款利息的《抵顶协议》,约定抵顶房屋价值为5,266,360元。2012年7月31日,双方签订《商品房买卖合同》;关于付款方式及期限,双方约定陈某于2012年7月31日一次性付清全部房款。2013年1月11日,陈某取得了该房屋的产权证书。

[简要分析] 借款合同是借款人向贷款人借款,到期返还借款并支付利息的合同。从上述规定来见,借款方的义务是偿还所借款项并支付利息。对于《借款合同》当事人A房地产公司而言,其负有在《借款合同》到期后清偿陈某借款本息的义务。《抵顶协议》约定,A房地产公司以抵顶房屋的价款5,266,360元用于清偿所欠陈某相应借款的本息。根据约定,陈某应于2012年7月31日付清A房地产公司购房款5,266,360元,由此A房地产公司以该5,266,360元购房款抵顶所欠陈某对应借款本息的日期为2012年7月31日,而非2013年1月11日陈某取得案涉抵顶房屋产权证的日期。

二、A信托与B公司等借款担保合同纠纷上诉案

[案号] (2005)民二终字第31号

[案情] 1996年4月10日,A信托与B公司签订一份借款合同。约定:A信托向B公司发放贷款1000万元用于订购设备;借款时间自1996年4月22日

至1997年4月21日;借款实际发放和期限以借据为凭分两次发放和收回;借款利率月息13.176‰,按季收息,利随本清。A信托于同年4月22日将1000万元贷款分两笔各500万元发放给了B公司,其中一笔500万元双方约定偿还日期是同年10月22日,另外一笔500万元的还款日期为1997年4月21日。两笔贷款到期后,B公司未按合同约定履行付息还款义务。

[简要分析] 关于本案主合同,争议焦点在于其中一笔500万元借款的期限由一年改变为半年是否为借贷双方的真实意思表示。A信托与B公司于1996年4月10日签订的借款合同系当事人之间的真实意思表示,且不违反法律和行政法规的禁止性规定,应认定合法有效。同年4月22日,A信托分两笔向B公司发放1000万元借款,两份借款凭证上载明其中一笔500万元约定偿还日期为同年10月22日,另一笔500万元约定偿还日期为1997年4月21日。虽本案借款合同约定1000万元借款的期限为1996年4月22日至1997年4月21日,但由于本案借款合同也同时约定了"借款实际发放和期限以借据为凭分两次发放和收回,借据应作为合同附件,同本合同具有同等法律效力",以及B公司在该两份借款凭证上加盖了单位财务专用章,故应认定A信托履行发放借款的义务符合合同的约定。借款期限届满,B公司未履行偿还义务,其行为构成违约,应当承担偿还借款本金、利息及逾期罚息的民事责任。

(撰写人:孙梦青)

04

民间借贷中的债权转让

——吴某与张一、张二民间借贷纠纷案

裁判规则

债权转让依让与人和受让人的意思表示即可以发生效力，对债务人而言，一经通知，债权让与即对其生效，债务人应当向新债权人履行债务。

案　情[1]

2013年6月7日、8日，张一分别向张二借款650万元、1150万元，合计1800万元。该两笔借款均约定利息按月利率2%计算，按日计息，期满之日一次性还清本金与利息。如借款人张一未能依约支付利息，或到期不能还清本金，均视为借款人违约，借款人应按逾期未付金额每日2‰向张二支付违约金，直至全额还本付息。其中，650万元借款未约定借款期限，而1150万元则约定借款期限为2013年6月5日至7月3日。2014年4月28日，吴某与张二签订《债权转让协议》一份，约定张二于2014年4月28日将张一向其于2013年6月7、8日所借款项合计1800万元中的1600万元债权转让给吴某，吴某作为债权受让人，取代张二成为张一欠款1600万元的债权人。同日，张二出具《声明书》一份，要求张一将其上述借款本金1800万元中的1600万元直接支付给吴某，则视为对张一尚欠张二该借款本金中的1600万元已偿还，张一对《声明书》载明的上述内容予以签名确认。后张一分别于2014年6月24日、8月28日及9月28日通过其建行卡向吴某建行卡分别汇款偿还借款本金200万元、200万元及150

〔1〕（2017）最高法民申2561号。

万元，合计550万元。扣除该550万元，张一现尚欠吴某借款本金1050万元，因张一至今未向吴某还清款项，吴某诉至法院。诉讼中，张一与张二均确认双方之间自2012年起除了本案借款1800万元外，还存在大量的其他资金款项往来关系。

福建省泉州市中级人民法院认为：合法的民间借贷关系应受法律保护。张一向张二借款1800万元，约定利息按月利率2%计付，事实清楚，证据充分，应予认定。张一与张二之间的民间借贷关系系双方的真实意思表示，且未违反法律、行政法规的效力性强制性规定，依法应确认为合法有效。张二将其对张一的债权总额1800万元中的1600万元债权转让给吴某，且以书面方式即《声明书》通知张一并经其签字确认，根据《合同法》第79条“债权人可以将合同的权利全部或者部分转让给第三人，但有下列情形之一的除外：(一)根据合同性质不得转让；(二)按照当事人约定不得转让；(三)依照法律规定不得转让”及第80条第1款“债权人转让权利的，应当通知债务人。未经通知，该转让对债务人不发生效力”的规定，本案不存在法定不得转让的情形，张二有权将其对张一的借款债权部分转让给吴某，且已经依法通知债务人，该债权转让应认定为合法有效。根据《中华人民共和国合同法》第81条“债权人转让权利的，受让人取得与债权有关的从权利，但该从权利专属于债权人自身的除外”规定，吴某在张一未依法还款付息的情况下起诉要求张一应偿还尚欠借款本金1050万元，具有事实和法律依据，应予确认。

福建省泉州市中级人民法院作出(2015)泉民初字第605号民事判决：1. 张一、张二应于判决生效之日起十五日内偿还吴某借款本金1050万元，并支付按月利率2%自2014年4月28日起至还款之日止计算的利息；2. 驳回吴某的其他诉讼请求。判决后，张一、张二提起上诉。

福建省高级人民法院认为：根据《合同法》的规定，债权人可以将合同的权利全部或者部分转让给第三人；债权人转让权利的，应当通知债务人。现张二与吴某于2014年4月28日达成《债权转让协议》，将张二对张一享有的1800万元债权中的1600万元转让予吴某，并在同日以《声明书》的方式通知张一，张一亦在《声明书》上签名表示确认，且该债权转让并不存在《合同法》第79条、第81条规定的不得转让的情形，故债权转让已生效，对张一具有约束力，张一应向吴某承担还款责任，吴某基于张一未完全偿还借款提起本案诉讼符合法律规定。

《声明书》的内容已载明,要求张一将尚欠张二的1800万元中的1600万元直接支付予吴某并认可该支付行为的后果为视同偿还张二,故张一主张《声明书》中并未载明债权转让事宜缺乏事实依据,法院不予采信。

福建省高级人民法院作出(2016)闽民终1420号民事判决:驳回上诉,维持原判。判决后,张一、张二申请再审。

【裁判结论】

最高人民法院于2017年6月27日,作出(2017)最高法民申2561号再审裁定:驳回张一、张二的再审申请。

【裁判观点】

最高人民法院经审查认为,关于吴某作为一审原告提起本案诉讼是否适格的问题。《合同法》第80条规定:"债权人转让权利的,应当通知债务人。未经通知,该转让对债务人不生效力。债权人转让权利的通知不得撤销,但经受让人同意的除外。"据此规定,债权转让依让与人和受让人的意思表示即可以发生效力,对债务人而言,一经通知,债权让与即对其生效,债务人应当向新债权人履行债务。因案涉债权并不存在不得转让的法定或约定情形,故案涉债权转让无须得到张一的同意,张一在收到《声明书》后,依法应当向吴某清偿债务。且从本案中债务清偿的实际情况来看,张一已经分别于2014年6月24日、8月28日及9月28日通过其建行卡向吴某建行卡分别汇款偿还本金200万元、200万元及150万元,合计550万元。亦因此,吴某提起本案一审诉讼,要求张一归还剩余的1050万元本金及相应利息,事实和法律依据充分。申请人张一、张二关于吴某并非本案适格原告的申请理由不能成立,法院不予支持。同时,因本案中张一已经实际收到债权转让的通知,并已经按照《债权转让协议》的约定向吴某履行债务,故案涉《债权转让协议》中张一的签名及手印是否系其本人所为,并不影响本案的责任承担,故对申请人关于福建华闽司法鉴定中心《司法鉴定意见书》缺乏客观性的申请理由,法院不再予以审查。

法官评析

债权转让属于债权人的合法权利,无须债务人的同意。但由于转让行为改变了债务人履行义务的承受主体,因此,债权人应在债权转让协议生效后的合理时间内,将债权转让事宜及时通知债务人,以避免给债务人履行义务带来不便。这无疑有利于降低交易成本(包括诉讼成本),避免因"通知不及时"行为本身而产生不必要的诉讼纠纷。[1]

债权让与通知形式,既可以是口头形式,也可以是书面形式。债权让与通知形式的差别与债权让与通知主体的差别类似,仅仅在于真实性判断的难易程度。除此之外,需要明确的是,公告和起诉,是否符合法律规定的通知形式。

《民法总则》第139条规定了公告方式意思表示的生效,《合同法》第10条明确书面形式、口头形式以及其他形式的自由原则,只要送达方式并未违反法律的禁止性规定都应当予以认可。实践对此也持开放态度,如何荣某诉东营海科化学工业有限责任公司等清偿债务纠纷案[(2003)民一终字第46号]判决书明确,《合同法》第80条第1款规定,债权人转让权利的应当通知债务人,未经通知对债务人不发生效力。但法律法规对通知的具体方式没有规定。债权人以登报的形式通知债务人,并未加重债务人履行债务的负担,也未损害债务人的利益,则债务人仅以债权人在报纸上登载债权转让通知不当为由,否认债权转让对其发生法律效力,法律不予支持。与此同时,2001年最高人民法院《关于审理涉及金融资产管理公司收购、管理、处置国有银行不良贷款形成的资产的案件适用法律若干问题的规定》第6条规定,金融资产管理公司受让国有银行债权后,原债权银行在全国或者省级有影响的报纸上发布债权转让公告或通知的,人民法院可以认定债权人履行了《合同法》第80条第1款规定的通知义务。

需要注意的是,像公告登报这种债权转让通知方式,是否扩大适用到一般债权。从意思表示作为民事法律行为核心来看,只要表意人将其意欲发生法律行为效果的内心意思,送达债务人,即发生法律行为成立的效果。至于通知的形式如何,不用拘泥。但毕竟送达的方式多种多样,且效果存在难易之分,直接送达、书面送达最为契合各种价值诉求。实践中,应当根据案件的具体案件类型和案情,建议受让人优先选择直接通知等简单有效的方

〔1〕 最高人民法院民事审判第二庭编著:《最高人民法院关于民事案件诉讼时效司法解释理解与适用》,人民法院出版社2015年版,第325~337页。

式，坚持公告送达的兜底性，明确只有情况特殊或者穷尽其他手段时，才宜采取公告送达。

与此同时，诉讼或者仲裁也可以成为债权转让通知的送达方式。法院寄送的诉状副本兼具通知的功能，债务人通过此第一次获取产生于债权人的转让通知，更借此诉讼辨别转让通知的真伪，这与司法实践中合同的司法解除具有异曲同工之妙。审判实践中多数裁判对此亦持肯定观点，例如，北京市高级人民法院《审理民商事案件若干问题的解答之五(试行)》第 20 条认为，债权人转让债权没有通知债务人，受让债权人直接起诉债务人的，视为“通知”，法院应该在满足债务人举证期限后直接进行审理，而不应驳回受让债权人的起诉。[1]

【裁判依据】

《中华人民共和国合同法》第 80 条

【关联案例】

一、许某与某公路局债权转让合同纠纷案

[案号] (2017)渝 01 民初 553 号

[案情] 2014 年 5 月 26 日，某设施公司与某公路局签订供货协议，约定：供货协议项下货款总额为 5,903,250 元，付款方式为经检测合格后支付全部货款的 50%、余款在检测全部材料合格后一年内付清。2014 年 8 月 6 日，某设施公司向某公路局寄送了委托书，内容为：某设施公司根据业务需要已在重庆设立分公司，全权代表某设施公司处理重庆地区的防护栏业务的相关事宜，现委托陈某为某设施公司代理人，处理本次采购的所有结算问题。并恳请某公路局将此项目的履约保证金款项仅支付到指定账户。2014 年 8 月 20 日，某公路局将 2,951,625 元货款付至某设施公司重庆分公司账户。2014 年 8 月 21 日，某设施公司向某公路局发出了结算账户告知函，载明请某公路局按照约定的时间将剩余

[1] 彭海波、王晓利：《许永梅与重庆市大足区公路局债权转让合同纠纷上诉案——受让人也是债权让与通知的适格主体》，载《人民司法·案例》2018 年第 35 期，第 71～73 页。

另一半货款付至某设施公司重庆分公司账户,强调未经某设施公司重庆分公司及其授权代理人直接通知并书面确认,不得以任何理由(如转借贷、债权转让等)向任何第三人付款。该函中"未经我司……任何第三人付款"字样做加粗处理。

2014年9月21日,许某与某设施公司签订了债权转让给协议,协议主要内容为:1.截至2014年9月21日,某设施公司拥有对某公路局的合法债权金额为590万元;2.某设施公司自愿将590万元无偿转让给许某以抵销对许某的应还款590万元;3.某设施公司依法转让债权后,许某依法取得对某公路局的债权及从权利。某设施公司于本协议签订之日将所有债权合同、债权文书及凭证等相关法律文件原件交于许某,同时某设施公司向其债务人某公路局出具书面债权转让通知书。

2014年10月10日,某公路局签收了来自寄件人为周某,寄送日期为10月8日的债权转让通知书,内容为某设施公司于2014年9月21日签订债权转让协议,现将某设施公司对于某公路局的债权590万元转让给许某,且注明该通知为不可撤销通知。

2014年10月13日,许某通过特快专递的方式向某公路局发出了书面催款函,内容为某设施公司已经将其对某公路局的590万元债权转让给许某,并依法通知了某公路局,现许某已经依法取得该笔债权,请某公路局在接到此函后尽快向许某支付590万元。

2015年2月4日,某公路局将货款余额2,951,625元支付至某设施公司重庆分公司账户。

许某向重庆市第一中级人民法院起诉请求:判令某公路局立即支付欠款2,951,625元并承担本案诉讼费用。

[简要分析] 《合同法》第79条规定,债权人可以将合同的权利全部或者部分转让给第三人,但有下列情形之一的除外:根据合同性质不得转让的;按照当事人约定不得转让的;依照法律规定不得转让的。本案中,根据审理查明的事实,某设施公司曾发送《结算账户告知函》给某公路局,明确指定了收款账户并约定,如无"某设施公司重庆分公司及授权代理人直接通知并书面确认,不得以任何理由(如转借贷、债权转让)向任何第三人付款"并将该部分内容加粗,该约定内容明确指出了该债权不得通过例如债权转让等方式向他人履行。某公路局对此予以认可。据此可知,双方实际上已经达成了对该笔货款债权不得转让的

约定,并特别排除了债权转让方式。某设施公司违反前述约定,将该约定不得转让之债擅自转让给第三人,构成违约。另外,某公路局作为合同相对方,虽收到《债权转让通知》,但在发现其上加盖的某设施公司印章的编码与此前某设施公司曾发送的《结算账户告知函》上的印章编码并不一致的情况下,主动向某设施公司工作人员暨授权委托代理人陈某核实是否存在债权转让事宜,已尽到了合理的审慎注意义务,其随后按照双方不得转让的约定和陈某回复的情况履行了支付剩余货款的义务,并无过错。据此,某公路局关于双方约定诉争债权不得转让且其并无过错的意见成立。

二、某居委会居民小组诉陈一、陈二债权转让纠纷案

[案号] (2005)厦民终字第1272号

[案情] 某居民小组认为债权转让已告知陈一,有两份生效法律文书为证:1.(2004)翔民初字第500号民事判决;2.(2004)翔民初字第501号民事判决。上述两份民事判决书均已发生法律效力。

[简要分析] 福建省厦门市中级人民法院审理后认为:1.某居民小组提供的两份民事判决书,系陈一、陈二主张土地收益款时,某居民小组及其债权人五星村委会均辩称村委会决定扣发分配款偿还所欠款项。上述行为不属于《合同法》第80条规定的行使通知债务人陈二债权转让的行为,该两份法律文书不能证明债权人已尽通知义务,应当认定五星村委会转让权利未通知债务人陈二,债权转让对债务人陈二不发生效力。2.陈二是讼争15万元的债务人,某居民小组没有证据证明陈二与陈一存在债务转移的事实。至于陈一在"针对旧的借款的问题的解决"所形成记录上的签字,应认定系陈一作为第三人表示愿由其代债务人陈二清偿债务,但陈一并未取代陈二债务人的地位。虽然陈一至今仍未代为清偿,但由于陈二与陈一之间不存在债务转移的事实,所以某居民小组不得直接向第三人陈一请求履行债务。综上,某居民小组在债权转让未通知债务人陈二,且作为借款合同的第三人陈一不履行债务情况下,债权人无权直接要求陈一履行债务。

(撰写人:曲建婷)

05

在约定不明的情况下，应该结合合同目的、承担人与合同利益的关联程度来综合判断是否系债务加入

——云南某公司与昌吉市某煤矿公司、李某民间借贷纠纷案

裁判规则

在双方约定不明的情况下，应结合合同目的、承担人与合同利益的关联程度综合考虑上述约定的性质。如果第三人对该债务的履行具有直接和实际的利益，那么就更符合债务加入的特征。

案 情[1]

2013 年 1 月 11 日，山东某集团作为出借人与借款人昌吉市某煤矿公司、委托经办人即昌吉市某煤矿公司实际投资人之一李某签订了《借款合同》，约定："……昌吉市某煤矿公司急需周转资金，山东某集团为表示友好互助同意借给昌吉市某煤矿公司 2000 万元暂时使用。为明确各自的权利义务，经双方充分协商同意签订借款合同。一、借款金额：昌吉市某煤矿公司向山东某集团借款 2000 万元。二、借款期限……三、出借与偿还……四、违约责任：1. 昌吉市某煤矿公司在本合同约定的还款期限届满时未还清借款的，昌吉市某煤矿公司除继续履行还款义务外，还应按同期银行贷款利率的四倍支付给山东某集团未还清部分的借款利息，同时昌吉市某煤矿公司超过本合同约定的还款期限十日后仍

[1] (2014)民二终字第 138 号。

未还清上述借款的，昌吉市某煤矿公司自愿将其现有资产和全部股权交给山东某集团，由山东某集团自行变卖，变卖所得可折抵昌吉市某煤矿公司未还清的借款本息，折抵后有剩余的，山东某集团应将剩余部分返还给昌吉市某煤矿公司；2. 昌吉市某煤矿公司的委托经办人李某和昌吉市某煤矿公司的其他股东均对昌吉市某煤矿公司的上述借款承担连带还款责任。”该《借款合同》有昌吉市某煤矿公司、山东某集团签章及李某签字。合同签订后，山东某集团向昌吉市某煤矿公司汇款共计 2000 万元。昌吉市某煤矿公司收到上述款项后向山东某集团出具了收款收据，李某在收据上签字。

2013 年 4 月 11 日，山东某集团与云南某公司签订《债权转让协议》约定：山东某集团自愿将对昌吉市某煤矿公司的 2000 万元债权及利息全部转让给云南某公司所有，云南某公司自愿受让该笔债权。同月 12 日，山东某集团向昌吉市某煤矿公司发出《债权转让通知书》。2013 年 4 月 22 日，山东某集团通过乌鲁木齐市公证处向昌吉市某煤矿公司送达了《债权转让协议》《债权转让通知书》。

新疆维吾尔自治区高级人民法院作出（2013）新民二初字第 10 号民事判决：1. 昌吉市某煤矿公司、李某共同返还云南某公司借款 1800 万元；2. 昌吉市某煤矿公司、李某共同支付云南某公司借款 1800 万元的利息（按中国人民银行流动资金一年期贷款利率 6% 计算，时间自 2013 年 4 月 11 日起计算至该判决生效之日止）；3. 驳回云南某公司的其他诉讼请求。判决后，李某提起上诉。

【裁判结论】

最高人民法院于 2014 年 10 月 1 日，作出（2014）民二终字第 138 号判决：驳回上诉，维持原判。

【裁判观点】

关于李某承诺承担连带还款责任的性质应如何认定的问题。本案《借款合同》签订的主体分别是山东某集团和昌吉市某煤矿公司，李某系经办人。《借款合同》第 4 条有关违约责任的内容中，虽然约定“昌吉市某煤矿公司的委托经办人李某和昌吉市某煤矿公司的其他股东均对昌吉市某煤矿公司的上述借款承担连带还款责任”，但并未明确李某是基于何种身份承担还款责任，其在合同中的签名亦仅显示了其经办人身份。现双方对上述约定的责任性质存在异议，云南某公司主张为债务加入，而李某主张系连带担保责任。对此，法院认为，在双方约定不明的情况下，应结合合同目的、承担人与合同利益的关联程度综合考虑上述约定的性质。本案中，昌吉市某煤矿公司向山东某集团借款2000万元系用于煤矿改造事宜，李某作为昌吉市某煤矿公司的实际出资人和控制人，与昌吉市某煤矿公司的经营行为和实际收益存在利害关系，其亦直接参与了本案所涉昌吉市某煤矿公司股权转让和借款过程，并直接向山东某集团支付了200万元款项，故其在《借款合同》中承诺的对昌吉市某煤矿公司借款承担连带还款责任，不仅是为了昌吉市某煤矿公司的利益而承担责任，其对此亦有直接和实际的利益。因此，李某在《借款合同》中作出的还款承诺更符合债务加入的特征。

法官评析

所谓债务加入，又称并存的债务承担，是指第三人加入到债的关系中来，成为新的债务人，同原债务人一起对债权人连带承担债务，第三人不履行债务的，债权人可以请求人民法院强制执行，也可以请求原债务人履行债务。债务的加入行为，在性质上属于利他性契约，并不免除债务人偿还债务的义务，形成与原债务并存的关系。

债务加入有两种形式：一是由债权人与第三人之间特别约定，由第三人承担债务人的部分债务，或者由债务人将部分债务转移给第三人承担；二是由债权人与第三人，或债务人与第三人，或债权人、债务人与第三人之间共同约定，由第三人加入原合同关系之中，与债务人成立连带关系，共同对债权人负责。并存的债务承担具有以下几个法律特征：首先，在并存的债务承担中，第三人因加入债务而成为主债务人之一，依连带之债的规定，债权人可直接向第三人请求履行全部债务；其次，并存的债务承担，以原已存在有效的债务为前提，第三人所承担的债务应与承担时的原债务具有同一内容和范围，不得超过原债务的限度；再次，第三人加入债务后，得以属于原债务人对抗债权人的事由对抗债权人，但不得以可对抗原债务人的事由对抗债权人，因为并存的债务承担也具有无因性；最后，并存的债务承担成立后，债务因原债务人或第三人的全部清偿而消灭。债务的消灭系由第三人的清偿或其他方式引起时，则在第三人与债务人之间发生求偿关系。按照通常的理解，由于第三人加入债的关系有利于加强对债权人利益的保护，增强债权实现的可能，因此，由债务人和第三人订立的债务承担协议可以无须债权人的同意，但应当告知债权人。

【关联案例】

一、林某诉周某民间借贷纠纷案

［案号］ （2016）京 01 民终 5227 号

［案情］ 2014 年 12 月 31 日，周某至某基金公司催要本金时，将双方签订的合同交给某基金公司，某基金公司出具了签收回执，载明：兹收到客户周某合同，合同签约期限 2014 年 6 月 17 日至 12 月 17 日，合同金额壹拾万元整，合同对应收据编号 0039420，特此证明。林某（时为某基金公司员工）亦在空白处书写：2014 年 12 月 31 日补齐所欠收益，2 个月共计 2500 元（贰仟伍佰元整），2015 年 1 月 31 日前陆续返还本金和一个月利息共计 101，250 元（壹拾万壹仟贰佰伍拾元整），百分百算话。林某在该回执上签字，并书写了手机号码。

2015 年 1 月 31 日，周某再次至某基金公司催要时，林某向周某出具欠条，载明：今欠周某人民币壹拾万元整，2015 年 3 月 30 日前陆续返还。特此证明。林某在欠款人处签名，并书写了公民身份号码，同时按捺了手印。

一审庭审中，周某陈述称，2014 年 6 月，其与某基金公司签订合同，约定借款本金为 10 万元，借期 6 个月，每月利率为 1.25%，之后，某基金公司仅支付了利息，但未返还本金。经周某向某基金公司催要时，林某自愿出具了上述欠条。后，周某又向林某催要欠款未果，故发生本案诉讼。

一审法院认为，林某向周某出具书面欠条，承诺返还 10 万元本金，属于债务加入的法律行为。北京市石景山区人民法院作出（2016）京 0107 民初 2774 号民事判决：林某于判决生效后七日内偿还周某欠款 10 万元及逾期利息损失。判决后，林某提起上诉。

北京市第一中级人民法院认为，林某书写欠条，表明愿意对周某就涉诉 10 万元款项承担还款责任，该欠条系林某真实意思表示，林某应当按照欠条的内容承担还款责任。欠条中写明，林某愿意于 2015 年 3 月 30 日前陆续偿还周某 10 万元，但林某未按时履行还款义务，理应承担逾期还款的违约责任。二审判决：

驳回上诉,维持原判。

［简要分析］ 在债务加入法律关系中,债务加入人违约或者债务人违约,债权人可以两者为共同被告或者以两者分别为被告提起违约之诉。目前,我国司法实务界的一般裁判思路为:在债权人同时起诉债务人与债务加入人的情形下,一般判决债务加入人与债务人共同承担清偿债务的责任;在债权人只起诉债务加入人的情形下,则只判决债务加入人承担债务清偿责任。

二、魏某、石某等与郑某、荆某借款合同纠纷案

［案号］ (2014)民申字第1250号

［案情］ 2011年4月2日,郑某、荆某与某房地产公司签订一份《建楼投资合同》,由郑某、荆某对某房地产公司开发建设的“某楼盘项目”进行投资,约定:投资金额为500万元,投资期限自2011年4月1日起至同年12月31日止。截至2011年12月31日,某房地产公司给付郑某、荆某固定利润300万元。某房地产公司后收到郑某、荆某投资款500万元,并为其出具了收据。2012年1月11日,某房地产公司、魏某以借款人名义与郑某、荆某签订了一份《还款协议》,约定:由借款方在2012年7月30日工程竣工后向郑某、荆某给付500万元,同年10月末给付300万元,合计给付800万元。该《还款协议》借款人处盖有某房地产公司的公章和魏某、石某的签字。同年10月10日,某房地产公司、魏某以借款人名义与郑某、荆某又签订了一份《还款补充协议书》,约定:借款方于2012年10月31日前偿还郑某、荆某借款450万元,于2013年1月31日前偿还350万元。如借款方未按合同约定还款,借款方要承担利息……双方此前的约定与本协议不符的,以补充协议约定为准。该《还款补充协议书》的借款人处盖有某房地产公司公章和魏某、石某的签字。

另查明,魏某、石某系某房地产公司股东,魏某为某房地产公司的法定代表人。

［简要分析］ 关于石某在协议上签名是否属于职务行为的问题。法院认为,从身份上看,石某是某房地产公司的财务经理而非法定代表人,无论是法律规定还是某房地产公司的章程,都没有对石某对外代表公司订立合同进行授权。因此,石某在《还款协议》和《还款补充协议》上的签名属于个人行为。并且,郑

某、荆某将部分借款打入了石某个人账户，故应认定其签字行为构成债的加入，应与某房地产公司就涉案借款共同承担责任。此外，石某主张自己不是主动签字而是被动签字，不是自愿签字而是被迫签字，涉案借款全部用于公司业务，但并没有提供相关证据予以证明，因此并不能否认石某在该两份协议上的签名并非其真实的意思表示。石某的上述签字行为属于个人行为，且与其丈夫魏某共同收取了全部借款，应认定其签字行为属于自愿偿还债务的行为。

（撰写人：曲建婷）

5

CHAPTER

第五章

民间借贷的担保

01

认定民事主体承担保证责任须以明确意思表示为前提

——张某与庞某、马某民间借贷纠纷案

裁判规则

民间借贷纠纷案件审理过程中，多会出现保证人承担保证责任的情形。判定民事主体应否承担保证责任，应以当事人明确的意思表示为前提。当事人仅在借款合同中签字，或者从借款合同中无法确定其保证人身份、无法显示其明确意思表示的，不应判令其承担保证责任。

案　情[1]

2015 年，张某以现金方式陆续向庞某提供多笔借款。2015 年 10 月 10 日，借款人庞某向张某出具借条，载明：今从张某处借人民币 125 万元，用于翻建北京市海淀区香山向阳新村 203 号内 1 号住房，借期为 1 年，定于 2016 年 10 月 10 日之前还清。如不还或还不清，我庞某将我现住房屋两间作为还账之用。以上是我庞某亲首，认可属实。庞某在借款人处签字并按印，马某在中保见证人处签字。一审诉讼中，马某对借条中的中保见证人处“马某”的签字申请笔迹鉴定。2017 年 9 月 14 日，中天司法鉴定中心作出许可证号为 110001005 的《司法鉴定意见书》，鉴定意见为检材借条中“马某”签名与样本签名是同一人所写。

北京市昌平区人民法院认为：张某与庞某系民间借贷关系，此合同关系反映

[1] (2018)京 01 民终 1159 号。

了双方真实意思表示,未违反国家法律、行政法规的强制性规定,应属有效。根据查明的事实,张某向庞某提供借款,庞某向张某出具借条。双方就借款约定了还款期限,现还款期限已经届满,双方并未就延期达成明确的一致意思,故庞某应予还款,故该院对张某要求庞某偿还借款的诉讼请求予以支持,偿还借款本金的数额以庞某在借条中确认的为准。当事人对保证方式没有约定或者约定不明确的,按照连带责任保证承担保证责任。马某在借条上以担保人的身份签名,对保证方式没有约定,应对庞某对张某所负债务按连带责任保证承担担保责任,故该院对张某要求马某对庞某上述债务承担连带清偿责任的诉讼请求,予以支持。马某虽对借条中其作为保证人的签名不予确认,但经笔迹鉴定,该签字确为其所签,在马某未对其抗辩提供证据的情况下,该院对此项抗辩不予采信。庞某经该院依法传唤,无正当理由未到庭参加诉讼,视为其自动放弃抗辩权,不影响该院依据查明的事实依法做出裁判。

综上所述,该院依照《中华人民共和国合同法》第八条、第二百零六条,《中华人民共和国担保法》第十八条、第十九条、第三十一条及《中华人民共和国民事诉讼法》第一百四十四条之规定,作出(2017)京0108民初4218号民事判决:1.庞某于判决生效之日起十日内偿还张某借款本金125万元;2.马某对上述第1项规定的庞某的债务承担连带清偿责任;3.马某承担连带清偿责任后,有权在其承担连带清偿责任的范围内向庞某追偿。

一审判决后,马某提起上诉。

二审补充查明:张某自认,借条上的"中保见证人"系其本人所写,"马某"系马某所写,其他为庞某所写。

诉讼中,马某以其从未在借条中签名为由,对借条上"马某"签字申请重新进行司法鉴定。

【裁判结论】

北京市第一中级人民法院于2018年2月8日,作出(2018)京01民终1159号民事判决:1.维持北京市海淀区人民法院(2017)京0108民初4218号民事判决第1项;2.撤销北京市海淀区人民法院(2017)京0108民初4218号民事判决第2项、第3项;3.驳回张某的其他诉讼请求。

【裁判观点】

北京市第一中级人民法院认为:本案争议的焦点有二:一是张某与庞某之间是否存在民间借贷法律关系;二是马某是否应当承担保证责任。法院评析如下:

1. 关于张某与庞某之间是否存在民间借贷法律关系的问题

本案中,张某主张与庞某之间存在借贷关系,并提交庞某出具的借条证明其主张。庞某虽不认可张某的诉讼请求,主张其与张某之间有多张借条,但其未向法庭提交证据予以证明。法院认为,庞某一审中辩称其与张某之间存在多张借条,但未否认双方之间存在借贷关系,可以印证双方之间存在借贷关系。一审判决后,庞某未提起上诉,故法院认定其与张某之间存在民间借贷法律关系。该借贷关系双方之间的真实意思表示,不违反法律和行政法规的效力性强制性规定,应属合法有效,法院予以确认。

2. 关于马某是否应当承担保证责任的问题

法院认为,最高人民法院《关于适用〈中华人民共和国民事诉讼法〉的解释》第 90 条规定,当事人对自己提出的诉讼请求所依据的事实或者反驳对方诉讼请求所依据的事实,应当提供证据加以证明,但法律另有规定的除外。在作出判决前,当事人未能提供证据或者证据不足以证明其事实主张的,由负有举证证明责任的当事人承担不利的后果。马某主张借条上的签名并非其本人所写,但鉴定机构的《司法鉴定意见书》载明,借条上"马某"系马某本人所写。马某该上诉意见缺乏事实基础,法院不予采信。最高人民法院《关于审理民间借贷案件适用法律若干问题的规定》第 21 条规定,他人在借据、收据、欠条等债权凭证或者借款合同上签字或者盖章,但未表明其保证人身份或者承担保证责任,或者通过其他事实不能推定其为保证人,出借人请求其承担保证责任的,人民法院不予支持。依据前述规定,他人在借条上签字并不必然就是保证人,如果认定他人为保证人,应当有"保证人""担保人"等表明身份或承担连带清偿责任等文字表述,或通过其他事实能够推定他人确为保证人。本案中,张某主张马某在借条上"中保见证人"后签字即为保证人;马某对此予以否认,辩称其身份为见证人,不应承担保证责任。对此法院认为,物权法和担保法中并未规定"中保见证人"一词,其并非法律上的概念,故从法律角度分析,不能直接认定马某系借款的保证人。《合同法》第 125 条规定,当事人对合同条款的理解有争议的,应当按照合同所使用的词句、合同的有关条款、合同的目的、交易习惯以及诚实信用原则,确定该条款的真实意思。张某和马某对“中保见证人”的理解存在分歧，依据上述规定，综合考虑马某与庞某并非亲属，仅为朋友关系，马某没有为庞某提供过其他担保，以及“中保见证人”系张某而非马某所写等情形，法院认为借条上“中保见证人”一词在本案中并不足以证明马某为借款的保证人。需要说明的是，司法解释规定签名或盖章而未表明保证人身份或者承担保证责任，或者通过其他事实不能推定其为保证人，出借人请求其承担保证责任的，人民法院不予支持，系基于保证责任之严厉性，而对当事人利益的平衡。旨在要求当事人在签订协议过程中，对担保的意思表示予以明确，而不能模棱两可，否则即不予保护。本案中“中保见证人”系张某所写，如果其确有要求马某提供担保的意思，完全可以自己或要求马某在借条上写明马某的担保人身份，因其书写不当而致马某身份存疑，应当承担相应的不利后果。

法官评析

保证人承担保证责任须以保证人与债权人达成意思表示合意为前提，对于保证人愿意承担保证责任的意思表示，应当由保证人明示作出。最高人民法院《关于审理民间借贷案件适用法律若干问题的规定》第 21 条规定：“他人在借据、收据、欠条等债权凭证或者借款合同上签字或者盖章，但未表明其保证人身份或者承担保证责任，或者通过其他事实不能推定其为保证人，出借人请求其承担保证责任的，人民法院不予支持。”上述司法解释规定签名或盖章而未表明保证人身份或者承担保证责任，或者通过其他事实不能推定其为保证人，出借人请求其承担保证责任的，人民法院不予支持，系基于保证责任之严厉性，而对当事人利益的平衡。旨在要求当事人在签订协议过程中，对担保的意思表示予以明确，而不能模棱两可，否则即不予保护。实践中对于保证人身份不予认定可能存在以下几种情形：1. 当事人仅在合同中签字，但并未明确表明保证人身份；2. 当事人仅在“见证人”处签名，并未表明愿意承担保证责任的；3. 根据合同内容及文本无法确认当事人愿意承担保证责任的，例如，本案中“中保见证人”的内容，无法直接推定当事人愿意承担保证责任。

【裁判依据】

1. 最高人民法院《关于审理民间借贷案件适用法律若干问题的规定》第21条

2.《中华人民共和国合同法》第125条

（撰写人：孙　鑫）

02

以保证人身份签字的责任认定

——汪某与吴某、程某、B公司、D公司民间借贷纠纷案

裁判规则

在保证人出具的承诺中,以保证人的身份签字,并非保证主债务,而是保证保证人的还款义务。在被担保的承诺书中,并未写入有关保证的内容,而仅是保证人在其中“以保证人身份签字或盖章”从而成立合同,可以构成对承诺的担保。此时,不应进行扩大解释,应仅视为对该承诺的担保。

案 情[1]

2015年5月6日,A公司向汪某出具《收据》一张,载明今收到汪某人民币100万元整,并加盖A公司财务专用章。同日,吴某向汪某出具《承诺》一份,载明:“今收到汪某交A公司现金人民币壹佰万元整(该款属公司前期费用,后转购股权2%),如出现问题由我负责赔付。特此承诺。吴某。”程某在该《承诺》尾部“保证人”处签字。2015年10月13日,B公司为汪某出具《情况说明》一份,载明:“因公司当时账上资金不足,向汪某借款壹佰万元用于支付。实际是B公司支出。借条在汪某手,汪是公司副总经理。特此证明。”2016年1月26日,D公司再次向汪某出具《承诺》,载明:“关于汪某同志出资壹佰万元,支付A公司唐某的费用,由我公司负责追要返还,计款壹佰壹拾伍万元,还款日期二〇一六年五月三十号前。”D公司加盖公章,法定代表人吴某签字。程某作为“证明人”在该《承诺》中签字。针对吴某出具的《承诺》,程某称款项属于A公司的前期费

[1] (2019)京01民终3988号。

用，其不清楚2%的股权是哪个公司的股权；其签字就是保证项目是真实的；如果项目出现问题由吴某赔付，即使程某在保证人处签字也不需要承担责任。针对D公司出具的《承诺》，程某称签字是要证明投资的事情，程某知道、清楚，并且当时程某在场；至于追要返还应由吴某负责，如果追要不回来也不存在返还的问题，《承诺》的意义就是心理安慰。

一审法院认为，汪某向A公司交付100万元，B公司为该笔款项向汪某出具《情况说明》，明确此款系因B公司资金短缺而向汪某借款，故汪某系按B公司要求向其提供借款并交付款项，汪某与B公司已建立民间借贷法律关系。A公司虽系款项接收方，但其并非借款人，汪某无权要求A公司承担还款责任。吴某为汪某出具《承诺》，表明若上述已交付至A公司的款项出现问题，由吴某负责赔付。吴某的上述承诺行为，应系向汪某承诺在B公司无法偿还借款、还款出现问题的情况下，吴某向汪某承担还款责任，即吴某为B公司的债务承担一般保证责任。现汪某在保证期间内要求吴某承担保证责任，吴某对汪某享有的，经强制执行B公司仍未能得以清偿的债权，应承担一般保证责任。程某在该份《承诺》中以保证人的身份签字，各方并未约定保证方式及保证期间，程某应对涉案借款在主债务履行期届满之日起六个月内承担连带保证责任。现汪某在保证期间内提起本案诉讼，程某应当依约对涉案借款承担连带保证责任。

关于2016年1月26日的《承诺》，D公司表明涉案借款由D公司负责追要返还，并明确了还款金额及还款日期，D公司的行为构成与B公司并存的债务承担，即债务加入。但吴某作为D公司的法定代表人，其在《承诺》上签字之行为应系职务行为，且根据《承诺》内容，仅是D公司作出了债务加入的意思表示，故汪某无权要求吴某一并承担还款付息责任。而程某系作为“证明人”在该份《承诺》中签字，并未标明愿承担还款责任，故汪某要求程某与D公司一并还款付息的诉讼请求，该院亦不予支持。

一审法院判决：1. B公司、D公司于判决生效后10日内偿还汪某借款100万元；2. B公司于判决生效后10日内支付汪某借款逾期利息（以100万元为本金，自2018年1月3日起至实际付清之日止，按照年利率6%计算）；3. D公司于判决生效后10日内偿还汪某借款15万元；4. D公司于判决生效后10日内支付汪某借款逾期利息（以115万元为本金，自2016年5月31日起至实际付清之日止，按照年利率6%计算）；5. 程某对上述第1、2项B公司的债务向汪某承担连带保证责任,程某承担保证责任后,有权向B公司追偿;6. 吴某对上述第1、2项B公司的债务经强制执行仍不能履行的部分,向汪某承担清偿责任,吴某承担保证责任后,有权向B公司追偿;7. 驳回汪某的其他诉讼请求。

【裁判结论】

北京市第一中级人民法院于2019年9月10日,作出(2019)京01民终3988号民事判决:驳回上诉,维持原判。

【裁判观点】

北京市第一中级人民法院认为:本案争议焦点是程某对B公司上述还款是否负有连带保证责任。法院认为,在吴某向汪某出具的《承诺》中,吴某明确"汪某交A公司100万元,(该款属公司前期费用,后转购股权2%)",并承诺"如出现问题由我负责赔付",该《承诺》没有关于B公司借款内容,亦没有程某为B公司借款提供保证担保的内容,故程某在《承诺》中保证人处签字,仅能认定系为吴某的上述承诺内容提供保证担保,无法认定与B公司对汪某的还款义务的关联性。程某上诉主张,吴某出具《承诺》的行为不能代表B公司、D公司,其在吴某出具《承诺》中保证人处签字的行为也不能等同于对B公司、D公司的担保,属于合理抗辩,法院予以采信。汪某要求程某对B公司借款承担连带还款责任,一审判决支持汪某该项诉讼请求,依据不足,法院予以纠正。

虽然吴某、D公司分别向汪某出具的《承诺》中并未明确100万元款项性质,但两份《承诺》确有关于负责赔付,以及负责追要返还汪某支付的100万元款项的内容,程某在上述两份《承诺》中保证人和证明人处签字,表明程某知道100万元款项应当追要返还。故程某以本案诉争100万元款项系投资款为由,主张100万元不应返还,并主张其仅是见证人,《承诺》的作用就是心理安慰,缺乏事实依据,法院不予采信。

法官评析

本案的特别之处在于,在他人对争议债务的保证合同中以保证人身份签字,仅是构成保证该保证合同的履行。在实践中,保证合同的书面形式主要有三种情况:一是保证人与债权人单独订立保证合同,包括当事人之间的具有担保性质的合同、信件和数据电文等。二是以主合同的保证条款形式订立的保证合同，此时，虽然主合同与保证合同共用一个合同文书，但是保证合同仍然是一个独立的合同。三是保证人单方出具保证书并为债权人接受的。债权人接受保证的意思表示可以是口头、书面方式，还可以采取积极行为的方式接受保证（如债权人收到保证承诺书后履行主合同的行为）。保证人仅“以保证人身份签字或盖章”从而成立保证合同的情形下，由于保证双方权利义务并未通过具体的合同条款来加以描述，保证意思只能通过当事人的签章来推定。此时，应当判断保证人对自身签章行为本身是否具有清晰的认知，即明知其签字盖章的行为是成为该合同的保证人并由此作出的内在意思之表示。

在司法实践中，与此类似的一种常见情形是，债务承担或连带保证发生混淆。一般来说，从当事人的约定中，无法明确的认定是并存的债务承担还是保证时，应分析当事人是在履行自己的债务，还是以保证人的身份为他人的债务提供担保。并存的债务承担中第三人承担的债务与原债务具有同一性，而在连带保证中保证合同是从合同，原债务和保证债务是主从债务关系；并存的债务承担中当事人仅受诉讼时效的限制，而连带保证中有保证期间的限制；并存的债务承担中债务具有无因性，而连带保证中的保证合同的效力受主合同的影响；并存的债务承担和连带保证具有相似的抗辩权和追偿权。

【裁判依据】

1.《中华人民共和国担保法》第 17 条、第 18 条、第 19 条

2. 最高人民法院《关于适用〈中华人民共和国担保法〉若干问题的解释》第 125 条

【关联案例】

一、某自来水公司与某银行保证合同纠纷案

[案号] （2004）民二终字第 262 号

［案情］　2003年8月29日,A公司向B银行借款,双方签订的《流动资金借款合同》约定:金额为人民币2800万元,贷款到期日为2004年8月20日,月利率为4.8675‰,按日计息,按月结息。在有其他严重的违约行为时,B银行有权解除合同,并要求A公司提前归还贷款本息,赔偿损失。同日,C公司与B银行签订一份《最高额保证合同》,C公司为A公司本案2800万元贷款提供连带保证担保。2003年9月5日,B银行依约向A公司发放贷款。A公司自2003年9月20日起就开始欠息,至今未支付分文利息。B银行遂向法院提起诉讼,请求依法判令:A公司一次性归还B银行贷款本金人民币2800万元及利息、罚息,利息,并由C公司对A公司的上述欠款承担连带还款责任。

［简要分析］　保证债务独立于主债务,保证责任的类别主要包括法定的保证责任、约定的保证责任及推定的保证责任范围。法定的保证责任范围包括主债权及利息、违约金、损害赔偿金和实现债权的费用。其中,主债权是于保证合同成立时,债权人对主债务人所享有的债权。相对于主债权而言,保证人应对保证合同成立时主债务人对债权人所负的主债务承担保证责任。主债务不限于主债务上的主给付义务,还应包括从给付义务以及附随义务。约定的保证责任的范围不必与主债务的范围一致,但不得大于或者强于主债务。当事人对保证责任的范围有明确约定的,保证人仅在约定的限度内负保证责任,对超出约定范围的债务,保证人不负保证责任。推定的保证责任,是指当事人对保证范围未作约定或者约定不明时由法律对保证范围的直接规定。《担保法》第21条第2款规定,"当事人对保证担保的范围没有约定或者约定不明确的,保证人应当对全部债务承担责任"。本案中,B银行与A公司签订的借款合同合法有效。C公司与B银行签订书面保证合同,明确承诺为A公司上述借款提供连带保证义务。现A公司到期未能偿还债务,保证人C公司应就借款本金2800万元人民币及合同约定的利息、罚息向B银行承担连带清偿责任。

二、A公司与周某、王某等小额借款合同纠纷案

［案号］　(2014)甬宁商初字第1355号

［案情］　周某系B菜馆(个体工商户)业主,由于资金紧张,于2014年4月8日以B菜馆为借款人与A公司签订了《最高额保证借款合同》,约定自2014

年4月8日至2015年4月7日A公司向借款人发放贷款,最高贷款限额为180,000元。合同约定借款月利率为18.66‰,按月付息,本金至借款期限届满时一次性归还,利随本清。王某、葛某作为连带责任保证人签字盖章确认,保证担保的范围为贷款本金、利息、违约金、损害赔偿金及实现债权的费用,实现债权的费用包括诉讼费、律师代理费、催讨差旅费和其他合理费用。合同签订后,A公司于2014年4月10日向被告周某发放贷款180,000元,约定借款月利率17.8‰,借款到期日为2014年10月10日。借款后,被告周某自2014年4月21日开始就未再支付利息。A公司多次与周某、王某交涉要求归还本金和支付尚欠的利息未果。王某答辩称案涉借款是原来借款200,000元的转贷,在转贷前葛某向王某出具了承诺书,承诺如周某未能还款的,由葛某承担还款责任,王某不承担责任。A公司在未审查王某的还款能力的情况下就让王某签字保证,自身也存在一定的过错,葛某与周某串通,骗取王某的担保,故王某不应承担保证责任。

[简要分析] A公司与周某、王某、葛某签订的《最高额保证借款合同》合法有效。合同签订后,A公司依约履行了发放贷款义务,但借款人B菜馆未按期支付利息,已构成违约,根据合同约定,A公司有权要求提前归还借款本金,并支付利息及律师费等费用。借款人B菜馆系周某开办的个体工商户,其民事责任应由周某承担。王某、葛某作为连带责任保证人,应对上述借款本息及律师代理费承担连带清偿责任,承担连带责任后有权向周某追偿。王某抗辩其与葛某约定如周某无法偿还借款,由葛某承担,王某不承担责任,此系保证人内部对保证份额的约定,与A公司无涉。

(撰写人:孙梦青)

03

未约定保证期间的责任处理

——田某与 A 公司、B 公司民间借贷纠纷案

裁判规则

保证合同没有约定保证期间的，保证期间为主债务履行期届满之日起六个月。约定保证人承担保证责任直至债务本息还清时为止等类似内容的，视为约定不明，保证期间为主债务履行期届满之日起 2 年。

案　情[1]

2015 年 7 月 29 日，田某（甲方，出借人）与 A 公司（乙方）签订《信息咨询与管理服务协议》，协议约定：甲方的资金出借方式为对乙方服务中的《借款协议》下的个人债权债务关系进行受让，将款项支付给所购买的债权的转让方，从而完成资金的出借；甲方出借金额为 100 万元，意向出借及回收期间自 2015 年 7 月 29 日至 2016 年 7 月 29 日，利息年化 13%，到期本息同付；甲方该笔资金出借期满之日，甲方将该笔资金对应的债权资产（包括收益部分）全部转让给乙方为其寻找到的债权受让人，由债权受让人在期满的 1 个工作日内支付到甲方在本协议指定的资金回收专用账户中。协议还对其他事项进行了约定。

签订协议后，田某按 A 公司原业务经理李某的要求，通过 POS 机交易方式交付了 100 万元出借资金。李某向田某出具了有确认人“吕某”签名并加盖有 A 公司印章的《收款确认函》。

同日，B 公司向田某出具《担保函》，载明：若出借人根据与 A 公司之间的

---

〔1〕 (2017)京 01 民终 7954 号。

《信息咨询与管理服务协议》完成了资金出借,B 公司将对出借人所出借资金的本息收回提供担保。双方未就保证方式、保证范围及期间进行明确约定。

借款期限届满后,A 公司未向田某还本付息,B 公司亦未承担保证责任。

北京市海淀区人民法院认为:田某与 A 公司签订的《信息咨询与管理服务协议》系双方当事人真实意思表示,协议内容未违反法律及行政法规的强制性规定,属合法有效。田某与 A 公司形成事实上的民间借贷关系。田某作为出借方,已依约交付了借款,A 公司作为借款方亦应按照约定的期限履行还本付息义务,该院对田某要求 A 公司返还借款本息 113 万元的诉讼请求及要求 A 公司支付逾期利息的诉讼请求中未超出该院认定的部分予以支持。

关于田某要求 B 公司对 A 公司的债务承担连带保证责任的诉请,因 B 公司出具担保函,对出借人所出借资金的本息收回提供担保,双方未就保证方式进行约定,故应视为连带责任保证,田某有权要求 B 公司对 A 公司的债务承担连带保证责任,该院对田某该项诉讼请求予以支持。

北京市海淀区人民法院作出(2017)京 0108 民初 15489 号民事判决,判决:1. A 公司偿还田某借款本金 100 万元及利息 13 万元,并支付逾期利息(以 100 万元为基数,按照中国人民银行同期同类贷款基准利率计算,自 2016 年 7 月 30 日起至本金实际付清之日止);2. B 公司对前款规定的 A 公司的债务承担连带保证责任;3. B 公司承担保证责任后,有权在其承担保证责任的范围内向 A 公司追偿;4. 驳回田某的其他诉讼请求。

B 公司不服提起上诉,上诉意见:B 公司是债务的连带保证责任人,根据《担保法》第 26 条的规定,B 公司的保证期间为 6 个月,田某未在借款回收日期 6 个月内向 B 公司主张权利,《担保函》已过诉讼时效,故 B 公司不应对案涉债务承担连带保证责任。田某则认为本案的保证期间应当是 2 年而不是 6 个月。

二审法院补充查明,B 公司就田某主张的向其陈姓经理主张权利的相关陈述表示不清楚,不认可田某向其主张过权利。另查,田某于 2017 年 3 月 27 日向一审法院提起本案诉讼。

【裁判结论】

北京市第一中级人民法院于 2017 年 11 月 13 日,作出(2017)京 01 民终 7954 号民事判决,判决:1. 维持北京市海淀区人民法院(2017)京 0108 民初

15489号民事判决第1项;2.撤销北京市海淀区人民法院(2017)京0108民初15489号民事判决第2项、第3项、第4项;3.驳回田某的其他诉讼请求。

【裁判观点】

北京市第一中级人民法院认为:《担保法》第26条规定:“连带责任保证的保证人与债权人未约定保证期间的,债权人有权自主债务履行期届满之日起六个月内要求保证人承担保证责任。在合同约定的保证期间和前款规定的保证期间,债权人未要求保证人承担保证责任的,保证人免除保证责任。”最高人民法院《关于适用〈中华人民共和国担保法〉若干问题的解释》第32条规定:“保证合同约定的保证期间早于或者等于主债务履行期限的,视为没有约定,保证期间为主债务履行期届满之日起六个月。保证合同约定保证人承担保证责任直至主债务本息还清时为止等类似内容的,视为约定不明,保证期间为主债务履行期届满之日起二年。”依据上述规定可知,保证合同没有约定保证期间的,保证期间为主债务履行期届满之日起六个月,约定保证人承担保证责任直至债务本息还清时为止等类似内容的,视为约定不明,保证期间为主债务履行期届满之日起2年。本案中,当事人在《担保函》内并未约定保证人承担保证责任直至债务本息还清时为止等类似内容,亦未对保证期间进行明确约定,保证期间应为主债务履行期届满之日起六个月,田某应在债务履行期届满之日即2016年7月29日起6个月内向保证人B公司主张权利。诉讼中,田某主张其在诉讼前向B公司主张过权利,找到一名姓陈的经理,B公司表示不清楚且不认可田某向其主张过权利,则田某应就其在保证期间内向B公司主张过权利进一步举证证明,而其未能对此举证,应承担举证不能的不利后果。至田某2017年3月27日提起本案诉讼,已超过保证期间,B公司上诉主张应免除其保证责任,具有法律依据,法院予以支持,一审法院对此认定有误,法院予以纠正,B公司上诉请求为驳回田某全部诉讼请求,涉及A公司不承担还款责任的请求,法院不予支持。

法官评析

保证期间是指债权人要求保证人履行义务的期间。它对债权人和保证人之间权利义务关系起着很大的作用。债权人在保证期间内未行使请求权的,其权利主张罹于保证期间,保证人可不再履行保证义务。保证期间是保证制度中的一项重要内容，在司法实践中属人民法院主动审查的事实范畴。

一、保证期间并非诉讼时效或除斥期间

保证期间是保证人承担保证责任的期间，不同于诉讼时效或除斥期间。

诉讼时效是指民事权利受到侵害的权利人在法定的时效期间内不行使权利，当时效期间届满，债务人获得诉讼时效抗辩权。诉讼时效可以多次中断，也可中止、延长。

除斥期间是某种民事权利有效存续的期间，权利人在法律规定的期限内不行使其权利，其权利即被除斥。除斥期间从权利成立之日开始，或是自知道或应当知道权利成立之日开始计算。

而关于保证期间，依据《担保法》第 25 条第 2 款和《担保法》第 26 条第 2 款的内容，在保证期间内，未向负担主债务的人提起诉讼或仲裁（一般保证中），或未向承担保证责任的人主张保证责任的（连带保证中），承担保证责任的人得以免除保证责任，保证期间可由当事人约定，并由法律规定作为补充。

可通过保证期间及保证诉讼时效的适用来理解保证期间的含义及作用。一个保证权利同时受保证期间和保证诉讼时效制约，以一般保证为例，保证期间从债务人不能履行债务时开始计算，若债权人未在保证期间内向保证人主张权利，则其要求保证人承担责任的权利丧失，保证的诉讼时效无适用意义；若债权人在保证期间内向保证人主张了权利，则保证期间制度对保证人不再发挥作用，同时保证诉讼时效起算，保证人仍可结合债权人的权利主张有无超过诉讼时效进行抗辩。

二、保证期间的期限

结合《担保法》及最高人民法院《关于适用〈中华人民共和国担保法〉若干问题的解释》的规定，保证期间属于约定期间，也有法律强制性规定作为补充。当事人约定的保证期间明确、“合理”的，保证期间产生相应法律后果，未约定保证期间及约定不明的，均由强制性法律规定调整。

结合最高人民法院《关于适用〈中华人民共和国担保法〉若干问题的解释》第 32 条的内容，“合理”的保证期间不应“早于或者等于主债务履行期限”，也不应表述为“直至主债务本息还清时为止等类似内容”。前者视为没有约定，后者视为约定不明。而对于未约定的，保证期间为主债务履行期届满之日起六个月;约定不明的,为主债务履行期届满之日起2年。

三、本案裁判意见

诉讼时效制度须由当事人主动提起抗辩,人民法院不予主动适用,与此不同,保证期限是人民法院主动审查的内容,却易被忽略。

诉讼中,在保证期间内向保证人主张权利,属积极事实,须由主张事实一方亦即债权人承担举证证明责任。本案中,当事人在《担保函》内并未约定保证人承担保证责任直至债务本息还清时为止等类似内容,亦未对保证期间进行明确约定,保证期间应为主债务履行期届满之日起6个月,债权人应在保证期间内行使权利。债权人虽主张其在诉讼前向保证人主张过权利,但保证人不予认可,则田某应就其在保证期间内向B公司主张过权利进一步举证证明,而其未能对此举证,应承担举证不能的不利后果。

【裁判依据】

1.《中华人民共和国担保法》第26条

2. 最高人民法院《关于适用〈中华人民共和国担保法〉若干问题的解释》第32条

【关联案例】

一、B公司与A公司、C公司保证合同纠纷案

[案号] (2003)高民再终字第996号

[案情] 1998年4月,某银行作为贷款人,A公司作为借款人,B公司作为担保人,三方签订一份《贷款合同》,借款金额为人民币3000万元,借款期限1年。B公司与某银行又另签订一份《保证合同》,约定B公司为A公司3000万元借款承担连带担保责任。1999年4月5日,C公司向B公司出具一份《保证书》,承诺因B公司同意继续为3000万元的展期贷款提供担保而为它提供反担保。

贷款展期期满,由于A公司未及时还款,某银行于2000年4月30日扣收了B公司3019余万元。2001年1月16日,B公司向C公司出具《关于促请贵公司

履行反担保责任的函》,要求C公司履行反担保责任。2001年3月28日,A公司向B公司发函确认:"2000年4月A公司因资金周转困难而未能如期向某银行还本付息。某银行扣押了B公司在该行的3000余万元资金作为A公司的贷款还款。至此,形成了A公司与B公司的直接债务关系。"B公司在承担保证责任后,多次要求A公司和C公司偿还债务及承担保证责任,未果。故诉至法院。

C公司认为,B公司对A公司所享有的债权追偿权开始日2000年4月30日为主债务的履行期限届满日,C公司反担保的保证期间应为2000年4月30日至2000年10月30日,B公司未在保证期间内主张权利,C公司的反担保责任应予免除。

[简要分析] 在本案中,2000年4月30日,B公司因实际承担A公司所欠某银行3000余万元借款本息的连带保证责任后,自该日起取得对A公司的追偿权,A公司即由原来欠某银行借款本息3000余万元债务转为欠B公司3000余万元债务,亦属到期债务。由于C公司于1998年3月18日出具的《保证书》是为A公司所欠B公司债务提供的反担保,保证期间为1998年3月18日至2000年3月18日,而A公司所欠B公司债务的履行期届满日为2000年4月30日,该反担保保证期间早于主债务履行届满之日,根据最高人民法院《关于适用〈中华人民共和国担保法〉若干问题的解释》第32条第1款"保证合同约定的保证期间早于或者等于主债务履行期限的,视为没有约定,保证期间为主债务履行届满之日起六个月"的规定,C公司的保证期间为债务人A公司对B公司的债务履行期满之日起6个月,即自2000年4月30日至10月30日,在此期间,因B公司未向C公司主张权利,故C公司要求免除担保责任的理由成立。

根据民法一般原理,债权人的债权请求权的开始日应为债务履行期限届满日。反之,债务履行期限届满日,也就是债权人的债权请求权的开始日。本案中,由于C公司于1998年3月18日出具的《保证书》是为A公司所欠B公司债务提供的反担保,保证期间为1998年3月18日至2000年3月18日,而上述A公司所欠B公司主债务的履行期届满日为2000年4月30日,C公司反担保的保证期间早于主债务履行期届满之日,只能视为没有约定,其保证期间应为债务人A公司对B公司的主债务履行期届满之日即2000年4月30日起6个月,至2000年10月30日。B公司于2001年1月16日向C公司发函要求承担反担保责任,是在反担保的保证期间届满后才要求C公司承担保证责任C公司的反担保责任可以免除。

二、A银行、B公司与C公司、D公司等金融借款合同纠纷案

[**案号**](2015)高民(商)终字第4738号

[**案情**] 2013年9月23日,A银行、B公司与C公司签订了《委托贷款借款合同》,约定:B公司同意并委托A银行向C公司发放贷款,委托贷款金额为1.2亿元,C公司应通过A银行向B公司偿还贷款本息。基于上述《委托贷款借款合同》,D公司与A银行签订《抵押合同》预定D公司将其名下某土地使用权为上述借款提供抵押担保,双方共同办理了《土地他项权利证明书》。袁某甲、袁某乙为B公司与C公司之间的借款提供个人无限连带保证责任。

现C公司未能按照《委托贷款借款合同》的约定足额偿还借款本金、支付利息。A银行、B公司要求C公司承担还款责任,D公司承担担保责任,袁某甲、袁某乙承担连带保证责任。

[**简要分析**] 针对袁某甲、袁某乙是否承担连带保证责任一节,法院认为,A银行、B公司基于D公司《股东会决议》的内容,向袁某甲、袁某乙二人提出承担个人无限连带保证责任的主张,该份决议中的保证条款符合我国法律对保证合同的规定,可以作为认定本案当事人承担保证责任的依据。《股东会决议》条款中没有对保证期间进行约定,根据《担保法》第26条之规定,"连带责任保证的保证人与债权人未约定保证期间的,债权人有权自主债务履行期届满之日起六个月内要求保证人承担保证责任。在合同约定的保证期间和前款规定的保证期间,债权人未要求保证人承担保证责任的,保证人免除保证责任"。本案中,主债权到期之日为2013年12月20日,本案立案时间为2015年1月29日,时间间隔已经超过《担保法》中规定的6个月。在本案审理过程中,A银行未举证证明其在保证期间内向保证人主张承担保证责任,故法院对A银行提出的由袁某甲、袁某乙对本案承担个人无限连带保证责任的诉讼请求不予支持。

本案系当事人未约定保证期间的情况下,债权人超过6个月向保证人主张权利而诉请未能获得支持的案件。

(撰写人:刘　婷)

04

免责的债务承担与保证合同的认定

——A 酒店与叶某保证合同纠纷案

裁判规则

债务承担与保证合同中，债务人或第三人均向债权人履行清偿债务的责任。但保证人代债务人承担保证责任后有权向债务人进行追偿，而债务承担中的第三人自行承担债务，无权向债务人进行追偿。在民间借贷案件中，确定“保证书”成立债务承担或保证合同法律关系应当结合案件具体情况及权利义务约定，判断当事人是否有权向债务人进行追偿，从而作出认定。

案　情〔1〕

叶某原系 A 酒店员工，于 2011 年 4 月离职。叶某在任职期间于 2009 年 3 月至 10 月，经手客户消费业务，由其本人签单挂账。2010 年 4 月 28 日，叶某与 A 酒店进行对账，列明“叶某经手政府机关欠费账单交接明细表”，其经手客户欠费累计金额为 406,493.57 元，叶某签字认可“欠款数额属实”。2010 年 5 月 21 日向 A 酒店书写《保证书》，内容为：“我叶某将代表企业负责追缴我本人在负责销售工作中的客户欠款问题。负责时长至 2010 年 12 月 31 日。如到期未追回全部欠款，我叶某本人将承担一切责任，并通过合法手段还清欠款，并以我本人房产做抵押”。A 酒店向一审法院起诉请求叶某归还欠款406,493.57元，并承担本案诉讼费用。

一审法院认为，2010 年 4 月 28 日叶某与 A 酒店签订“叶某经手政府机关欠

〔1〕（2013）一中民终字第 9613 号。

费账单交接明细表",确认2010年3月至10月,叶某经手客户欠费累计金额为406,493.57元。叶某于2010年5月21日出具《保证书》,承诺2010年12月31日前未追回全部欠款,由"叶某本人将承担一切责任,并通过合法手段还清欠款,并以我本人房产做抵押",应视为若至2010年12月31日其经受业务欠款未追回,叶某则作为平等的民事主体自愿对清单中列明范围内的债务提供保证,鉴于未明确保证方式,依法视为提供连带责任保证。因对主债务履行期限没有进行约定,A酒店在保证期限内提起诉讼,且主债务未履行,A酒店的诉讼请求,符合法律规定,该院予以支持。

一审法院判决:叶某于本判决生效后三十日日内偿还A酒店四十万六千四百九十三元五角。

【裁判结论】

北京市第一中级人民法院于2013年9月16日,作出(2013)一中民终字第9613号民事判决:驳回上诉,维持原判。

【裁判观点】

北京市第一中级人民法院认为:本案A酒店依据叶某出具的在案《保证书》要求叶某清偿欠款。根据叶某和A酒店的陈述,《保证书》中所涉款项的基础系叶某在负责销售工作中因其签单挂账而产生的客户在A酒店消费应支付而未实际支付的款项。叶某在《保证书》中承诺由其负责代表A酒店追缴客户欠款,如未在其承诺的期限内,即在2010年12月31日前追回全部欠款,则欠款由叶某还清,同时叶某亦表示用自己的房屋对此提供担保。根据上述内容,叶某已经通过向元辰鑫公司出具《保证书》的行为,明确作出其在2010年12月31日全部未追回全部欠款的情况下由其还款的意思表示。据此,一审法院认定叶某与A酒店之间形成保证合同关系不妥,法院予以纠正,本案的案由应确定为欠款纠纷。

叶某向A酒店出具保证书,表示在2010年12月31日前未追回其本人在负责销售工作中的全部客户欠款的情况下,由其还清欠款,同时,叶某亦在"叶某经手政府机关欠费账单交接明细表"上签字认可"欠款数额属实",故A酒店依据该保证书向叶某主张权利并无不当,根据叶某和A酒店的陈述,叶某至今未追回任何欠款,故其应依据《保证书》向A酒店清偿款项。针对叶某称其与A酒店不是平等主体，故其不得不出具该《保证书》的上诉理由，法院认为，最高人民法院《关于民事诉讼证据的若干规定》第 2 条规定："当事人对自己提出的诉讼请求所依据的事实或者反驳对方诉讼请求所依据的事实有责任提供证据加以证明。没有证据或者证据不足以证明当事人的事实主张的，由负有举证责任的当事人承担不利后果。"本案中，叶某虽称为了与 A 酒店续签劳动合同不得已才出具的《保证书》，但对该主张并未提交证据予以证明，叶某对此应承担举证不能的责任，故法院对叶某该上诉请求不予支持。

法官评析

债务承担与保证责任存在相似之处，在司法实践中容易混淆，就本案而言，叶某所出具的《保证书》的性质，属于债务承担，还是属于保证合同，对于判断叶某所需承担的责任至关重要，此亦为案件处理的难点。

保证合同与债务承担的相似之处在于，债务人或第三人均向债权人履行清偿债务的责任，但两者根本的区别在于：保证人代债务人承担保证责任后有权向债务人进行追偿，而债务承担中的第三人自行承担债务，无权向债务人进行追偿。同时，两者之间还存在以下不同：第一，性质不同。保证合同是主债权债务合同的从合同，而债务承担是独立的合同。第二，保护期间不同。保证合同中保证人的保证责任受到保证期间的保护，而债务承担中的第三人没有单独的保证期间，仅受到诉讼时效的制约。第三，责任范围不同。保证合同中，保证人承担债务的范围有约定从约定，无约定依法包括主债务及利息、违约金以及实现债权的费用等诸多内容，即债务在保证行为成立时处于不确定状态，而债务承担中的第三人仅针对主债务承担清偿责任，第三人承担的债务是确定的债务。

在实践中，第三人经常会向债权人出具"保证书""保证函"等带有类似于保证合同性质的书面文件，如前所述，判断上述文件的性质，对于如何确定第三人责任具有重要作用，即保证人在承担保证责任后有权向债务人进行追偿，而债务承担中的第三人只能自行承担债务，无权向原债务人进行追偿。对于上述文件的性质是保证合同，还是债务承担的承诺，需要结合具体情况，从以下方面进行判断：首先，保证合同只能形成于主债务履行期间届满前，而债务承担可以形成于任何时间，一般形成于主债务履行期间届满后；其次，保证应有明确的为他人承担责任的意思表示，而债务承担则更多地体现为第三人为自己债务负责；最后，保证合同中，债权人并未放弃要求债务人承担责任的主张，而在债务承担中，由于第三人已经取代债务人的地位成为新的债务人，故债权人仅向第三人主张权利。

就本案而言，叶某在《保证书》中承诺由其负责代表A酒店追缴客户欠款，如未在其承诺的期限内追回全部欠款，则欠款由其还清，同时叶某亦表示用自己的房屋对此提供担保。通过对上述《保证书》内容的分析，叶某先是以A酒店的名义对外催收欠款，并非就欠款承担保证责任，同时，在前款逾期无法收回的情况下，其表示自行清偿，且同意以自有房屋提供担保，可认定叶某已表示将A酒店所主张的债权归为自身债务，系代债务人清偿债务。同时，叶某和A酒店均认可《保证书》中所涉款项系叶某在负责销售工作中因其签单挂账而产生的客户在A酒店消费应支付而未实际支付的款项。根据A酒店提供的由叶某签字确认的"叶某经手政府机关欠费账单交接明细表"，叶某在该明细表上签字认可"欠款数额属实"，而A酒店亦依据该保证书向叶某主张权利。综合以上因素，可以认定叶某系以债务人的身份出具上述《保证书》，且A酒店亦以债务人的身份要求叶某承担清偿债务的责任，该《保证书》所保证之事，并非叶某所要承担保证责任，而是叶某对清偿债务作出的承诺，即叶某承诺由其承担客户所欠债务，故一审法院认定《保证书》为保证合同并认为叶某应承担连带保证责任系认定法律关系和适用法律有误，但处理结果并无不当。

【裁判依据】

1.《中华人民共和国合同法》第84条、第85条

2.《中华人民共和国担保法》第6条

【关联案例】

一、A公司与B公司等借款担保合同纠纷案

[**案号**]（2005）民二终字第200号

［案情］ C公司与E银行签订外汇借款合同。B公司为该笔贷款向E银行出具《不可撤销现汇担保书》。借款担保合同签订后,E银行依约发放了贷款。该笔贷款作为C公司的出资投入D公司。后D公司向E银行出具《承诺书》,内容为:"D公司1993年10月20日根据93008号《外汇借款合同》从贵行借款182万美元,为此我公司郑重承诺:我公司对归还该笔贷款本息承担连带还款责任,并放弃一切抗辩权。本承诺书为93008号《外汇借款合同》的补充,具有同等的法律效力。"此后,E银行向C公司发出债权转让通知,E银行与A公司签订了《债权转让协议》。E银行向D公司发出《担保权利转让通知》。

［简要分析］ 根据该《承诺书》的内容,D公司愿意承担债务并无疑问,问题的关键在于:D公司出具该承诺书的行为是被上诉人B公司主张的债务人变更,还是上诉人A公司主张的增加保证人,抑或是新债务人的加入。本案中,D公司表示愿意承担连带还款责任,债权人E银行在接受的同时,并无明确的意思表示同意债务人由C公司变更为D公司,因而D公司的承诺行为不能构成债务转移,即不能构成债务人的变更。至于D公司的行为应当定性为上诉人A公司所主张的保证人增加,还是定性为债务人的增加:保证系从合同,保证人是从债务人,是为他人债务负责;并存的债务承担系独立的合同,承担人是主债务人之一,是为自己的债务负责,也是单一债务人增加为二人以上的共同债务人。判断一个行为究竟是保证,还是并存的债务承担,应根据具体情况确定。因此本案中,根据《承诺书》的具体内容以及向D公司的催收通知中的担保人身份的注明,对D公司的保证人身份有较为明确的表示与认可,应当认为属于保证人增加。

二、蔡某诉章某一借款合同纠纷案

［案号］ (2011)浙湖商终字第29号

［案情］ 蔡某与章某(章某一之子)、案外人涂某、骆某(蔡某代理人)均是同学,关系较好2009年7月10日晚上,蔡某与涂某、骆某到债务人章某家催讨借款,章某不在家,由章某的父亲章某一接待。蔡某与另一债权人涂某说明催讨借款的来意后,章某一到房间与儿子通电话,称未扫通,但章某一向债权人蔡某、涂某出具承诺书,载明:"章某在A市办企业,曾向蔡某借款人民币13.4万元、

向涂某借款4万元。因目前企业正在兴建中,资金比较紧张,现在由他父亲承诺,在2010年5月底前还清全部借款。”在承诺书出具后的第二天,章某一与儿子章某通了电话。至2010年5月30日,蔡某与骆某前往章某一家催讨借款。章某一与蔡某协商是否支付60%或8万元,蔡某表示不能同意,当时有骆某和杨某在场。因催讨未果,蔡某遂起诉请求法院判令章某一支付章某的借款13.4万元。

[简要分析] 免责的债务承担与并存的债务承担都是在债的同一性基础上产生的,其共同之处在于均将债务移转给原债务关系之外的第三人承担,两者同属于债务承担的范畴;在成立形式上,二者均可通过由债权人、债务人与第三人订立三方协议,或债权人、债务人分别与第三人订立双方协议等形式来实现债务的转移。免责的债务承担和并存的债务承担最明显的区别就在于责任承担效果,即原债务人是否脱离债务关系,这对于债权人和债务人的利益都至关重要。两者在司法实践中的区分,主要看当事人的意思表示,债务承担协议有明确约定的按约定,无明确约定的,兼顾当时的实际情况以及合同目的来推定各方真实的意思表示。首先解释为债权人及债务承担人大都以原债务人之继续负责为利益,于有疑义时应认为并存的债务承担。在民间借贷纠纷中亦应如此,如果债务承担合同的当事人未明示免除原借款人的还款义务,或对是否免除原借款人的责任未约定及约定不明的,从保护债权人债权的立法角度出发,对免除原债务人债务应持审慎的态度,应推定为借款人与第三人连带负责,成立并存的债务承担。

具体到本案的民间借贷中,借款人章某之父向出借人出具限期还清全部借款的承诺书,属于债权人蔡某与第三人章某一达成的债务承担协议,债务人章某也已经得到通知且不持异议,构成债务承担应无疑义。问题在于该承诺书并未就债务承担为免责的抑或为并存的作出明确约定。第三人章某一出于父子关系承诺替章某偿还借款,出借人蔡某并未因此同意免除章某的还款责任,章某一自己在一审时都认为已构成债务加入,因此,认定本案构成并存的债务承担符合当时的实际情况和当事人的真实意思。

（撰写人:孙梦青）

05

不动产抵押未登记所对应的抵押人应承担的责任认定

——吕某与赵某华抵押合同纠纷案

裁判规则

当事人之间仅签订了关于抵押房屋的抵押协议，并未实际办理房屋抵押登记的，债权人无权就未设定抵押权的房屋主张优先受偿。根据《合同法》第107条的规定，抵押人应承担继续履行或者赔偿损失义务。在抵押权人选择由抵押人承担损失赔偿义务的情况下，其应依据抵押合同约定，以抵押财产为限，在债务人未能清偿的范围内承担相应补充责任。

案 情[1]

2015年6月18日，赵某华向吕某出具承诺书，载明其介绍吕某支付500万参与项目合作，如若失败，愿用名下房产无条件转给吕某，作为500万元的经济赔偿。此后，赵某华向吕某交付了上述房屋的产权证。

2015年6月29日，赵某华（抵押人）与吕某（抵押权人）签订主债权及房屋抵押合同（房屋登记专用），约定抵押人以坐落于海淀区白石桥路27号的房屋为抵押权人的500万元主债权进行担保。

2016年12月14日，北京市第三中级人民法院作出（2016）京03刑初123号刑事判决书，查明了2015年，顾甘某、关晓某、张绍某、杨千某、赵某华等人合谋

[1] （2019）京01民终2756号。

诈骗吕某的相关事实。判决书中显示:“顾甘某经赵某华(另案处理)找到了被害人吕某……为了让吕某支付500万元,关晓某编造了相关谎言,并以其拥有的英国城市银行股权向吕某担保,赵某华也提出以自有房产作担保,后吕某与关晓某签订合作协议,并于6月18日转账给关晓某500万元……后经吕某向农业银行查询发现,王剑某经杨千某、关晓某提供给吕某的尾号7315的农业银行卡卡主并非吕某,案发期间的卡内余额仅为200余元。吕某于2015年7月14日向北京市公安局朝阳分局报案。”该刑事判决如下:“一、被告人王剑某犯诈骗罪,判处有期徒刑十二年,剥夺政治权利二年,并处罚金人民币十二万元。二、被告人关晓某犯诈骗罪,判处有期徒刑十年六个月,剥夺政治权利二年,并处罚金人民币十一万元。三、被告人张绍某犯诈骗罪,判处有期徒刑十年,剥夺政治权利二年,并处罚金人民币十万元。四、责令被告人关晓某、张绍某连带退赔人民币一百万元,被告人王剑某退赔人民币二百八十七万元,一并发还被害人吕某。五、在案冻结关晓某银行账户内的钱款用于执行本判决第四项。六、在案中国工商银行惠新支行支票一张存档备查。”此后,王剑某、关晓某、张绍某不服刑事一审判决,提出上诉。2017年5月19日,北京市高级人民法院作出(2017)京刑终41号刑事裁定书,驳回王剑某、关晓某、张绍某的上诉,维持原判。

本案诉讼中,吕某称赵某华尚未被追究刑事责任。

吕某表示:赵某华于2015年6月18日向吕某出具的承诺书系以房抵债的内容,后吕某了解得知签订承诺书不足以实现房屋抵押的目的,需要办理正式的抵押登记手续,故要求赵某华办理登记手续,赵某华主张不需要办理抵押登记,只需在公证处公证即可。公证处则表示有抵押合同才可进行公证,故2015年6月29日双方签订案涉抵押合同。合同签订后,吕某仍催促赵某华办理抵押登记,但赵某华表示因房产系校产房,学校不给盖章无法办理。

一审法院判决认定:由于双方在签订抵押合同后并未办理抵押登记手续,故抵押权并未设立、生效,同时,依据现有证据,显示赵某华并未作出其就500万元债务承担个人连带责任保证的意思表示,据此,吕某依据承诺书中赵某华作出的有关无条件转让案涉房产作为500万元的经济赔偿等承诺要求赵某华赔偿501万元损失并给付资金占用损失的诉讼请求,缺乏事实和法律依据,法院不予支持。

北京市海淀区人民法院于2018年12月19日作出(2017)京0108民初

21961 号民事判决,判决:驳回吕某的诉讼请求。宣判后,吕某向北京市第一中级人民法院提起上诉。

【裁判结论】

北京市第一中级人民法院于2019年5月14日,作出(2019)京01民终2756号民事判决,判决:1.撤销北京市海淀区人民法院(2017)京0108民初21961号民事判决;2.赵某华在其提供的抵押担保房产价值范围内,对吕某的500万元债权中尚未清偿的部分承担补充清偿责任,于本判决生效后10日内履行;3.驳回吕某的其他诉讼请求。

【裁判观点】

北京市第一中级人民法院认为:本案的争议焦点系抵押义务人赵某华应当承担的责任认定。对此,从合同效力、合同未履行的原因、未履行合同义务人的责任判定三方面予以详述。

一、关于抵押合同的效力问题

《担保法》第5条规定:"担保合同是主合同的从合同,主合同无效,担保合同无效。担保合同另有约定的,按照约定。"本案首先需对抵押合同的主合同,即吕某与关晓某签订的合作协议效力进行评价——其是否因关晓某犯诈骗罪而被认定为无效。据已查明事实可知,吕某与关晓某之间签订了合作协议,吕某依该协议向关晓某支付500万元,后上述法律事实经生效刑事裁判认定,关晓某犯诈骗罪并受到相应的刑事制裁,吕某则被认定为刑事案件受害人,故就案涉合作协议,产生了刑事法律关系和民事法律关系的竞合。在此情形下,因刑事规范并未直接调整吕某与关晓某之间的民事法律行为,关晓某虽触犯刑法中的强制性规定,但该种规定只是对某类犯罪行为进行规制,本身并未评价私法行为的效力,故二审法院认为,关晓某触犯刑法强制性规定不能直接作为确认合作协议效力的依据。对于合作协议的效力,仍需依照《合同法》第52条的规定进行认定。在未有证据证明合作协议存在《合同法》第52条规定的合同无效情形的情况下,二审法院对合作协议的效力予以确认。依照合作协议约定,关晓某承担向吕某"利益分配"的义务,赵某华与吕某签订案涉抵押合同,约定其为吕某上述500万元债权承担抵押担保责任。

在主合同有效的情况下，二审法院对于赵某华与吕某之间签订的抵押合同的效力予以判定。《物权法》第15条规定："当事人之间订立有关设立、变更、转让和消灭不动产物权的合同，除法律另有规定或者合同另有约定外，自合同成立时生效；未办理物权登记的，不影响合同效力。"第187条规定："以本法第一百八十条第一款第一项至第三项规定的财产或者第五项规定的正在建造的建筑物抵押的，应当办理抵押登记。抵押权自登记时设立。"《担保法》第41条规定，当事人以该法第42条规定的城市房产、土地使用权等财产抵押的，应当办理抵押物登记，抵押合同自登记之日起生效。综合上述法律规定，并依照《物权法》第178条"担保法与本法的规定不一致的，适用本法"的规定，本案应当适用物权法。依照物权法的规定，虽因案涉房产未办理抵押登记导致抵押权未设立，但赵某华与吕某之间签订的抵押合同系双方当事人的真实意思表示，未违反法律、法规的强制性规定，应认定合法有效，双方当事人均应按照抵押合同的约定履行，由此，赵某华负有办理抵押登记的义务。

二、关于案涉房产未办理抵押登记的原因

最高人民法院《关于适用〈中华人民共和国民事诉讼法〉的解释》第105条规定："人民法院应当按照法定程序，全面、客观地审核证据，依照法律规定，运用逻辑推理和日常生活经验法则，对证据有无证明力和证明力大小进行判断，并公开判断的理由和结果。"具体到本案中，首先，据已查明的事实及二审中吕某的自述可知，吕某为实现案涉房屋的抵押权，先后要求赵某华签订承诺书、抵押合同，并要求赵某华出具借条保障其权益，且在2018年7月14日，吕某向北京市公安局朝阳分局报案；其次，本案一审、二审庭审中，赵某华无正当理由均未出庭，据吕某陈述，赵某华一直以给付房产证原件，抵押只需进行公证以及房产系校产房故需学校盖章等理由进行拖延；最后，根据（2016）京03刑初123号刑事判决书查明的事实，赵某华虽非该案的被告，但其参与了该诈骗案件，并导致吕某的财产被诈骗的结果。综合上述事实，二审法院认为吕某的解释更符合普通人的认知，更为合理，吕某并未放弃对案涉房屋办理抵押登记，未办理抵押登记系抵押义务人赵某华不配合所致。

三、关于赵某华应当承担的责任问题

《合同法》第107条规定："当事人一方不履行合同义务或者履行合同义务不符合约定的，应当承担继续履行、采取补救措施或者赔偿损失等违约责任。"本案抵押义务人赵某华至本案二审审理期间,仍未办理案涉房屋的抵押登记,未履行抵押合同的主要义务,应当承担违约责任。对于承担违约责任的方式,包括继续办理抵押登记以及不能办理抵押登记情况下的损害赔偿责任。现吕某直接诉请要求赵某华承担损害赔偿责任,对此二审法院认为,据已查明事实可知,在吕某多次要求下,赵某华拒不协助办理抵押登记,为节约交易成本,促进商事交易发展,吕某除可以要求赵某华继续办理抵押登记外,亦可直接要求赵某华承担损害赔偿责任。对于损害赔偿责任的范围,二审法院认为,首先,因抵押合同约定赵某华以案涉房产为吕某500万元的债权设定抵押,故若抵押权能够设立,吕某可获得的期待利益系在债务人未能履行到期债务的情况下,直接要求赵某华在担保范围和抵押物当前价值范围内承担连带清偿责任。现因抵押登记未设立,吕某期待利益受到损失,故赵某华应以案涉房产价值为限在担保范围内向吕某承担相应的违约责任。其次,关于赵某华应承担补充责任还是连带责任的问题,在抵押合同对此没有明确约定的情况下,因法律对未办理不动产抵押登记中担保人的责任形态未做规定,依照《民法总则》第178条第3款"连带责任,由法律规定或者当事人约定"的规定,赵某华应在债务人不能清偿时承担补充责任,故赵某华应在担保范围内(500万元)以抵押财产的价值为限在关晓某不能清偿的范围内承担补充清偿的违约责任。

法官评析

一、问题提出

抵押权作为一项重要的担保物权,赋予了抵押权人在特定物上的优先受偿权,相较于单纯的债权关系,有了更具稳定性和优先性的物权效力加持,能够更为有效的保障债权人的合法权益,也有利于促成商事交易。

根据《物权法》第180条及第187条的规定,债务人或者第三人以有权处分的建筑物和其他土地附着物、建设用地使用权、正在建造的建筑物抵押的,应当办理抵押登记,押权自登记时设立。但在实践中,由于抵押人的故意或者过失,存在诸多未办理抵押登记从而使得抵押权未能设立的情形。根据物权法确立的区分原则,此种情况下,抵押合同仍然有效,此时,抵押权人是否就此失权,其合法权益又应如何保障已成为司法实践中的热点问题,亟待回应。

本案中，抵押人赵某华已经通过签订抵押合同的方式承诺以自有房屋抵押，由此促成了案涉交易，但因赵某华的原因，房屋未办理抵押登记，由此，在抵押权没有设立的情况下，吕某的合法权益应如何保障也构成本案的焦点问题。

二、观点碰撞与梳理

对于上述问题的理解，实践中主要存在三种不同观点，我们将对三种观点逐一梳理并予以评析。

第一种观点认为，由于双方在签订抵押合同后并未办理抵押登记手续，故抵押权并未设立，在抵押合同对抵押人的义务无其他约定的情况下，抵押权人无权要求抵押人承担法律责任。本案一审判决即持该观点，一审判决认为，依据现有证据显示，赵某华并未作出其就500万元债务承担个人连带责任保证的意思表示，据此，吕某依据抵押合同要求赵某华赔偿损失的诉讼请求，缺乏事实和法律依据，一审法院不予支持。该观点的弊端显而易见，其忽视了抵押合同仍然有效的基本前提，亦忽略了抵押人未履行主合同义务的客观情况，由此径行判决抵押人无须承担任何责任，显然不利于善意债权人合法权利的保护。从长远社会效果来看，也易造成抵押人无须遵守合同约定的不良社会影响，不利于维护商事交易秩序，也不利于诚信体系的建设。

第二种观点认为，鉴于抵押合同系属有效，考虑到抵押人未履行主要合同义务以及债权人的损失，应认定抵押人需承连带清偿责任。北京市高级人民法院(2018)京民终25号判决中即采取该观点。该案中，二审法院认为，在抵押人拒不协助办理抵押权登记时，债权人的损失应认定为“合同履行后可以获得的利益”，即在债务人未能履行到期债务的情况下，直接要求抵押人在担保范围和抵押物当前价值范围内承担连带清偿责任。该观点认为，债权人可以通过解释上的转换方式，将抵押人的责任转换为有效的担保行为，以节约交易成本，促进交易发展，该种担保行为即为由抵押人承担连带清偿责任。这一观点直接将抵押人的义务定性为保证责任，认为抵押人应承担连带清偿义务，但是根据《民法总则》第178条的规定，连带责任应以法律有明文或契约有约定为限，在没有明确依据的情况下，将抵押人的义务认定为连带保证责任显然缺乏法律和事实依据。[1] 另外，其对于义务的转化解释也在理论上显得过于迂回曲折，不利于司法实践中的推广适用。

第三种观点则主张，抵押人应当对债务人尚未清偿的部分承担补充清偿责任。该观点将抵押人的责任类型定性为违约责任，相比于将其定性为保证责任并通过转化方式进行解释，违约责任的法律逻辑显然更为清晰，法律依据更加简单明了，责任内容也更好划定。该观点亦认为，抵押权实现的前提即为债务人未能履行债务，抵押权人有权在债务未清偿范围内要求实现抵押权，因此，将其责任形态应定性为补充责任。相较于连带清偿责任，补充责任的责任形态更符合抵押权的性质，也不存在法律上实现的障碍。

综合分析比对上述观点，从债权人权益保护以及司法尺度确定角度，我们更建议在司法实践中选择第三中观点。

三、违约责任的路径搭建

在违约责任的具体适用过程中，对归责原则、责任实现方式以及责任范围，也存在诸多需明确的地方。

对于归责原则，我国合同法违约责任的归责原则为推定过错，即只要存在"当事人一方不履行合同义务或者履行合同义务不符合约定"的违约事实，就推定当事人一方存有过错。抵押合同中，抵押人承担办理抵押登记的义务，在抵押权未设立时，依据上述归责原则，应认定抵押人存在过错，应承担相应责任。具体到本案中，吕某多次要求赵某华办理抵押登记，但赵某华一直以给付房产证原件，抵押只需进行公证以及房产系校产房故需学校盖章等理由进行拖延，最终未能设立抵押权，赵某华应承担相应责任。

对于违约责任的实现方式，应认为，根据《合同法》第 107 条的规定，当事人一方不履行合同义务或者履行合同义务不符合约定的，其承担责任的方式包括继续履行、采取补救措施或者赔偿损失等。未办理抵押登记时，鉴于抵押人违约在先，故抵押权人对违约责任的实现方式具有选择权。另外，从商行为效率角度考量，也不应对此过多施加限制。因此，在本案中，吕某可以直接要求抵押人赵某华承担损害赔偿责任。

对于违约赔偿的范围，则应回归抵押合同的约定，考虑其中对抵押人义

〔1〕 贺小荣主编:《最高人民法院民事审判第二庭法官会议纪要》，人民法院出版社 2018 年版，第 244 页。

务的约定,不宜超出该义务范围。抵押合同中一般约定抵押人应以抵押物的价值为限对债务人不能履行的债务部分承担担保责任,故具体到损失赔偿领域,仍宜认定为抵押人在抵押物价值范围内,在债务人不能清偿时承担补充责任。具体到本案中,赵某华则应在其提供的抵押担保房产价值范围内,对吕某的500万元债权中尚未清偿的部分承担补充清偿责任。

【裁判依据】

1.《中华人民共和国物权法》第180条、第187条

2.最高人民法院《关于适用〈中华人民共和国担保法〉若干问题的解释》第56条第2款

3.《中华人民共和国合同法》第107条

4.《中华人民共和国民法总则》第178条

(撰写人:杨　力　苑　珊)

06

房屋他项权证上载明的债权金额，并不等同于抵押担保范围

——张某与刘某、薛某民间借贷纠纷案

裁判规则

各方当事人在借款合同中对借款金额及违约金进行了明确约定，亦明确约定了抵押人以案涉房产为借款合同中的借款承担抵押担保责任，并无证据表明各方对抵押担保的范围另有约定，尽管与他项权证载明的债权金额有出入也应以约定的担保范围为准。

案　情[1]

2015 年 4 月 28 日，张某（甲方、出借人）与刘某（乙方、借款人）和薛某（丙方、抵押人）签订借款合同，主要约定：乙方为开展业务向甲方申请借款，双方在自愿平等、协商一致的基础上达成如下合同：1. 借款金额：550 万元，大写：伍佰伍拾万元整；2. 借款期限：壹个月，自 2015 年 4 月 29 日起至 5 月 29 日止；3. 借款的给付方式：甲方应当于本合同约定起息日按乙方提供的账户信息给付乙方借款，乙方按照甲方提供的账户信息归还甲方本金；4. 抵押条款：丙方以其所有的位于顺义区 A 房产抵押给甲方作为乙方借款的担保，并在顺义区建委办理抵押登记手续；5. 条款变更：甲、乙、丙三方因需要变更合同条款时，由三方签订变更合同的文件，作为本合同的组成部分。

---

〔1〕（2019）京 01 民终 3127 号。

次日,张某通过银行转账的方式出借给刘某550万元。

同年5月4日,张某和薛某前往北京市顺义区房管部门办理了他项权证,载明房屋他项权利人为张某,房屋所有权人为薛某,他项权利种类为一般抵押,债权数额为550万元。

经查,刘某未向张某还款。

张某向法院起诉请求:1.刘某归还借款本金550万元并支付逾期还款违约金(以550万元为基数,自2015年5月30日即借款期满之日起按日万分之五的标准计算至实际还清之日止);2.张某对薛某所有的位于北京市顺义区A房屋的抵押房产的拍卖、变卖所得或折价享有优先受偿权。

北京市海淀区人民法院认为:张某与刘某、薛某之间签订的借款合同系各方当事人真实意思表示,合同的内容及形式均未违反国家法律、行政法规的强制性规定,均应属合法有效。依据现有证据并结合当事人的诉辩意见,本案争议焦点之一为张某行使抵押权的数额是否仅限于550万元借款本金。薛某辩称抵押权金额应为550万元借款本金而不包含违约金。对此该院认为,首先,依据《担保法》第46条的规定,抵押担保的范围包括主债权及利息、违约金、损害赔偿金和实现抵押权的费用。抵押合同另有约定的,按照约定。本案中,借款合同中并未就抵押担保范围进行特别的约定。其次,依据《房屋登记办法》第44条的规定,对符合规定条件的抵押权设立登记,房屋登记机构应当将下列事项记载于房屋登记簿:1.抵押当事人、债务人的姓名或者名称;2.被担保债权的数额;3.登记时间。可见该规定仅要求登记被担保债权的数额,而不包括担保范围,而实务中,办理抵押登记时仅有主债权借款本金部分可以明确,即一般抵押权设立登记的,他项权证上载明的债权金额,并不等同于抵押担保范围,由此,该院认为张某对薛某所有的位于北京市顺义区的A房产折价、拍卖或变卖所得享有优先受偿权的主债权范围不仅包括借款本金还应包括上述违约金部分。

北京市海淀区人民法院作出(2017)京0108民初34165号民事判决,判决:1.刘某偿还张某借款本金550万元并给付违约金(计算方式:以550万元为基数,自2015年5月30日即借款期满之日起按日万分之五的标准计算至实际还清之日止);2.张某对薛某所有的位于北京市顺义区A房屋折价或拍卖、变卖所得价款享有优先受偿权。判决后,薛某提起上诉,上诉意见:薛某与张某签订有《抵押担保合同》,合同中明确约定了抵押金额,《房屋他项权证》亦载明抵押金额为550万元。本案抵押担保范围不包括违约金。

【裁判结论】

北京市第一中级人民法院于2019年3月26日,作出(2019)京01民终3127号民事判决,判决:驳回上诉,维持原判。

【裁判观点】

北京市第一中级人民法院认为:各方当事人在借款合同中对借款金额及违约金进行了明确约定,亦明确约定了薛某以案涉房产为借款合同中的借款承担抵押担保责任,并无证据表明各方对抵押担保的范围另有约定,薛某该项上诉意见缺乏依据,该院不予支持。

法官评析

一、"担保范围"与"债权数额"

房地产抵押应当办理抵押登记,抵押权自登记时设立,除有证据表明登记错误外,抵押权人不得主张对超出登记部分优先受偿。虽《担保法》《物权法》均释明了"担保范围",《物权法》亦明确了抵押担保范围属抵押必备之书面抵押合同的内容之一,而在办理抵押登记过程中,由于《房屋登记办法》及《房屋权属证书、登记证明填写说明》并未将"担保范围"列为登记机关应于登记簿上登记的项目,而往往仅需要登记人填写"担保数额"一栏,司法实践中产生了"担保范围"与"债权数额"之争,常见抵押人要求以登记的"债权数额"为限承担担保责任的抗辩。现评述如下:

1. "担保范围"以当事人约定确定,只要约定是双方当事人的真实意思表示且不违反法律、行政法规的强制性规定,应属有效,可包括债务本金、利息、罚息、违约金等费用。"债权数额"有时也作"权利价值",是在办理房地产抵押登记时在抵押登记表中所填的固定数值,一般为主债权的数额。

2. 根据《物权法》第185条"设立抵押权,当事人应当采取书面形式订立抵押合同。抵押合同一般包括下列条款:(一)被担保债权的种类和数额;(二)债务人履行债务的期限;(三)抵押财产的名称、数量、质量、状况、所在地、所有权归属或者使用权归属;(四)担保的范围"的规定,"债权数额”与“担保范围”分属他项权利证书中应当登记的两项内容，两者并非同一概念。

3. 在办理抵押登记时，能够确定数额的债权科目只有本金，除利息之外，登记时也无法确认罚息、复利、违约金以及其他费用等是否会发生，相应数额也是随时间变化的，不可能提前登记具体数额。“债权数额”与主债务金额一致，可起到佐证被担保的债务真实的作用，“债权数额”与“担保范围”不一致不影响担保范围的查明，也不属于在抵押登记办理过程中通过行为变更双方之前关于担保范围约定。

4. 不动产登记制度设立的目的在于保护以该不动产为交易客体的第三人的合理信赖利益和交易安全，而并不在于扩大债务人或抵押人解释、抗辩的权利。

二、本案裁判解析

本案中，抵押人要求以他项权利证载明的债权数额为限对债务承担抵押担保责任，对此，法院释明了他项权证上载明的债权金额，并不等同于抵押担保范围，亦从当事人真实意思表示出发，查明当事人关于担保范围的约定、有无特别约定。

【裁判依据】

《中华人民共和国担保法》第46条

（撰写人：刘 婷）

07

民间借贷中公司对外担保效力认定及效果归属

——杨某与刘某、深圳某手机制造公司民间借贷纠纷案

裁判规则

公司法定代表人及其工作人员违反公司章程规定，未经公司董事会、股东会决议擅自加盖公司公章对外担保，相对人未尽到合理审查义务的，对公司不产生法律约束力。处理该类案件的基本思路为，无董事会、股东会决议的，先视为无权代理/代表，再判断是否构成表见代理/代表，进而判断合同效力及责任承担。

案　情[1]

2017年10月28日，杨某作为甲方与乙方刘某、担保人深圳某手机制造公司签订一份《借款协议》，载明：1.借款金额：8000万元（大写：人民币捌仟万元整）。2.借款期限：借款期限为捌个月，自2017年10月28日起至2018年6月28日止；实际放款起始时间与约定日期不一致的，以甲方通过银行账户向乙方银行账户实际转款的日期为准；还款时间、计息时间按本合同约定对应调整。3.借款利息：月息按2.5分计息；每满一个月偿付一次利息。4.借款本金偿还：乙方每满一个月偿还一次本金；每次偿还本金的额度为1000万元。每次偿还本金以后，相应的计息基数和计息时间重新起算。5.担保条款：担保人深圳某手机制造公司对乙方偿还借款的合同义务无条件地承担连带担保责任。担保范围为甲方实

〔1〕（2018）京01民初344号。

现债权的全部费用，包括本金、利息、罚息、诉讼费、律师费等各项综合费用。7.违约处理：如乙方逾期偿还本金及利息的，每逾期一日按千分之五计算违约金；超过三十日的，将利息及违约金转为本金，加上未清偿的本金，重新计算利息和违约金，直至清偿完毕为止……10.生效：本协议经各方签字（盖章）后生效。本合同共六份，各方各执两份。本合同若有其他未尽事宜，双方进一步商定补充条款。甲方处杨某签字，乙方处刘某签字，担保人处深圳某手机制造公司盖章。

2017年10月26日，杨某通过北京银行向刘某中国民生银行深圳分行深南支行账户分两笔各打入4000万元，共计8000万元。2017年12月1日，案外人向杨某账户转入200万元。杨某表示该200万元系刘某支付的2017年10月26日到2017年11月25日的利息，故其诉讼请求从2017年11月26日开始计算利息。诉讼中，杨某未提交证明其在订立合同时对深圳某手机制造公司章程、公司决议等与担保相关的文件进行了形式审查。

原告杨某认为，杨某已于2017年10月26日向刘某转账8000万元，但是截至起诉之日，刘某仅向杨某偿还利息200万元，故起诉至法院。请求：1.刘某返还借款本金8000万元并支付利息（以8000万元为基数，按照月息2.5%的标准，自2017年11月26日起计算至实际付清全部本息之日止）；2.刘某偿还杨某支付的律师费20万元；3.刘某偿还杨某因本案诉讼支付的保全费5000元；4.深圳某手机制造公司对上述第1～3项债务承担连带清偿责任；5.本案诉讼费用由刘某、深圳某手机制造公司承担。被告深圳某手机制造公司认为：刘某利用作为深圳某手机制造公司法定代表人及实际控制人职务之便，擅自在借款协议中加盖公章，损害了深圳某手机制造公司及其他股东的合法权益，应为无效。杨某作为出借人并未对担保形式尽到合理审查义务，对担保无效具有重大过错。刘某经合法传唤未到庭应诉，亦未提交书面意见。

【裁判结论】

北京市第一中级人民法院于2018年11月26日，作出（2018）京01民初344号民事判决：1.刘某于本判决生效后10日内偿还杨某借款本金8000万元并支付利息（以8000万元为基数，自2017年11月26日起至实际清偿之日止，按照年利率24%的标准计算）；2.刘某于本判决生效后10日内偿还杨某律师费20万元；3.刘某于本判决生效后10日内偿还杨某保全费5000元；4.驳回杨某其他诉讼请求。一审判决后,各方均未提起上诉。

【裁判观点】

北京市第一中级人民法院认为:杨某与刘某签订的《借款协议》系签约各方的真实意思表示,其内容未违反我国法律、行政法规的强制性规定,且杨某已经按约向刘某提供借款8000万元,故《借款协议》合法有效,当事人均应按照合同约定履行各自义务。杨某关于刘某返还借款本金8000万元的诉讼请求,具有事实和法律依据,法院予以支持。关于杨某要求支付利息的诉讼请求,法院在年息24%的限额内予以支持,超出部分法院不予支持。

关于深圳某手机制造公司是否需要承担担保责任一节,《公司法》第16条规定:"公司向其他企业投资或者为他人提供担保,依照公司章程的规定,由董事会或者股东会、股东大会决议;公司章程对投资或者担保的总额及单项投资或者担保的数额有限额规定的,不得超过规定的限额。公司为公司股东或者实际控制人提供担保的,必须经股东会或者股东大会决议。前款规定的股东或者受前款规定的实际控制人支配的股东,不得参加前款规定事项的表决。该项表决由出席会议的其他股东所持表决权的过半数通过。"本案中,虽然担保人处加盖有深圳某手机制造公司公章,但杨某未能提供深圳某手机制造公司为担保刘某借款所形成的董事会、股东会或者股东大会决议,不符合公司提供担保之规定。此外,亦无证据显示杨某在订立合同时对深圳某手机制造公司章程、公司决议等与担保相关的文件进行了形式审查,无法认定本案构成表见代表,故深圳某手机制造公司关于不承担担保责任的答辩意见具有事实和法律依据,法院予以支持,对杨某的该项诉讼请求,法院不予支持。

法官评析

本案对于刘某偿还借款并支付利息等并无争议,主要焦点在于深圳某手机制造公司是否应当对涉案借款承担担保责任。对于司法实践中常见的公司法定代表人及其工作人员违反法定程序,未经公司股东会决议,擅自加盖公司公章对外担保,是否能够对公司产生法律上的约束力,一直有不同的观点。该问题的解决,涉及对《公司法》第16条,《合同法》第50条以及《民法总则》第61条第3款的理解,有必要加以厘定。

一、公司对外担保的裁判分歧

未经公司董事会、股东会决议，公司对外担保是否有效，一直存在不同的观点。对司法实践影响较大的主要有两种。

（一）以规范性质识别为基础的内部关系说

第一观点完全支持对公司产生约束力，被称为内部关系说。其解释路径为以《合同法》第52条第5项和最高人民法院《关于适用〈中华人民共和国合同法〉若干问题的解释（二）》第14条为基础规范依据，区分法律规范为效力性强制性规定和管理性强制性规定，然后将《公司法》第16条纳入考量。该意见认为《公司法》第16条规定的公司章程限制，实质上属于公司内部的组织规范，其效力范围限于公司内部，仅能约束公司、股东及其高级管理人员，不具有对外的效力。此外，《民法总则》第61条也规定："法定代表人以法人名义从事的民事活动，其法律后果由法人承受。法人章程或者法人权力机构对法定代表人代表权的限制，不得对抗善意相对人。"为了保护交易的安全、稳定，实际交易中不可能要求相对人审查公司的章程等内部约束文件。因此，只要加盖有公司的公章，无论是否经过公司章程规定的决议程序，对外均具有效力。对内公司可要求相关人员进行责任赔偿。

（二）以法定限制为基础的代表权限制说

第二种观点认为《公司法》第16条是对代表权限的法定限制，在认定是否对公司具有约束力时，应当却分不同的情形，被称为代表权限制说。其解释路径为以《合同法》第50条和最高人民法院《关于适用〈中华人民共和国担保法〉若干问题的解释》第11条为基础规范依据，认为不符合《公司法》第16条的首先认定为无权代表/代理，是否产生约束力要看是否构成表见代表/代理。该意见认为公司作为组织体，其行为必然要由自然人进行承担。法律既然赋予了公司具有独立的民事权利能力和民事行为能力，那么公司及其代表人的意思表示区分就是核心问题之一，即需要考虑对代表人的权限进行限制。在对外担保效果的判断上，"必须摒弃惯性思维，将代表权限的审查置于公司分权治理结构的法律框架和公司整体利益观之下加以思考"。[1]《公司法》第16条关于公司对外担保的规定，是法律明确地对公

〔1〕贺小荣主编：《最高人民法院民事审判第二庭法官会议纪要——追寻裁判背后的法理》，人民法院出版社2018年版，第196页。

司对外担保的法定限制。违反《公司法》第 16 条，又不能构成表见代理的，担保行为对公司不发生法律效力。最高人民法院也有不少判决，支持该类观点。(2016)最高法民申字第 2633 号裁定认为，“在判断公司法定代表人违反公司法第 16 条越权签订担保合同是否对公司有效时，还应考察该行为是否构成合同法第 50 条规定的表见代表，相对人是否尽到了合理的审查义务，是否为善意……本案并未进行形式上的审查，因此不构成善意。”

二、代表权限制说的正当性证成

笔者认为，代表权限制说的观点更为合理。主要理由有四：

第一，公司法本质上属于团体法、组织法，有必要对相关人员的代表权范围予以限制。《公司法》第 16 条的规定就属于此种限制，具有天然的正当性和合理性。内部关系混淆了公司的意思表示和相关人员的意思表示，片面强调了对公司相对人的利益保护，容易引起利益失衡。

第二，依据不知法不免责的原理，任何人不应以不知道法律规定为由进行免责抗辩。《公司法》第 16 条明确规定了公司对外担保的程序，此种情况下，“相对人在接受公司提供担保之时应对法定代表人的代表权限进行形式审查，这是相对人基于法律规定所应负的注意义务”〔1〕。

第三，法律赋予相对人的审查义务并不是实质上的审查义务，需要对虚假文件等一一辨别，而是合理的、形式上的审查，即如果公司章程要求有股东会决议，相对人需要要求公司予以出示。对于决议程序是否合法、签字是否真实则在所不问。从可操作性上看并不具有重大障碍，也不会损害交易的便捷与安全。相反，对各方利益的保护更加周全。形式审查的标准选择，符合经济分析理论的最小成本原则和效率规则。〔2〕

第四，《民法总则》第 61 条的规定与《公司法》第 16 条并不冲突，《民法总则》第 61 条第 3 款的规定不适用于公司法定代表人未经公司机关决议而对外签订担保合同的情形。对于违反《公司法》第 16 条的合同效力的审查，应对引入表见代表/代理制度予以解决。相对人能够证明其在订立合同

〔1〕 高圣平：《公司担保中相对人的审查义务——基于最高人民法院裁判分歧的分析和展开》，载《政法论坛》2017 年第 5 期。

〔2〕 参见陈敏、李珍珠：《公司对外担保效力认定的裁判转向——以债权人审查义务为中心》，载《法律适用(类案研究)》2018 年第 24 期。

时已经对公司章程规定的文件进行了审查,且决议在形式上符合法律规定的,应认定为善意相对人,担保合同对公司产生约束力。否则,则无法认定其为善意相对人,担保合同对公司不产生约束力。

具体到本案,首先,相对人杨某未能提供深圳某手机制造公司为担保刘某借款所形成的董事会、股东会决议,不符合《公司法》第16条的规定。其次,也无证据显示杨某在订立合同时对深圳某手机制造公司章程、公司决议等与担保相关的文件进行了形式审查,无法认定本案构成表见代表。

三、"代表权限制说"例外的考量

笔者认为,"代表权限制说"固然能够实现理论自洽,较好地处理各方利益,但考虑到我国当前经济社会发展阶段和公司治理现状,"代表权限制说"并不能"一统江湖",司法实践在坚持原则的情况下,也应当充分考虑理论界对公司担保理解的过程性,个别案件也应当允许存在特殊考量。如有的案件担保人和主债务人之间存在相互担保的商业合作关系,并不能简单的因一方未提供公司决议而否定担保效力。有的案件担保人为主债务人的关联公司,实施担保本质上符合主债务人和担保人的商事利益,一概要求债权人此前必须尽到形式审查义务容易带来利益失衡,引发道德风险。

【裁判依据】

1.《中华人民共和国民法总则》第172条

2.《中华人民共和国公司法》第16条

3.《中华人民共和国合同法》第49条

【关联案例】

某融资租赁公司与赵某、东兴某公司等融资租赁合同纠纷案

[案号] (2019)京03民终12353号

[案情] 某融资租赁公司与赵某、东兴某公司等融资租赁合同纠纷案不服北京市朝阳区人民法院(2016)京0105民初71129号民事判决,提起上诉。某融资租赁公司起诉东兴某公司应承担连带担保责任,东兴某公司则辩称担保书系

法定代表人个人行为,未经公司有效决议,对公司不发生法律效力。

[简要分析] 《公司法》规定公司对外担保需通过股东会决议,没有股东会决议的对外担保的效力问题现存在争议,目前的倾向性意见为否定其效力,即担保行为不是法定代表人或其他相关人员能单独决定的事项,而必须以公司股东会或者股东大会、董事会等决议作为授权的基础和来源。某融资租赁公司未提供充分有效证据证明东兴某公司存在公司决议或具有足以认定该担保符合公司决议的真实意思从而认定担保有限之情形,难以认定该保证责任的效力,故某融资租赁要求东兴某公司承担保证责任的请求,不予支持。

(撰写人:郭　帅)

08

民间借贷与让与担保

——杭某与蒋某民间借贷纠纷案

裁判规则

债务人或者第三人与债权人订立合同，约定将财产形式上转让至债权人名下，债务人到期清偿债务，债权人将该财产返还给债务人或第三人，债务人到期没有清偿债务，债权人可以对财产拍卖、变卖、折价偿还债权的，人民法院应当认定合同有效。

案　情[1]

2015年3月13日，蒋某与杭某签订《借款合同》，约定蒋某向杭某借款94.4万元，借款期限为2015年3月13日至9月13日。当日，蒋某出具收据，载明蒋某收到杭某借款94.4万元借款。同日，蒋某与杭某签订《房屋抵押担保合同》，约定蒋某将位于河北省张家口市某房屋抵押给杭某，用以担保上述94.4万元借款。

杭某向一审法院起诉请求：1. 蒋某偿还杭某借款94.4万元及从2015年9月13日开始到实际支付之日止，按年利率6%计算的利息；2. 诉讼费用由蒋某等承担。

一审法院认为，合法的民事合同关系受法律保护，合同双方当事人应按合同约定切实履行合同义务。本案中，蒋某向杭某借款并签订合同，双方之间形成借贷合同关系，蒋某未按合同约定及时返还借款，构成违约，杭某有权要求蒋某按

---

〔1〕 (2019)京01民终2783号。

合同约定返还借款、支付逾期利息。

一审法院依照《中华人民共和国合同法》第196条、第206条、第207条、第211条,《中华人民共和国担保法》第21条、第26条,最高人民法院《关于适用〈中华人民共和国合同法〉若干问题的解释(二)》第21条之规定,判决:1.蒋某于判决生效之日起7日内返还杭某借款本金94.4万元;2.蒋某于判决生效之日起7日内支付杭某利息(以94.4万元为基数,自2015年9月13日起计算至实际付清之日止,按年利率6%计算);3.驳回杭某的其他诉讼请求。

判决后,蒋某提起上诉,主张借款期限内,双方协商以将蒋某所有的位于河北省张家口市某房屋过户到杭某名下的方式来保证借款偿还,目的是保障杭某的权益,但一审法院在判决蒋某偿还借款时并没有对以过户形式提供担保的房屋做出处理,这使得蒋某无法将房屋变现还款,也侵犯了蒋某的合法权益。

【裁判结论】

北京市第一中级人民法院于2019年3月21日,作出(2019)京01民终2783号终审判决:驳回上诉,维持原判。

【裁判观点】

关于蒋某将其房屋过户至杭某名下提供的担保如何处理的问题。

法院认为,蒋某将其名下房屋过户至杭某名下,为涉案债权提供担保,在形式上属于让与担保。所谓让与担保通常指债务人或第三人为担保债务的履行将标的物转让给他人,于债务不履行时,该他人可就标的物受偿的一种非典型担保。让与担保作为非典型担保形式并不违反法律及行政法规禁止性规定,应属有效。而房屋让与担保的法律构造为:债务人将房屋转移至债权人名下,债务清偿后,房屋应返还于债务人;债务人履行不能时,债权人可就房屋变价并经过债务清算后受偿。故涉案房屋虽经公示登记在杭某名下,但实际权利人仍为蒋某。蒋某可在涉案债务清偿后另行处理。

法官评析

让与担保,是指债务人或第三人为担保债权人的债权,将担保标的物的权利转移给担保权人,在清偿债务后,标的物的所有权再返还给债务人或第三人,债务不履行时,担保权人可以就标的物受偿。所以"让与"二字意思很明确,让与的是所有权,这是一种非典型担保方式。让与担保有三个特点:第一,让与担保是以转移标的物所有权的方式担保债务清偿。第二,在转移标的物所有权时是需要进行清算的,担保权人取得所有权是暂时的,如果债务清偿了,标的物所有权应返还于让与担保的设定人。如债务不履行时,担保权人始得就标的物受偿。第三,担保权人对债务人有债务清偿的请求权。[1]

"让与担保"制度作为"私法上的泥沼植物",[2]其被接受的过程从来都不是一帆风顺的。我国法律理论和实务界也经历了否定到犹疑再到认可的态度转折。梳理近年来法律、司法解释、司法政策层面关于"让与担保"的规定,2004 年《物权法(草案)》中曾短暂闪现相关内容,但随即因争议巨大而作罢;2010 年前后,高速发展的房地产经济又引发了以不动产为标的物的让与担保异军突起,故此时期最高人民法院和各高级人民法院出版的各种刊物中均或多或少的刊载了一些具有典型意义的不动产让与担保交易的案例,判决结果不一而足,但否定此类交易的有效性仍是主流意见。直至 2015 年最高人民法院《关于审理民间借贷案件适用法律若干问题的规定》颁布施行,该解释第 24 条以"当事人以签订买卖合同作为民间借贷合同的担保的"为规范对象,虽未明确提及让与担保,但同期出版的《关于民间借贷司法解释的理解与适用》(以下简称《理解与适用》)一书中,却已清楚列明该条主旨为:本条是对让与担保的规定。此后司法实务中认可让与担保交易有效性的裁判数量开始大幅度上升,但尽管如此,《理解与适用》一书在让与担保的有效性问题上依然是犹抱琵琶半遮面,采取了避而不谈的态度。[3] 2019 年 11 月 14 日,《全国法院民商事审判工作会议纪要》正式发布,在第 71 条中,在禁止流质的前提下,对让与担保的效力予以了肯定。

---

〔1〕 最高人民法院民事审判第一庭编:《民事审判指导与参考》,2014 年第 2 辑(总第 58 辑),第 57~62 页。

〔2〕 王闯:《关于让与担保的司法态度及实务问题之解决》,载《人民司法》2014 年第 16 期,第 15~20 页。

〔3〕 崔映西、李文奇:《为"让与担保"正名——刘贵祥全国民商事审判工作会议讲话解读三》,载 https://mp.weixin.qq.com/s/APsYaKLOs3378vZ_q7ztcw,最后访问日期:2019 年 11 月 23 日。

【裁判依据】

1.《全国法院民商事审判工作会议纪要》第71条

2.最高人民法院《关于审理民间借贷案件适用法律若干问题的规定》第24条

【关联案例】

一、杨某诉王一民间借贷纠纷案

[案号] (2018)京01民终8037号

[案情] 2011年5月12日,杨某及其夫王二向王一借款,并签订借款合同,约定:借款金额为70万元……借款人用涉案房屋提供抵押。同日,双方签订收据,载明收到借款70万元。2013年2月1日,杨某与王一签订《房屋买卖协议》,约定:买房人王一,卖房人杨某。杨某以房屋作抵押向王一借款,因到期没有能力偿还,因此,同意将房屋暂时过户给王一。双方约定杨某同意将北京市昌平区某房屋卖给王一,房屋成交价为98万元;房屋过户后,王一同意将此房屋出租给杨某居住,租金每月2200元,租赁期为三年;过户后三年以内,由杨某以同等价格98万再赎回此房;三年以内王一不得将此房屋出租或转卖给杨某以外的任何人;在租赁期内杨某按时缴纳房租,如不能按时交纳,王一有权处理此房屋;如果三年期满杨某不能赎回此房时,王一有权处理此房。同日,双方签订《存量房买卖合同》,约定上述房屋成交价格为10万元,并办理了上述房屋过户登记手续,涉案房屋所有权变更为王一。

另查,双方签订的《房屋买卖协议》中约定的"98万元"是指本金70万元及以双方借款70万元为基数,自2011年5月12日起至2013年2月1日止的利息28万元。涉案房现由杨某居住使用。

二审期间补充查明:生效民事裁定书已认定,根据查明的事实,王一与杨某之间存在借贷关系,房屋买卖合同系作为民间借贷关系的担保,双方之间真实的法律关系是民间借贷,房屋买卖合同只是作为让与担保的表现形式……

[简要分析] 根据(2016)京0114民初7839号民事判决书认定,王一与杨某于2013年2月1日签订的《房屋买卖协议》是对杨某向王一所借70万元的借

款本息提供的让与担保,双方并非房屋买卖关系。以上系生效判决所认定的事实,既然涉案《房屋买卖协议》是对杨某向王一所借70万元的借款本息提供的让与担保,并非房屋买卖关系,而案外人王二已经于2014年9月19日至2015年2月15日代杨某偿还上述借款本息,故王一应将《房屋买卖协议》中约定的涉案房屋变更至杨某名下。

二、某房地产公司与李某、杨某民间借贷纠纷案

[案号] (2017)最高法民申520号

[案情] 李某(甲方)于2012年9月3日与杨某(乙方)签订了《借款协议》,约定:甲方借给乙方人民币壹佰万元整。乙方用金鼎花园房屋作为此项借款的抵押,此网点房屋的认购书及房款收据开具甲方的名字,如到期乙方不能还款,此房屋自动归甲方所有,如到期乙方按时还款,甲方则应无条件无偿地将此房屋退还给乙方,并办理相关退还手续。此项由丙方担保。

2012年9月3日,某房地产公司与李某签订了五份《金鼎花园住宅认购书》并出具房款收据。认购书载明甲乙双方为某房地产公司和李某,约定了楼房具体位置、建筑面积、单价、总价款、付款方式、双方责任,最后约定:"本认购书付款以甲方出具的收款收据为准"。认购书约定的五户楼房具体位置是在借款协议上约定的五户抵押房产。某房地产公司给李某出具了五份收款金额和认购书上总房款相一致的收据。收据上的内容为:日期为2012年9月4日、交款单位为"李某(杨某)"、收款事由为住宅房款,收款方式为"杨某借款"。

[简要分析] 《物权法》和《担保法》规定的担保分为人的担保和物的担保,而担保物权又分为抵押权、质权和留置权,本案虽然不属于上述有名担保,但在相关司法解释及法律理论和司法实践中确认的非典型担保物权还有优先权、所有权保留和让与担保。本案以商品房买卖合同为民间借贷提供担保,并约定借款到期不能偿还的则房屋归出借人所有。根据最高人民法院《关于审理民间借贷案件适用法律若干问题的规定》第24条的规定,案涉担保的性质应当属于上述法条规定的担保。在以商品房买卖合同的方式提供担保的情况下,当事人之间形成担保法律关系的前提条件并非签订书面担保合同,名为买卖实为担保的商品房买卖合同在民间借贷案件中屡见不鲜,债务人或第三人与债权人签订不

动产买卖合同,约定将不动产买卖合同的标的物作为担保标的物,但并未实际让渡不动产所有权,而是让渡物权期待权,且在债务人不能履行还款义务之时,也不能转移所有权,而是进行清算,即对担保标的物进行拍卖折价后从价款中受偿。

(撰写人:曲建婷)

6

CHAPTER

第六章

民间借贷的利率与违约责任

01

“砍头息”不受法律保护，本金数额应以实际交付为准

——任某与陈某民间借贷纠纷案

裁判规则

债权人自认在出借款项时预先扣除部分利息，应当认定实际交付的部分为借款本金数额。

案　情[1]

2016年12月16日，陈某(甲方)与任某(乙方)签订借款协议，约定：甲方向乙方借款十万元，于2017年4月16日还款，甲方承诺在退休前(2017年8月31日)不再提取住房公积金，由中国机床销售与技术服务有限公司综合管理部开具证明联系人张某，住房公积金卡押给乙方，如需续期还款日期由甲乙双方协商确定。经质证，陈某认可借款协议的真实性，但辩称相应款项未实际出借。

审理中，任某称其于2016年12月16日从自己的银行卡上取款6.8万元，加上手头的部分现金，共出借给陈某10万元，陈某按照借款协议的约定将公积金卡原件抵押给了任某。任二民向该院提交了：1.银行支取明细，载明任二民于2016年12月16日支取6.8万元。2.陈某的公积金卡原件。

二审中，补充查明以下事实：经询问，陈某称，借款没有到期任某就一直要钱，双方通过手机微信就借款事宜进行多次沟通。2017年5月16日，陈某发信

[1] (2017)京01民终7374号。

息说先给任某5万元。任某说:“利息是你和中介谈好的,合同是你写的,如果嫌利息高,你可以不借。你答应给我5万元,现在我要求你还我本金6.8万元。”2017年9月9日,任某发微信说:“怎么成了收到5万元,1.8万元的利息不能承受?”“我的出发点是能帮你解决生意上的困难,赚点利息,在双方自愿的前提下都好。”陈某称,任某以上陈述可以看出借款本金只有5万元。任某解释称,其是让陈某先还5万元,剩下的慢慢再还;1.8万元利息后面是问号,并不代表本金是5万元,利息是1.8万元。陈某称,其先打了借条任某后给的钱。写完10万元借条后,任某只给了陈某5万元,剩下的5万元其向任某要过,但是口头要的,没有文字记录。陈某后又称,当时其只想借5万元,后来任某说,借5万元本金到2017年8月31日正好还10万元,陈某就打了借条。至于5万元用4个月为何还10万元,陈某称,双方口头说借款时间8个月,利息翻1倍。经询问,任某称,其向陈某出借10万元,实际支付8.8万元。每月利息3分,4个月的利息,共计1.2万元先扣了。

任某向一审法院起诉请求:陈某返还任某借款10万元。

北京市海淀区人民法院认为:双方签订的借款协议系双方真实意思表示,且内容未违反法律、行政法规的强制性规定,应属合法有效。本案的争议焦点在于借款协议约定的10万元是否实际出借。根据最高人民法院《关于审理民间借贷案件适用法律若干问题的规定》第16条的规定,原告依据借据提起民间借贷诉讼,被告抗辩借贷行为尚未实际发生并能作出合理说明的,人民法院应当结合借贷金额、款项交付、当事人的经济能力、当地或者当事人之间的交易方式、交易习惯、当事人财产变动情况以及证人证言等事实和因素,综合判断查证借贷事实是否发生。本案中,陈某辩称借贷行为尚未实际发生,但未向该院作出合理说明,相反,任某作为出借方,向该院提交了与借款协议签订日期相符的银行取款凭证,并向该院出示了陈某的公积金卡原件,该情节与借款协议中所载陈某将住房公积金卡押给任某的约定能够相互印证,故综合本案现有证据应当认定任某已实际履行出借义务,陈某应当按照借款协议的约定返还借款。现任某要求陈某返还借款10万元的诉讼请求,于法有据,该院予以支持。陈某的抗辩意见,没有依据,该院不予采纳。

北京市海淀区人民法院依照《中华人民共和国合同法》第二百零六条、最高人民法院《关于审理民间借贷案件适用法律若干问题的规定》第十六条之规定,作出(2017)京0108民初28267号判决:陈某于判决生效后7日内偿还任某借款本金10万元。

陈某上诉请求:改判驳回任某的全部诉讼请求。

【裁判结论】

北京市第一中级人民法院于2017年9月20日,作出(2017)京01民终7374号民事判决:1.撤销北京市海淀区人民法院(2017)京0108民初28267号民事判决;2.陈某于本判决生效之日起10日内给付任某8.8万元;3.驳回任二民的其他诉讼请求。

【裁判观点】

北京市第一中级人民法院认为:任某与陈某签订的《借款协议》系双方真实意思表示,且未违反我国法律、行政法规的强制性规定,应属合法有效。二审中,双方当事人争议的焦点为任某向陈某出借款项的具体金额是多少。最高人民法院《关于审理民间借贷案件适用法律若干问题的规定》第16条规定,原告依据借据提起民间借贷诉讼,被告抗辩借贷行为尚未实际发生并能作出合理说明的,人民法院应当结合借贷金额、款项交付、当事人的经济能力、当地或者当事人之间的交易方式、交易习惯、当事人财产变动情况以及证人证言等事实和因素,综合判断查证借贷事实是否发生。任某作为出借方,提交了与借款协议签订日期相符的银行取款凭证和陈某的公积金卡原件,该情节与借款协议中所载陈某将住房公积金卡押给任某的约定能够相互印证。反观陈某,一审过程中称未收到10万元借款,二审中又称只收到5万元借款,前后陈述矛盾。同时,陈某关于收到5万元为何出具10万元借条的陈述前后也不一致。故法院对陈某关于只收到5万元借款的上诉意见不予采信。最高人民法院《关于审理民间借贷案件适用法律若干问题的规定》第27条规定,借据、收据、欠条等债权凭证载明的借款金额,一般认定为本金。预先在本金中扣除利息的,人民法院应当将实际出借的金额认定为本金。二审中,任某自认向陈某出借10万元,但预先扣除了1.2万元的利息,实际向陈某支付8.8万元。故法院认定本案借款本金为8.8万元。任某超出部分的诉讼请求,法院不予支持。

综上所述,陈某的上诉请求部分成立,应予支持,其他部分不予支持。改判:陈某给付任某8.8万元。

法官评析

本案系自然人与自然人之间的民间借贷纠纷，双方对于实际出借的款项金额陈述不一致，本案争议焦点为款项实际出借数额，以及借款本金如何认定。

一、款项交付是否实际交付问题

本案中，任某主张已经实际向陈某交付款项，陈某则主张为收到款项或仅收到部分款项，故而双方之间就款项是否交付以及交付数额产生争议。根据最高人民法院《关于审理民间借贷案件适用法律若干问题的规定》第16条，在债权人已经向法院出示借条的情况下，若债务人否认存在债权债务关系，则需要法院结合其他因素综合判断。实践中，一般审查出借数额是否明显高于出借人能力、双方之间是否存在相关交易习惯、当事人陈述是否前后矛盾、证据链条是否完整等。本案中，由于任某提供了公积金卡，款项数额较小，且陈某存在前后陈述不一致的情况，故法院综合认定任某已经实际出借款项。若陈某进一步否认实际收到款项，则需要对前述因素予以否认。

二、“砍头息”问题

最高人民法院《关于审理民间借贷案件适用法律若干问题的规定》第27条对“砍头息”问题作出规定：“借据、收据、欠条等债权凭证载明的借款金额，一般认定为本金。预先在本金中扣除利息的，人民法院应当将实际出借的金额认定为本金。”意为，本金的认定标准以债权凭证载明的金额为准，但当出现在实际交付的借款本金中扣除利息的情形时，应认定本金为扣除利息的剩余部分。实践中，易出现双方对于砍头息陈述不一致的情况，应结合个案综合认定。由于本案债权人自认存在砍头息，故法院在认定债权数额时直接予以扣除。

【裁判依据】

1.《中华人民共和国合同法》第206条

2.最高人民法院《关于审理民间借贷案件适用法律若干问题的规定》第16条、第27条

（撰写人：韩悦蕊）

02

当事人抗辩违约金过高的司法认定及处理

——王某与某科技公司民间借贷纠纷案

裁判规则

出借人与借款人既约定了逾期利率，又约定了违约金或者其他费用，出借人可以选择主张逾期利息、违约金或者其他费用，也可以一并主张，但总计超过年利率24%的部分，人民法院不予支持。

案　情[1]

2013年4月1日，王某通过其名下招商银行的账户向某科技公司转账付款20万元；当日，某科技公司出具《收据》，写明今收到王某汇入招行款项20万元，为出借方王某借给某科技公司的款项。

2014年4月1日，王某通过前述招商银行账户向某科技公司转账付款100万元；当日，某科技公司出具《收据》，写明今收到王某汇入该公司招行账户款项100万元，为出借方王某借给某科技公司的款项，该收据王某与某科技公司各持一份，王某持有的收据原件请妥善保存并在结清本利时交还某科技公司。

2013年4月1日，王某（甲方）与某科技公司（乙方）及五名担保人（丙方）签订《借款合同》，约定甲方借给乙方20万元，借款在2014年3月31日到期，年利率15%，利息每三个月结算一次，如乙方不能如期归还本金，甲方有权向乙方收取未交还本金的1%作为违约金，并支付未还款部分的利息，利率为15%。丙方对乙方的还款义务承担担保责任。2014年4月1日，王某（甲方）与某科技公

[1] (2018)京01民终6640号。

司(乙方)及五名担保人(丙方)签订《借款合同》,约定甲方借给乙方120万元,2014年3月31日借款到期金额20万元,自动延续,新增借款100万元,本次借款到期日为2015年3月31日,年利率15%,利息每三个月支付一次。关于担保方责任以及乙方不能按期归还本金的违约金和逾期利息的约定与2013年4月1日的《借款合同》约定一致。

2015年1月1日,王某(甲方)与某科技公司(乙方)签订《借款合同》,约定:甲方借款1,184,958.91元给乙方用于生产经营,乙方可随时归还,但最迟不晚于2016年3月31日,甲方于2015年1月1日前向乙方提供的借款免息,自2015年1月1日起按年利率6%计息,利息按季支付。如乙方不能按期归还本金,甲方有权向乙方收取未交还本金的1%作为违约金,同时乙方要支付未还款部分的相应利息,利率为年6%。

2015年3月30日,王某(甲方)与某科技公司(乙方)及五名担保人(丙方)签订《借款合同》,约定甲方借120万元给乙方生产经营,2015年3月31日借款到期金额120万元自2015年4月1日自动延续,本次借款到期日为2016年3月31日,年利率为15%,利息每三个月支付一次,如乙方不能在借款到期日归还本金,甲方有权向乙方收取未交还本金的1%作为违约金,同时乙方要支付未还款部分的相应利息,利率为15%。丙方为乙方的还款义务做担保,承担相应责任。

2016年4月1日,王某(甲方)与某科技公司(乙方)签订《借款合同》(编号:JK－WSG－2016)及《借款合同补充协议》。《借款合同》约定:甲方自愿借款给乙方用于生产经营,截至2016年3月31日,以前年度的借款到期金额为1,184,958.91元,自动延续。本次借款期限最短为30天,最晚归还日期不迟于2017年3月31日,本借款年利率6%,利息按季度支付。乙方保证最迟在借款到期日将本金全部归还甲方,如不能到期归还,甲方有权向乙方收取未交还本金的1%作为违约金,同时乙方要支付未还款部分的相应利息,利率为年6%。甲方有权根据乙方实际情况决定提前收回借款,但须提前30天通知乙方,双方按实际用款时间计算利息。无论何种原因甲方自乙方处离职,本合同将自动终止,并按离职实际日期结算利息,归还本金。《借款合同补充协议》约定,甲乙双方对JK－WSG－2016合同中借款金额和利息达成以下协议:1. 甲方2016年3月31日到期的以前年度借款金额1,184,958.91元自动延续;借款的年利率,在JK－WSG－2016合同约定的6%的基础上,再增加7%,增加部分与JK－WSG－

2016 合同中约定的 6% 年利率的利息一起支付。2. JK – WSG – 2016 合同遗漏甲方到期延续的以前年度借款本金 15,041.09 元,该遗漏部分按年利率 13% 计算利息,该利息与 JK – WSG – 2016 合同约定的利息一起支付。

一审庭审中,某科技公司称 2016 年 4 月 1 日的《借款合同》和《借款合同补充协议》上盖的是某科技公司的合同专用章,并非公司公章,也没有像前几份《借款合同》一样由其他股东做担保,故对合同专用章的真实性有异议,申请进行同一性鉴定,并提交了双方当事人于 2015 年 3 月 30 日签订的《借款合同》作为证据以进行佐证。王某主张双方当事人就 120 万元借款共签了五份借款合同和一份补充协议,并当庭全部合同及补充协议原件,其中包括某科技公司认可的 2015 年 3 月 30 日的《借款合同》及王某提交的 2016 年 4 月 1 日的《借款合同》及《借款合同补充协议》,某科技公司在核对上述五份借款合同及补充协议后,对五份《借款合同》及一份《借款合同补充协议》的真实性表示认可,并主张上述合同内容均为某科技公司真实意思表示,且某科技公司就借款利息的支付等义务一直按照 2016 年 4 月 1 日的《借款合同》和《借款合同补充协议》履行。

经一审法院询问,双方当事人均认可某科技公司一直按照双方签订的上述《借款合同》及《借款合同补充协议》支付借款利息,一直支付至 2017 年 6 月 30 日。某科技公司主张双方当事人之间的借款合同法律关系应继续延续,且借款期限应为十年。王某不同意延续双方的借款合同关系。某科技公司就其上述主张,并未向一审法院提交充分证据予以证明。

王某向一审法院起诉请求:1. 判令某科技公司给付王某借款本金 120 万元及自 2017 年 4 月 1 日起至实际支付日的利息,按年利率 13% 计算,以及违约金 1.2 万元(按本金 1% 计算);2. 诉讼费用由某科技公司承担。

北京市海淀区人民法院认为:双方当事人于 2016 年 4 月 1 日签订的《借款合同》及《借款合同补充协议》,虽某科技公司主张进行合同专用章的同一性鉴定,但庭审中某科技公司对合同内容系其真实意思表示予以认可,故该院认为某科技公司主张对 2016 年 4 月 1 日的《借款合同》及《借款合同补充协议》上的合同专用章进行同一性鉴定的申请,对证明待证事实并无意义,该院不予准许。上述《借款合同》及《借款合同补充协议》系双方当事人真实意思表示,未违反国家法律、行政法规效力性强制性规定。从双方当事人确认的事实看来,120 万元借款系于 2013 年 4 月 1 日和 2014 年 4 月 1 日已经交付某科技公司。故上述《借款合同》及《借款合同补充协议》已经发生法律效力,对双方当事人有约束力。

根据2016年4月1日《借款合同》的约定,某科技公司最迟应在2017年3月31日前向王某偿还借款本金120万元,某科技公司主张上述借款到期后借款法律关系应延续,并未向该院提交证据予以证明,该院不予确认。王某要求某科技公司支付借款本金120万元的诉讼请求,该院予以支持。王某认可某科技公司自2016年4月1日开始至2017年6月30日止一直按照上述《借款合同》及《借款合同补充协议》的约定支付利息,该院对此不持异议。某科技公司迟延支付借款本金,构成违约,应当依据《借款合同》及《借款合同补充协议》的约定,以未还本金120万元为基数,自2017年7月1日起至实际付清之日止,按照年利率13%向王某支付逾期还款利息,并按照借款本金的1%向王某支付违约金12,000元。对于王某超出上述部分的利息主张,该院不予支持。

北京市海淀区人民法院依照《中华人民共和国合同法》第一百九十六条、第二百零七条,最高人民法院《关于审理民间借贷案件适用法律若干问题的规定》第三十条之规定,作出(2017)京0108民初31270号判决:1.某科技公司向王某支付借款本金1,200,000元;2.某科技公司向王某支付违约金12,000元及逾期还款利息(以1,200,000元为基数,自2017年7月1日起至实际付清之日止,按年利率13%计算);3.驳回王某的其他诉讼请求。

某科技公司认为本案违约金数额过高,上诉请求某科技公司无须支付违约金12,000元。

【裁判结论】

北京市第一中级人民法院于2018年8月31日,作出(2018)京01民终6640号民事判决:驳回上诉,维持原判。

【裁判观点】

北京市第一中级人民法院认为:结合各方的诉辩意见,本案的争议焦点为某科技公司是否需要向王某支付违约金12,000元以及违约金数额是否过高。法院认为,涉案《借款合同》及《借款合同补充协议》系双方当事人真实意思表示,未违反国家法律、行政法规效力性强制性规定,一审法院认定合法有效并无不当,法院予以认可。依法成立的合同,对当事人具有法律约束力,各方当事人应当严格按照合同约定履行义务。《借款合同》明确约定,如某科技公司不能在借款到期日归还本金,王某有权收取未交还本金的1%作为违约金。通过查明事实可知,某科技公司未能在借款到期日归还本金,已构成违约,一审判决某科技公司按照借款本金的1%向王某支付违约金12,000元具有合同依据,法院予以认可。某科技公司主张王某离职后在有利益冲突的其他公司担任职务,与本案并非同一法律关系,亦非可以逾期还款的法定或约定理由,故法院对某科技公司关于其并非违约方,不应支付违约金的上诉理由不予支持。

关于违约金数额是否过高一节,法院认为,依据最高人民法院《关于适用〈中华人民共和国合同法〉若干问题的解释(二)》第29条的规定,"当事人主张约定的违约金过高请求予以适当减少的,人民法院应当以实际损失为基础,兼顾合同的履行情况、当事人的过错程度以及预期利益等综合因素,根据公平原则和诚实信用原则予以衡量,并作出裁决"。最高人民法院《关于审理民间借贷案件适用法律若干问题的规定》第30条规定:"出借人与借款人既约定了逾期利率,又约定了违约金或者其他费用,出借人可以选择主张逾期利息、违约金或者其他费用,也可以一并主张,但总计超过年利率24%的部分,人民法院不予支持。"通过本案查明事实可知,王某主张的利率与违约金等费用总计并未超过年利率24%,再结合某科技公司的违约情况,法院认为涉案违约金数额并非过高,故对于某科技公司主张本案违约金数额过高的上诉理由,不予支持。

综上所述,某科技公司的上诉请求不能成立,应予驳回;一审判决认定事实清楚,适用法律正确,应予维持。

法官评析

本案系自然人与法人之间的民间借贷纠纷,适用民间借贷相关规定,借款人对借款事实无争议,但抗辩违约金标准过高,故本案争议焦点为民间借贷纠纷中的违约金及利息标准问题。

一、民间借贷中的利率标准

最高人民法院《关于审理民间借贷案件适用法律若干问题的规定》第26条规定:"借贷双方约定的利率未超过年利率24%,出借人请求借款人按照约定的利率支付利息的,人民法院应予支持。借贷双方约定的利率超过年利率36%,超过部分的利息约定无效。借款人请求出借人返还已支付的超过年利率36%部分的利息的,人民法院应予支持。”第31条规定:“没有约定利息但借款人自愿支付,或者超过约定的利率自愿支付利息或违约金,且没有损害国家、集体和第三人利益,借款人又以不当得利为由要求出借人返还的,人民法院不予支持,但借款人要求返还超过年利率36%部分的利息除外。”第29条规定:“借贷双方对逾期利率有约定的,从其约定,但以不超过年利率24%为限。”

从以上规定可得,民间借贷利率标准被分为“三区两线”,以年利率24%与36%为两线划分。即对债权人请求按照年利率24%以下的标准支付利息的诉讼请求法院予以支持,对债权人请求按照高于年利率24%的标准支付利息的诉讼请求法院不予支持。在债务人已经支付部分利息的情况下,若已经支付的利息超出年利率36%,则债务人可以主张返还;若已经支付的利息在24%~36%,则债务人无权主张返还高于年利率24%部分的利息。

二、违约金是否受民间借贷利率标准的约束

最高人民法院《关于审理民间借贷案件适用法律若干问题的规定》第30规定:“出借人与借款人既约定了逾期利率,又约定了违约金或者其他费用,出借人可以选择主张逾期利息、违约金或者其他费用,也可以一并主张,但总计超过年利率24%的部分,人民法院不予支持。”

根据上述规定,债权人主张的逾期利息、违约金、其他费用,虽可一并主张,但是合计超过年利率24%的部分不予支持。故而,本案中,双方约定的逾期利息标准为年利率13%,违约金标准为年利率1%,二者之和并未超出年利率24%,故对债权人的主张予以支持。

【裁判依据】

1. 最高人民法院《关于适用〈中华人民共和国合同法〉若干问题的解释(二)》第29条

2. 最高人民法院《关于审理民间借贷案件适用法律若干问题的规定》第26条、第30条

(撰写人:韩悦蕊)

03

律师费是否受利率标准的限制

——冯某与王某民间借贷纠纷案

裁判规则

律师费用，系因违约产生的实际损失，债权人要求债务人按照约定予以负担，并无不当，不受法律规定的年利率24%的限制。

案　情[1]

2017年8月4日，冯某与王某签订了《借款合同》，约定冯某出借760万元给王某，借款月利率为2%，借款期限为1个月（自2017年8月4日起到2017年9月3日止）；合同第8条约定，王某还款资金的偿还顺序如下：1. 借款未逾期的，一次性偿还借款本金；2. 借款逾期的，按违约金、利息、本金的顺序偿还；第11条约定，王某违反合同约定，未按期偿还借款的，应当继续按照借期内的利率继续支付借款利息；第12条约定，因合同有关事项办理公证、登记、转让、第三方协助、税收或因债权人实现债权支付律师费时（以政府指导价为限），该费用由王某承担。2017年8月7日，冯某与王某签订了《主债权及房屋抵押合同（房屋登记专用）》，合同约定以王某名下位于北京市西城区的房屋作为上述债权的担保，被担保主债权金额为760万元，担保范围为利息、本金、罚息。当日，冯某向王某转账760万元，王某向冯某出具了收据、承诺书、非唯一住房证明及委托书，并将房产证原件交给冯某。因该套房屋于同年8月8日被北京市西城区不动产登记中心做了行政限制处理，冯某未能办理不动产抵押登记手续。此后，王某仅

[1] （2018）京01民终7091号。

分三次共计偿还利息159,600元,未支付其他款项。

冯某为进行本案诉讼聘请律师,支付律师费30万元。

另查,位于北京市西城区的房屋原为王某之父王某君所有。后王某伪造虚假材料,通过办理继承公证的方式将该房屋过户至其名下。2017年7月28日,该继承公证书被撤销。2017年9月4日,王某君将北京市规划和国土资源管理委员会诉至北京市西城区人民法院,请求撤销该继承转移登记。北京市西城区人民法院于同年12月15日作出撤销王某不动产权证书的判决,该判决书已于2018年2月9日发生法律效力。

一审诉讼中,冯某要求追加王某君和王某前妻张某为共同被告。冯某认为虽然王某与张某于2017年7月21日办理离婚手续,但张某与王某二人并未真正离婚,一直在一起生活,是通过假离婚隔离财产的方法以逃避债务的行为;王某与其父母关系正常,王某君对王某逃避债务紧密配合,在配合王某获得冯某借款后,再通过行政诉讼以最低代价无偿取得房产回转。

冯某向一审法院起诉请求:1. 王某立即偿还冯某借款760万元;2. 王某立即按照2%的月利率支付自2017年8月7日起至支付冯某账户之日止的利息及逾期利息;3. 冯某对王某本案借款合同抵押物即坐落于北京市西城区的房屋享有优先受偿权,或判决王某将抵押物交由冯某处分以抵偿债务;4. 王某承担冯某主张本案债权所支出的律师代理费30万元。

北京市海淀区人民法院认为:冯某与王某签订的《借款合同》,约定了借款金额、利率、借款期限等内容,合同合法有效。冯某履行了发放借款的合同义务,王某应当按照合同约定履行偿还借款本金及利息的义务,王某未按合同约定到期返还冯某借款本金的行为构成违约,应承担违约责任。冯某与王某约定了借款期内的利息按照月息2分计算,即为152,000元,王某向冯某偿还了159,600元,借款期内的利息已还清,故对冯某要求王某自2017年8月7日起支付利息的诉讼请求不予支持。王某与冯某约定了逾期利息的计算方法即为月息2分,虽然约定因王某逾期还款给冯某造成的损失由王某承担,但逾期利息已达年息24%的标准,超出部分请求不应得到法院支持,故该院对于冯某要求王某赔偿律师费损失30万元的诉讼请求不予支持。冯某与王某虽已签订房屋抵押合同,但并未办理房屋抵押登记,抵押权并未设立,故对冯某要求对北京市西城区的房屋享有优先受偿权或将该处房屋交由其处分以抵偿债务的诉讼请求不予支持。诉讼中,冯某要求追加张某、王某君为本案共同被告,对此该院认为,张某已于2017年7月21日办理离婚手续,涉案债务并非发生于夫妻关系存续期间;王某君不是本案借款合同或抵押合同的当事人,故冯某要求追加张某和王某君为本案共同被告的申请,缺乏事实及法律依据,该院不予准许。

北京市海淀区人民法院依照《中华人民共和国合同法》第八条、第二百零五条、第二百零六条、第二百零七条,《中华人民共和国物权法》第十七条、第一百八十条第一款第一项、第一百八十七条,最高人民法院《关于审理民间借贷案件适用法律若干问题的规定》第二十六条第一款、第二十九条、第三十条,最高人民法院《关于适用〈中华人民共和国民事诉讼法〉的解释》第七十三条规定,作出(2017)京0108民初50390号判决:1. 王某于判决生效后10日内偿还冯某偿还借款本金760万元并支付逾期利息(逾期利息以760万元作为计算基数,自2017年9月7日起至借款还清之日止,按照月息2分的标准,扣除已支付利息7600元);2. 驳回冯某其他诉讼请求。

冯某认为律师费不应包含在年利率24%的限定范围之中,上诉请求:撤销(2017)京0108民初50390号民事判决第二项,改判王某依约承担冯某因主张本案债权支出的律师费30万元。

【裁判结论】

北京市第一中级人民法院于2018年8月29日,作出(2018)京01民终7091号民事判决:1. 维持北京市海淀区人民法院(2017)京0108民初50390号民事判决第1项;2. 撤销北京市海淀区人民法院(2017)京0108民初50390号民事判决第2项;3. 王某于本判决生效之日起10日内赔偿冯某因主张本案债权所支付的律师费30万元;4. 驳回冯某的其他诉讼请求。

【裁判观点】

北京市第一中级人民法院认为:冯某与王某签订的《借款合同》系双方当事人真实意思表示,不违反法律、行政法规强制性规定,合法有效。冯某对一审判决王某偿还借款本息数额无异议,但上诉认为,《借款合同》关于"因实现债权支付的律师费由王某负担"的约定符合法律规定,对双方均具有约束力,应予支持。法院认为,首先,《借款合同》关于律师费负担问题的约定,系双方当事人真实意思,对双方具有约束力,借款人应依约履行合同义务。其次,律师费是否实际发生取决于债务人是否依约履行《借款合同》项下的还本付息义务,具有或然性,不是借款人必然支出的借款成本。冯某上诉主张律师费与逾期利息、违约金等其他费用在性质上明显不同,不应属于法律规定的年利率24%的限定范畴,具有事实依据,法院予以采信。本案中,王某未按照《借款合同》约定偿还借款本息,导致冯某因提起本案诉讼支出的律师费用,系因违约产生的实际损失,冯某要求王某按照《借款合同》约定予以负担,并无不当。最后,一审期间,冯某提供了与律师事务所签订的合同和律师事务所开具的律师费发票,王某对此予以认可,对于冯某诉讼主张的借款事实和金额,王某亦予以认可,在此情况下,冯某关于由王某负担律师费的诉讼主张应予支持。一审法院判决未支持该笔费用,法院予以纠正。

综上所述,冯某的上诉请求成立,应予支持,予以改判。

法官评析

本案系自然人与自然人之间的民间借贷纠纷,双方对于律师费是否包含于年利率24%标准范围之内存在争议,本案争议焦点为在利息已达到年利率24%标准的情况下,债务人是否应按照约定承担律师费。

最高人民法院《关于审理民间借贷案件适用法律若干问题的规定》第30条规定:“出借人与借款人既约定了逾期利率,又约定了违约金或者其他费用,出借人可以选择主张逾期利息、违约金或者其他费用,也可以一并主张,但总计超过年利率24%的部分,人民法院不予支持。”律师费是否计入年利率24%的范围,取决于其是否属于上述条款中的“其他费用”。

首先,从规范意旨来讲,上述条款规定出借人可以将“其他费用”与利息、违约金一并主张,且设定利率上限,其目的主要是在使出借人获得款项孳息的同时保障借款人免于承受畸高利息,实现出借人与借款人的利益平衡。故“其他费用”应可转换为出借人变相收取的利息,本质上属于出借人获取借款的成本,一般为服务费、咨询费、管理费等。

其次,从律师费本身性质来讲,由于律师费发生在诉讼过程中,诉讼源于借款人不履行清偿义务,出借人为了实现债权,将借款人诉于法庭,故诉讼这一实现债权的手段在债务人主动履行清偿义务的情况下不为必须,因而，律师费系出借人在不得已通过诉讼途径实现债权过程中所产生的费用，其性质为“实现债权的费用”。

综上所述，律师费本身属于实现债权的费用，不属于上述条款中规定的“其他费用”，不应包含在年利率24%的范围之内。

【裁判依据】

最高人民法院《关于审理民间借贷案件适用法律若干问题的规定》第30条

（撰写人：韩悦蕊）

04

借款人实际支付利息的利率超过年利率36%时的处理

——王某与某商贸公司、柳某民间借贷纠纷案

裁判规则

按照年利率36%的标准计算借款人已经支付的利息，自最后一笔利息支付之日起不应再按照年利率36%的标准计算，而应按照年利率24%的标准计算，在当事人未约定本金与利息支付顺序且支付的款项不足以清偿所有利息的情况下，超出年利率36%已支付利息部分应冲抵自最后一笔利息支付之日起按照年息24%的标准应付的利息。

案　情[1]

王某与柳某系通过朋友介绍，于2015年相识。柳某系某商贸公司法定代表人之子。2015年4月21日，柳某(甲方、借款人)与王某(乙方、出借人)签订了一份《借款合同》，约定，乙方同意出借金额为100万元，借款以转账方式进行，本次借款的月利率为同期银行贷款利率的四倍，且甲方承诺每月的20日之前向乙方支付当月的借款利息，借款期限为12个月，自2015年4月20日到2016年4月19日止(自实际放款之日起算)，合同还约定了其他事项。同日，北京市中信公证处出具了(2015)京中信内民证字25718号《公证书》，对前述的《借款合同》进行了公证，并赋予其强制执行效力。

---

〔1〕(2018)京01民终3050号。

2015 年 4 月 22 日，柳某、某商贸公司（借款人、抵押人、甲方）与王某（出借人、抵押权人、乙方）签订了一份《借款合同》，约定，借款金额 100 万元，甲方所借资金用于某商贸公司日常经营周转，借款期限一年，自 2015 年 4 月 20 日至 2016 年 4 月 19 日，本合同项下的月利率为 4%，计息方式为放款当天起息，每月先付利息肆万元结息；甲方基于所借款项，向乙方提供抵押：位于北京市海淀区大钟寺太阳园小区××楼地下××阳光联华超市经营权作为抵押物直至贷款还清，借款期限届满，如甲方未能及时、足额向乙方偿清借款本息的，甲方除应按本合同项下借款利率向乙方支付逾期期间借款利息外，并应按逾期金额千分之五每日的标准向乙方支付逾期还款违约金，如逾期超过 30 日，则乙方可以处置甲方提供的抵押物用以偿还借款；担保范围：本合同项下借款本金、利息、违约金以及借款人实现债权、实现抵押权的费用和所有其他应付的费用；甲方双方共同认可：2015 年 4 月 21 日公证的《借款合同》，仅为保障乙方债权安全所作，该合同采用公证处模板，具体条款与本合同不一致时，仍应以本合同为准，由于某商贸公司法定代表人未在京，故该份公证中未体现公司，如发生争议，柳某与某商贸公司为共同借款人，对乙方承担连带还款责任。合同还约定了其他事项。

2015 年 4 月 22 日，王某向柳某账户汇款 100 万元。

2015 年 5 月 21 日、2015 年 6 月 23 日、2015 年 7 月 22 日、2015 年 8 月 25 日，柳某分别向王某账户汇款 4 万元、4 万元、4 万元、4 万元，王某称该款项为柳某所偿还的利息。

王某为了主张本案债权，支付了律师费 5 万元。

另查，2012 年 12 月 2 日，某商贸公司与柳某签订委托经营管理协议书。协议书的主要内容：甲方将承租的位于北京市海淀区的某商贸公司内的超市卖场（建筑面积 236 平方米）全权委托乙方经营及管理；委托期间，甲方不得干预乙方的经营管理，委托期届满，甲方可转签合作协议或提出自营申请，但甲方应于托管期满之三个月前以书面方式向乙方提出，并经乙方同意，委托期间，甲方不得以任何理由收回卖场，不得影响乙方的统一经营和管理，委托期间内，本协议为不可撤销协议。卖场委托经营期限三年，自 2012 年 12 月 2 日至 2015 年 12 月 1 日止；乙方在委托经营管理期内经营该商铺的所有收益归乙方所有；委托期间内，甲方将某商贸公司的公章及企业相关证照交由乙方保管使用，仅限于日常经营管理使用，不得用于其他诸如借贷、担保、抵押等日常经营管理工作以外的任何用途,涉及企业对外重大事项的相关协议或合同,需由甲方法定代表人签字方为有效。协议还对违约责任、协议的解除等事项进行了约定。

一审庭审中,王某称2015年4月21日经公证的《借款合同》并未实际履行,且其放弃申请强制执行的权利。

二审中,补充查明以下事实:二审诉讼期间,某商贸公司称,其法定代表人未在2015年4月22日的《借款合同》上签字,亦对《借款合同》不知情,该合同上某商贸公司的公章是2015年11月底柳某在债权人的威逼下加盖的;2015年12月之前,某商贸公司的公章由柳某持有,某商贸公司自2012年起一直由柳某实际经营。

王某向一审法院起诉请求:1. 判令某商贸公司、柳某偿还借款本金100万元;2. 某商贸公司柳某支付利息(自2015年4月20日至本金付清之日止,以100万元为基数,按照月利率2%为标准计算);3. 支付王某为实现债权、抵押权所支出的费用5万元;4. 王某拥有某商贸公司下属阳光联华超市经营权至诉讼请求1、2、3中的款项还清为止。

北京市海淀区人民法院认为:依据王某提交的证据可以证明王某与某商贸公司、柳某之间存在民间借贷法律关系,该借贷关系成立且生效。某商贸公司抗辩称2015年4月21日的《借款合同》经过公证,其效力大于2015年4月22日所签订的《借款合同》。该院认为,2015年4月21日的《借款合同》虽然经过了公证,但2015年4月22日的《借款合同》形成时间在后,系各方当事人最新的意思表示,在无其他证据佐证该合同不是各方真实意思表示的情况下,形成在后的合同其效力大于形成在先的合同,且在2015年4月22日签订的合同中,对2015年4月21日签订的合同进行了约定,即以2015年4月22日签订的合同为各方权利、义务的依据,故该院对某商贸公司的抗辩事由不予采信,该院认定各方履行的合同为2015年4月22日所签订的合同。现王某作为借款人已经履行了出借100万元的义务,某商贸公司、柳某作为借款,仅仅偿还了部分利息,并偿还本金并支付剩余利息、逾期利息的行为,系违约行为,应当偿还本金100万元并支付利息、逾期利息。因王某庭审中确认柳某按照月利率4%的标准支付了四个月的利息,该院认为依据最高人民法院《关于审理民间借贷案件适用法律若干问题的规定》第26条第2款的规定:“借贷双方约定的利率超过年利率36%,超过部分的利息约定无效。借款人请求出借人返还已支付的超过年利率36%部分的利息的,人民法院应予支持。”柳某支付的超出部分应当冲抵利息,经核算,柳某已经支付的利息为截至2015年10月1日止的利息,故柳某、某商贸公司应当自2015年10月2日起支付利息、逾期利息,王某对此部分按照月利率2%为标准计算,符合法律规定,该院不持异议。

关于王某要求并支付为实现债权、抵押权所支出的律师费5万元的诉讼请求。该院认为,虽然双方在借款合同中约定的担保范围包括实现债权的所有应付的费用,但因双方签订的借款合同中约定的月息为2%,已达到法律规定的民间借贷的最高利息标准,依据最高人民法院《关于审理民间借贷案件适用法律若干问题的规定》第30条的规定,该院对王某的该项诉讼请求,不予支持。关于王某要求拥有某商贸公司超市经营权的诉讼请求。该院认为,该项权利已经客观不能,故该院不予支持。该院对王某的诉讼请求中合理部分予以支持,不合理部分不予支持。柳某经该院合法传唤,无正当理由未到庭参加诉讼,视为其放弃抗辩权,不影响该院依据查明事实依法裁判。

北京市海淀人民法院依照《中华人民共和国合同法》第八条、第六十条、第二百零七条、第二百一十一条,《中华人民共和国民事诉讼法》第六十四条第(一)款、第一百四十四条,《最高人民法院关于审理民间借贷案件适用法律若干问题的规定》第二十六条、第三十条之规定,作出(2017)京0108民初48142号判决:1.某商贸公司、柳某于判决生效之日起十日内偿还王某借款本金100万元;2.某商贸公司、柳某于判决生效之日起十日内向王某支付利息、逾期利息(自2015年10月2日起至本金100万元实际清偿之日止,以100万元为基数,按照年利率24%为标准计算);3.驳回王某的其他诉讼请求。

某商贸公司上诉请求驳回王某对其诉讼请求。

【裁判结论】

北京市第一中级人民法院于2018年4月20日,作出(2018)京01民终3050号民事判决:1.维持北京市海淀区人民法院(2017)京0108民初48142号民事判决第1项;2.撤销北京市海淀区人民法院(2017)京0108民初48142号民事判决第2项、第3项;3.北京阳光联华商贸有限公司、柳某于本判决生效之日起十日内向王某支付利息、逾期利息(以100万元为基数,自2015年8月26日起至实际清偿之日止,按照年利率24%的标准计算,并扣除已付利息35,000元);4.驳回王某的其他诉讼请求。

【裁判观点】

北京市第一中级人民法院认为:结合各方当事人的陈述,本案的争议焦点在于,2015年4月22日的《借款合同》是否为王某与柳某、某商贸公司的真实意思表示,以及该合同是否实际履行;某商贸公司、柳某应清偿借款本息的数额。

关于某商贸公司主张,2015年4月22日《借款合同》并非其真实意思表示,该合同的内容与2015年4月21日经过公证的《借款合同》不一致,故其并非本案诉争借贷关系的借款人一节。法院认为,首先,《中华人民共和国合同法》第32条规定:“当事人采用合同书形式订立合同的,自双方当事人签字或者盖章时合同成立。”某商贸公司在与王某、柳某2015年4月22日签订的《借款合同》上加盖印章,王某、柳某亦在该合同上签字,该合同已经成立;其次,最高人民法院《关于适用〈中华人民共和国民事诉讼法〉的解释》第90条规定:“当事人对自己提出的诉讼请求所依据的事实或者反驳对方诉讼请求所依据的事实,应当提供证据加以证明,但法律另有规定的除外。在作出判决前,当事人未能提供证据或者证据不足以证明其事实主张的,由负有举证证明责任的当事人承担不利的后果。”某商贸公司虽主张该合同上其公章系柳某在受到胁迫的情况下于2015年11月补盖,但就此并未提供确实充分的证据予以证明,应承担举证不能的不利后果,某商贸公司该主张缺乏事实和法律依据;再次,虽然王某与柳某于2015年4月21日就诉争借款签订《借款合同》并进行公证,但王某、柳某和某商贸公司于次日就该借款另行签订合同,明确记载2015年4月21日《借款合同》的签订目的以及具体条款应以2015年4月22日《借款合同》为准的内容,并明确柳某和某商贸公司为共同借款人,结合王某于2015年4月22日向柳某账户支付借款,以及柳某根据2015年4月22日《借款合同》的约定多次支付利息的情况,王某作为债权人依据签订在后的《借款合同》要求柳某、某商贸公司承担清偿借款本息的义务并无不当。另外,某商贸公司虽主张未收到诉争款项、借款未用于公司经营,但根据2015年4月22日《借款合同》的约定,柳某和某商贸公司系诉争借贷关系的共同借款人,现柳某已实际收到王某出借的款项,应认定王某已经履行《借款合同》项下出借款项的义务,至于该款项是否用于某商贸公司的经营,并不影响其借款人的主体地位。综上,2015年4月22日《借款合同》系王某与某商贸公司、柳某的真实意思表示，其内容并不违反法律、行政法规的强制性规定，应属有效。王某已实际出借诉争款项，该合同已生效。一审法院根据各方履行2015年4月22日《借款合同》的情况，判令柳某、某商贸公司向王某偿还借款本金并支付相应利息并无不当。某商贸公司的上诉主张缺乏事实和法律依据，法院依法不予采信。

关于柳某、某商贸公司应付借款利息、逾期利息的数额一节。最高人民法院《关于审理民间借贷案件适用法律若干问题的规定》第26条规定："借贷双方约定的利率未超过年利率24%，出借人请求借款人按照约定的利率支付利息的，人民法院应予支持。借贷双方约定的利率超过年利率36%，超过部分的利息约定无效。借款人请求出借人返还已支付的超过年利率36%部分的利息的，人民法院应予支持。"经查，柳某按照月息4%的标准向王某支付4笔各4万元利息，合计16万元，该标准超过上述法律规定的年利率36%的标准，柳某最后一次支付利息的时间为2015年8月25日，故自王某2015年4月22日出借款项起至该日止的期间，应按照年利率36%的标准计算柳某已经支付的利息，因柳某自2015年8月26日后未再支付利息，故根据上述规定，自该日起的利息不应再按照年利率36%的标准计算，而应按照年利率24%的标准计算。经查，以100万元为基数，按照年利率36%的标准计算，自2015年4月22日起至8月25日止，利息数额为12.5万元，柳某已支付16万元，超出部分3.5万元应冲抵自2015年8月26日起按照年息24%的标准应付利息。一审判决认定柳某支付利息中超出年利率36%的部分应冲抵利息，以及柳某、某商贸公司应按照年利率24%的标准支付最后付息日后的利息、逾期利息并无不当，但认定柳某上述16万元系支付截至2015年10月1日的利息有误，法院依法予以纠正。

综上，法院依法予以改判。

法官评析

本案系自然人、法人与自然人之间的民间借贷纠纷，二审法院对一审判决予以改判的原因系借款人已支付超过年利率36%的利息部分的处理，本评析仅针对此方面予以探讨。

最高人民法院《关于审理民间借贷案件适用法律若干问题的规定》第26条规定："借贷双方约定的利率未超过年利率24%，出借人请求借款人按照约定的利率支付利息的，人民法院应予支持。借贷双方约定的利率超过年利率36%，超过部分的利息约定无效。借款人请求出借人返还已支付的超过年利率36%部分的利息的，人民法院应予支持。”

依据上述规定，民间借贷纠纷中，借款人已支付超出36%部分的利息约定无效，为效力性强制性规定，故而对于利息约定标准以及已支付利息法院应主动审查，以符合法律规定。对于约定高于年利率36%且已支付的利息超出年利率36%的部分，一般认为，超出部分可以抵偿未足额清偿的利息或本金。在当事人未约定利息本金清偿顺序的情况下，依据最高人民法院《关于适用〈中华人民共和国合同法〉若干问题的解释（二）》第21条规定，“债务人除主债务之外还应当支付利息和费用，当其给付不足以清偿全部债务时，并且当事人没有约定的，人民法院应当按照下列顺序抵充：（一）实现债权的有关费用；（二）利息；（三）主债务”，应首先按照年利率24%抵偿利息，后抵偿本金。

实践中，此类案件往往涉及超出部分从何时开始按照年利率24%的标准抵偿利息的问题。由于按照年利率36%的利息标准清偿系基于借款人的自愿，故应以借款人清偿款项的行为认定其自愿按照年利率36%以上标准支付利息的期间，因而，在借款人最后一笔支付利息之后，无法表明借款人仍然自愿按照年利率36%以上标准支付利息，应以借款人最后一笔支付利息的时间为确定按照年利率24%的标准计息时间。

本案中，借款人清偿的利息超过年利率36%，应将超出部分抵扣自借款人最后一笔支付利息之日起按照年利率24%标准计算的利息。

【裁判依据】

1.《中华人民共和国合同法》第52条

2.最高人民法院《关于适用〈中华人民共和国合同法〉若干问题的解释（一）》第10条

3.最高人民法院《关于审理民间借贷案件适用法律若干问题的规定》第1条

（撰写人：韩悦蕊）

05

未明确按日计息或按月计息的利息认定标准

——曹某与张某、赵某民间借贷纠纷案

裁判规则

借据利息部分虽未对利率的日或者月予以明确，但能够确定涉案借款系有息借款，当事人之间在借款之时存在支付利息的合意，利率标准是日息2%或者月息2%，并非约定不明，应以低利率标准认定利息。

案　情[1]

2016年3月4日，借款人张某向曹某出具借据，载明：今（借款人）张某向（出借人）曹某借款25万元，此款已收讫。借款人自愿按（月/日）2%支付出借人利息，借款期限自2016年3月4日起至4月1日止，共1个月。借款人保证按期还本付息，逾期按日5%支付出借人滞纳金。出借人、借款人协商一致：如产生争议，可由海淀区人民法院管辖。同日，收款人张某向曹某出具收据，载明，今借款人张某收到出借人曹某人民币25万元。出借人/借款人协商一致：如产生争议，可由海淀区人民法院管辖。

一审诉讼中，曹某申请证人刘某出庭作证，刘某述称，其为曹某的助理，其进入办公室时张某、曹某及另一同事在场，并看到曹某从保险柜拿出25万元现金交给了张某，借据和收据都是固定模板，由其进行影印，手写部分为张某书写，现金也是当场支付。曹某对证人证言表示认可，张某对证人证言不认可，认为刘某为曹某的助理，与本案存在利害关系，证人并未看到现金交付，存在虚假陈述。

---

〔1〕（2018）京01民终1621号。

一审诉讼中，张某称，并未收到全部借款，其仅收到借款9.5万元，分别为2016年3月4日5万元、2016年3月7日3.5万元、2016年3月14日1万元，并向该院提交了银行交易明细。对此，曹某称，上述款项为其为赵某在华夏银行的贷款，华夏银行将该笔款项转账至曹某作为法定代表人的北京某公司，再由曹某转给张某，与本案没有关联，同时双方还有其他交易关系，并向该院提交了其与赵某之间的多笔转账记录以及向张某微信转账的记录。赵某表示，该9.5万元并非华夏银行的贷款，其所贷款13.5万元曹某并未支付，并向该院另行提起了诉讼。

另查，张某与赵某于2011年2月14日结婚，2016年12月31日离婚。

二审法院补充查明以下事实：经询问，张某不认可曹某提供的微信聊天记录中微信号×××是其本人微信号，但该微信号对应的手机号是其本人手机号，头像是其本人头像，曹某当庭播放该微信聊天记录中的语音留言，张某认可是其本人的声音。

另，各方当事人均陈述，张某、曹某之间存在车辆租赁关系；曹某任职的北京某公司曾代赵某收取华夏银行贷款。

曹某向一审法院起诉请求：1. 张某、赵某偿还曹某借款25万元；2. 张某、赵某支付借款利息5000元（以25万元为基数，按照每月2%的标准，自2016年3月4日至2016年4月1日）；3. 张某、赵某支付借款逾期利息（以25万元为基数，按照年利率24%的标准，自2016年4月2日起计算至实际清偿之日止）。

北京市海淀区人民法院认为：依据曹某向该院提交的借据、收据能够认定其与张某存在民间借贷关系，该民间借贷关系不违反法律及行政法规的强制性规定，应属有效。本案的争议焦点在于曹某是否已经实际支付了25万元借款。张某向曹某出具的借据及收据中，已写明“此款已收讫”“收到出借人曹某25万元”的字样，可见张某自认已收到借款款项。另外，刘某虽为曹某的助理，但对于借款时的情形能够清晰地描述，张某、赵某虽对证人证言不认可，但未提供相反的证据予以证明，故该院对于证人证言予以采信。因此曹某作为借款方，已依约向张某交付了25万元借款，履行了出借义务，张某作为借款方，亦应履行还款义务。关于张某所述9.5万元，双方对于该笔款项的性质存在的争议，应另行解决。张某未偿还借款的行为已构成违约，应立即将所欠款项偿还给曹某，曹某要求张某偿还借款本金25万元的请求,该院予以支持。对于曹某主张的利息损失,虽借据中对于利息约定为“借款人自愿按(月/日)2%支付出借人利息”,未明确2%为日利息或月利息,但可以看出双方有约定利息的合意,该院依据二者较低利率标准在法律规定的范围内予以判定。曹某主张的借期内利息天数计算有误,该院依据实际天数予以判定。依据我国法律规定,债权人就婚姻关系存续期间夫妻一方以个人名义所负债务主张权利的,应当按夫妻共同债务处理。因借款发生在张某与赵某夫妻关系存续期间内,故应由张某与赵某共同承担还款责任。

北京市海淀区人民法院依照《中华人民共和国合同法》第八条、第二百零六条、第二百零七条,最高人民法院《关于适用〈中华人民共和国婚姻法〉若干问题的解释(二)》第二十四条之规定,作出(2017)京0108民初39294号判决:1.张某、赵某于判决生效后7日内偿还曹某借款本金25万元及利息4833.33元;2.张某、赵某于判决生效后7日内给付曹某逾期利息(以25万元为基数,自2016年4月2日起至实际付清之日止,按照年利率24%的标准计算);3.驳回曹某其他诉讼请求。

张某、赵某认为借据未明确借款利息2%系月息还是日息,属于约定不明,自然人之间的借款合同对利息约定不明的,应视为不支付利息,上诉请求:改判驳回曹某的诉讼请求。

【裁判结论】

北京市第一中级人民法院于2018年2月22日,作出(2018)京01民终1621号民事判决:驳回上诉,维持原判。

【裁判观点】

北京市第一中级人民法院认为:最高人民法院《关于适用〈中华人民共和国民事诉讼法〉的解释》第90条规定:“当事人对自己提出的诉讼请求所依据的事实或者反驳对方诉讼请求所依据的事实,应当提供证据加以证明,但法律另有规定的除外。在作出判决前,当事人未能提供证据或者证据不足以证明其事实主张的,由负有举证证明责任的当事人承担不利的后果。”本案中,曹某提供了由张某签字确认的借据及收据,载明张某向曹某借款25万元,且款项已经收讫,上述证据能够证明张某与曹某之间存在借款合意，且款项已经实际交付。双方之间存在民间借贷合同关系，借款系双方当事人真实意思表示，不违反法律、行政法规强制性规定，合法有效。

张某、赵某上诉主张未收到借据项下借款，但对于在未收到借款的情况下，为何出具收据并载明款项收讫，且此后亦未主张撤销借据和收据，张某、赵某并未作出合理解释并提供有效证据予以证明。此外，曹某提供的微信聊天记录中，张某认可欠款25万元，虽然张某否认微信号是其本人的，但微信号对应的头像和手机号等能够反映用户身份信息的内容均显示是张某本人，曹某随机播放了微信聊天记录中的语音留言，张某亦认可是其本人声音，故可以确定微信号对应的用户身份即是张某。微信聊天记录内容与借据、收据内容以及刘某证人证言可相互印证，进一步佐证借款事实。综合上述情形，一审判决认定双方之间存在民间借贷合同关系，并无不当，法院对张某、赵某上述主张不予采信。

关于张某、赵某上诉认为双方交易惯例均是转账支付，曹某未提供北京某公司支出25万元的账目，无法证明资金来源等问题。法院认为，仅依据双方之前存在转款交易的事实以及曹某未能提供公司账目证据等，尚不足以推翻借据、收据所载内容。且各方当事人之间存在其他法律关系，曹某于借据出具后向张某付款9.5万元，无法认定系借据项下借款，不足以推翻借据、收据所载内容。故法院对张某、赵某的上述意见不予支持。

关于张某、赵某上诉主张借据未明确借款利息的问题，法院认为，最高人民法院《关于审理民间借贷案件适用法律若干问题的规定》第25条第2款规定："自然人之间借贷对利息约定不明，出借人主张支付利息的，人民法院不予支持。除自然人之间借贷的外，借贷双方对借贷利息约定不明，出借人主张利息的，人民法院应当结合民间借贷合同的内容，并根据当地或者当事人的交易方式、交易习惯、市场利率等因素确定利息。"本案中，借据载明利息标准按"（月/日）2%支付"，借据虽未对日或者月进行明确，但能够确定涉案借款系有息借款，利率标准是日息2%或者月息2%，并非约定不明，一审判决结合上述司法解释的规定，以较低利率标准认定借款利率为月息2%，并按照月息2%认定逾期借款利息，并无不当。法院对张某、赵某的上述主张不予采信。

综上所述，张某、赵某的上诉请求不能成立，应予驳回。

法官评析

本案系自然人与自然人之间的民间借贷纠纷，借款人认为借据中未写明按日计息或是按月计息，应认定为利率约定不明，本案涉及此种情况下的利率认定问题，亦即合同解释问题。

《合同法》第211条第1款规定："自然人之间的借款合同对支付利息没有约定或者约定不明确的，视为不支付利息。"在当事人未对年息或是月息做出约定的情况下，是否应认定为上述条款规定的约定不明，进而对出借人主张的借款利息不予支持，是此类案件中亟须考量的问题。

第一，应查明当事人之间对利息标准是否达成新的补充合意。依据《中华人民共和国合同法》第61条："合同生效后，当事人就质量、价款或者报酬、履行地点等内容没有约定或者约定不明确的，可以协议补充；不能达成补充协议的，按照合同有关条款或者交易习惯确定。"此类情形下当事人可就利息问题达成新的合意，法院可以依据新的合意判定利息。

第二，若当事人未能达成补充合意，则须对合同条款予以解释。《中华人民共和国民法总则》第142条第1款规定："有相对人的意思表示的解释，应当按照所使用的词句，结合相关条款、行为的性质和目的、习惯以及诚信原则，确定意思表示的含义。"《中华人民共和国合同法》第125条规定："当事人对合同条款的理解有争议的，应当按照合同所使用的词句、合同的有关条款、合同的目的、交易习惯以及诚实信用原则，确定该条款的真实意思。"根据上述规则，应结合双方当事人之间的交易习惯确定利息含义。若交易习惯无法查明，应从合同解释理论入手，解释合意。

首先，整体来看，当事人之间是否有支付利息的合意。由于双方在合同或借据中已经明确写明了"2%"，虽未写日、月或年，但已经能够较明确表明双方对于支付利息达成了合意。

其次，利息支付标准如何确定。此种情形下如何确定利息标准，法院有两种不同的做法。其一，由于当事人未写明，双方当事人对此均存在一定过错，故出于平衡出借人与借款人利益，以较低标准认定利率（如本案）；其二，结合当事人之间的交易习惯、本次借款的目的、市场利率等，综合认定利率[（2015）江民一初字第1096号，该案在综合考虑之后，将2%认定为月息]。

本案中，借据已经写明计息标准为日或月，一方面，在利益平衡层面，应以较低标准认定利息；另一方面，在数额认定层面，若将2%认定为日息，则超出年利率24%的支持范围，且与实践中自然人与自然人之间的借款合同常习不符，故本案将利率认定为月利率2%。

【裁判依据】

1.《中华人民共和国民法总则》第142条第1款

2.《中华人民共和国合同法》第61条、第125条、第211条第1款

（撰写人：韩悦蕊）

06

实际履行情况可作为认定约定利息标准的依据

——朱某与舒某民间借贷纠纷案

裁判规则

当事人未以书面形式约定利息，出借人主张支付利息，借款人的还款行为可以作为是否实际约定利息的判断标准。

案　情[1]

2015年5月6日，舒某向朱某出具《借条》，内容为："今借到朱某人民币壹佰伍拾万元整。借款人舒某借期一年。2015年5月6日"。

2012年11月15日，朱某通过其账号向舒某账号转账19万元。

2014年4月16日、5月14日和11月26日，朱某其上述尾号为6636的账号，分别向舒某账户转入75万元、50万元和30万元。

自2015年1月7日起，朱某账号陆续收到舒某支付的多笔款项，具体为：2014年7月8日收到3万元；2014年8月11日收到3万元；2014年9月6日收到3万元；2014年10月6日收到3万元；2014年11月6日收到3万元；2014年12月5日收到3万元；2015年1月7日收到3.6万元；2015年2月4日收到3.6万元；2015年4月8日收到3.6万元；2015年5月5日收到3.6万元；2015年6月6日收到3.6万元；2015年7月6日收到2.6万元、5000元和5000元，共3.6

[1] (2017)京0112民初26784号。

万元;2015 年 8 月 5 日收到 2.6 万元;2015 年 9 月 7 日收到 7 笔各 5000 元和 1 笔 1000 元,合计 3.6 万元;2015 年 10 月 8 日收到 3.6 万元;2015 年 12 月 8 日收到 1 万元;2015 年 12 月 10 日收到 2 万元、6000 元,共 2.6 万元;2016 年 1 月 8 日收到 2 笔各 5000 元,共 1 万元;2016 年 1 月 13 日收到 2 笔各 1 万元,共 2 万元;2016 年 3 月 7 日收到 3 万元;2016 年 4 月 6 日收到 3 笔各 1 万元,共 3 万元;2016 年 5 月 6 日收到 4000 元、6000 元、1 万元和 1 万元,共 3 万元;2016 年 6 月 7 日收到 3 万元;2016 年 6 月 8 日收到 15 万元;2016 年 6 月 14 日收到 5 笔各 1 万元,共 5 万元;2016 年 7 月 6 日收到 1 万元、6000 元,共 1.6 万元。

2015 年 11 月 7 日,舒某通过其账户向朱某账户转支 3.6 万元。

2016 年 2 月 2 日,舒某通过均利智盛经营部账户向朱某汇款 6 笔各 5 万元和 1 笔 4 万元,合计 34 万元。

2016 年 6 月 11 日,朱某向舒某出具《收条》,内容为“已还 6 月 8 日,收到 15 万,6 月 11 日,收到 5 万,共计 20 万,收到舒某的还款贰拾万元整朱某 2016 年 6 月 11 日”。

2016 年 9 月 7 日,朱某与舒某的通话中,舒某称:“关键我是过来跟你商量,可不可以。我意思是说不管多少钱,不讲利息啦,没有这个能力去还了,利息,这是肯定的,我的意思是给你 140 万元,你帮我过户,过完了找银行贷出来多少全都给你,我也不要一块钱。”朱某称:“那你把钱给我呀,我跟你过去。”舒某称:“我意思是说,我给你 140 万元,不是欠你 130 万元吗?”朱某称:“还有俩月利息呢。”舒某称:“我现在没有办法还啦,没能力了……这个我认了,不管怎么样这个本钱我认了,你再让我付利息贷款贷不到啊……我的意思是给你 140 万元,这不 130 万元吗?”朱某称:“关键是你赶紧还了我这钱,抻一个月二万六,抻一个月二万六,这不越堆越多了吗?”舒某称:“我哪有这能力? 这不是两块六……”朱某称:“……借期一年,5 月 6 日就到期了,现在已经是 9 月 6 日了。”舒某称:“知道两年多了,明年 5 月 6 日就 3 年来了……”朱某称:“去年你还跟我说到期人家就把钱利息打过来了,头春节你还跟我这么说呢,你这过春节就不是这样啦,利息,你说到月头人家就给你打过来了,你得给我呀,我得还人家呀,5 月 6 日就到期了。”舒某称:“这么高利息每个月打给你就差那么几天,有时候提前几天,有时候推后几天,这是 100 多万元,不是十几万元,我想一切办法……”朱某称:“……你还是把 7 月份、8 月份利息再写一个吧,原来咱们那借条是有利息来着，重新打的这借条你非得不写了，你还是落实在纸上我踏实。”舒某称：“一起算吧，利息每个月都有银行记录，不欠你利息，只欠你2个月，7月、8月，这个都没事的……”朱某称：“你连欠利息条你都不给我打，你真没诚意。”舒某称：“这个我跟你说了，利息肯定都存在一起，我的意思是给你10万元钱，凑在一起。”……朱某称：“反正7月、8月俩月你欠2月利息了，反正你记得点就行。”舒某称：“我知道，我知道，反正我这里给你的转账的我都有底，每次转账的条子都有的，没事儿。”……

诉讼中，胡某到庭作证，述称：舒某在2014年11月末时，曾向朱某借款30万元，并且出具了借条，当时朱某在上海无法回京，就让舒某找到胡某，舒某当着胡某的面出具了一张30万元的借条，胡某保存了两三天后，朱某回京，把借条取走；胡某把借条交给朱某时，朱某出示了转账30万元的凭证；朱某曾告知胡某，其曾借给过舒某150万元，利息是2分，本案150万元的《借条》，朱某曾向胡某出示过，所以胡某见过30万元的借条和150万元的借条，故认为这是两笔借款；2013年时，朱某曾向胡某出示过一张其与舒某的借条，上面写了利息，但具体的时间和借条内容记不清楚了。

诉讼中，朱某称：共向舒某出借180万元，除了转账支付的174万元外，还通过现金出借了6万元，该6万元是2012年11月15日晚上在朱某家里交给的舒某，该日上午，朱某向舒某转账19万元，当时朱某卡中只有19万元，但家中有10万元现金，就取出6万元交给了舒某；舒某自2014年7月8日起向朱某尾号6636账号还款，除了2016年6月8日的15万元和2016年6月14日的5万元系偿还借款本金外，其余均是舒某支付的借款利息，标准是月息2%；舒某于2016年6月8日和2016年6月14日分别还款的15万元和5万元，就是朱某2016年6月11日出具的《收条》中的款项；舒某通过均利智盛经营部支付的34万元中，有30万元系偿还2014年11月26日的30万元借款，其余4万元中，有3.6万元系支付的借款利息，剩余的4000元已经退还舒某，舒某则表示，该34万元均系偿还借款本金。

诉讼中，朱某主张，其与舒某约定借款利息标准为月息2%，虽未作出书面约定，但舒某实际按照该标准向朱某支付利息，具体为：截至2014年5月14日，朱某共向舒某出借款项150万元，舒某于2014年7月8日、2014年8月11日、2014年9月6日、2014年10月6日、2014年11月6日和2014年12月5日分别向朱某支付3万元，折合利率为月息2%；2014年11月26日，朱某再次向舒某出借30万元，借款本金合计180万元，舒某于2015年1月7日、2015年2月4日、2015年4月8日、2015年5月5日、2015年6月6日、2015年7月6日、2015年9月7日、2015年10月8日、2015年11月7日各支付利息3.6万元；2015年8月5日支付利息2.6万元；2015年12月8日和2015年12月10日共支付利息3.6万元；2016年1月8日和2016年1月13日共支付利息3万元，2016年2月2日，舒某向朱某还款34万元中，30万元系偿还借款本金，3.6万元系支付2016年1月份的利息，以上款项折合利率为月息2%；2016年2月2日舒某偿还本金30万元后，尚欠本金150万元，舒某于2016年3月7日、2016年4月6日、2016年5月6日、2016年6月7日各支付利息3万元，折合利率为月息2%；通过舒某上述支付款项的数额、时间和频率，可以推定出舒某一直按照月息2%的标准向朱某支付利息，双方实际上对利息是作出了约定的，上述利息均当月系支付的前一个月的利息；其本案中要求舒某支付的利息为逾期利息。诉讼中，朱某提交了一份舒某偿还利息明细表，其中记载舒某于2016年1月7日还利息3万元，后称该笔还款系笔误，舒某并未偿还该款项，舒某对此不予认可，并主张上述款项是偿还的借款本金。

舒某主张：其2014年7月8日至2015年5月5日曾按比例向朱某还款，但具体时间和数额记不清楚了，还的都是本金，至于为何按照上述日期和金额还款，其表示系其“个人习惯”；朱某主张的舒某2015年5月6日后的还款中，2015年12月10日的1笔2万元和2016年3月7日的3.6万元舒某没有还过；除朱某主张的上述款项外，舒某于2015年7月23日通过×××账户向朱某支付了2笔各5000元；除了朱某出具的《收条》中的15万元和5万元，舒某另于2016年6月14日还款5万元。对此，朱某称，《收条》中的5万元与舒某2016年6月14日支付的5万元是同一笔款项。2016年6月11日，舒某拿着5万元的支票找到朱某还款，要求朱某连同其2016年6月8日偿还的15万元一并出具收条，朱某同意并出具了《收条》，但朱某存支票时发现该支票是空头支票，里边没有钱，就找到舒某要求支付这5万元，舒某于2016年6月14日通过支付宝向朱某转账5万元。舒某另称，《借条》中150万元的数额，已经包含朱某于2014年11月26日向其转账的30万元，同时，因其与朱某并未就借款约定利息，故其向朱某支付的所有款项，均系偿还的借款本金。

朱某向一审法院起诉请求：1. 判令舒某偿还借款人民币 1,300,000 元及利息（以 1,300,000 元为基数，自 2016 年 7 月 7 日起至实际付清之日止，按照年利率 24% 计算）；2. 诉讼费由舒某承担。

【裁判结论】

北京市通州区人民法院依照《中华人民共和国合同法》第十条、第六十条，最高人民法院《关于审理民间借贷案件适用法律若干问题的规定》第二十五条、第二十六条第一款、第二十九条第二款，最高人民法院《关于适用〈中华人民共和国民事诉讼法〉的解释》第九十条、第一百零八条规定，作出（2017）京 0112 民初 26784 号判决：被告舒某于本判决生效之日起 10 日内偿还原告朱某借款人民币 1,300,000 元及逾期利息（以 1,300,000 元为基数，自 2016 年 7 月 7 日起至实际付清之日止，按照年利率 24% 计算）。

后舒某上诉至北京市第三中级人民法院，北京市第三中级人民法院判决：驳回上诉，维持原判。

【裁判观点】

北京市通州区人民法院认为：朱某与舒某之间的民间借贷法律关系，属双方的真实意思表示，其内容未违反法律法规的强制性规定，应属合法有效。结合朱某和舒某的陈述，本案争议焦点为：1. 朱某向舒某出借款项的数额；2. 舒某向朱某还款的数额及性质以及舒某尚未清偿借款本金的数额，即舒某还款金额中是否包括向朱某支付的利息。

关于朱某向舒某出借款项的数额。朱某主张，其共向舒某出借款项 180 万元。对此北京市第三中级人民法院认为，根据已查明的事实，朱某于 2012 年 11 月 15 日、2014 年 4 月 6 日、2014 年 5 月 14 日和 2014 年 11 月 26 日共向舒某转账 174 万元，同时，朱某已就其通过现金方式向舒某出借 6 万元款项的交付时间、交付地点、款项来源以及通过现金交付借款的原因等作出了说明，其内容并无明显不合常理，故应认定朱某已向舒某出借上述 6 万元，综合上述情况，朱某称其共向舒某出借 180 万元的主张具有事实基础，北京市第三中级人民法院依法予以采信。

关于舒某尚未清偿本金的数额。根据朱某与舒某的陈述，双方对于舒某于

2016年2月2日偿还本金30万元、于2016年6月8日偿还借款本金15万元和于2016年6月14日偿还本金5万元并无争议,故对上述3笔还款北京市第三中级人民法院依法予以确认。同时,在朱某与舒某2016年9月7日的谈话中,舒某明确陈述"不是欠你130万吗""我的意思是给你140万,这不130万吗"等内容,其虽称无法确定谈话的具体日期以及无法确定谈话涉及的130万元是截至何时欠130万元,但针对朱某在谈话中作出的"借期一年,5月6日就到期了,现在已经是9月6日"的陈述,舒某并未予以否认,并称"知道两年多了,明年5月6日就3年来了",结合《借条》的落款日期为2015年5月6日以及《借条》中"借期一年"的内容,足以认定朱某称"现在已经是9月6日"指2016年的9月6日,而根据朱某和舒某的陈述,2016年7月6日后,舒某未再清偿款项,故朱某主张上述谈话时间为2016年9月7日具有合理性,同时,舒某并未提供证据对此予以否定,故朱某主张舒某尚欠借款本金130万元未予清偿于法有据,北京市第三中级人民法院依法予以采信。

关于朱某主张,除上述偿还的本金外,舒某支付的其他款项均系按照月息2%的标准实际支付的借款利息,故其应按照年率24%的标准支付逾期利息一节。对此,舒某主张,因其与朱某并未书面约定利息,故其2014年7月8日至2016年7月6日向朱某支付的款项均系偿还借款本金,亦不同意向朱某支付借款利息。对此北京市第三中级人民法院认为,《合同法》第10条规定:"当事人订立合同,有书面形式、口头形式和其他形式。"最高人民法院《关于审理民间借贷案件适用法律若干问题的规定》第25条规定:"借贷双方没有约定利息,出借人主张支付借期内利息的,人民法院不予支持。自然人之间借贷对利息约定不明,出借人主张支付利息的,人民法院不予支持。除自然人之间借贷的外,借贷双方对借贷利息约定不明,出借人主张利息的,人民法院应当结合民间借贷合同的内容,并根据当地或者当事人的交易方式、交易习惯、市场利率等因素确定利息。"同时,最高人民法院《关于审理民间借贷案件适用法律若干问题的规定》第26条第1款规定:"借贷双方约定的利率未超过年利率24%,出借人请求借款人按照约定的利率支付利息的,人民法院应予支持。"根据前述规定,自然人之间的借款,未约定利息,或利息约定不明的,视为不支付利息,但当事人之间作出约定并不局限于书面形式,亦可通过其他方式对合同内容进行约定,即在当事人能够证明借贷双方通过其他方式就借款利息和利息标准作出明确约定情况下,即使借贷双方就此未作书面约定,亦可就上述借款利息和标准作出认定,但利息标准不应超过法律规定的上限。就本案而言,朱某与舒某已就借款期间利息作出约定,具体理由如下:

首先,虽然朱某提交的证据中并未体现其与舒某就借利息作出书面约定的内容,但在双方2016年9月7日的谈话中,舒某称"这么高利息每个月打给你就差那么几天,有时候提前几天,有时候推后几天,这是100多万元,不是十几万元,我想一切办法",朱某称"你还是把7月、8月利息再写一个吧,原来咱们那借条是有利息来着,重新打的借条你非得不写了",舒某的回答为"一起算吧,利息每月都有银行记录的,不欠你利息,只欠你两个月,7月、8月",根据上述内容,足以认定朱某与舒某曾就借款利息进行过约定,且舒某曾向朱某按月支付利息。

其次,根据已经查明的事实,截至2014年11月25日,朱某共向舒某出借150万元,而舒某2014年7月8日、2014年8月11日、2014年9月6日、2014年10月6日、2014年11月6日、2014年12月5日分别支付3万元,截至2016年2月1日,朱某向舒某出借款项合计180万元,而舒某自2015年1月7日至11月17日,除2015年8月5日外,每月7日前后均向朱某支付3.6万元,舒某于2016年2月2日还款30万元本金后,其于2016年4月6日、2016年5月6日、2016年6月7日分别向朱某支付3万元,上述还款的数额和时间,符合朱某主张的舒某按照月息2%标准按月支付利息的规律。

最后,舒某虽表示不清楚2014年7月8日至2015年5月5日还款的具体金额和时间,但认可该时间段内确曾按比例向朱某偿还过借款本金,且对朱某提交的北京银行个人业务银行综合确认单和银行交易记录发表的真实性均予以认可,而舒某除表示按照上述规律还款系其"个人习惯"外再无其他解释,据此不足以否定朱某上述主张,舒某的付款中,虽然存在个别月份的金额与朱某主张的月息2%的标准不符的情况,但不足以否定前述付款的整体规律。

综上,朱某提交的证据足以证明舒某曾按照月息2%的标准支付借款利息的主张,应认定双方约定借款利息为月息2%。舒某虽予以否认,但并未提供确实充分的证据予以证明,应承担举证不能的不利后果,故对于朱某该主张,北京市第三中级人民法院依法予以支持。

关于朱某要求舒某自2016年7月7日起按照年利率24%的标准支付逾期利息的主张。北京市第三中级人民法院认为,截至2014年5月14日,朱某共向舒某出借150万元，而舒某亦称其2014年7月8日即开始向朱某还款，上述情况与朱某主张舒某支付利息均为支付前月利息的主张相互印证，据此，在朱某2016年7月6日支付的1.6万元，应认定为其支付的2016年6月的借款利息。结合《借条》约定的还款日期为2016年5月6日的情况，朱某要求舒某自2016年7月7日起支付逾期利息的诉讼请求具有事实和法律依据，北京市第三中级人民法院依法予以支持。最高人民法院《关于审理民间借贷案件适用法律若干问题的规定》第29条第2款规定："未约定逾期利率或者约定不明的，人民法院可以区分不同情况处理：(一)既未约定借期内的利率，也未约定逾期利率，出借人主张借款人自逾期还款之日起按照年利率6%支付资金占用期间利息的，人民法院应予支持；(二)约定了借期内的利率但未约定逾期利率，出借人主张借款人自逾期还款之日起按照借期内的利率支付资金占用期间利息的，人民法院应予支持。"经查，朱某与舒某未就借款逾期利息的标准作出约定，如前述，双方约定借款利息为月息2%，即年利率24%，现朱某要求舒某按照上述标准支付逾期利息的诉讼请求于法有据，北京市第三中级人民法院依法予以支持。

关于舒某主张，其于2015年7月23日曾向舒某偿还两笔各5000元一节。最高人民法院《关于适用〈中华人民共和国民事诉讼法〉的解释》第90条规定："当事人对自己提出的诉讼请求所依据的事实或者反驳对方诉讼请求所依据的事实，应当提供证据加以证明，但法律另有规定的除外。在作出判决前，当事人未能提供证据或者证据不足以证明其事实主张的，由负有举证证明责任的当事人承担不利的后果。"舒某虽提交证据证明其账户该日曾产生两笔交易，但该证据中并未体现出上述款项系向朱某支付的相关内容，在朱某予以否认的情况下，舒某未能提供其他证据予以证明，应承担举证不能的不利后果。

关于舒某主张，其2016年6月14日向朱某转账支付的5万元，与《收条》中记载的2016年6月11日还款5万元属于两笔款项，即除《收条》中记载的20万元外，其另行偿还5万元本金一节。北京市第三中级人民法院认为，首先，朱某已就其2016年6月11日的《收条》中记载舒某2016年6月14日偿还款项的原因作出了合理解释；其次，舒某已就2016年6月14日的还款提交支付宝交易记录予以证明，但除《收条》外，其并未提供证据证明于2016年6月11日实际向朱某还款5万元；最后，如前述，朱某共向舒某出借180万元，舒某已偿还借款本金50万元，其在2016年9月7日与朱某的谈话中亦明确表示尚欠130万元未还，该谈话时间发生于朱某出具《收条》以及舒某2016年6月14日向朱某转账5万元之后，但舒某在上述谈话中未将该款项扣除，仍表示欠款金额为130万元，该事实与舒某上述主张不符。综上，舒某该主张缺乏事实依据，对其该项主张北京市第三中级人民法院依法不予采信。另外，关于舒某主张，其2016年2月2日通过均利智盛经营部向朱某支付的34万元均系偿还本金一节。对此北京市第三中级人民法院认为，如前述，根据舒某向朱某支付款项的数额和时间，朱某上述款项中包括舒某应在2016年2月支付借款利息具有合理性，结合舒某在2016年9月7日的谈话中明确表示尚欠借款130万元的情况，足以认定上述还款中30万元系偿还借款本金，舒某主张该34万元均系偿还本金缺乏事实和法律依据，北京市第三中级人民法院依法不予采信。

关于舒某辩称，其与朱某就房屋买卖存在相关争议，故朱某应先将相关房屋登记在舒某名下，舒某再向朱某还款。对此北京市第三中级人民法院认为，本案系朱某提起诉讼，要求舒某偿还借款的民间借贷纠纷，与朱某与舒某之间的有关房屋买卖的纠纷分属不同的法律关系，舒某亦未提交证据证明本案诉争款项与上述与房屋买卖相关的纠纷之间具有联系，故舒某该抗辩意见缺乏事实和法律依据，北京市第三中级人民法院依法不予采信。

法官评析

本案系自然人与自然人之间的民间借贷纠纷，争议焦点之一为借款人是否应向出借人支付利息，本评析对该部分予以分析。

最高人民法院《关于审理民间借贷案件适用法律若干问题的规定》第25条：“借贷双方没有约定利息，出借人主张支付借期内利息的，人民法院不予支持。自然人之间借贷对利息约定不明，出借人主张支付利息的，人民法院不予支持。除自然人之间借贷的外，借贷双方对借贷利息约定不明，出借人主张利息的，人民法院应当结合民间借贷合同的内容，并根据当地或者当事人的交易方式、交易习惯、市场利率等因素确定利息。”

通常来讲，若当事人之间约定了利息标准，只要该利息标准在法律保护的范围之内，法院即应以该标准认定约定利息。若当事人未约定利息，则应认定未约定利息。若双方对是否约定利息存在争议，对于利息是否支付无法形成合意，故法院在进行判断时，应以借款人的支付行为为首要标准，从行为角度看借款人支付的款项中是否包含利息，若从支付习惯中能够判断债务人一并支付了利息，应认定双方存在利息约定，以借款人支付标准以及法律保护范围最终确定利息标准。

本案中，双方对于利息未进行书面确认，但从借款人的支付习惯来看，其实际按照出借人主张的利息支付标准支付了利息，故法院认定双方之间存在利息约定。

【裁判依据】

最高人民法院《关于审理民间借贷案件适用法律若干问题的规定》第25条

（撰写人：韩悦蕊）

07

对于当事人之间还款顺序的约定依法予以确认

——孙某与冯某鑫民间借贷纠纷案

裁判规则

民间借贷纠纷中当事人对于借款本金、利息的约定,在法律规定的范围内,属于当事人自治的范畴,法院应当予以确认。当存在多笔借款、本金与利息并存的情况下,当事人之间对于还款顺序的约定依法应予保护。

案　情[1]

2011 年 3 月 11 日,孙某与冯某鑫签订借款合同,并办理了公证。借款合同约定:冯某鑫向孙某借款 200 万元,借款期限自 2011 年 3 月 11 日至 4 月 10 日,利息按同期银行贷款利率计算,如到期未还欠款,每逾期一日按借款额的0.8‰支付违约金。合同还约定了其他内容。合同签订当日,孙某分别将 35 万元、165 万元借款转入冯某鑫北京银行双榆树支行 6210 × × × ×12073620 账号中,冯某鑫于当日将 200 万元转入秦某军账号中。借款到期后,冯某鑫未能向孙某还款。2011 年 4 月 20 日,冯某鑫通过银行转账方式向孙某偿还 8 万元,于 5 月 26 日还款 6 万元。12 月 29 日,冯某替冯某鑫将 4 万元偿还孙某(由孙某朋友李廷邵代收)。孙某否认冯某鑫还款 144 万元的事实。冯某鑫认为实际借款人为秦某军,故秦某军于 2011 年 4 月 14 日汇款给孙某的 19,000 元为替冯某鑫的还款,对

[1] (2017)京 01 民终 2946 号。

此,孙某表示不认可,冯某鑫未向该院提交相关证据。

按照中国人民银行同期银行贷款基准利率标准计算,自2011年3月11日至4月10日,借款期内的利息为9403元,自2011年4月11日至4月20日,按照同期银行贷款利率的4倍标准计算,违约金为52,000元,冯某鑫于当日还款8万元,扣除截至当日发生的利息和违约金61,403元,余款18,597元从200万元中冲抵,借款本金为1,981,403元,以此作为计算基数,截至2011年5月26日的违约金为46,365元,冯某鑫于当日还款6万元,两项相抵后,余款13,635元,冲抵本金后,本金余额为1,967,768元,以此作为计算基数,至2011年12月29日,违约金为281,894元,扣除冯某鑫支付的4万元,尚欠241,894元。

另查,孙某向该院提交冯某于2012年4月22日出具的借款协议和收据,以证明冯某与孙某存在24万元借款关系,冯某鑫认为24万元为其拖欠孙某的2个月的利息,其与孙某口头约定,月息12万元,孙某予以否认。

再查,秦某军因犯诈骗罪被北京市第二中级人民法院判处无期徒刑,追缴其犯罪所得人民币7,018,600元发还被害人,其中发还被害人冯某4,618,600元。

北京市海淀区人民法院认为:孙某与冯某鑫签订的借款合同,经过公证机关公证,是当事人真实意思表示,除关于违约金的约定超出了法律保护的上限外,超出部分不受法律保护,其余约定均合法有效。孙某履行了向冯某鑫发放借款200万元的合同义务,双方之间的借贷关系成立并生效。冯某鑫负有按期偿还孙某借款本金并支付利息的义务。订立合同时,冯某鑫为有民事行为能力人,其应预知并应承担订立合同的后果。虽然冯某鑫在收到借款后立即将借款转入秦某军账号,但不能因此改变在与孙某的民间借贷关系中其仍为借款人的法律地位,冯某鑫并无证据证明孙某与秦某军合谋对其进行诈骗,故其关于合同无效的抗辩意见不能得到该院支持。法院的生效判决认定冯某鑫之父冯某为秦某军诈骗案件的被害人,刑事判决所认定的秦某军诈骗冯某188万元的事实与本案认定的冯某鑫从孙某处借到200万元借款的事实之间并无矛盾,且冯某鑫未提交秦某军收到冯某鑫转入的200万元后即将12万元利息向孙某支付的证据,故对冯某鑫关于冯某鑫实际借款为188万元的辩称该院亦不予采信。该院查明冯某鑫通过银行转账方式向孙某还款,孙某否认收到过冯某鑫或其父冯某通过现金形式偿还的借款,如孙某拒绝出具收条,冯某鑫可通过转账形式还款,故该院对于冯某鑫因孙某拒绝出具现金还款的收条而拒绝继续还款不构成违约的辩称不予采信。冯某鑫未向该院提交秦某军认可的其向孙某还款 19,000 元为替冯某鑫向孙某还款的证据,故秦某军所付孙某的 19,000 元不能认定为冯某鑫向孙某的还款。孙某所提交的冯某出具的借款协议和收据,落款日期为 2012 年 4 月 22 日,冯某鑫所提交的还款凭证日期在此之前,故冯某鑫提交的证据应认定为冯某鑫向孙某的还款,而不是孙某所主张的为冯某所偿还的个人债务。经该院查明,冯某鑫尚欠孙某借款本金 1,967,768 元及至 2011 年 12 月 29 日的违约金 241,894元,对于孙某超出该院认定部分的诉讼请求不予支持。孙某要求按照每日0.8‰的标准支付违约金,超出同期银行贷款利率的 4 倍标准,超出部分不受法律保护。

北京市海淀区人民法院(2015)海民(商)初字第 11829 号民事判决:1. 冯某鑫于判决生效后 10 日内偿还孙某借款 1,967,768 元及截至 2011 年 12 月 29 日的违约金 241,894 元并以 1,967,768 元作为计算基数按照中国人民银行 6 个月内的贷款基准利率的 4 倍标准计算自 2011 年 12 月 30 日起至借款实际还清之日止的违约金;2. 驳回孙某其他诉讼请求。

一审判决后,冯某鑫提起上诉。

二审补充查明:借款合同约定:借款人还款资金的偿还顺序如下:1. 借款未逾期的,一次性偿还借款本金及利息;2. 借款逾期的,按本金、利息、违约金的顺序偿还。按照中国人民银行同期银行贷款基准利率标准计算,自 2011 年 3 月 11 日至 4 月 10 日,借款期内的利息为 9700 元;自 2011 年 4 月 11 日至 4 月 20 日,按照同期银行贷款利率的 4 倍标准计算,违约金为 13,000 元;冯某鑫于 4 月 20 日还款 8 万元冲抵本金后,借款本金为 192 万元,自 2011 年 4 月 21 日至 5 月 26 日,以 192 万元为基数,按照同期银行贷款利率的 4 倍标准计算,违约金为 44,928元;冯某鑫于 5 月 26 日还款 6 万元冲抵本金后,借款本金为 186 万元,自 2011 年 5 月 27 日至 12 月 29 日,以 186 万元基数,按照同期银行贷款利率的 4 倍标准计算,违约金为 292,024 元;冯某鑫于 12 月 29 日还款 4 万元冲抵本金后,借款本金为 182 万元。冯某鑫于 2011 年 12 月 29 日之前共产生借期内利息与及逾期违约金共计 359,625 元。

另查,秦某军犯诈骗罪刑事判决书记载:“……秦某军骗取被害人冯某的信任,以冯某鑫(冯某之子)的房屋作为抵押,向孙某借款 188 万元……”

【裁判结论】

北京市第一中级人民法院于2017年4月25日，作出(2018)京01民终2946号民事判决:1.撤销北京市海淀区人民法院(2015)海民(商)初字第11829号民事判决;2.冯某鑫于本判决生效后10日内偿还孙某借款本金182万元，及截至2011年12月29日的利息及违约金359,652元并以182万元为基数，按照中国人民银行同期贷款基准利率的4倍标准计算，自2011年12月30日起至借款实际付清之日止的违约金;三、驳回孙某其他诉讼请求。

【裁判观点】

北京市第一中级人民法院认为:孙某与冯某鑫签订的借款合同，经过公证机关公证，系双方真实意思表示，且未违反法律、行政法规的强制性规定，合法有效。针对冯某鑫的上诉意见，本案二审审理的争议焦点为:1.孙某向冯某鑫出借的实际金额;2.冯某鑫确已偿还的金额;3.借款逾期后，冯某鑫应当偿还的金额。

针对焦点一，冯某鑫主张其收到孙某借款200万元后，当日将200万元转入秦某军账户，秦某军取出12万元现金作为第一个月利息给孙某，因孙某预先在本金中扣除利息，故孙某实际出借的金额为188万元，秦某军犯诈骗罪刑事判决书亦确认向孙某借款188万元。法院认为，首先，借款合同载明借款金额为200万元，合同签订当日，冯某鑫向秦某军转账200万元，冯某鑫确实收到孙某借款200万元;其次，冯某鑫并未提交充分证据证明秦某军取出12万元交给孙某作为本案借款的利息;最后，刑事判决书认定“秦某军骗取被害人冯某信任，以冯某鑫(冯某之子)的房屋作为抵押，向孙某借款188万元”，所指向的是冯某作为秦某军诈骗案件被害人所被骗金额，不能直接证明冯某鑫与孙某之间的真实借贷金额。综上，法院对冯某鑫该上诉意见不予支持，一审法院认定借款本金为200万元正确，法院予以维持。

针对焦点二，冯某鑫主张已偿还孙某144万元，秦某军向孙某汇款19,000元为替冯某鑫的还款。最高人民法院《关于适用〈中华人民共和国民事诉讼法〉的解释》第90条规定:“当事人对自己提出的诉讼请求所依据的事实或者反驳对方诉讼请求所依据的事实，应当提供证据加以证明，但法律另有规定的除外。在作出判决前，当事人未能提供证据或者证据不足以证明其事实主张的，由负有举证证明责任的当事人承担不利的后果。”冯某鑫未提交充分证据证明其主张，一审法院依据银行转账凭证等认定冯某鑫共计偿还孙某 18 万元具有事实依据，法院予以确认。

针对焦点三，冯某鑫表示应当按照银行同期贷款利率计算违约金，另应当依据合同约定确定资金偿还顺序。法院认为，借款合同约定逾期后，按照每日 0.8‰的标准支付违约金，因该约定超出法律及司法解释规定的上限，故一审法院对超出部分不予保护具有法律依据，法院予以确认。关于资金偿还顺序，因合同明确约定借款逾期的，按本金、利息、违约金的顺序偿还，一审法院将冯某鑫偿还的资金视为先偿还利息，认定有误，法院予以纠正。法院认为，结合已查明的事实，将冯某鑫偿还的 18 万元作为偿还借款本金计算后，截至 2011 年 12 月 29 日，冯某鑫尚欠本金 182 万元，借期内利息与逾期违约金共计359,652元。

法官评析

意思自治原则是指民事主体在进行民事活动意志独立、意志自由、行为自主，即民事主体在从事民事活动时，以自己的真实意思表示来充分表达自己的意愿，根据自己的意愿来设立、变更和终止民事法律关系。意思自治原则的核心是合同自由原则，是指参加民事活动的当事人在法律允许的范围内享有完全的自由，按照自己的自由意思决定地界合同关系，为自己设定权利或对他人承担义务，任何机关、组织和个人不得非法干涉。

在民间借贷纠纷中，借款数额、借款期限、利息标准、还款方式、担保方式等方面均应贯彻意思自治原则。本案中，借贷双方之间存在多笔借款，且约定有利息，双方就还款顺序进行了明确的约定，在此情况下，法院应当充分尊重当事人的意思自治，对于法律规定范围内的约定予以确认。

对于当事人之间就合同履行的具体问题未予约定的，人民法院可以根据合同法、合同法司法解释的规定予以确认。

【裁判依据】

最高人民法院《关于适用〈中华人民共和国合同法〉若干问题的解释（二）》第 20 条、第 21 条

（撰写人：孙　鑫）

08

法院是否可以依职权解除合同

——刘某与汪某民间借贷纠纷案

裁判规则

债权人起诉系要求债务人履行还款义务，并未起诉要求解除，法院不应依据相关条款约定将当事人主张视为解除合同。

案　情[1]

2007年1月23日，甲方汪某、乙方刘某签订《融资协议》，约定甲方店重庆辣老五向乙方融资，乙方同意对该店进行融资（老店融资金额为人民币贰拾万元整）；回报条件为甲方每年按融资金额的20%（人民币肆万元整税后）向乙方返还融资利润，乙方不参与甲方店的经营管理，并对甲方的经营盈亏不承担任何风险，甲方确保回报利润和本金；回报方式自融资金到位之日起计算，甲方每年分两次（半年一付）向乙方返还融资利润，支付方式为现金支付，协议暂定为两年，协议到期返还本金，如双方要进行下一步合作另作协商。同日刘某通过银行转账给汪某人民币20万元。

刘某于2007年2月10日通过银行转账给汪某10万元，同年4月25日转账7万元。2007年4月25日，汪某书写《借款条》，内容为：今借到刘某人民币壹拾柒万元整，其中壹拾万元2007年内归还，柒万元肆个月内（2007年8月底前）归还。2009年1月8日，汪某在此《借款条》复印件上补写：借到刘某人民币壹拾柒万元整，由于到期未还，从2008年1月1日开始计息，（年利20%），至还完清

[1] （2018）京01民终2007号。

为止(此内容为上述借款的补充)。

2009年1月16日,汪某签署《借款补充协议》,内容主要为:1.借到刘某人民币贰拾万元整是(2007年1月23日的借据),由于没按时返利及本金未还清(2009年1月1日起计利息顺延),以还伍万元为基数计算,本金、利息递减核算。2.借到刘某人民币壹拾柒万元整,由于到期未还(借款日期是2007年4月25日的借据),从2008年1月1日开始计息(年息)20%。3.本着尽早还清欠款的原则,本人保证在2009年年底以前还清所欠借款和利息。4.计划每月还人民币叁仟元。

经汪某申请,该院向中国工商银行查询2007年3月至2012年12月31日期间汪某向刘某账号转款情况,经查此期间汪某共向刘某转款156,500元。刘某称上述所转款项为汪某应支付的利息,故将诉讼请求第1项变更为要求汪某偿还借款20万元并自2011年1月23日起按约定的年利率20%至实际履行之日止计付利息。汪某辩称上述款项为借款本金,且还有其他以现金方式还款,现借款本金与利息均已还清,2007年1月23日的20万元为融资,不是借款。但汪某未就上述辩称提交证据。

二审中,补充查明以下事实:二审期间,经询问,汪某陈述,《借款补充协议》第3条已经明确约定借款应于2009年年底之前还完,第4条约定每月还3000元的意思是每月至少还3000元。刘某不认可汪某的陈述,认为第4条约定是对第3条约定的变更。

刘某向一审法院起诉请求:1.汪某偿还刘某借款20万元并从2007年1月23日起按照约定的年利率20%至实际履行之日止计付利息;2.汪某偿还刘某借款17万元并从2008年1月1日起按照约定的年利率20%至实际履行之日止计付利息。

北京市海淀区人民法院认为:合法的借贷关系受法律保护。汪某与刘某所签《融资协议》,不仅约定了乙方(刘某)的具体收益,而且明确约定"乙方不参与甲方店的经营管理,并对甲方经营盈亏不承担任何风险,甲方确保回报利润和本金;协议到期返还本金",故该协议属名为《融资协议》,实为借款协议。并且在《借款补充协议》中第1条明确了此款为借款,该签订在后《借款补充协议》已取代原《融资协议》,因此汪某辩称此款为融资,该院不予采信。

就诉讼时效一节,《借款补充协议》中虽有"本着近早还清欠款的原则,本人保证在2009年年底以前还清所欠借款和利息”的内容,但同时汪某亦承诺“计划每月还人民币叁仟元”,按此承诺现还款期限尚未届满,故不存在超过诉讼时效问题。现虽约定的还款期限未届满,但汪某未提供证据证明其至今已还清借款,并且自2012年年底之后未再有还款记录,故刘某现要求汪某一并还清全部借款,应视为其对于双方签订《借款补充协议》的解除,理由正当。

现汪某已偿还156,500元,不足以清偿全部债务,在双方未有约定的情况,因此应当先用于冲抵汪某应支付的利息,如有超出部分可以视为偿还的本金。

故现刘某要求汪某偿还包括《融资协议》在内的全部借款并支付利息,于法有据,应予支持。但刘某计算利息时间有误,该院予以调整。

北京市海淀区人民法院依照《中华人民共和国合同法》第94条第2项、第205条、第206条、第207条,最高人民法院《关于适用〈中华人民共和国合同法〉若干问题的解释》第21条,最高人民法院《关于审理民间借贷案件适用法律若干问题的规定》第26条第1款、第29条第2款第2项之规定,作出(2017)京0108民初1023号判决:1.解除刘某与汪某签订的《借款补充协议》;2.汪某于判决生效后7日内向刘某偿还借款人民币37万元,其中20万元自2011年1月23日起按年息20%计算利息至付清时止,另人民币17万元自2008年1月1日起按年息20%计算利息至付清时止;3.驳回刘某其他诉讼请求。

汪某上诉请求:撤销一审判决,改判驳回刘某的诉讼请求。

【裁判结论】

北京市第一中级人民法院于2018年3月12日,作出(2018)京01民终2007号民事判决:1.撤销北京市海淀区人民法院(2017)京0108民初1023号民事判决第1项;2.维持北京市海淀区人民法院(2017)京0108民初1023号民事判决第2项、第3项。

【裁判观点】

北京市第一中级人民法院认为:刘某与汪某签订《借款补充协议》,明确汪某于2007年1月23日借到刘某20万元,于2007年4月25日借到刘某17万元,双方当事人对借款交付事实不持异议,表明双方之间存在民间借贷合同关系,借款系双方当事人真实意思表示,不违反法律、行政法规强制性规定,合法有效。

本案二审期间，双方争议焦点是刘某起诉是否超过诉讼时效，以及汪某是否已经清偿完毕《借款补充协议》项下借款。对此法院认为，《借款补充协议》第3条约定借款人汪某保证在2009年年底以前还清所欠借款和利息，第4条约定汪某计划每月还3000元，按照第4条约定，还款期限至今尚未届满，故第3条和第4条约定本身存在矛盾，双方当事人对第3条和第4条的解释亦无法达成一致意见，故汪某主张仅依据第3条约定确定还款期限，否认第4条约定的效力，依据不足。此外，汪某自出具《借款补充协议》后，持续向刘某偿还借款至2012年7月，上述付款与《借款补充协议》第3条及第4条约定均不相符，表明双方并未严格依据《借款补充协议》第3条或者第4条履行，故法院认为，不宜以《借款补充协议》第3条约定认定刘某起诉超过了诉讼时效。综合上述情形，一审法院认定刘某起诉未超过诉讼时效，并无不当，法院对汪某的该项上诉主张不予支持。关于汪某上诉主张已经清偿《借款补充协议》项下全部款项的问题，因汪某未能提供证据证明除案涉156,500元转款外的其他还款事实，刘某对其主张亦不予认可，汪某应承担举证不能的不利后果，法院对其该项上诉主张亦不予采信。

另，因刘某起诉系要求汪某履行还款义务，并未起诉要求解除《借款补充协议》，且《借款补充协议》第4条约定与第3条约定存在矛盾，一审法院仅依据第4条约定，判决认为刘某起诉视为解除《借款补充协议》，并判决解除《借款补充协议》，依据不足，法院予以纠正；对其他判决主文内容，予以维持。

综上，法院依法予以改判。

法官评析

本案系自然人与自然人之间的民间借贷法律关系，二审改判仅涉及合同解除，具有典型意义，故本案评析仅涉及合同解除部分，即在当事人未明确主张解除合同情形下，法院是否能够依职权判定合同解除，或将当事人某一主张视为要求解除合同。

应然层面，传统民法理论中，认为合同解除权系形成权，由于形成权一经行使即产生效力，不以对方当事人的意志为转移，所以对形成权行使的要求较高。由于形成权行使后直接涉及变更对方当事人的利益，故在诉讼程序中，形成权的行使应必须基于当事人的意思表示，并且于该意思表示为相对人了解或到达相对人时发生效力。

实然层面,《合同法》第 94 条对法定解除事由作出规定:“有下列情形之一的,当事人可以解除合同:(一)因不可抗力致使不能实现合同目的;(二)在履行期限届满之前,当事人一方明确表示或者以自己的行为表明不履行主要债务;(三)当事人一方迟延履行主要债务,经催告后在合理期限内仍未履行;(四)当事人一方迟延履行债务或者有其他违约行为致使不能实现合同目的;(五)法律规定的其他情形。”《中华人民共和国合同法》第 96 条对于法定解除权行使方式予以规定:“当事人一方依照本法第九十三条第二款、第九十四条的规定主张解除合同的,应当通知对方。合同自通知到达对方时解除。对方有异议的,可以请求人民法院或者仲裁机构确认解除合同的效力。法律、行政法规规定解除合同应当办理批准、登记等手续的,依照其规定。”依据上述法律规定,在出现法定解除情形时,解除权人需明确主张解除合同,通知对方。故从法律解释层面,诉讼中合同解除亦需基于当事人的明确主张。

本案中,出借人依据《借款补充协议》要求借款人偿还款项,由于约定为按月偿还,而出借人主张一并偿还,一审法院以此为由认定出借人此种主张应视为解除合同,故判决解除合同,二审法院认为由于当事人未明确要求解除合同,故不应判决解除,对一审予以改判。

综上所述,无论是基于形成权基础还是法律规定,法院无权依职权解除合同,亦无权将当事人的其他意思视为解除合同的表示。

【裁判依据】

《中华人民共和国合同法》第 94 条、第 96 条

(撰写人:韩悦蕊)

09

借款人去世的，继承人在继承遗产范围内承担清偿责任

——马某某与芦甲民间借贷纠纷案

裁判规则

借款人去世的，由继承人在继承财产范围内承担借款债务的清偿责任。继承人放弃继承的，对被继承人的债务可不负偿还责任。

案　情[1]

芦某某与马某某因租房相识，后二人成为朋友。芦某某与周某某曾系夫妻关系，二人于2011年10月10日离婚；芦甲系二人之子。马某某提交借条一份，载明：今借马某某人民币170万元整，此款是用马某某的房屋在典当行抵押的贷款，借款期限1个月，如果在期限内不能还清全部款项，在此发生的一切费用都由芦某某负责。落款处的签字为：借款人芦某某。马某某称借条的内容系其自行写好，然后由芦某某签字确认；款项除转账交付的164.9万元之外，剩余部分其系交付的现金。周某某、芦甲对芦某某的签名不认可，但二人又表示不申请笔迹鉴定。另查，芦某某已于2015年9月10日去世。芦某某的法定继承人除芦甲外，其他人均放弃对芦某某名下财产的继承。另据(2016)京0108民初18662号民事调解书载明：芦某某名下位于北京市海淀区建材城中路1号南12号楼4门302号的房屋由芦甲继承。原告孙某某认为，芦某某生前借款170万元，尚有

[1] (2019)京01民终4459号。

150万元未偿还,请求其子芦甲清偿马某某欠款150万元。

北京市海淀区人民法院经审理认为,根据查明的事实,其他继承人已经明确表示放弃对芦某某的遗产的继承,而芦甲,则至少已经继承了芦某某名下位于北京市海淀区的一处房产,现马某某起诉芦甲,要求芦甲偿还芦某某生前所负的债务符合法律规定。综上,芦某某尚欠马某某借款本金150万元及逾期还款的资金占用利息,芦甲应当在其继承遗产的范围内负责清偿。芦甲不服提起上诉。

【裁判结论】

北京市第一中级人民法院于2019年7月1日,作出(2019)京01民终4459号民事判决:驳回上诉,维持原判。

【裁判观点】

北京市第一中级人民法院认为:马某某依据借条、承诺书提起本案诉讼,主张与芦某某存在民间借贷法律关系,因芦某某已经去世,应当由芦甲偿还借款。芦甲则抗辩芦某某与马某某之间不存在民间借贷法律关系。结合各方诉辩意见,法院认为,本案争议焦点为马某某与芦某某之间是否存在民间借贷法律关系,从而判断芦甲作为继承人是否应当在继承的遗产范围内承担清偿责任。本案中,马某某主张与芦某某之间存在民间借贷法律关系,提供了载有芦某某签字的借条和承诺书,并提供了银行转账记录,证明款项已经交付,初步完成了举证责任证明。芦甲对签字的真实性不予认可,在一审法院多次释明的情况下,并未申请进行笔迹鉴定。一审结合款项已经实际交付的情况,认定马某某和芦某某之间存在民间借贷法律关系并无不当,法院予以确认。《继承法》第33条规定:继承遗产应当清偿被继承人依法应当缴纳的税款和债务,缴纳税款和清偿债务以他的遗产实际价值为限。超过遗产实际价值部分,继承人自愿偿还的不在此限。继承人放弃继承的,对被继承人依法应当缴纳的税款和债务可以不负偿还责任。一审法院结合本案案情认定民间借贷关系发生在马某某和芦某某个人之间,从而判断芦甲作为继承人应当在继承的遗产范围内承担清偿责任并无不当。

法官评析

本案是关于民间借贷中债务人去世后债务如何处理的典型案件。

一、债务人去世后债务的清偿原则

《继承法》第 33 条规定："继承遗产应当清偿被继承人依法应当缴纳的税款和债务，缴纳税款和清偿债务以他的遗产实际价值为限。超过遗产实际价值部分，继承人自愿偿还的不在此限。继承人放弃继承的，对被继承人依法应当缴纳的税款和债务可以不负偿还责任。"

关于债务人去世后债务的清偿原则有二：一是概括继承原则。所谓概括继承原则，就是权利与义务对等，继承中的继承人在享受继承遗产权利的同时，还应承担相应的义务，即"继承遗产应当清偿被继承人依法应当缴纳的税款和债务"。不享受权利的，即不承担义务，"继承人放弃继承的，对被继承人依法应当缴纳的税款和债务可以不负偿还责任"。当然，继承人放弃继承的，继承人自愿承担的，也可以负偿还责任。二是限定继承原则。所谓限定继承原则，就是"缴纳税款和清偿债务以他的遗产实际价值为限。超过遗产实际价值部分，继承人自愿偿还的不在此限"。这是民法中公平原则在继承法中的具体体现。

二、清偿原则的特殊情况

关于遗产已经被分割的处理。按照最高人民法院《关于贯彻执行〈中华人民共和国继承法〉若干问题的意见》第 62 条的规定："遗产已被分割而未清偿债务时，如有法定继承又有遗嘱继承和遗赠的，首先由法定继承人用其所得遗产清偿债务；不足清偿时，剩余的债务由遗嘱继承人和受遗赠人按比例用所得遗产偿还；如果只有遗嘱继承和遗赠的，由遗嘱继承人和受遗赠人按比例用所得遗产偿还。"

关于继承人中特殊人员的照顾。按照最高人民法院《关于贯彻执行〈中华人民共和国继承法〉若干问题的意见》第 61 条的规定，继承人中有缺乏劳动能力又没有生活来源的人，即使遗产不足清偿债务，也应为其保留适当遗产，然后再按继承法和民事诉讼法的规定清偿债务。

【裁判依据】

1.《中华人民共和国继承法》第 33 条

【关联案例】

周某与徐某被继承人债务清偿纠纷案

［案号］（2018）最高法民申4528号

［案情］周某因与徐某被继承人债务清偿纠纷一案，不服山东省高级人民法院（2017）鲁民终1811号民事判决，向最高人民法院申请再审。经查，周某父亲曾向徐某借款800万元。山东省高级人民法院认定周某应对其父亲的案涉债务承担连带责任并判决周某返还徐某800万元，周某不服申请再审。

［简要分析］《继承法》第33条第1款规定，继承遗产应当清偿被继承人依法应当缴纳的税款和债务，缴纳税款和清偿债务以他的遗产实际价值为限。超过遗产实际价值部分，继承人自愿偿还的不在此限。根据上述法律规定，继承人以其继承遗产的实际价值为限对被继承人的债务各自承担有限清偿责任。超过遗产实际价值部分，继承人自愿偿还的不在此限。在刘某遗产尚未分割的情况下，二审法院认定周某等三人应对刘某的案涉债务承担连带责任，并判决周某等三人共同承担返还责任，没有事实和法律依据。

（撰写人：郭　帅）

7

CHAPTER

第七章

民间借贷中的夫妻共债及诉讼时效问题

01

夫妻共同债务中一方事后追认的认定标准

——胡某与王某、吴某民间借贷纠纷案

裁判规则

债权人提交的证据能够证明夫妻一方清楚对方向债权人借款事宜，并多次作出愿意与夫（或妻）共同偿还借款的承诺，即可构成对夫（或妻）借款行为的追认，该债务应认定为夫妻共同债务。

案　情[1]

胡某与王某系战友关系，王某与吴某系夫妻关系。2014年，矿业公司成立，并取得采矿许可证，王某为该公司法定代表人。王某以经营矿业公司为由，向胡某借款，胡某于2014年8月31日向王某转账120万元，于2015年1月4日转账60万元。2017年12月11日，王某（借款人）向胡某（出借人）出具借条，载明："借款人自2014年9月1日至2015年1月5日累计已向出借人借到现金180万元，且该款项借款人已经收到。借款人愿意从2014年9月1日起按照累计所借款项的月贰分向出借人支付利息。利息计算到2017年12月30日止。双方明确之前所有的借条均作废，双方的权利义务均以此借条为准，空口无凭，特立此为据。"借条下方"借款人"处有"王某"及"吴某"的签字和手印，并附有王某及吴某的身份证复印件。庭审中查明，该借条中"吴某"的签字及手印均系王某所为。

另查，2016年6月，王某偿还胡某10万元；2017年，王某偿还胡某32万元；2018年4月，王某偿还胡某5万元。

---

〔1〕 (2019)京01民终1799号。

二审诉讼中,法院查明:吴某与胡某在2018年8月22日电话录音中,吴某称:我不管你们要怎么样,我签不签这个字,我跟王某都是先赚钱还你……大弟我也跟你讲,不管怎么样,我们哪怕这个事情处理完,打到最后,你虽然给我们的时间不多,不管我到哪里去做生意,我先赚钱还你……也想等文某的案子一那个的话我们就起诉他了,能回来多少钱,我先回来的钱先给你。他没有进去或者什么样,只要打这个官司能那个的话,也是要把这个钱给你。2018年10月13日的录音中,吴某称:我还告诉你一条,你记住我一句话,哪怕文某这里没有搞完,或者没有拿到钱,欠你的钱我跟王某始终赚钱先还你,还是这个态度。这是我的为人,不管怎么样,你的钱不是你自己个人的,在别人那里借来的,而且你回都回不去了,都出现这种情况了,我的钱肯定要先给你……我还是告诉你,目前遇到的这种瓶颈,不管怎么样,欠你的始终我要想办法跟王某还你,这是我给你的承诺……大弟,我还是告诉你,有一句话记得,在我和王某存在婚姻关系的前提下,你借的钱,我跟王某认你的钱,认你的债……其实我们扯这些都是多余的,现在就是一句话,我监督王某使劲去赚钱,还你,还任何人,都要还,包括我哥哥、嫂子的,我也要还……目前欠你的债,我认债。还有一句,不管怎么样,在哪个地方赚了钱先回来,先还你,这是我的承诺。你说把王某逼坏了,把我逼坏了,你也拿不到钱,这个是实话,你也理解。

昌平区人民法院认为,合法的民事权利应当受到法律保护。本案中,胡某向王某提供借款,王某向胡某出具借条,双方之间形成民间借贷法律关系,该合同系当事人真实意思表示,未违反法律法规的强制性规定,应予认定合法有效,双方当事人均应全面履行各自义务。王某收到胡某借款,经胡某催要后未还清,应当承担返还借款并支付利息的责任。借条上"吴某"的签字及手印均非吴某本人所为,吴某不是借款人,胡某所出示的证据不能证明王某所借款项用于家庭生活,故吴某不应承担还款责任。

胡某于2014年8月31日支付王某120万元,于2015年1月4日支付60万元,胡某自2014年9月1日起主张180万元的利息,没有依据,该院依法予以调整,其中,120万元的利息应自2014年9月1日起计算,60万元的利息应自2015年1月4日起计算,均按年利率24%计算。王某向胡某偿还的47万元,未约定系用于偿还本金或者利息,应依法认定为用于支付利息。

综上所述,昌平区人民法院依照《中华人民共和国合同法》第一百九十六条、第二百零五条、第二百零六条、第二百零七条，最高人民法院《关于适用〈中华人民共和国合同法〉若干问题的解释(二)》第二十一条，最高人民法院《关于审理民间借贷案件适用法律若干问题的规定》第二十九条，《中华人民共和国民事诉讼法》第六十四条、第一百四十四条规定，判决：1. 王某于判决生效后 7 日内返还胡某借款本金 180 万元；2. 王某于判决生效后 7 日内支付胡某借款利息(以 120 万元为基数，自 2014 年 9 月 1 日起至实际付清之日止，按年利率 24% 计算；以 60 万元为基数，自 2015 年 1 月 4 日起至实际付清之日止，按年利率 24% 计算；扣除已经支付的 47 万元)；3. 驳回胡某的其他诉讼请求。

【裁判结论】

北京市第一中级人民法院于 2019 年 3 月 14 日，作出(2019)京 01 民终 1799 号民事判决：1. 撤销北京市昌平区人民法院(2018)京 0114 民初 15228 号民事判决；2. 王某、吴某于本判决生效后 7 日内共同偿还胡某借款本金 180 万元；3. 王某、吴某于本判决生效后 7 日内支付胡某借款利息(以 120 万元为基数，自 2014 年 9 月 1 日起至实际付清之日止，按年利率 24% 计算；以 60 万元为基数，自 2015 年 1 月 4 日起至实际付清之日止，按年利率 24% 计算；扣除已经支付的 47 万元)；4. 驳回胡某的其他诉讼请求。

【裁判观点】

北京市第一中级人民法院认为：胡某主张与王某之间存在民间借贷法律关系，并依据银行转账凭证和王某出具的借条提起本案诉讼。王某虽然辩称双方系合作关系，但未提交有效证据予以证明，且王某在一审判决作出后未提出上诉，故可以认定胡某与王某之间存在合法有效的民间借贷法律关系。一审法院关于王某向胡某所借 180 万元款项本金、利息的相关认定及处理结果并无不当，法院予以维持。

综合胡某的上诉意见，本案争议焦点为，涉案 180 万元借款是否为王某与吴某的夫妻共同债务，吴某应否对该笔借款承担共同还款责任。法院认为，从本案证据来看，涉案 180 万元借条上并未见吴某签字，但胡某提交的录音证据足以证明，吴某清楚王某向胡某借款事宜，并多次作出愿意与王某共同偿还该 180 万元借款的承诺。最高人民法院《关于审理涉及夫妻债务纠纷案件适用法律有关问题的解释》第1条规定，夫妻双方共同签字或者夫妻一方事后追认等共同意思表示所负的债务，应当认定为夫妻共同债务。依据上述司法解释，吴某的行为已经构成对王某借款行为的追认，故吴某与王某对涉案180万元借款应当负有共同偿还义务。胡某的上诉意见具有事实和法律依据，法院予以支持。

法官评析

2018年1月17日，最高人民法院就夫妻共同债务问题发布了最高人民法院《关于审理涉及夫妻债务纠纷案件适用法律有关问题的解释》，就当前司法实践中争议较大的夫妻共同债务认定问题作出较为明确规定。

目前，我国关于夫妻共同债务的相关法律规定有最高人民法院《关于审理涉及夫妻债务纠纷案件适用法律有关问题的解释》、最高人民法院《关于适用〈中华人民共和国婚姻法〉若干问题的解释(二)》。应该认为，最高人民法院《关于审理涉及夫妻债务纠纷案件适用法律有关问题的解释》解释的出台，是对最高人民法院《关于适用〈中华人民共和国婚姻法〉若干问题的解释(二)》的补充和完善，扭转了婚姻存续期间债务一律认定为夫妻共同债务的司法局面，保护了非举债配偶方的合法权益，增加了债权人的举证责任。

该解释开篇即强调了夫妻共同债务形成时的"共债共签"原则，即夫妻双方共同签字或者夫妻一方事后追认等共同意思表示所负的债务为共同债务，该条具有引导民商事主体主动规范交易行为，加强风险防范的深刻用意。具体到本案中，吴某虽未在借条上签字，但是通过事后的通话行为已经能够认定起对夫妻共债共担进行了明确的追认，因此，应将案涉债务认定为夫妻共同债务。

【裁判依据】

最高人民法院《关于审理涉及夫妻债务纠纷案件适用法律有关问题的解释》第1条

【关联案例】

邵某诉吴某、张某民间借贷纠纷案

[案号] (2018)京03民终14317号

[案情] 张某与吴某二人原系夫妻关系,于2016年9月5日离婚。在二人夫妻关系存续期间,张某与邵某于2016年7月25日签订《借款合同》一份,借款金额200万元,借款仅限于家庭生活需要。现邵某主张该笔借款系张某与吴某夫妻共同债务,要求二人共同偿还欠款本金及利息,并向一审法院提供《借款合同》及银行转账记录予以证明双方间借贷关系的存在,另提交吴某与于某签订的借款合同,用以证明该笔借款的用途为吴某用于对外放贷。张某对此予以认可,并表示该笔借款于邵某打款当日即按照吴某的指示转给案外人尹某,转款的目的是用于其二人对外放贷以挣取其中的利息差额,尹某系与吴某签订借款合同的于明远之妻。吴某对邵某及张某的陈述均不予认可,并提供李某、卢某的银行卡明细,证明其与于明远签订的借款合同中所使用的款项系来自李某及卢某,并非张某向邵某所借款项,其对邵某与张某之间的借贷情况不知情。一审法院在审理张某诉吴某离婚后财产纠纷一案中,尹某曾作为证人出庭作证,其陈述张某向其转账的200万元是吴某向于某支付的借款,之后于当年八月份由吴某与于某补写了借款合同,尹某也在该借款合同中签字,该借款合同显示借款金额为225万元。对此,张某解释为多出转账金额的25万元系提前收取的三个月借款利息。

[简要分析] 本案中争议焦点即为该笔借款是否应作为张某与吴某二人的夫妻共同债务,由二人共同承担还款义务。根据邵某向一审法院提供的证据,张某在收到邵某转账当日,将该笔款项转至尹某账户内,根据尹某陈述,该款项系其丈夫于某向吴某所借,吴某对此虽不予认可,但其提供的向于某出借款项所用资金来源的账户明细中,并无法体现出与向于某借款有关联性的资金转出或取出行为,结合吴某与于某借款合同中亦有尹某的签字,尹某也系该借款合同的参与人之一,故法院对尹某所陈述的吴某向于某出借款项的资金来源为张某向其所转账的200万元的事实予以采纳,涉债务属于夫妻共同债务。

(撰写人:苑　珊)

02

家庭日常生活需要所负的债务属于夫妻共同债务

——某中心与周某、陈某民间借贷纠纷案

裁判规则

对于"家庭日常生活需要"应根据夫妻共同生活的状态和当地一般社会生活习惯综合认定;在夫妻一方认可案涉财产属夫妻共同财产时,应将所负债务认定为夫妻共同债务。

案 情[1]

2017 年 9 月 20 日,某中心向乔某(案外人)转账,转账附言为"周某购车保险费",转账金额为 26,556.56 元。同日,某中心向北京某汽车销售服务公司转账,转账用途为"周某购车款",金额为 1,082,625.09 元。上述两笔转账合计 1,109,181.65 元。当天(2017 年 9 月 20 日),周某向某中心出具《借条》,确认周某向某中心借到 1,109,181.65 元;借款用途系购车款和购车保险费;借款交付方式为由某中心将借款直接支付给北京某汽车销售服务公司和乔某;借款按年利率 24%计算利息。周某在借条上签名并捺指印。双方未约定借款期限。周某借款用途为购买宝马越野车 1 辆,机动车所有人为周某,此车现由周某本人使用。周某、陈某均未向某中心偿还过上述借款本金或利息。

另查,周某与陈某原系夫妻,二人于 2009 年 8 月 28 日登记结婚。2017 年 9

---

〔1〕 (2019)京 01 民终 1863 号。

月 11 日,周某向常州市金坛区人民法院提起诉讼,要求与陈某离婚,后经法院判决不准离婚;2018 年 1 月 3 日,陈某向常州市金坛区人民法院提起诉讼,要求与周某离婚。本案诉讼中,2018 年 4 月 3 日,二人经常州市金坛区人民法院调解离婚。周某认可陈某于 2016 年即离京回到常州生活。

二审诉讼中,法院经审理查明:某中心称,本案借款用于购买车辆,用于夫妻共同生活,根据最高人民法院《关于审理涉及夫妻债务纠纷案件适用法律有关问题的解释》第 2 条关于"夫妻一方在婚姻关系存续期间以个人名义为家庭日常生活需要所负的债务,债权人以属于夫妻共同债务为由主张权利的,人民法院应予支持"的规定,陈某应对本案周某借款承担共同还款责任。

陈某主张,本案购车款虽由某中心实际支付至售车人,但某中心是由周某实际控制和经营,由某中心支付的购车款应属于陈某、周某夫妻共同财产,购买的宝马车亦属于夫妻共同财产,陈某欲在离婚财产诉讼中分割该车辆。

海淀区人民法院认为,依据某中心提交的《借条》,可以证明其与周某之间存在民间借贷法律关系,且未违反国家有关法律、行政法规的强制性规定,当属有效。周某借款后,即负有返还借款本金并支付相应利息的义务。虽然双方未约定还款期限,但某中心起诉后,周某亦未能依《借条》履行偿还借款义务,已构成违约,应承担相应的违约责任。故某中心要求周某支付所欠借款本金与利息之诉讼请求具有事实和法律依据,该院予以支持。

本案争议的焦点在于陈某是否应对周某向某中心的借款承担连带偿还责任。该院认为:其一,本案中,陈某未在《借条》上签字,事后亦未追认,故涉案借款行为不是基于周某、陈某的共同意思表示;其二,周某借款用途为购买轿车,该车由周某个人使用,且周某明确陈某自 2016 年起即回到常州生活,故周某借款明显非基于夫妻共同生活需要,且某中心亦未提交证据证明涉案借款被实际用于了周某、陈某的夫妻共同生活或共同生产经营。故周某向某中心的借款不应认定为夫妻共同债务。因此,该院对于某中心要求陈某对周某向某中心借款承担连带清偿责任的请求不予支持。

综上所述,海淀区人民法院依据《中华人民共和国合同法》第八条、第一百零七条、第二百零五条、第二百零六条、第二百零七条,最高人民法院《关于审理涉及夫妻债务纠纷案件适用法律有关问题的解释》第一条、第三条,判决:1. 周某于判决生效之日起 10 日内偿还某中心借款本金 1,109,181.65 元及利息(以

1,109,181.65元为基数,按照年利息24%计算,自2017年9月21日起至全部借款清偿之日止);2.驳回某中心其他诉讼请求。

【裁判结论】

北京市第一中级人民法院于2019年3月6日,作出(2019)京01民终1863号民事判决:1.维持北京市海淀区人民法院(2018)京0108民初1071号民事判决第一项;2.撤销北京市海淀区人民法院(2018)京0108民初1071号民事判决第二项;3.陈某对上述第一项债务与周某承担共同还款责任。

【裁判观点】

北京市第一中级人民法院认为:各方当事人争议焦点是陈某是否应对某中心向周某支付的购车借款及利息承担共同还款责任。最高人民法院《关于审理涉及夫妻债务纠纷案件适用法律有关问题的解释》第2条规定:"夫妻一方在婚姻关系存续期间以个人名义为家庭日常生活需要所负的债务,债权人以属于夫妻共同债务为由主张权利的,人民法院应予支持。"结合某中心提供的证据及各方当事人的陈述,本案诉争款项系某中心直接向汽车销售公司及案外人乔某支付的周某购车款和购车保险费。当日,周某向某中心出具《借条》,《借条》载明的借款金额、借款用途、款项支付方式等与上述付款情况一致。某中心主张向周某支付借款用于购买汽车,具有事实依据,法院予以采信。陈某认可所购宝马车属于其与周某的夫妻共同财产,并欲在离婚财产诉讼中分割该车辆,表明借款所购车辆用于夫妻共同生活,根据上述司法解释的规定,陈某应与周某承担共同还款责任。

陈某上诉主张,周某系某中心的实际控制人,本案系周某与某中心串通伪造的属虚假诉讼。法院认为,最高人民法院《关于适用〈中华人民共和国民事诉讼法〉的解释》第90条规定:"当事人对自己提出的诉讼请求所依据的事实或者反驳对方诉讼请求所依据的事实,应当提供证据加以证明,但法律另有规定的除外。在作出判决前,当事人未能提供证据或者证据不足以证明其事实主张的,由负有举证证明责任的当事人承担不利的后果。"某中心企业登记信息载明的投资人是锁某,陈某提供的证据能够证明周某与某中心的投资人存在亲属关系,且某中心登记信息中预留的联系方式与周某担任股东或者投资人的其他公司的联系方式一致,但均不足以证明周某系该企业的实际控制人和经营者,亦无法证明本案系虚假诉讼。陈某提供的证据不足以证明其主张,法院对其上诉意见不予采信。

一审期间,陈某并未主张诉争车辆属于夫妻共同财产,一审法院考虑车辆购买时间发生在周某提起离婚诉讼之后,且陈某并未实际使用车辆的事实,认定本案借款未用于夫妻共同生活,并无不当。二审期间,陈某明确认可诉争车辆属于其与周某的夫妻共同财产,并欲在离婚财产诉讼中分割该车辆,导致一审法院认定事实发生变化,二审依据上述事实对本案予以改判。并欲在离婚财产诉讼中分割该车辆,表明借款所购车辆用于夫妻共同生活,根据上述司法解释的规定,陈某应与周某承担共同还款责任。

法官评析

最高人民法院《关于审理涉及夫妻债务纠纷案件适用法律有关问题的解释》第 2 条规定夫妻一方在婚姻关系存续期间以个人名义为家庭日常生活需要所负的债务为共同债务,其中,“家庭日常生活”应如何界定构成了本条理解的核心问题。最高人民法院民一庭负责人表示,国家统计局有关资料显示,我国城镇居民家庭消费种类主要为食品、衣着、家庭设备用品等八类。家庭日常生活的范围,可以参考上述八类家庭消费,根据夫妻共同生活的状态(如双方的职业、身份、资产、收入、兴趣、家庭人数等)和当地一般社会生活习惯予以认定。对于超出“家庭日常需要”的债务,就需要债权人举证证明,即如果债权人能够证明夫妻一方所负债务用于夫妻共同生活、共同生产经营,或者基于夫妻双方共同意思表示的,可以认定为夫妻共同债务,否则对其主张不予支持。

本案一审、二审判决中体现了对家庭日常生活需要的理解。一审判决根据周某的购车时间及当时其与陈某的夫妻关系(已经提起过离婚诉讼且陈某并未在北京生活)、车辆用途(由周某个人使用)认定周某借款非基于夫妻共同生活需要,由此判决陈某不应承担共同还款义务并无不当之处。二审中,陈某又自认该车辆系用于夫妻共同生活,并欲在离婚财产诉讼中分割该车辆,因陈某已经就车辆用于家庭共同生活予以明确认可,故根据上述司法解释的规定,陈某应与周某承担共同还款责任。

【裁判依据】

最高人民法院《关于审理涉及夫妻债务纠纷案件适用法律有关问题的解释》第2条

（撰写人：苑　珊）

03

夫妻共同生产、经营的认定

——某娟与潘某、李某民间借贷纠纷案

裁判规则

夫妻一方为经营公司所负债务，另一方同为公司股东或高级管理人员时，相关债务应认定为夫妻共同经营所负债务，作为夫妻共同债务处理。另一方关于未实际参与经营的抗辩，一般情况下不予采信。

案　情[1]

2017年9月25日，某娟向潘某出借资金300万元。同年9月26日，潘某作为蓝某公司实际控制人，与某娟签订一份《借款合同》，约定：潘某以400万股公司股票质押的方式向某娟借款，用于企业经营；某娟借款给潘某700万元，于2017年9月27日前交付潘某；借款自2017年9月27日起开始计息，每月2.5%，年化利率30%；借款期限自2017年9月27日至2018年8月26日；潘某按月付息，付息日期为每月26日，每期175,000元；潘某如不按时还息，某娟有权追回借款，并从到期日起付日息1%。合同签订后，某娟于9月27日向潘某汇款379万元。某娟在汇款时备注总计借款400万元，已扣除提成21万元。潘某于当日向某娟出具了"本人潘某于2017年9月25日和27日总计收到某娟(转)借款总计人民币柒佰万元整"的收条，但潘某未将蓝某公司股票质押给某娟。

另查，潘某为蓝某公司的大股东和法定代表人，潘某妻子李某为蓝某公司的

[1] (2019)京01民终484号。

股东兼副总经理。李某称与潘某于2018年2月左右离婚,但未向该院提交证据。

某娟向该院出示蓝某公司《融资管理部提成管理办法》复印件,某娟称其系根据该份文件获得蓝某公司提成款21万元。蓝某公司认为该份文件为复印件,且公司无该份文件,不认可证据效力。

某娟提起诉讼后,潘某通过赵某向某娟偿还5万元。某娟认为5万元应冲抵利息,但其于2018年8月14日向潘某出具的收条中认可该款为本金。

海淀区人民法院认为,某娟与潘某之间存在民间借贷关系。某娟向潘某出借了资金,双某之间的借贷关系成立并生效。潘某向某娟借款的用途为企业经营,潘某虽否认借款用于蓝某公司,但其未向该院提交借款资金走向的证据,根据《借款合同》对于潘某身份的表述和用于借款的质押的股票名称和代码,可以认定借款用于蓝某公司的经营。发生借款关系时,潘某与李某系夫妻关系,李某系蓝某公司的股东和副总经理,可以认定借款用于潘某和李某的共同经营活动中,某娟提交的微信聊天记录可以证明李某对于潘某借款一事是知晓并参与安排还款工作的,故该院认定该笔债务为潘某与李某的夫妻共同债务,李某与潘某承担共同还款责任,对于李某的辩称不予采信。

二审诉讼中,法院经审理查明:李某与潘某1997年2月28日结婚,2018年2月12日离婚。

李某称,2013年10月之后,其在蓝某公司仅保留了股东和董事身份,未实际参与公司经营。2018年7月之后,其也不再是蓝某公司的董事。经法院询问,李某认可其担任蓝某公司董事及股东期间曾在相关决议上签字。

在2019年1月16日法院组织的法庭询问中,潘某主张其从某娟处所借款项的去向为:2017年9月25日,潘某收到某娟借款300万元,用于个人向案外人还款,2017年9月27日,潘某收到某娟借款379万元,向某梦公司支付网络费用200万元,其余向案外人用作了潘某个人的还款。之后,潘某变更其主张为:2017年9月25日收到的借款300万元,用于向欢某公司投资115.2万元,其余向案外人偿还了潘某的个人债务,2017年9月27日收到的379万元借款,其中200万元系潘某个人出借给某梦公司,剩余款项也是向案外人偿还了潘某的个人债务。

根据潘某提交的其个人银行卡交易明细清单显示:2017年9月25日,某娟向潘某支付借款300万元,同日,某梦公司向潘某支付340万元,潘某向刘某支付42.4万元,备注“还款”,向白某支付53万元,备注“还款”,向郭某支付21.2万元,备注“还款”,向周某支付310.5万元,备注“还款”。9月26日,潘某向欢某公司支付115.2万元,备注“入资款”。9月27日,某娟向潘某支付借款379万元,同日,潘某向某梦公司支付200万元,备注“借款”,向周某支付233.2万元,备注“还款”,向周某支付7.5万元,备注“还款”。

针对2017年9月26日潘某向欢某公司支付的115.2万元,潘某提交了欢某公司的股东信息,显示潘某在该公司持股20%,出资额470万元。针对2017年9月27日潘某向某梦公司支付的200万元,潘某提交2017年9月1日潘某与某梦公司签订的借款协议,约定潘某借款给某梦公司最高不超过500万元资金使用,资金使用利息年利息不超过12%。根据某梦公司的公示信息显示,该公司的法定代表人为贾某,法院询问潘某此处的贾某是否是其司机,潘某未予明确回答。

综上所述,海淀区人民法院依据《中华人民共和国合同法》第八条、第九十三条第一款,第一百零七条、第一百零八条、第二百零五条、第二百零六条、第二百零七条,《中华人民共和国担保法》第十八条、第三十一条,最高人民法院《关于审理民间借贷案件适用法律若干问题的规定》第二十九条第一款,最高人民法院《关于审理涉及夫妻债务纠纷案件适用法律有关问题的解释》第三条规定,判决:1. 潘某、李某于判决生效后十日内共同偿还某娟借款本金6,775,000元并支付利息(以6,825,000元为基数,自2018年1月27日起计算至2018年8月14日;自2018年8月15日起,以6,775,000元作为计算基数,至实际付清之日止,均按年利率24%的标准计算);2. 蓝某公司对潘某、李某上述还款义务承担连带清偿的保证责任,并在清偿债务后有权向潘某、李某进行追偿;3. 驳回某娟其他诉讼请求。

【裁判结论】

北京市第一中级人民法院于2019年2月10日,作出(2019)京01民终484号民事判决:驳回上诉,维持原判。

【裁判观点】

北京市第一中级人民法院认为：关于案涉债务是否李某与潘某的夫妻共同债务问题。

根据最高人民法院《关于审理涉及夫妻债务纠纷案件适用法律有关问题的解释》第3条的规定，夫妻一某在婚姻关系存续期间以个人名义超出家庭日常生活需要所负的债务，债权人以属于夫妻共同债务为由主张权利的，人民法院不予支持，但债权人能够证明该债务用于夫妻共同生活、共同生产经营或者基于夫妻双方共同意思表示的除外。本案中，案涉债务发生于李某与潘某的夫妻关系存续期间，此时，李某是否就本案债务承担共同还款责任，涉及两方面问题，一是案涉债务是否用于蓝某公司的企业经营，二是若案涉债务用于蓝某公司的企业经营，是否属于李某与潘某的共同生产经营。

针对第一方面的问题，首先，在某娟和潘某签订的《借款合同》中，明确约定潘某以质押蓝某公司的股票的方法向某娟借款用于企业经营，结合潘某蓝某公司实际控制人的身份，可认定《借款合同》中双方约定的借款用途为用于蓝某公司的生产经营。其次，在二审中，潘某提交了三份新证据用以证明借款的实际用途为潘某个人使用，但从潘某的举证中，法院注意到以下问题，潘某在两次庭审询问中，就款项的实际用途陈述前后存在出入。关于2017年9月25日的300万元，潘某在向四位案外个人汇出款项后的次日才向欢某公司支付“入资款”，而此前向四名个人汇出的款项金额已经超过了300万元。关于2017年9月27日的379万元，潘某提交了其与某梦公司之间的借款合同，但从其提交的银行卡交易明细清单中可以看出，潘某曾从某梦公司处收到大额款项，某梦公司的法定代表人的身份问题潘某也未给予明确答复，同时，潘某从某娟处以30%的年利率借款，却以12%的年利率标准出借款项，其合理性明显存疑。关于潘某向多名个人的还款问题，潘某未能提交证据证明其与多名个人之间的实际权利义务关系，故法院认定，潘某二审提交的三份新证据，均不能证明案涉借款未实际用于蓝某公司的经营，对此均不予采信。综合双方的举证和陈述，根据《借款合同》的明确记载，法院认为，某娟的举证，可证明案涉借款的借款用途为蓝某公司的生产经营。

针对第二方面的问题，即案涉借款是否用于夫妻共同生产经营的问题。案涉借款发生之时，李某为蓝某公司的股东和董事，李某实际享有蓝某公司的股东权利，其亦认可作为董事曾经在相关决议上签字，即李某实际参与到了蓝某公司的经营中，故案涉借款应认定用于李某和潘某的夫妻共同生产经营，根据司法解释的相关规定，案涉债务应为夫妻共同债务。

法官评析

最高人民法院《关于审理涉及夫妻债务纠纷案件适用法律有关问题的解释》第 3 条与解释第 1 条相呼应，该条从合同相对性原则出发，强调在夫妻一方名义举债的情况下，当债务超出家庭日常生活需要范围时，尤其是大额债务，债权人主张债务属于夫妻共同债务的，应当承担举证证明责任，否则由其承担举证不能的法律后果。当然，在实践中，要求债权人举证债务人的款项用途往往比较困难，新解释将该举证责任分配给债权人，也是为了引导债权人对于大额夫妻债务实行共债共签，体现从源头控制纠纷、更加注重交易安全的价值取向。

具体到本案，潘某向某娟所借款项数额巨大，显然已经超过了夫妻共同日常生活需要，同时该借款亦没有潘某妻子李某的签字或事后追认为夫妻共同债务的意思表示，因此，判断案涉借款是否为夫妻共同债务，应适用最高人民法院《关于审理涉及夫妻债务纠纷案件适用法律有关问题的解释》第 3 条的规定，由某娟承担举证责任。某娟现欲证明案涉款项用于共同生产经营，首先，其应就案涉款项的用途进行举证，某娟提举的借款合同等证据，能够证明潘某将款项用于了其控制的公司经营；其次，某娟还应就该公司经营属夫妻共同生产经营举证证明，某娟证明了李某为该公司的高级管理人员并实际参与了公司的经营，此时，应认定某娟已经履行了举证义务，可以判断借款用于了夫妻共同经营，在潘某、李某未举证证明款项用于个人用途的情况下，李某应承担共同还款责任。

【裁判依据】

最高人民法院《关于审理涉及夫妻债务纠纷案件适用法律有关问题的解释》第 3 条

（撰写人：苑　珊）

04

当事人起诉后因未缴纳案件受理费而未予立案的，不能认定为通过正式诉讼向债务人主张权利

——陈某与李某等民间借贷纠纷案

裁判规则

当事人向法院起诉后，逾期不交纳诉讼费用的，仅凭借法院开具的诉讼费交款通知书，主张其在诉讼时效期间内已经以诉讼的方式向债务人主张权利的，人民法院不予支持。

案　情[1]

2012年9月13日，陈某通过银行转款方式汇入李某银行账户内50万元。银行针对该转款行为出具的个人业务凭证(副联，客户留存)下部空白处以手写方式载明以下内容：借款人：李某；日期：2012年9月13日；借期：1个月。陈某曾于2014年10月13日来一审法院因同一债权债务事项起诉李某，并收到了该院于当日开具的诉讼费交款通知书，但未交纳案件受理费。后陈某又于2015年6月4日因同一债权债务事项起诉李某，之后一个月左右撤诉。陈某于2015年8月4日因同一债权债务事项提起本案诉讼。陈某承认目前没有证据证明其于2012年10月12日至2014年10月12日主张过债权。

一审法院认为，本案争议焦点是：陈某主张的债权是否已超过诉讼时效。从

[1] (2018)京01民终7824号。

陈某实际给付款项时间即2012年9月13日和陈某认可的借款期限1个月来看,还款最后截止时间应为2012年10月12日。《民法通则》第135条规定,向人民法院请求保护民事权利的诉讼时效期间为二年,法律另有规定的除外。根据上述法律规定,本案中陈某主张债权的诉讼时效最后截止时间为2014年10月12日。陈某因同一债权债务事项第一次提起诉讼的时间为2014年10月13日,故已超过诉讼时效。陈某请求判令李某偿还借款50万元的诉讼请求,该院不予支持。

一审法院判决:驳回陈某的诉讼请求。

【裁判结论】

北京市第一中级人民法院于2018年9月10日,作出(2018)京01民终7824号民事判决:驳回上诉,维持原判。

【裁判观点】

北京市第一中级人民法院认为:陈某上诉主张本案诉讼时效期间届满日应为2014年10月13日,对此法院认为,根据银行转账凭证上载明的借款期限以及陈某的陈述,本案诉讼时效期间届满日应为2014年10月12日。《民事诉讼法》第82条第3款规定:"期间届满的最后一日是节假日的,以节假日后的第一日为期间届满的日期。"本案中,诉讼时效届满日2014年10月12日是节假日,故按照上述法律规定,本案诉讼时效届满日应顺延至2014年10月13日。

陈某主张其在2014年10月13日向一审法院提起诉讼,应当认定其在诉讼时效期间内向债务人主张了权利,故本案未超过诉讼时效。对此法院认为,最高人民法院《关于适用〈中华人民共和国民事诉讼法〉的解释》第90条规定,"当事人对自己提出的诉讼请求所依据的事实或者反驳对方诉讼请求所依据的事实,应当提供证据加以证明,但法律另有规定的除外。在作出判决前,当事人未能提供证据或者证据不足以证明其事实主张的,由负有举证证明责任的当事人承担不利的后果",故陈某应当就其上述主张承担举证证明责任。虽然陈某提供了一审法院于2014年10月13日向其开具的诉讼费交款通知书,但其并未缴纳案件受理费,一审法院未向李某或其法定继承人送达起诉状,故陈某关于其在诉讼时效期间内以诉讼的方式向债务人主张权利的主张不能成立,一审法院认定本案已过诉讼时效并无不当。

法官评析

诉讼费缴款通知书只能证明诉讼材料符合立案条件,而不能作为案件立案受理凭证。依法预交案件受理费是进入诉讼程序的前提条件,当事人缴纳诉讼费用后,法院出具立案受理通知书,此时才完成了立案程序。当事人仅凭借法院开具的诉讼费交款通知书,不能认定在诉讼时效期间内以诉讼的方式向债务人主张权利。根据法律规定,当事人向法院起诉后,逾期不交纳诉讼费用又未提出司法救助申请,或者申请司法救助未获批准,在人民法院指定期限内仍未交纳诉讼费用的,人民法院有权依法作出处理。

本案中,陈某虽然收到了一审法院的诉讼费交款通知书,但由于其并未在法定期限内进行缴费,是自动放弃其诉讼权利,属于对其诉讼权利自我处分的行为。该案件并未实际立案受理,也并未向李某或其法定继承人送达诉讼材料,陈某自动撤回起诉应视为陈某未起诉。该案的诉讼程序并未启动,即其未以诉讼的方式使诉讼时效发生中断,不具有法定的诉讼中断事由。

【裁判依据】

1.《中华人民共和国民法总则》第188条
2.《中华人民共和国民法通则》第140条
3.《诉讼费用交纳办法》第22条

【关联案例】

一、A城改公司与C物业公司等欠款纠纷案

[案号] (2008)民申字第593号

[案情] 1995年1月21日,A城改公司与B城乡公司签订了《凯旋大厦西主楼项目代办合同》,就该合同及补充协议的履行,双方于2002年12月9日签

订对账单,确认A城改公司尚欠B城乡公司代办费300万元。2004年9月29日,双方再次签订了《债权债务对账确认书》,载明:A城改公司(乙方)尚欠B城乡公司(甲方)代办费300万元,“以上对账结果,双方予以确认,并一致同意本次对账自确认之日起,若债务未得履行,则每满两年自动延续诉讼时效;期间内若甲方指定债权承接单位,乙方同意向该债权的承接单位履行债务”。此前,某市财政局于2002年12月31日书面批复,同意B城乡公司的上级主管单位某市城投公司将B城乡公司的整体资产转让给C物业公司。2007年6月15日,城投公司与C物业公司签署了《交接确认书》,将B城乡公司的所有资产及债权债务整体转让给C物业公司。此后,B城乡公司将该债权转让情况告知了A城改公司,要求A城改公司直接向C物业公司履行债务。

[简要分析] 2004年9月29日,A城改公司、C物业公司双方签订《债权债务对账确认书》,载明A城改公司尚欠B城乡公司代办费300万元,双方同意如该债务未履行,则每满两年自动延续诉讼时效,该内容系双方当事人对本案债权不适用诉讼时效而作出的约定。该约定应为无效,因时效制度属强制性规定,不允许当事人依自由意志排除时效的适用或改变时效期间。时效利益的产生有赖于诉讼时效的进行,只有诉讼时效期间届满,债务人才享有时效利益即债务人对债权人的诉讼时效抗辩权,在诉讼时效期间届满前债务人并不享有对债权人的诉讼时效抗辩权,故其无权处分时效利益。因债权人C物业公司并未举示证据证明在本案诉讼时效届满的2006年9月29日前发生诉讼时效中止、中断的事由,故其提起本案诉讼已经超过法律规定的诉讼时效期间。虽然A城改公司提出时效抗辩有违诚信,但其时效利益的主张乃基于法律的强行性规定,抗辩与否是义务人的自由,故法理有良心上抗辩之称。法律既有规定,便不宜对法律强行予以道德化的适用,原审法院以A城改公司违背诚信、公平原则保护C物业公司对A城改公司的债权,系法律适用错误,应予纠正。

二、杨某诉陈某等借款合同纠纷案

[案号] (2013)莱中民四终字第81号

[案情] 2009年11月7日,陈某向杨某借款200万元,期限自2009年11月7日至11日,共计5天。双方约定如不能按期还清,对不能偿还部分按照日

3‰计违约金，并承担追偿借款的相关费用。李某、谷某、陈某一、白某、A物资公司作为连带担保责任人，但双方未约定保证期间。同日，原告杨某向陈某、A物资公司汇款200万元。后陈某分次还款共计82万元(2010年12月13日、31日，2011年8月22日、23日、30日、9月8日、11月22日、23日、30日)。其中，原告杨某称2011年11月23日通过陈某账号偿还5万元，并于当天柜台转账5万元共计10万元的还款系被告谷某的还款，被告陈某对此予以认可。另查明，被告李某系被告陈某配偶，被告陈某系被告A物资公司法定代表人。

[**简要分析**]　本案争议的核心在于超出诉讼时效期间的履行行为是否会引起诉讼时效的中断，能否推定诉讼时效重新确认。纵观国际上关于诉讼时效的立法例，对诉讼时效届满大体有两种立法模式：日本等国采实体权利消灭的第一种模式，原苏俄采用胜诉权消灭的第二种模式。我国亦采用第二种模式，也就是诉讼时效届满后，债务人取得拒绝履行抗辩权，但债务人自愿履行的，视为放弃抗辩权，履行有效。《民法通则》第140条规定，诉讼时效因提起诉讼、当事人一方提出要求或者同意履行义务而中断。从中断时起，诉讼时效期间重新计算。最高人民法院《关于贯彻执行民法通则若干问题的意见》第173条规定，诉讼时效因权利人主张权利或者义务人同意履行义务而中断后，权利人在新的诉讼时效期间内，再次主张权利或者义务人再次同意履行义务的，可以认定为诉讼时效再次中断。权利人向债务保证人、债务人的代理人或者财产代管人主张权利的，可以认定诉讼时效中断。根据《民法通则》第138条的规定，超过诉讼时效期间，当事人自愿履行的，不受诉讼时效限制。可见诉讼时效中断事由必须发生在诉讼时效期间内，诉讼时效期间届满，就不存在诉讼时效中断的问题了。超过了诉讼时效期间的履行行为则不引起诉讼时效的中断，也不能就此推定为诉讼时效的重新确认。诉讼时效期间届满后，根据有关法律和司法解释，还可能出现两种情况：一是义务人自愿履行。二是对旧债务的重新确认。对旧债务的重新确认形成的是一个新的法律关系，不能与诉讼时效中断混为一谈。

本案中，谷某为此笔借款提供担保的事实存在，但本案已经超出保证时效，虽然杨某在二审期间主张因谷某等与A物资公司是连带责任保证人，其向此公司主张权利的效力及于各被上诉人的上诉理由没有法律依据，杨某没有提供证据证实其在保证期间内，向谷某等保证人主张过任何权利，担保人谷某等保证责任消灭，虽然谷某于2011年11月23日共计还款10万元，但此款还款时间已经超过了谷某的保证期间，不存在保证合同诉讼时效的计算，是当事人的自愿履行。杨某对保证人谷某等人的主张因超过法律规定的诉讼时效期间而丧失胜诉权。

（撰写人：孙梦青）

05

向公安机关报案构成诉讼时效中断事由

——葛某某与X公司等合同纠纷案

裁判规则

权利人向公安机关、人民检察院、人民法院报案或者控告，请求保护其民事权利的，诉讼时效从其报案或者控告之日起中断。

案　情[1]

2001年10月17日，X公司成立。刘某乙担任X公司的法定代表人，股东为刘某乙和刘某甲。

2003年8月27日，葛某某决定要加盟X公司的饰品销售业务，向X公司交纳了1900元订金。2003年9月13日，X公司（甲方，总部）与葛某某（乙方，专卖店）签订《X公司饰品特约加盟合同》。合同约定，甲、乙双方经共同协商后，就乙方申请加盟X公司事宜，本着平等互利、共同发展的原则，达成协议条款。甲方义务是许可乙方在合同期内使用“X”注册商标，为乙方提供饰品的配送服务，为乙方提供统一的店面设计，甲方保证所有产品全国统一价供货。乙方义务为在合同签署当日，一次性向甲方支付人民币1.2万元，其中6000元为品牌使用维护费，其余款项为货款押金。违约责任为，任何一方违约，应按照购货额的35%向对方赔偿违约金。进货、退换货和运费的承担为，甲方在收到乙方货款或退换货产品后，应在两个工作日内将货品发出。合同有效期为二年。此外，该合同还就保护政策、责任承担、奖励政策以及其他约定作出了明确约定。同日，葛

[1] （2018）京01民终3046号。

某某向X公司交纳了1.01万元现金。X公司共计收到葛某某的现金1.2万元。同年9月14日，双方签订《X公司饰品特约加盟合同》的《补充协议》，约定如果铺货价格不是全国统一最低出厂价，甲方包赔乙方三倍以上损失。甲方收到退换物品后，二个工作日内按原供货价全额退款或调换等价值新货。

此后，X公司向葛某某提供了部分货品。之后，葛某某认为X公司提供的货物不符合其要求，将货物退回给X公司。

2004年7月15日，X公司形成第三届第一次股东会决议，决定变更法人，同意选举慎某某为公司执行董事即法定代表人，由慎某某、刘某甲组成新一届股东会。2004年7月16日，X公司申请变更登记，将法定代表人变更为慎某某。

2004年8月28日，X公司向葛某某出具《欠条》，写明：今欠河南洛阳葛某某货款肆仟壹佰元整，品牌使用维护费伍仟元整，合同期满，凭此条及合同全额返还此款。X公司在《欠条》上加盖了公章。

2005年9月24日，由于X公司违反了公司登记制度，北京市工商行政管理局对X公司作出吊销营业执照的处罚。

葛某某向法院起诉请求：判令X公司、慎某某、刘某甲归还欠款1.2万元及利息。

一审庭审中，慎某某主张案件已超过诉讼时效期间。

北京市海淀区人民法院认为：X公司与葛某某签订的《X公司饰品特约加盟合同》及《补充协议》，未违反法律和行政法规的强制性规定，应属有效。X公司在为葛某某出具的《欠条》中，自行扣减了葛某某交纳的费用，并在合同到期后未能支付欠款，已构成违约，应承担相应的违约责任。当事人向法院请求保护民事权利的诉讼时效期间为二年，从知道或者应当知道权利被侵害起计算。X公司向葛某某出具《欠条》的时间是2004年8月、合同有效期截至2005年9月。葛某某并未提交证据证明其在合同到期后曾向X公司或其股东主张还款，诉讼时效未曾中断。截至2016年2月5日葛某某提起诉讼之时，其主张X公司和二位股东还款的请求已经超过诉讼时效期间。该院对其诉讼请求不予支持。

北京市海淀区人民法院作出（2016）京0108民初5057号民事判决：驳回葛某某的诉讼请求。判决后，葛某某提起上诉。

二审中，葛某某向二审法院申请调查取证，申请二审法院前往北京市公安局北京西站分局刑事侦查大队调查葛某某报案情况及一直同公安机关联系主张权利的情况，以证明其诉讼请求未超过诉讼时效。二审法院依法予以调查，北京市公安局北京西站分局刑事侦查大队回函称："2016年7月22日，葛某某……到我大队询问相关案件办理情况……我大队指派副大队长出面接待……通过查阅原始案卷材料，葛某某于2004年8月28日向北京市丰台区公安局经济检查大队提供一份报案材料要求公安机关调查解决加盟X公司被骗一事，后该材料转至我大队，后葛某某曾经多次通过来电话询问或者直接来访的形式了解案件情况。"公安机关还向二审法院提供了葛某某2004年8月28日的报案材料。经庭审质证，葛某某、慎某某均认可二审法院调取证据的真实性，葛某某称上述证据可以证明其早已就本案争议向公安机关报案，公安机关至今未结案，本案不存在超过诉讼时效问题；慎某某称，公安机关的回函仅提到葛某某多次来电来访，未说明具体时间节点，不能证明诉讼时效没有中断，葛某某报案后，相关人员没有被网上追逃、刑事立案，葛某某应尽早进行民事诉讼，即使该证据能证明诉讼时效中断，葛某某也没有理由向慎某某追要债务。X公司、刘某甲未发表质证意见。

二审法院二审期间依法补充查明：2004年8月28日，就案涉争议，葛某某向北京市丰台区公安局经济检查大队报案，后案件材料转至北京市公安局北京西站分局刑事侦查大队，至2016年7月22日，葛某某多次通过致电或前往北京市公安局北京西站分局刑事侦查大队了解案件情况。

二审诉讼中，慎某某称，其并非X公司真实股东，不掌握X公司情况，也没有X公司账册，不清楚X公司是否能够清算。

【裁判结论】

北京市第一中级人民法院于2018年8月13日，作出(2018)京01民终3046号民事判决：1. 撤销北京市海淀区人民法院(2016)京0108民初5057号民事判决；2. X公司向葛某某退还9100元并赔偿自2005年9月13日起至实际清偿之日止的利息损失(以9100元为计算基数，按中国人民银行同期同类贷款基准利率标准计算)；3. 刘某甲、慎某某对本判决第二项X公司的债务承担连带清偿责任；4. 驳回葛某某的其他诉讼请求。

【裁判观点】

北京市第一中级人民法院认为：最高人民法院《关于审理民事案件适用诉讼时效制度若干问题的规定》第15条规定："权利人向公安机关、人民检察院、人民法院报案或者控告，请求保护其民事权利的，诉讼时效从其报案或者控告之日起中断。上述机关决定不立案、撤销案件、不起诉的，诉讼时效期间从权利人知道或者应当知道不立案、撤销案件或者不起诉之日起重新计算；刑事案件进入审理阶段，诉讼时效期间从刑事裁判文书生效之日起重新计算。"通过法院二审期间调取的证据材料可知，就本案纠纷，葛某某已于2004年8月28日向公安机关报案，至2016年7月22日，葛某某曾多次致电或前往公安机关了解案件情况，公安机关并未通知葛某某该案的具体处理结果，诉讼时效属持续中断状态，至葛某某提起本案诉讼，其诉讼请求并未超过诉讼时效期间。

法官评析

诉讼时效，亦称消灭时效，是权利人不行使权利的事实状态，持续经过法定期间届满，丧失请求人民法院依诉讼程序强制义务人履行义务的权利的时效制度。诉讼时效中断是在诉讼时效期间进行中，因发生一定的法定事由，致使已经经过的时效期间统归无效，待时效中断的事由消除后，诉讼时效期间重新起算。本案系在民间借贷纠纷中适用报案中断诉讼时效制度的案件，有以下问题值得探讨。

一、报案中断诉讼时效的依据

诉讼时效制度设立的初衷是尊重当事人意思自治，对怠于行使权利的行为不予保护。报案作为当事人主张权利的一种方式，无论在公安机关处理过程中是否提出民事诉求，都应当作为民事权利诉讼时效中断的事由：其一，权利人向公安机关报案，表明其对自身权利积极保护的态度；其二，权利人既然已经向公安机关报案，在相对方的行为被纳入审查或侦查的情况下，权利人有合理理由信赖其民事权利能得到保护；其三，某些行为所导致的民事责任的承担，有赖于刑事案件的处理结果。

二、民间借贷纠纷中适用报案中断诉讼时效的案件特点

援引最高人民法院《关于审理民事案件适用诉讼时效制度若干问题的规定》第15条作为中断诉讼时效理由的案件类型，多见于生命权、健康权、

身体权纠纷，此种纠纷多源起于违法或涉嫌犯罪的行为，比如，因打架斗殴造成他人人身伤害或财产损害，当事人多在发生争端之时即报警求助，无论加害人的行为能否被认定为构成犯罪，或是否被追究刑事责任，其行为一般能与致害人形成民事上的因果关系，民事权利的保护往往依赖于刑事程序。此类案件焦点突出，较为常见，公安机关易于作出认定。

而近年来，在金融创新，鼓励交易的背景下，在商事纠纷中适用最高人民法院《关于审理民事案件适用诉讼时效制度若干问题的规定》第15条作为认定主张民事权利诉讼时效中断的依据也日益增多。如本案中所出现的情形，原本属于民商事主体的自由交易行为，被告一方在签订合同后违反合同义务，甚至无法取得联系，属于作为交易中一般风险的违约行为，还是涉嫌如合同诈骗等犯罪？又如在金融监管部门未作明确规定的期间，网络借贷平台糅合出借人资金，创建资金管理项目，提供增信服务，并进而享有相当资金的支配权，其行为是否构成非法经营或非法集资类犯罪？在商事纠纷中存在的民刑交叉问题，凭借一般侦查经验难以认定是否构成犯罪。对于此类案件，在审查适用报案中断诉讼时效制度时存在难点：一方面侦查、认定周期长，当事人难以随时掌握侦查情况，一方面，公安机关撤案登记制度有待完善，当事人可能基于多种原因难以获得案件不立案或撤销案件的决定。

三、本案裁判解析

本案中，当事人葛某某于2016年2月5日对各被告提起民事诉讼，此时就双方发生合同争议已逾十余年。葛某主张其2004年8月28日就案涉争议向公安机关报案，但在一审阶段其未能提交相应证据。二审诉讼中，葛某某也仅能提交其与公安机关相关人员通话的录音佐证其主张过权利。二审中认定的难点主要有，公安机关侦查多年未对葛某某报案所称X公司涉嫌犯罪一事予以追究，是否存在葛某某知道或应当知道公安机关不立案的情形，以及在向公安机关调查过程中，相关人员的答复是否需要其他证据材料佐证。

合议庭经评议认为，首先，刑事案件中侦查多年的案件并不鲜见，认定当事人知道或应当知道公安机关不立案须结合相应证据，而不宜推定。其次，就当事人申请调查取证，法院应予调取。而在调取证据过程中，公安机关作为具有公信力的公权力机关,其情况说明中的事项具有证明力,应予采信。再次,从葛某某报案到提起本案诉讼,公安机关对本案未作出最终处理意见,并无证据证明葛某某存在怠于行使权利的情况。综上,二审法院对一审法院裁判结果予以改判,认定本案存在诉讼时效中断情形,葛某某的主张未超过诉讼时效期间。

【裁判依据】

1.《中华人民共和国民法总则》第 195 条

2. 最高人民法院《关于审理民事案件适用诉讼时效制度若干问题的规定》第 15 条

【关联案例】

一、A 公司与陈某、鲁某商标侵权纠纷案

[案号] (2015)沪知民终字第 6 号

[案情] A 公司是某驰名商标的持有人。2012 年 8 月 24 日,上海市某法院以 X 号刑事判决书认定:自 2009 年 10 月起,陈某伙同鲁某对外低价销售假冒案涉注册商标的服装,其行为均已构成销售假冒注册商标的商品罪,依法判处陈某有期徒刑 3 年,缓刑 4 年,罚金 15 万元;判处鲁某有期徒刑 2 年 6 个月,缓刑 2 年 6 个月,罚金 5 万元。

A 公司于 2012 年 3 月 21 日获悉,陈某、鲁某因涉嫌销售假冒注册商标的商品罪被公安机关立案侦查。

2014 年 8 月 15 日,A 公司向原审法院邮寄本案一审民事诉状,请求法院判令二人停止侵犯其公司注册商标专用权的行为,连带赔偿经济损失 100 万元。

陈某、鲁某辩称:对刑事判决书上认定的事实无异议,其已经全额退出违法所得并缴纳了罚金;A 公司的起诉已经超过了诉讼时效。

[简要分析] 陈某、鲁某侵犯注册商标专用权的犯罪行为并非由 A 公司发现而提起刑事保护程序,而是公安机关发现违法行为后主动进行刑事侦查,在其要求被上诉人作为商标权利人出具价格证明及进行真假货品鉴别时,A 公司才

知道权利受到侵害,诉讼时效期间即开始起算,但同时,其得知两侵权人的行为已进入刑事侦查程序诉讼时效期间随之中断。待刑事程序结束,诉讼时效中断的事由即被排除,诉讼时效期间重新起算,故A公司起诉未超过诉讼时效。

本案中,被侵权人A公司并非报案人,陈某、鲁某的犯罪行为是公安机关主动侦查的。但法院仍认定刑事程序构成对民事诉讼时效的中断,主要基于以下考虑:陈某、鲁某已经处于被刑事侦查的状态,作为权利人的A公司有合理理由信赖刑事侦查可使其民事权利得到保护。同时,陈某、鲁某的具体行为、规模、侵害后果等,依仗刑事裁判的最终认定而确定。A公司的民事权利能保护到何种程度也与刑事诉讼的结果有很大关联。

二、A公司与B公司买卖合同纠纷案

[案号] (2015)黔高民商终字第8号

[案情] A公司与B公司签订《煤炭买卖合同》,合同约定:B公司向A公司购买原煤,全年合计10万吨,先款后货,按月结算。2011年8月31日,B公司通过银行汇款给A公司700万元,汇款用途为购货。此后,A公司未依约向B公司发货。

B公司法定代表人于2012年11月28日向贵阳市公安局报案称,A公司不具有生产经营能力,仍与B公司签订买卖合同收取B公司700万元货款,至今未按约发货,经B公司多次催告无果,其涉嫌合同诈骗。贵阳市公安局受理审查后,于2014年8月27日作出不予立案通知书,认为不符合合同诈骗案件构成要件,决定不予立案。

B公司认为,A公司拒绝发货的违约行为致使双方签订合同的目的不能实现,已构成根本违约,故A公司应全额返还已付的购煤款,并承担由此给B公司造成的损失。

A公司辩称:B公司从2011年8月31日将款转到仰崇煤矿账上后至今,没有联系过仰崇煤矿还款或交货,其诉请早已超过两年的诉讼时效。

[简要分析] B公司向公安机关报案的行为构成诉讼时效中断,故A公司提出本案诉讼已超过诉讼时效的辩解亦不能成立。

在当事人已向公安机关报案的情况下,合同相对方主张报案一方不履行合同,怠于行使权利,致使权利超过诉讼时效期间,不能获得法院的支持。

(撰写人:刘　婷)

06

诉讼时效期间届满后偿还本金行为的法律性质

——刘某某与普教中心民间借贷纠纷案

裁判规则

超过诉讼时效期间当事人的自愿履行偿还借款本金行为,只能认定其放弃部分债务即本金的诉讼时效抗辩权。其超过诉讼时效已履行的,无权要求返还,但不能认定其放弃对借款利息的诉讼时效抗辩权。倘若债权人不能提交证据证明双方于诉讼时效期间届满后重新达成偿还借款利息的协议,则其应承担举证不能的不利后果。

案　情[1]

2006 年,刘某某与普教中心签订借款合同,约定刘某某向普教中心提供借款 300 万元,借款期限为两年,自 2006 年 10 月 10 日起至 2008 年 10 月 10 日止,借款利息按年利率 6% 计算,到期随本金一次还清,不计复利。合同签订后,刘某某于 2006 年 10 月 10 日将借款 300 万元交付给普教中心。经刘某某督促,普教中心分别于 2011 年 1 月 17 日、18 日偿还借款 300 万元。关于刘某某催促还款的时间,其主张于 2008 年 10 月以后到 2011 年还款期间一直在催还本金和利息,但未提交证据,普教中心则主张刘某某于 2011 年催促还款,此前未要求还款。2012 年 3 月刘某某起诉普教中心支付利息,起诉后提出撤诉。2012 年 7 月

〔1〕 (2013)一中民终字第 3494 号。

刘某某再次提起诉讼即本诉。

北京市海淀区人民法院依据《中华人民共和国合同法》第八条、第一百一十四条第一款之规定，判决：北京普教创新教育科技中心于判决生效之日起十日内偿还刘军锋借款人民币三百万元的利息损失（以欠款数额为基数，自2006年10月10日起至2008年10月10日止依照年利率百分之六计算；自2008年10月11日起至实际付清之日止，按照中国人民银行公布的同期同档次贷款基准利率四倍计算）。

【裁判结论】

北京市第一中级人民法院依照《中华人民共和国民法通则》第一百三十五条、《中华人民共和国民事诉讼法》第一百七十条第一款第（二）项之规定，判决：1. 撤销北京市海淀区人民法院（2012）海民初字第19033号民事判决；2. 驳回刘军锋的诉讼请求。

【裁判观点】

北京市第一中级人民法院经审理认为：合同约定借款期限自2006年10月10日起至2008年10月10日止，利息到期随本金一次还清，故合同约定的利息履行期限为2008年10月10日，普教中心未偿还利息，诉讼时效期间从知道或者应当知道权利被侵害时起计算，故刘某某请求利息保护的诉讼时效从2008年10月11日起计算。依据《民法通则》第135条的规定，“向人民法院请求保护民事权利的诉讼时效期间为二年，法律另有规定的除外”，故本案的诉讼时效期间为2008年10月11日到2010年10月10日。刘某某主张其在诉讼时效期间内催款，诉讼时效中断，但普教中心不予认可，辩称刘某某仅在诉讼时效期间届满后的2011年才催款，刘某某未能举证证明其在诉讼时效期间内催款，故其请求普教中心支付利息无事实及法律依据，法院不予支持。刘某某同时主张合同借款期间是2006年到2008年，但是普教中心于2011年有还款行为，说明双方重新确定了债权债务关系，应从2011年开始计算诉讼时效，法院认为，普教中心偿还借款本金的事实未发生在诉讼时效期间内，属于超过诉讼时效期间当事人的自愿履行行为，根据义务人普教中心的部分履行行为只能认定其只放弃部分债务即借款本金的诉讼时效抗辩权，其超过诉讼时效已履行的，无权要求返还，但不能认定其放弃对借款利息的诉讼时效抗辩权，现刘某某未能提交证据证明双方于2011年重新达成偿还借款利息的协议，其应承担举证不能的不利后果，故该主张无事实及法律依据，法院不予支持。

法官评析

本案争议的焦点在于，诉讼时效期间届满后债务人偿还本金的，权利人的利息部分是否可以得到支持。对此，我们需要界定债务人在诉讼时效期间届满以后的部分履行行为的法律性质。

最高人民法院《关于贯彻执行〈中华人民共和国民法通则〉若干问题的意见》第171条规定："过了诉讼时效期间，义务人履行了义务后，又以超过诉讼时效为由翻悔的，不予支持。"最高人民法院《关于审理民事案件适用诉讼时效制度若干问题的规定》第22条规定："诉讼时效期间届满，当事人一方向对方当事人作出同意履行义务的意思表示或者自愿履行义务后，又以诉讼时效期间届满为由进行抗辩的，人民法院不予支持。"自愿履行行为是指无论义务人是否知道诉讼时效期间已过的事实，只要其出于自愿履行诉讼时效期间已过的债务，就应认定该履行行为有效，其不得以诉讼时效期间已过为由主张撤销其自愿履行行为。以上司法解释明确了自愿履行行为即意味着对诉讼时效抗辩权的放弃。

首先，本案刘某某主张，普教中心2011年偿还本金的行为即是对诉讼时效抗辩权的放弃，从而本金产生的利息之债也应得到法院的支持。对此，我们认为利息之债，以原本债权之存在为前提，即其对于原本债权有附从性或从属性，但已届清偿之利息债权，因已与原本债权分离而独立存在，故其具有独立性，它并不因为本金之债诉讼时效抗辩权的放弃而放弃。

其次，刘某某主张2011年偿还本金的行为是对原债务的重新确认或者形成新的债权债务关系。对此，我们认为需要区分自愿履行行为与在催款单上签字盖章的行为。前者系已实际履行相关义务，后者如果清晰载明原债务合同相关内容的，债务人在该催款单或通知单上签字、盖章行为可视为对原债务的重新确认，若双方对原合同内容进行新的协商并达成一致后再签字盖章的，形成新的债权债务关系。本案普教中心与刘某某的原债权债务关系在2010年诉讼时效期间已经届满后，双方均无证据表明且普教中心亦不认可双方达成了新的意思表示，因此，2011 年偿还本金行为仅系自愿履行行为，该行为并不意味着普教中心作出按照原合同约定利率偿还利息的意思表示。

诉讼时效制度的功能在于督促权利人及时行使自己的权利，维持既定社会秩序稳定，尤其是在商事审判中，我们需要结合现有证据，分辨当事人在经济交往中的意思表示及其法律性质，追求经济交易的效率与秩序的稳定。

【裁判依据】

1.《中华人民共和国民法通则》第 135 条

2. 最高人民法院《关于审理民事案件适用诉讼时效制度若干问题的规定》第 22 条

（撰写人：杨　力）

8

CHAPTER

第八章

民间借贷的民刑交叉问题

01

“套路贷”涉嫌刑事犯罪，应当移送公安机关立案侦查

——王某与张某、徐某民间借贷纠纷案

裁判规则

即使出借人提交的证据较为完备、借款人的抗辩均缺乏直接证据证明，仍应综合全案分析所涉借贷关系有无不合常理及无法解释之处。

案　情[1]

2015年9月30日，张某(甲方)与王某(乙方)签订《借款合同》，双方在该合同中约定：乙方同意贷给甲方31.4万元，于2015年9月30日前交付甲方；借款期限为一个月，借款用途为生意周转，还款日期为2015年10月29日，还款方式为现金或银行转账支付；借款方如逾期不还借款，贷款方有权追回借款，借款方从到期日起付日息5‰；如有争议，协商解决不成，诉至北京市昌平区人民法院。该《借款合同》没有乙方的签字或盖章。

同日，张某向王某出具《收条》一张，该收条记载张某已经收到王某以银行转账方式出借的31.4万元。

同日，张某(甲方)与王某(乙方)签订《房屋租赁合同》，双方在该合同中约定：张某将位于北京市某房屋租给乙方，房屋租赁期为2015年10月30日至2035年10月29日，共计20年；租金总计31.4万元；租金支付时间为2015年9

[1] (2018)京01民终3604号。

月30日，以银行转账方式一次性付清。张某还同时向对方出具了31.4万元的租金收据和授权其处理北京市某房屋的委托书。2015年10月7日，王某通过中国工商银行向张某转账31.4万元。同日，张某在中国工商银行柜台分两笔共取款31.4万元。

2015年10月31日，张某向王某出具《承诺书》："今本人张某承诺不迟于2015年11月2日下午4时之前偿还王某之欠款，如若不能兑现承诺，将按照我与王某于2015年9月30日所签订的房屋租赁合同的约定将我们夫妻位于北京市某房屋出租给王某，并于当日腾空房屋。"

徐某与张某于1985年10月10日结婚，于2016年11月7日离婚。

王某向法院起诉请求：张某、徐某归还王某借款本金31.4万元并支付王某借款利息。

张某、徐某辩称，张某与王某之间不存在真实的借贷关系，本案的借款协议等证据都是因张某与案外人肖某的20万元借款而伪造的。此笔款项属于虚假诉讼，张某无还款责任，徐某也无共同还款责任。

北京市昌平区人民法院另查，2015年5月26日，肖某与张某签订《借款合同》，约定肖某向张某出借20万元。同日，北京市中信公证处出具《公证书》对肖某与张某签订《借款合同》的事实予以证明。2016年4月29日，北京市中信公证处出具《执行证书》，确定以下执行事项：1. 被执行人：张某。2. 执行标的：(1)借款本金人民币20万元。(2)自2015年5月26日起至借款还清之日的利息(以欠付借款本金为基数，按照银行同期贷款利率的4倍计算)。3. 责任范围：张某作为借款人，应就上述债务向肖某承担清偿责任。2016年9月7日，北京市朝阳区人民法院立案庭向肖某出具执行案件立案通知书。

再查，2015年10月7日，肖某从其名下的中国工商银行账户先后取款4000元和10万元，其中4000元系ATM取款，10万元系柜面交易。同日，王某通过中国工商银行账户向张某转账(网转)31.4万元之后，该账户收到肖某的汇款(柜面交易)41.4万元。

北京市昌平区人民法院认为：本案的争议焦点系双方当事人是否存在民间借贷关系。王某持有的《借款合同》虽未载明债权人，但其提供的《收条》《承诺书》均记载出借人系王某，且王某亦于2015年10月7日通过中国工商银行向张某转账31.4万元。以上证据能够证明双方当事人之间存在民间借贷关系，王某已经按照约定向张某提供了借款31.4万元。关于王某是否与肖某串通伪造张某向王某借款的事实,张某未提供充分证据予以证明,该院不予采信。张某是否于2015年10月7日将31.4万元交付肖某与本案无关,即使张某确实给付肖某31.4万元,但张某与肖某曾于2015年5月26日签订《借款合同》,张某尚欠肖某借款未还的事实在先,张某给付肖某欠款很可能是向肖某还款,这并不影响该院对张某向王某借款31.4万元事实的认定;此外,肖某和王某的中国工商银行账户交易明细显示,肖某与王某之间有较多的汇款记录,因此肖某为何于2015年10月7日向王某汇款41.4万元,亦与本案无关。

双方当事人之间存在民间借贷关系,该民间借贷关系不违反法律、行政法规的强制性规定,属合法有效。王某作为出借人已履行了出借义务,根据张某出具的《承诺书》,还款期限系2015年11月2日下午4时之前,现还款期限已经届满,张某应向王某返还借款本金31.4万元。双方约定的逾期利率过高,该院依法调整为按照年利率24%计算。

北京市昌平区人民法院作出(2017)京0114民初3624号民事判决,判决:1.张某、徐某于判决生效后十日内向王某返还借款本金31.4万元并支付逾期利息(以31.4万元为基数,自2015年11月2日起至实际付清之日止,按照年利率24%计算);2.驳回王某的其他诉讼请求。

判决后,张某、徐某提起上诉,上诉意见:2015年10月7日,王某将31.4万元转账给张某,同日张某将款项取出交给肖某,肖某在同一银行将该款转回给王某。因此王某未实际向张某支付借款。本案的借款是套路贷行为,借款的本金、利息均不受法律保护。

二审补充查明:

2015年10月7日11时47分,王某向张某转账31.4万元。

2015年10月7日12时50分,张某取款20万元;12时57分,张某取款11.4万元;13时2分,肖某取款10万元;13时7分,肖某向王某转账41.4万元,备注为货款。上述四笔交易详情中均显示:交易地区号00200(北京地区),网点02252(工商银行某支行),柜员号26782(同一经办人)。

二审期间,二审法院向肖某邮寄出庭通知书通知其出庭作证,肖某本人收取出庭通知书,但未到庭参加诉讼。

王某称,《房屋租赁合同》《租金收据》并非实际承租房屋并交付租金,而是以这种形式作为本案借款的担保,其与张某之间只存在一起纠纷,即本案诉讼的民间借贷法律关系。

二审法院询问王某收取肖某的41.4万元是何款项,肖某曾向其借过多少钱,是否与其存在买卖货物的关系。王某在第一次法庭询问时称想不起来41.4万元是什么钱,想不起来是肖某的借款还是还款;在开庭时又称,其与肖某有很多经济往来,包括合伙和欠账,账乱了;这笔钱可能是肖某还王某的钱,也可能是业务上的拆借款项;王某认为41.4万元是肖某向王某的还款,没有其他证据证明王某曾向肖某出借过款项;王某曾借过肖某超过100万元,具体多少不清楚,何时出借也无法确认;双方没有买卖货物的关系。

二审法院询问王某,为何其认识肖某并与肖某存在诸多经济往来却向一审法院陈述不认识肖某,王某称,其认为肖某与本案无关,不想把肖某牵扯进来,因此陈述不认识。

【裁判结论】

北京市第一中级人民法院于2018年10月19日,作出(2018)京01民终3604号民事裁定:1.撤销北京市昌平区人民法院(2017)京0114民初3624号民事判决;2.驳回王某的起诉。

【裁判观点】

北京市第一中级人民法院认为:民间借贷是指公民之间、公民与非金融机构企业之间的借款行为。就民间借贷纠纷而言,本案中王某提交的证据从借贷合意、款项交付两方面来看都较为完备,案涉借款有借款合同、收条、转账凭证、承诺书,而张某、徐某的抗辩均缺乏直接证据证明。尽管如此,本案中存在诸多有悖常理之处,可能存在套路贷诈骗犯罪嫌疑,该院分述如下:

其一,通过二审诉讼中补充查明的事实可知,张某在收取款项后与肖某先后在同一银行同一窗口由同一银行工作人员经办取款、转账。张某取出王某转账的全款31.4万元,而肖某在张某取款后取出10万元,并向王某转账41.4万元,肖某向王某转账的款项与其自提的款项差额恰为张某在该窗口取出的31.4万元。查明事实与张某主张其将款项在窗口交给肖某、自己并未取得任何资金基本吻合。如张某主张属实,则资金经案外人肖某最终回到王某处,而张某在未收取款项的情况下向他人出具借条、收条等相关凭证,王某依据该等凭证以民间借贷纠纷诉讼方式主张权利,将其或未实际出借的款项转为合法的债权,涉嫌诈骗。

其二,王某对所收取的41.4万元款项无法说清性质或作出合理解释,有违常理。根据资金明细反映出的事实,王某在出借31.4万元之后当天即收回41.4万元,而针对该笔大额且存在一定特殊性的款项往来,王某无法说明款项性质,也不能进行合理解释,甚至在最初的二审询问中表示无法区分是借款还是还款,显然有违常理。肖某转款之时将该笔41.4万元款项备注为"货款",而王某称双方并不存在货物买卖关系,就本案而言,对转账款项作与实际不符的备注值得怀疑。后王某在诉讼中改称41.4万元款项是肖某向其偿还借款,亦无法自圆其说。

其三,张某向王某出具的相关借款手续:《借款合同》《收条》《房屋租赁合同》《租金收据》、处置房屋的《委托书》,所署落款日期均为2015年9月30日,而当时张某尚未收到借款。从这些材料的格式看,均具有一定制式,并预留了手写的内容。在未发放借款之前要求借款人出具前述较为完备的证据材料有违一般民间借贷常理。

其四,除了《借款合同》《收条》《承诺书》之外,张某还向王某出具了《房屋租赁合同》《租金收据》、处置房屋的《委托书》等手续,从《房屋租赁合同》《租金收据》、处置房屋的《委托书》的内容来看,王某意在取得张某、徐某房屋20年的房屋租金,租金价值与"借款"金额极不对等。

其五,诉讼中,王某在认识肖某的情况下,向法庭陈述其不认识肖某,有违常理。如果肖某、王某均是实际出借款项的借款人,其可以就案涉事实予以说明,而本案中,王某的主张均为其代理人代为陈述,经法庭要求,王某本人不到庭参加诉讼,肖某经法院通知亦不到庭作证,有违常理。

综上,依据最高人民法院《关于在审理经济纠纷案件中涉及经济犯罪嫌疑若干问题的规定》第11条的规定,"人民法院作为经济纠纷受理的案件,经审理认为不属经济纠纷案件而有经济犯罪嫌疑的,应当裁定驳回起诉,将有关材料移送公安机关或检察机关"。本案应当裁定驳回王某的起诉,将本案移送至公安机关。鉴于二审期间新查明的事实,一审判决处理结果不当,该院依法予以纠正。

法官评析

本案是一起被告(借款人)抗辩套路贷的案件,涉及民商事审判中较为复杂的刑民交叉问题。二审法院通过补充查明事实,较为全面的剖析了案件存在涉嫌刑事判罪之处,最终裁定驳回原告的诉讼请求。现详述如下。

一、"套路贷"

自2017年开始,"套路贷"字眼进入人们视线。2018年1月16日,最高人民法院、最高人民检察院、公安部、司法部联合出台《关于办理黑恶势力犯罪案件若干问题的指导意见》,该意见中第20条明确规定:"对于以非法占有为目的,假借民间借贷之名,通过'虚增债务''签订虚假借款协议''制造资金走账流水''肆意认定违约''转单平账''虚假诉讼'等手段非法占有他人财产,或者使用暴力、威胁手段强立债权、强行索债的,应当根据案件具体事实,以诈骗、强迫交易、敲诈勒索、抢劫、虚假诉讼等罪名侦查、起诉、审判。"2019年4月9日,最高人民法院会同最高人民检察院、公安部、司法部联合制定印发了《关于办理"套路贷"刑事案件若干问题的意见》,对什么是套路贷作出了定义:"套路贷",是对以非法占有为目的,假借民间借贷之名,诱使或迫使被害人签订"借贷"或变相"借贷""抵押""担保"等相关协议,通过虚增借贷金额、恶意制造违约、肆意认定违约、毁匿还款证据等方式形成虚假债权债务,并借助诉讼、仲裁、公证或者采用暴力、威胁以及其他手段非法占有被害人财物的相关违法犯罪活动的概括性称谓。最高人民法院、最高人民检察院、公安部、司法部《关于办理"套路贷"刑事案件若干问题的意见》还列举了"套路贷犯罪"常见犯罪手法和步骤。

二、本案裁判解析

本案中,尽管王某提交的证据从借贷合意、款项交付两方面来看都较为完备,但法院通过分析案件不合常理之处并经过扎实的调查取证查清事实,对当事人主张的民间借贷关系予以认定。主要考察的方面有:

1. 款项实际交付方面有无异常。本案中,张某在收取款项后与肖某先后在同一银行同一窗口由同一银行工作人员经办取款、转账。张某取出王某转账的全款31.4万元,而肖某在张某取款后取出10万元,并向王某转账41.4万元,肖某向王某转账的款项与其自提的款项差额恰为张某在该窗口取出的31.4万元。查明事实与张某主张其将款项在窗口交给肖某、自己并未取得任何资金基本吻合。如张某主张属实，则资金经案外人肖某最终回到王某处，而张某在未收取款项的情况下向他人出具借条、收条等相关凭证，王某依据该等凭证以民间借贷纠纷诉讼方式主张权利，将其或未实际出借的款项转为合法的债权，涉嫌诈骗。

2. 当事人陈述的基本事实有无明显不合常理之处。王某对所收取的41.4万元款项无法说清性质或作出合理解释，有违常理。甚至在最初的二审询问中表示无法区分是借款还是还款，显然有违常理。后王某在诉讼中改称41.4万元款项是肖某向其偿还借款，亦无法自圆其说。

3. 证据反映的事实有无矛盾之处，张某向王某出具的相关借款手续：《借款合同》、《收条》、《房屋租赁合同》、《租金收据》、处置房屋的《委托书》，两者内容所体现的民间借贷关系与租赁关系存在矛盾。

4. 当事人是否可以通过证据获得超越民间借贷关系的权利。本案中，张某还向王某出具了《房屋租赁合同》、《租金收据》、处置房屋的《委托书》等手续，王某意在取得张某、徐某房屋20年的房屋租金的价值与“借款”金额极不对等。

5. 是否存在不符合一般生活常理之处。诉讼中，王某在认识肖某的情况下，向法庭陈述其不认识肖某，有违常理。

三、类型案件参考

尽管在法律依据层面，新规出台对“套路贷”犯罪行为作出有力打击，但在民事审判领域，基于涉“套路贷”行为中的表面证据均符合正常的民间借贷具备的证据要求，涉“套路贷”民间借贷纠纷案件的审理审查仍存在难点，多数情况下当事人不能提出有利的抗辩理由以及证据。

本案中有以下经验值得参考借鉴：

1. 重视资金流向事实的查明，发挥人民法院调查取证职能，调取银行凭证并分析证据中体现的行为人之间的相互关系，掌握线索，寻找甄别案件的突破口。

2. 加大证据审查力度，要求当事人本人到庭作出陈述，也可依法传唤相关人员作为证人出庭就所涉事实予以说明，结合当事人的反应，以及其对借贷事实经过、利息支付情况、交易习惯等的陈述综合判断借贷事实是否涉嫌犯罪。

3. 总结案件中不符合生活常理之处。如当事人能否合理解释与相关人员的关系，其款项流水过程能否得到合理解释，其资金来源有无可疑之处等。

4. 对照最高人民法院、最高人民检察院、公安部、司法部《关于办理“套路贷”刑事案件若干问题的意见》所总结的常见情形，重点排查案件有无典型“套路贷”情形之处。

【裁判依据】

1. 最高人民法院《关于在审理经济纠纷案件中涉及经济犯罪嫌疑若干问题的规定》第11条

【关联案例】

一、李某某与张某A、张某B民间借贷纠纷案

［案号］ (2018)黑06民终2830号

［案情］ 李某某与张某A于2015年5月28日签订《借款协议》一份，约定李某某向张某A借款70,066.84元。张某A以A公司的名义收取李某某咨询评估费4666.38元、管理费4666.38元、风险基金1401.34元，以B公司的名义收取李某某管理费9332.74元及信息查询费200元。李某某实际收到的借款金额为49,800元。因李某某未偿还全部借款，张某A将剩余借款以未实现债权总额30%的价格转让给张某B，由张某B向李某某主张剩余欠款。

［简要分析］ 法院认为，出借人以“咨询费”“服务费”“行业规矩”等名目收取借款人款项，虚增借款金额，系“套路贷”犯罪的主要特征。在民事诉讼中，“套路贷”表现为涉案原告可能仅是名义出借人，与债务人陈述的实际借款人不一致。本案中，张某A作为实际出借人，在出借款项的过程中收取高额的“咨询费”和“管理费”等，造成合同约定的借款金额与借款人实际收到的借款金额相差很大，符合“套路贷”的特征。故本案应依法移送公安机关进行审查。

本案中，法院认定案件涉及“套路贷”的主要情形为出借人以“咨询费”“服务费”“行业规矩”等名目收取借款人款项，虚增借款金额，此种情形属“套路贷”

常见情形,具有典型性。

二、杨某与熊某民间借贷纠纷案

[案号] (2018)闽01民终9347号

[案情] 杨某向一审法院起诉请求:判令熊某偿还杨某借款本金2万元及从2012年10月19日起至还清借款之日止按月利率2%计算的利息,并承担本案诉讼费用。

熊某以本案系套路贷案件提出抗辩。

[简要分析] 法院审理后认为,本案系杨某等三人分别以原告身份同时期起诉二十余案系列案之一。该系列案原告起诉时提交的证据材料、起诉的对象、诉讼标的额等具有高度相似性。系列案其中(2018)闽0124民初522号民间借贷纠纷一案,因涉嫌存在暴力讨债、"套路贷"等经济犯罪情况,一审法院已于2018年9月14日裁定驳回起诉,移送公安机关依法处理。现公安机关已经知悉该系列案基本情况并将一审法院移送案以涉嫌虚假诉讼为由刑事立案。为此,本案应随该系列案一并移交公安机关依法处理,驳回杨某的起诉。

二审诉讼中,上诉人杨某向法院申请撤回起诉。二审法院认为,因本案可能涉及经济犯罪,法院对上诉人提出撤回上诉、撤回一审起诉的申请不予准许。

本案基于相关类似系列案件已移送公安机关,且公安机关已刑事立案,而将该案移送公安机关。事实与理由充分。审理涉"套路贷"案件过程中,应充分重视系列案件的统一处理。本案中值得注意之处是,涉"套路贷"案件审理过程,原告申请撤回一审起诉,法院因本案可能涉嫌经济犯罪未予准许。

(撰写人:刘　婷)

02

"套路贷"构成要件之目的非法性的认定

——吴某与姚某某、贾某某民间借贷纠纷案

裁判规则

在民间借贷频繁发生的情况下,不法分子假借民间借贷名义从事违法犯罪活动,犯罪手段更为隐蔽,存在以虚假的高额回报投资产品诱导老人抵押房屋借款投资从而获得不法收益的情况,人民法院在审理案件中应全面查清案件背景,梳理案件矛盾之处与风险点,避免人民群众利益受到不法侵害,维护良好的经济秩序。

案　情〔1〕

2017年3月24日,借款人(甲方)姚某某、贾某某与出借人(乙方)吴某签订《借款合同》,约定,甲方因资金周转需要,向乙方借款400万元用于资金周转,借款期限为一个月,借款利息为月利率2%,房屋所有权人姚某某,房屋共有人贾某某房产做抵押担保,并承诺及时办理房产抵押登记手续。公证处出具《具有强制执行效力的债权文书公证书》,赋予前述《借款合同》强制执行效力。

2017年3月27日,甲方(借款人)姚某某、贾某某与乙方(出借人)吴某、丙方A公司签订《借款及服务协议》,约定,贷款金额400万元,借款期限60天,借款利率为月息2%,签署本协议当日甲方应支付30天贷款利息8万元,在2017年4月27日前,甲方应支付30天借款利息8万元,甲方自愿将房屋作为抵押物抵押给乙方指定人员。

〔1〕(2018)京01民终8359号。

同日，吴某向姚某某转款400万元，姚某某同日取现6万元、转至王A账户388万元、转至王B账户6万元。姚某某、贾某某出具《借条》，载明，今姚某某、贾某某向出借款人吴某借款人民币400万元，借款期限2个月。姚某某、贾某某出具《收条》，载明，今收到出借人吴某交来借款共计400万元，现借款人姚某某、贾某某已全部收讫。后，王A、王B向姚某某转款，姚某某收到后再向王C支付。

2018年8月17日，公证处出具《不予出具执行证书决定书》，认为债权人与债务人就公证借贷事项另行签署了不同内容的借条，无法查明债权债务的实际履行情况，故决定不予出具依据吴某与姚某某及贾某某签订的具有强制执行效力借款合同的执行证书。

二审中，补充查明以下事实：甲方姚某某、贾某某与乙方吴某、丙方A公司签订的《借款及服务协议》还约定以下内容：甲方自愿将房屋作为抵押物抵押给乙方指定人员，并严格按乙方要求配合乙方指定人员办理相关公证手续（包括但不限于个人借款强制公证、售房委托公证、抵押解押公证、证件一致公证等）；甲方承诺借款期限届满时未能偿还借款，需处分该房屋以偿还借款，且因甲方或甲方抚养亲属无其他居住选择时，甲方自愿接受乙方或丙方安排搬离该房屋并入住乙方或丙方安排的临时住房；甲方应对乙方的信息及本协议内容保密……乙方有权披露；丙方有权向甲乙双方收取约定的平台服务费等相关费用……丙方有权向此违约提醒及催收工作委托给本协议外的其他方进行；甲方未按期偿还借款的，丙方有权协助乙方依法处置甲方上述抵押房产。且甲方同意并授权丙方或丙方指定的代理机构按如下方案出售该抵押房产：(1)自借款期限届满之日起30日内，按低于市场价格(……)20%的标准出售；(2)自借款期限届满之日后第31日起，按本协议所述借款金额出售；若借款期限届满甲方未能按时足额偿还本息的，甲方应向丙方支付惩罚性违约金，计算方法如下：惩罚性违约金=(全部借款本金+未偿还本金部分的利息)×24%×逾期天数÷365天；若甲方未按本协议约定期限支付各项服务费，且自该期限届满之日起10日内仍未补交的，每逾期一日，则甲方应按未支付的各项服务费的总金额的千分之五向丙方支付惩罚性违约金。

姚某某、贾某某主张其并未在2017年3月27日签署任何协议，姚某某、贾某某在A公司签了很多文件，当时并未看具体签的是什么。吴某称，《借款及服务协议》是其在2017年3月27日去A公司单方签署的,签署时协议上已有姚某某、贾某某的签字。

“法治进行时”微信公众号发布了一篇题为《高利贷已经演化出各种套路,诱发恶性暴力刑事犯罪》的文章,援引了在BTV科教频道播出的《法治进行时》节目,展示了两名陌生男子在“姚女士”家客厅地板上铺着被子睡觉、桌子上摆着吃过的餐盒、塑料袋等垃圾的画面,文章还记载了B公司诱骗“姚女士”将房子抵押给小额贷款公司贷款400万元投资保健品项目的相关情况。吴某称其未看到在姚某某家居住的讨债人员,是A公司的王C安排人去的。

北京市海淀区人民法院认为:吴某与姚某某、贾某某签订的《借款合同》及吴某与姚某某、贾某某、A公司签订的《借款及服务协议》均系双方当事人的真实意思表示,且内容均未违反法律、法规的强制性规定,应属合法有效。借款协议签订后,吴某已履行出借借款的义务,姚某某、贾某某已收到借款。

针对姚某某、贾某某抗辩称其于收到借款的当日已将借款款项转给涉嫌刑事犯罪的第三人,故本案应移送公安机关或中止审理一节,姚某某、贾某某在取得借款后将借款款项转给他人,系其自己对借款款项的使用及处分,即使实际取得并使用借款款项的第三人涉嫌非法集资犯罪,但本案并非民间借贷行为本身涉嫌非法集资犯罪。

吴某于签订合同的当日向姚某某支付了约定的借款本金400万元,姚某某未提供证据证明其自行转出款项,故本案借款本金应为吴某实际向其出借的借款400万元。借贷双方约定了借期内的利率但未约定逾期利率,出借人主张借款人自逾期还款之日起按照借期内的利率支付资金占用期间利息的,人民法院应予支持。吴某与姚某某、贾某某在借款协议中约定了借款利息,且此利息比例未超出法律规定,故该院对吴某主张的利息的计算标准予以支持,但对于欠付利息的数额,因姚某某、贾某某通过A公司对吴某实际进行了还款,但每月还款尚不足支付每月的借款利息,故还款未涉及抵扣借款本金的情况,因此已还款项应从应付利息中扣除,故对吴某主张的利息部分予以支持。

北京市海淀区人民法院作出(2018)京0108民初1030号判决书,判决:1.姚某某、贾某某于判决生效后10日内偿还吴某借款本金400万元及利息(以400万元为基数,按照月利率2%的标准计算,自2017年4月27日起至借款实际偿清之日止,扣除已付利息28万元);2.驳回吴某的其他诉讼请求。

【裁判结论】

北京市第一中级人民法院于2018年11月27日,作出(2018)京01民终8359号民事裁定:1. 撤销北京市海淀区人民法院(2018)京0108民初1030号民事判决;2. 驳回吴某的起诉。

【裁判观点】

北京市第一中级人民法院认为:姚某某、贾某某均系年逾六旬的退休老人,二人与吴某此前并不相识,吴某在未核实借款用途、还款能力的情况下,仅因借款有抵押便向并不相识的陌生人出借400万元借款,且围绕该笔借款,签订了多份对借款期限、利息标准等基本条款不尽相同的借款合同,本案诉讼中,吴某主张落款日期在后的《借款及服务协议》是双方实际履行的合同,而在诉讼前,吴某却以经过公证的《借款合同》为依据,申请公证机关签发执行证书。《借款及服务协议》约定,A公司有权收取管理服务费、惩罚性违约金,还有权在姚某某、贾某某未按期还款时,按低于市场价20%的标准或按协议约定的借款金额出售抵押房产。而该份事关当事人处分重大权益的合同并非借贷双方同时当面签署,与常理不符。此外,A公司在催讨债务过程中,出现了由职业索债人采用软暴力方式索债的情形,与一般民间借贷常情不符。依据最高人民法院《关于在审理经济纠纷案件中涉及经济犯罪嫌疑若干问题的规定》第11条的规定,"人民法院作为经济纠纷受理的案件,经审理认为不属经济纠纷案件而有经济犯罪嫌疑的,应当裁定驳回起诉,将有关材料移送公安机关或检察机关",本案应当裁定驳回吴某的起诉,将本案移送至公安机关。

法官评析

民间借贷,是指自然人、法人、其他组织之间及其相互之间进行资金融通的行为。从根本上讲,民间借贷是自然人或其他主体之间的财物资金的融通,借款人获得借款无须经过复杂冗长的资信核查、授信审批等流程,交易便捷高效,因此民间借贷交易频繁存在于经济活动之中。与此同时,民间借贷因自发性、民间性的特点,存在借贷行为缺乏监督管理、款项流通随意、借贷行为不规范等问题,而不法分子利用民间借贷参与主体急于获利心理、法律意识不足等漏洞,通过虚构债权、虚增高利等方式侵占他人财产。层出不穷的“套路贷”案件，不仅严重扰乱正常的民间借贷活动，更因为黑恶势力的参与而涉嫌构成经济犯罪，破坏社会秩序。相对于专业放贷人员，借款人处于弱势地位，在诉讼中，仅凭借出借方提交的证据，无法体现案件的整体事实，因此需要进行全面审视案件事实，排查案件是否存在犯罪嫌疑。最高人民法院《关于办理“套路贷”刑事案件若干问题的意见》规定，判断是否构成“套路贷”，需要从以下三个方面考虑：1. 行为目的的非法性；2. 债权债务的虚假性；3. “讨债”手段的多样性。相对于上述要件中债权债务的虚假性和“讨债”手段的多样性的特点，“套路贷”行为目的的非法性特征隐蔽性强，甄别难度大，通常称为司法审查的难点，需要通过详细审查借贷合同条款、当事人的陈述以及案件发生的社会背景，综合认定出借人与借款人订立合同是否具有非法目的。

一、“套路贷”的非法性体现于行为人目的的非法性

区别于一般意义的民间借贷，“套路贷”是对假借民间借贷之名非法占有他人财物的类型化违反犯罪的概括性称为。行为人进行“套路贷”行为，主要以非法占有他人财物为目的。借贷合同通常是实施“套路贷”犯罪行为的手段，以借贷为诱饵，诱骗或逼迫被害人陷入清偿债务的圈套，进而指向侵占被害人高价值的财务。实践中，“套路贷”行为较多指向被害人的房屋，即在被害人未能清偿所谓借款的情况下，嫌疑人以要求还款为借口，强占或以极低价格使用被害人的房屋，或通过实现抵押权的方式取得房屋所有权。当然，如在借贷法律关系中仅仅以房屋作为抵押或作为履行合同的担保，并不能一概认定出借人具有犯罪动机，应结合借贷行为本身是否存在强立债权、虚增债务数额等情形共同认定，如在借款合同中出现诸如借款人不能清偿时出借人可占有、使用或处分借款人房屋等条款时，应着重审查出借行为是否存在虚构交易流水、平账转单以及出借人是否存在故意制造障碍阻止借款人还款而借机侵占财产的情形。

二、“套路贷”的非法性体现于以合法行为对非法目的进行掩盖

民间借贷法律关系，需要考察出借人与借款人之间的借贷合意和款项交付，而“套路贷”犯罪行为系通过制造合法形式的借贷合意和款项交付事实，掩盖意欲侵占他人财产的行为目的。借贷合意通常以借款人与出借人之间签订的借贷合同体现。一般的民间借贷合同中，出借人与借款人之间

多就借款金额、借款期限、借款利息等进行约定，而涉嫌“套路贷”行为的借款合同，涉及大量对借款人不利的条款以及较为严苛的还款条件，更多体现借款逾期后对借款人财产处置的内容，此中原因，在于出借人追求借款人违约的结果，并以此作为事实侵占借款人财产的导因。对于款项交付而言，“套路贷”的嫌疑人通常存在制造虚假交易流水、强制转单凭证等方式造成债务数额虚高，主要的手段为：按照约定数额出借款项后要求借款人交回部分款项，但仍按照约定数额主张债权，或交付款项后立即指令借款人将款项付至他人；约定高额利息，造成借款人无法清偿借款本息；将借款本息一并计算为新的借款本金，强行要求借款人借新还旧。上述行为均系实施“套路贷”犯罪的手段，表象上体现为真实借款合意和真实款项流动，但整体考察，则可以认定其行为目的指向故意造成借款人违约而占有其财产。

三、“套路贷”中索债行为的非法性

“套路贷”犯罪中，出借人或相关人员对借款人进行诈骗或胁迫，是其达到虚增债务数额，迫使借款人作出对己不利行为的核心环节。在借款人无法承担高额债务的情况下，嫌疑人通过往采用暴力索债、胁迫、“软暴力”等手段强迫将高价值财产处置，相对于肢体冲突、拘禁殴打等暴力行为，“软暴力”手段更具隐蔽性，例如，索债人员采取跟踪尾随、言语威胁、张贴具有威胁性内容的纸张海报、滞留在借款人家中等，虽然没有直接的肢体冲突，但仍对借款人的人身和财产安全构成威胁。

综上，“套路贷”行为的非法性，表现在借贷合同的订立、履行和借款清偿等借贷法律关系的各个环节之中，虽然经常以各种合法形式所掩盖，但整体审查后，其非法性具有可以识别的具体特征，并非无法发现，实践中，并非所有“套路贷”案件均具有典型意义的非法行为，在具备其中某个或数个特征时，应进行严格审查，发现案件符合其他“套路贷”犯罪特征时，应及时将案件移送公安机关侦查，维护人民财产安全和社会经济秩序稳定。

【裁判依据】

1.《中华人民共和国合同法》第 52 条

2. 最高人民法院《关于审理民间借贷案件适用法律若干问题的规定》第 13 条

3. 最高人民法院《关于审理经济纠纷案件中涉及经济犯罪嫌疑若干问题的规定》第11条

【关联案例】

一、周某与邬某某、赵某民间借贷纠纷案

[案号] (2019)苏01民终2185号

[案情] 2017年2月至12月,邬某某以房产抵押方式向不同的债权人借款,在借贷过程中出现多次转贷、同一套房产被多次抵押以及相关借贷均有蒋某、赵某参与等情况,现邬某某仅认可实际使用的借款本金为138.18万元,而涉案借款本金为290万元,因此,在短短的10个月时间内邬某某所负债务激增,虚增债务的痕迹明显。本案中,周某以邬某某和赵某为共同借款人诉请还款,并要求就邬某某、赵某名下的抵押房屋享有优先受偿权。该房屋虽在二人名下,但赵某并非房屋的真实权利人,自原在邬某某未成年子女名下的房产份额转至赵某名下之后,案涉房屋自2017年4月19日至12月4日多次被设定抵押对外借款,借款的介绍人、经办人均与案涉借款共同借款人赵某及案外人蒋某有关,借款利息及各种手续费畸高,借款金额逐步垒高,借得款项中的大部分并非由邬某某支配,前后借款的发生具有环环相套的特点。依据最高人民法院《关于在审理经济纠纷案件中涉及经济犯罪嫌疑若干问题的规定》第11条的规定,本案借贷行为本身涉嫌犯罪,故裁定驳回起诉、移送公安机关处理。

[简要分析] 民间借贷纠纷中,出借人通过虚增交易流水的方式制造高额债务,造成债务人实际借用款项数额与名义借款数额差额巨大,属于认定构成“套路贷”行为的特征。

“套路贷”行为中,虚构交易流水、虚增债务数额,其实质目的为造成债务人无法清偿债务后,嫌疑人以行使抵押权、合同约定占有借款人不动产等手段,实际产生侵占借款人财产、侵害借款人权利的违法后果,故“套路贷”犯罪的嫌疑人并非以出借款项为目的,而是假借借贷名义实施犯罪行为,侵犯公民财产权利。

二、顾某某与郭某某民间借贷纠纷案

[案号] (2016)沪02民终8684号

[案情] 顾某某称,其因银行透支而于2014年2月向案外人凤某某借款人民币(以下币种均为人民币)2万元、借期1个月;因借期届满未还款,被凤某某等人胁迫向案外人(陌生男子沈老板、陌生女子冰冰等)先后出具10万元、30万元、45万元欠条,借据到期后又被凤某某、××宇(现因另案已被批捕)、吉某某等逼迫而写下62万元欠条;2014年5月及6月,吉某某将顾某某带至服务公司、东方公证处与陌生男子韩某某、郭某某(均是服务公司员工)面谈并签署多份合同、做了相关公证(因假冒产权人签字、公证目前已被撤销),同时写下122万元的收据;2014年6月10日和18日,顾某某名下的银行卡内分别进账23万元、69万元、30万元,同时出账20.1万元(至程某某名下,服务公司财务)、取现5.2万元(吉某某拿走,名目"服务费")、出账93万元(给付××宇);期间,上述顾某某名下的银行卡系韩某某在服务公司处直接向顾某某拿走、没有归还过,且身份证等也不在顾某某自己的掌控之中。另,郭某某在一审中自认其是服务公司的司机,二审中称巨额借款来源于其兄(实际仅为农民),但郭某某自己在一审中提供的证据却显示上述巨款是由爱投服务公司打到郭某某账户内。上诉人认为,其从借款2万元变成现在欠款122万元且将家里房屋抵押,其还因此被人上门滋扰讨债(有报警记录),本案所涉借贷显为"套路贷"。该院认为,根据本案讼争双方当事人的举证结果以及相关庭审自认陈述,本案所涉民间借贷明显异于常情,有经济犯罪嫌疑。

[简要分析] "套路贷"并非某类案件的总称,而是基于民间借贷外表下的刑事犯罪行为,具有明显的非法侵占他人财产的目的。出借人往往以小额借款作为诱饵,诱骗被害人借款,然后课以高额利息,通过虚构交易流水,采取威逼胁迫等手段形成借款数额巨大的借贷凭证,造成借款人无力偿还,嫌疑人进而采取公证、实现抵押权、低价买用高价值房屋等手段获取不当利息。该案中,出借人虚构债务数额的行为十分明显,出借款项后,又从借款人处收回款项,以此增加名义债权的数额,最终产生占有借款人房屋的结果。

(撰写人:徐　硕)

03

民间借贷虚假诉讼的识别

——胡某某与袁某、王某某民间借贷纠纷案

裁判规则

民间借贷案件中出现了“套路贷”、虚假诉讼、职业放贷人等与民间借贷融通资金本质相背离的情况，不仅破坏正常的金融秩序，更涉嫌刑事犯罪，严重损害当事人的利益。因经济利益巨大以及借贷行为不规范，借贷双方对于借款凭证以及还款凭证的处理并不严格，部分出借人利用与利害关系人的共同安排，要求借款人通过向他人还款的形式归还借款后，仍以借款人未直接还款为由起诉，要求重复清偿借款，存在虚假诉讼的重大嫌疑。人民法院应对此予以严格审查。

案　情[1]

2012 年 9 月 5 日，袁某、王某某（甲方，借款人）与胡某某（乙方，出借人）签订借款合同，向胡某某借款 1000 万元，借款月利率为同期银行贷款利率的四倍，借款期限为 1 个月；甲方违反本协议约定，未按期偿还借款的，甲方除应继续支付借款利息外，同时应承担未还款金额每日万分之二的违约金；因本协议有关事项办理公证、登记、转让、第三方协助、税收或律师见证时，该费用由甲方承担。公证处于 2012 年 9 月 6 日依法作出公证书，赋予借款合同强制执行效力。同日，袁某、王某某向胡某某出具收据，载明收到胡某某人民币 1010 万元。次日，胡某某向袁某银行账户转款 1010 万元。

2014 年 4 月 21 日，胡某某向公证处申请执行证书。胡某某依据上述执行证

〔1〕（2018）京 01 民终 7992 号。

书申请强制执行,袁某、王某某主张公证债权文书和执行证书确有错误,请求不予执行。北京市东城区人民法院认为,袁某、王某某所称借款本金已清偿的异议请求没有事实依据,但借款合同约定的利息及违约金之和已经超过了银行同类贷款利息的4倍,公证债权文书确有错误,故裁定不予执行。

袁某、王某某提供的民生银行付款单及A公司账户交易明细单显示,A公司于2012年9月7日向民生银行借款10,041,083.33元,归还借款后,A公司又于2012年9月7日继续向民生银行借款1000万元,民生银行于9月12日放款1000万元,该笔借款于当日汇入B公司。2012年12月29日,支付给胡某某个人5万元,2013年4月3日支付给胡某某50万元,B公司银行账户明细及马某账户明细显示,A公司于2012年9月12日汇入的1000万元款项,次日转给马某,马某于收款当日和次日两次将该款项转给胡某某。袁某、王某某称上述1000万元借款和转款均是由胡某某操作,归还胡某某的借款,55万元是归还胡某某的借款本金、借款周转及办理借款的手续费。胡某某则表示,因袁某欠郭某某的钱,郭某某欠胡某某1000余万元,所以,A公司将所贷款1000万元应袁某要求将款转给B公司,后转给马某,马某受郭某某委托再转款给胡某某。袁某、王某某称对转款过程不清楚,袁某不欠郭某某的钱,郭某某是否欠胡某某的钱不清楚。

另,A公司法定代表人系王某某之兄,但该公司的实际管理人为袁某。胡某某系C公司法定代表人。

一审诉讼期间,胡某某申请的证人郭某某出庭作证,郭某某称:袁某于2011年4月至6月期间向其借款1000万元并出具借条,现仍欠100余万元未还;2012年9月,袁某称有一笔银行贷款要发放,让郭某某找一个发放贷款的账户,作为偿还郭某某的欠款,郭某某向袁某提供了B公司账户,袁某于当月将该1000万元打入该公司账户,作为偿还郭某某的欠款,B公司收到该笔款项后,应郭某某的要求将该笔款项转给了马某,因郭某某欠胡某某1000余万元借款,郭某某要求马某将收到的1000万元转给了胡某某。

二审中补充查明:袁某、王某某表示,向胡某某借用诉争款项用于偿还到期日为2012年9月7日的A公司向民生银行的借款,该笔借款本金1000万元,还有4万余元的利息,故向胡某某借款1010万元,上述款项归还民生银行的借款后,A公司当日即从民生银行贷款1000万元,民生银行放款的时间为2012年9

月12日。胡某某认可袁某、王某某向其借用诉争款项是为了偿还银行的借款,本案诉争借款发生前,存在过胡某某向袁某、王某某出借款项,袁某、王某某还给银行后再从银行贷款还给胡某某的情况,具体的时间、金额没有统计,之前都是直接还给胡某某。

郭某某二审期间出庭,称袁某2011年7月1日出具字条,其中记载"清账"等内容,该内容是指确认截至2011年7月1日,袁某和郭某某各投入1000万元,袁某又欠郭某某1000万元。袁某、王某某则称,"清账"是结清账目的意思。

关于胡某某与郭某某的债权债务。胡某某称,马某向其转账1000万元前,郭某某欠胡某某的钱超过1000万元,但具体数额说不清楚了,是多笔借款形成的,发生时间在2010年1月至2012年7、8月,大部分通过银行转账支付,借款未约定利息,因为胡某某与郭某某是亲戚,所以上述借款都没有出具借条;郭某某向胡某某借用的款项超过1000万元,由多笔借款形成,每笔借款都没有借条,利息为月息3%或4%,绝大部分都是胡某某通过转账支付的,没有借条的原因为"信用""有时候跟胡某某无法见面,无法出具借条",郭某某与B公司的法定代表人是朋友,但记不清这个人的名字了,转给马某是因为当时郭某某的账户转不了,可能是因为银行的原因,具体原因记不清楚了;现在无法提供马某和B公司的联系方式,B公司的账户是郭某某提供的,款项付至B公司由郭某某联系,当时袁某授意向郭某某还钱,郭某某与胡某某之间就借款基本上没有进行过结算。胡某某称,除以上借款外,其与郭某某之间还存在大量款项往来,C公司有时通过胡某某和郭某某的个人账户收取服务费;其未向袁某、王某某说过与郭某某之间借款的事情。郭某某认可,当时并未将欠胡某某钱的事情告知袁某,因为与袁某没关系,其要求将本案诉争款项付至B公司,由B公司付至马某,再由马某付给胡某某时并未告知袁某该款项系郭某某偿还胡某某的借款。

关于袁某与郭某某之间的借款。郭某某称,袁某2011年4月到7月期间曾向其借款用于公司周转经营,借款1000万元是多笔形成的,借款有的直接打给袁某,有的按照袁某的要求打给案外人,打给案外人是袁某口头要求的;给袁某打钱的时候并没有要求其出具借条,2011年7月1日时袁某与郭某某对账,就出具了该日的字条确认借款数额。

关于袁某与郭某某之间的合作关系。根据袁某提交的其与郭某某2011年3月30日签订《煤炭经营合作协议》记载,该合同的主要内容为,袁某与郭某某合作,以袁某实际控制的A公司及D公司作为煤炭贸易业务经营平台,为某煤炭集运站及其他新开发客户提供煤炭供应业务;袁某负责合作业务的日常管理和运作,郭某某负责合作业务日常财务工作;合作业务前期运营所需的资金由袁某、郭某某共同筹集,双方各出资1000万元;合作经营期间发生的管理费用、财务费用、关系协调费用等与合作事项相关的开支由郭某某、袁某共同承担;合作经营期间,合作业务的利润有郭某某、袁某共同享有,按比例分配。郭某某对该合同的真实性予以确认。

郭某某称,袁某已经投入了1000万元,但还想再投,由于没有资金了,就向郭某某借款,当时约定的借款利息为月息5%;郭某某投入的1000万元,主要是2011年4月至7月给中间人的款项、向案外人支付的货款。郭某某主张,根据合同约定,D公司财务由郭某某负责,但实际履行中由袁某的人负责;关于D公司向郭某某汇入的7000余万元款项的用途,郭某某称记不清了。

另查,C公司2010年7月7日出具收据,载明收到案外人交来房产证原件2本,王某某、袁某结婚证各1本,居民户口簿2本,北京市商品房预售合同正本1本;2011年9月14日出具收条,载明收到袁某交来房本原件7个;2012年10月9日出具收据,载明收到袁某农行金e顺1枚,农行卡1张;同日出具收据,载明收到A公司公章、财务专用章、法人名章各1枚,营业执照副本原件2本、税务登记证副本原件1本、组织机构代码证副本原件1本、开户许可证原件1本。

根据郭某某一审诉讼期间提交的其银行账户交易明细显示,其与袁某、胡某某存在多笔款项往来。袁某表示,其与郭某某共同经营煤炭业务,郭某某负责日常财务工作,D公司财务账目有郭某某管理,其与袁某之间的账目往来时D公司业务往来周转的款项,郭某某将D公司的款项转到其个人账户,郭某某在转款给袁某,由袁某对外支付款项。

胡某某、郭某某均表示无法通知B公司和马某到庭。

北京市海淀区人民法院认为:袁某、王某某与胡某某签订的借款合同,系双方当事人的真实意思表示,借贷内容也未违反法律、法规的强制性规定,应属有效,具有法律约束力。胡某某作为本案诉争借款的出借人,向法庭提供了借款合同公证书、收据、转账凭证,袁某、王某某均予以认可,并认可收到了借款合同约定的借款数额。至此,胡某某的举证责任完成,胡某某依约履行了出借借款的义务。袁某、王某某作为借款人,以已还清了借款本息为由,否认胡某某的诉讼请求,应依法提供相反证据予以反驳,证明其履行了偿还借款本息的义务。袁某、王某某主张该款项已经偿还,但胡某某予以否认,并申请郭某某到庭作证,并提供了相应的证据,且(2015)东执异字第2202号执行裁定书认定袁某、王某某所称借款本金已清偿的异议请求没有事实依据。袁某、王某某在本案中也未能提供新的证据证明其抗辩理由的成立。故袁某、王某某提供的证据不足以证明其已履行了偿还胡某某借款本息的义务,应承担举证不能的不利后果。

北京市海淀区人民法院于2018年4月30日作出(2017)京0108民初11923号判决:1. 袁某、王某某于判决生效后十日内偿还胡某某借款本金1010万元,并支付利息(利息自2012年9月7日起至借款本金1010万元付清之日止,按年利率24%标准计算);2. 驳回胡某某的其他诉讼请求。

【裁判结论】

北京市第一中级人民法院于2018年12月27日,作出(2018)京01民终7992号民事裁定:1. 撤销北京市海淀区人民法院(2017)京0108民初11923号民事判决;2. 驳回胡某某的起诉。

【裁判观点】

北京市第一中级人民法院认为:袁某、王某某收到诉争借款后,以款项清偿对民生银行的债务,并于同日向民生银行另行借款1000万元,民生银行放款后,该款项付至B公司账户,B公司再将款项付至马某账户,最终由马某向胡某某支付,即胡某某出借诉争借款后,该款项实际回付至胡某某账户。胡某某对此的解释为,该款项系袁某向郭某某偿还借款后,郭某某归还对胡某某的欠款,并申请郭某某作为证人出庭,郭某某亦提交2011年7月1日袁某签字的字条,证明与袁某存在债权债务关系。即便如此,本案中仍存在诸多有悖常理之处,存在诈骗犯罪嫌疑,具体分述如下:

首先,关于郭某某与袁某之间债权债务真实性的问题。郭某某称,A公司向B公司汇款,系袁某偿还对郭某某的借款。为证明该债权存在,郭某某提供了袁某签字的日期为2011年7月1日的字条,但该字条的内容中,除了袁某的签字,其他内容均非袁某书写,而该字条为郭某某日记的一部分。该字条中虽记载有袁某向郭某某借款的内容,但亦含有“清账”二字,郭某某虽称该内容是指对袁某、郭某某投入资金和借款的确认,但该解释明显与记载内容字面意思不符。同时,郭某某为证明向袁某出借款项,提交了其账户交易明细,证明其向袁某支付款项系出借借款,并称部分出借款项按照袁某的要求支付至案外人名下,但郭某某并未就此提供证据证明。另外,郭某某认可与袁某2011年3月合作经营煤炭生意,部分合作款曾付至袁某账户。在此情况下,不足以证明其向袁某交付的款项即为其主张的借款。据此,郭某某因对袁某出借款项而具有债权的主张不能成立,其以此证明A公司向B公司汇款系袁某向其还款与事实不符。

其次,关于胡某某与郭某某之间的债权债务关系。胡某某、郭某某均认可郭某某对胡某某负有超过1000万元的债务,但在债务数额巨大的情况下,郭某某未向胡某某出具借贷凭证,胡某某亦未要求郭某某出具,明显与常理不符。郭某某、胡某某就此并未作出合理解释,同时,关于借款利息,郭某某陈述借款利息标准为月息3%或4%,胡某某则称并未约定利息,二人陈述相互矛盾。另外,郭某某系C公司股东,胡某某为该公司法定代表人,胡某某认可与郭某某之间的款项多为C公司业务款。在此情况下,胡某某称向郭某某转账支付的款项为向其出借款项的主张难以成立,鉴于二人之间存在亲属关系以及利害关系,不足以证明胡某某存在对郭某某的真实债权,胡某某主张马某向其汇款系郭某某偿还借款明显不符常理。

再次,根据郭某某的陈述,B公司向马某转账、马某向胡某某转账系偿还其向胡某某借用的款项,B公司的账户由其提供,款项付至B公司,以及B公司向马某汇款由其联系,但其表示无法联系并通知B公司、马某到庭。对于B公司为何经由马某向胡某某汇款,而非直接向胡某某汇款,郭某某仅称是因为银行的原因,无法说明具体的原因,同时,郭某某称与B公司的法定代表人是朋友关系,但表示记不清B公司法定代表人的姓名,郭某某、胡某某对此均无法作出合理解释。

最后,诉争款项经由A公司、B公司和马某的账户,最终付至胡某某账户,而胡某某关于诉争款项系袁某偿还郭某某借款后,郭某某用此偿还胡某某借款的主张均不能成立,胡某某对此并未作出符合常理的解释,且B公司、马某均由郭某某联系,但郭某某表示无法通知其到庭有违常理。在B公司、马某未就收取款项作出意思表示的情况下,应认定袁某、王某某已将诉争款项付至胡某某账户,结合A公司另向胡某某支付55万元的情况,诉争借款合同项下借款已清偿,在此情况下,胡某某仍依据借款合同要求袁某、王某某偿还款项,系通过诉讼方式将虚构债权转化为合法债权,且该债权数额巨大,已涉嫌诈骗。

综上,最高人民法院《关于在审理经济纠纷案件中涉及经济犯罪嫌疑若干问题的规定》第11条规定:“人民法院作为经济纠纷受理的案件,经审理认为不属经济纠纷案件而有经济犯罪嫌疑的,应当裁定驳回起诉,将有关材料移送公安机关或检察机关。”本案存在经济犯罪嫌疑,应当裁定驳回胡某某的起诉,并将本案移送至公安机关处理。

法官评析

虚假民事诉讼,是指当事人通过制造虚假证据、虚假的事实和虚假的法律关系,以合法的民事诉讼为形式,以虚构的法律关系和事实获取非法利益的诉讼活动的总称。虚假诉讼实质上是利用人民法院的司法权力将违法事实合法化,严重侵害真实权利人的利益,浪费有限的司法资源,扰乱司法秩序,损害司法权威。在民间借贷领域,当事人通过制造银行交易流水、借贷凭证、伪造证据等手段制造符合法律要件的事实,但实际该等事实并非真实存在的交易行为,仅系为了骗取生效裁判文书而采取的手段,对司法权威具有极大的破坏作用。如果人民法院在案件审理中未能及时有效的发现,不但无法做到定分止争,反而可能激化矛盾,造成严重影响。识别虚假民间借贷诉讼,应从以下几个方面进行审查。

一、诉争借贷关系借贷合意和款项交付的真实性

民间借贷合同属于实践性合同,往往可以依据款项交付的事实认定借贷关系生效。但是,款项交付本身属于行为,无法清晰的表现所款项的性质和交易发生的背景,因此,对于民间借贷案件的审查,亦应判断借款人和出借人之间是否存在客观真实的借贷合意。虚假民间借贷诉讼有狭义和广义的区分,狭义的虚假诉讼限于诉讼参与各方恶意串通,以通谋的方式侵害案外人的权益,而广义的虚假诉讼则包括某一方诉讼当事人通过虚构法律关系和案件事实造成其他当事人的损失。如法院通过审判对虚假的法律关系进行了确认,则当事人可依据生效裁判文书确定的法律关系对抗案外人,造成损失;如原告与被告通过合谋调解的方式,使得被告对原告负有债务,从而削弱被告对其他债权人的清偿能力,造成合法债权人的债权无法得到清

偿;又如原告一方与案外人虚构债权债务,将被告依据原告指令通过案外人的还款界定为被告与案外人之间债权债务关系的款项,从而重复主张债权。对于款项交付的真实性,主要应判断出借人交付借款后,该款项是否通过闭环交易回到出借人控制之下。对于民间借贷纠纷而言,借款人的合同目的即为有效使用出借人交付的款项,如借款人未能实际使用,则无法认定出借人已经履行了出借义务,因此,借款人能否有效控制诉争款项,亦为判断款项交易是否真实发生的依据。本案中,胡某某向袁某出借款项后,袁某通过A公司案外人B公司付款,再由B公司将款项付至另一案外人马某,马某再将款项付至胡某某,款项流向已经形成闭环,胡某某在收到款项后,仍旧要求袁某还款,就存在重复主张款项的可能。

二、在借款人未直接向出借人清偿借款的情况下,出借人与借款人就还款行为是否清偿诉争借款存在争议的情况下,应综合判断借款人与收款人之间以及出借人与收款人之间的法律关系

实践中,借款人清偿借款时,根据出借人的指示向借贷合同关系以外的主体交付款项并不少见,但该种交付行为因突破合同相对性原则,易发生款项清偿指向不明的情况,在出借人否认借款人还款系因此指示发生的情况下,如出借人与案外人存在通谋,由案外人虚构与借款人之间存在法律关系的事实,则出借人仍可依据金融凭证要求借款人重复清偿款项。在此情况下,应审查出借人与案外人,以及案外人与借款人之间是否存在客观真实的债权债务关系。本案中,胡某某出借给袁某款项,最终回付至胡某某,而胡某某对于款项流动的每个环节,均提出环节之间存在付款的解释,在此情况下,对于各个款项流动的环节的付款依据的客观真实性,理应由胡某某承担举证责任。但根据查明的事实,胡某某所主张的债权债务关系,缺少直接的借贷凭证及款项交付的事实,而涉及的袁某与案外人之间的其他法律关系,亦在证据形式上存在较大疑点,故据此无法认定胡某某对于诉争款项流动依据已完成举证责任。

三、在款项流向涉及多个法律关系的情况下,应要求涉及主体到庭说明情况,排除合理怀疑

在商事交易中,交易环节复杂冗长并不少见,但各个环节均应具有合法性和真实性。在虚假民间借贷诉讼中,当事人往往利用款项流动复杂、主体

复杂以及法律关系复杂的特点，虚构交易，达到混淆视听进而通过司法审判活动固定虚假事实的目的。因此，在出借人未能提供客观有效的证据证明款项流动环节具有事实基础的情况下，要求参与交易的主体到庭说明情况，是查明案件事实的有利方法。就本案而言，诉争款项的闭环交易中，涉及郭某某、B公司、马某等案外人，胡某某虽主张上述主体收取、支出款项均存在依据，但并无确实充分的证据证明，故应通过上述主体到庭说明情况。审理中，郭某某作为证人出庭作证，但其对于与袁某之间存在的债权债务关系并未做出合理说明，其提交的书面借贷凭证亦存在重大疑点，而另外主体B公司、马某并未到庭，其收款付款并无合理依据，仅凭现有证据，无法认定其收款行为事实依据，故在诉争款项的交易环节中，胡某某无法自圆其说，亦未能证明其收到经过闭环交易后的诉争款项系基于其他法律关系形成，无法否定收到款项应为袁某还款的主张，其再要求袁某清偿借款，存在与胡某某等人虚构债权债务而致使袁某重复还款的嫌疑，结合诉争款项的数额，其行为具有较为明显的虚假诉讼的特征，故应移送公安机关进行侦查。

【裁判依据】

1.《中华人民共和国合同法》第52条

2.最高人民法院《关于审理民间借贷案件适用法律若干问题的规定》第19条

3.最高人民法院《关于审理经济纠纷案件中涉及经济犯罪嫌疑若干问题的规定》第11条

【关联案例】

一、唐某某与孙某、李某某民间借贷纠纷案

［案号］ 上海市第一中级人民法院(2015)沪一中民一(民)终字第923号

［案情］ 2013年5月，唐某某驾车与行人李某某发生碰撞，双方因此相识并处理交通事故理赔事宜。李某某与孙某系夫妻，2014年1月，两人第3次提

起离婚诉讼,唐某某为孙某介绍委托代理律师。2014 年 5 月,案件撤诉。2014 年 2 月 27 日、28 日,唐某某向孙某的账户分别转入 275 万、281 万和 44 万元,总额 600 万元,到账当日孙某即将钱款取出。同年 6 月,唐某某以李某某未归还借款为由诉至法院,要求李某某、孙某共同返还借款 600 万元,支付 30 天借款利息 108,000 元,并承担逾期还款利息及律师费 30 万元。唐某某一审提供借款合同 1 份,记载唐某某向李某某出借 600 万元,期限 30 天,自 2014 年 2 月 28 日至 3 月 30 日止,日息 0.6‰,孙某账户收款。经李某某申请笔迹鉴定,结论为:合同首页填写字迹、末页唐某某、李某某落款字迹,三者的墨迹色泽、笔痕特征存在明显差异,4 页纸张均有明显裁剪痕迹,李某某落款处字迹是李某某所写。李某某对借款事实予以否认。唐某某、孙某均未到庭参加诉讼,但孙某庭前至一审法院陈述,称李某某指示其用名下账户收取唐某某款项,到账后其至银行领取现金交予李某某。

法院经审理认为,唐某某、李某某因交通事故相识,基于赔偿事宜接触,未见深入交往。双方在事故损害赔偿处理期间发生 600 万元的借贷,对唐某某而言,为赚取日 0.6‰共计 10 万余元利息而出借巨额资金,理应持有相当审慎的态度,但其对李某某借款事由等陈述却前后不一,有违常理。经鉴定,借款合同纸张经过裁剪,且内容中收款人孙某账户由出借人唐某某填写,合同 3 处手写体系用 3 支不同水笔形成,这些形式疑点及内容矛盾之处显而易见,唐某某无法作出合理解释,亦与一般缔约习惯相悖。发生 600 万借款时正值李、孙二人离婚诉讼期间,李某某以孙某而非本人账户收款不合常理,唐某某对此交付方式未有异议也不符合对交易安全的一般注意。对于资金来源,唐某某先称对外融资所得,后称本人存款、售房款及经营公司的流动资金,一审、二审陈述前后出入。而且资金既受其支配,亦无必要分数天筹集、分两天 3 次转账。另孙某 3 次收款后均在十几分钟至两小时内全部取现,但唐、孙二人并无证据证明曾通知、转交李某某。原审中,唐某某从未提及持有对方收款凭证,二审提供的收条经鉴定系裁切变造形成,故不予采信。就催讨事实,本案系 30 天短期借贷,但到期后两个多月唐某某并无任何催讨行为,期间双方仍在交涉交通事故赔偿事宜,唐某某却未主张还款或提出抵充,均与常理相悖。据此,二审认为唐某某就案件事实所作陈述存在诸多前后矛盾及违背常理之处,且其据以主张债权的重要证据系变造形成,故对唐某某主张的 600 万元借贷事实的真实性不予确认。人民法院保护合法的借贷关系，同时，对于恶意串通进行虚假诉讼意图损害他人合法权益的行为，依法应当予以制裁。唐某某利用变造的书证虚构债权提起诉讼，具有明显恶意，孙某提供银行账户用于收款，并在一审中作虚假陈述为唐某某提供条件，二人恶意串通，数额巨大，情节恶劣，严重妨碍了民事诉讼秩序，损害了他人合法权益，故决定对唐某某罚款10万元、对孙某罚款5万元。

[简要分析] 民间借贷案件是虚假诉讼高发的案件类型。审理此类案件，法官所要面对的，除了民间借贷本身灵活、机动、便捷的特性所造成的事实、证据上的模糊和争议，还有受到不法利益驱动，却以正常诉讼程序和合法权利面目出现的虚假诉讼行为。

本案中，结合当事人之间的关系，以及交易发生的背景，均不足以认定诉争借贷关系发生具有合理基础，而各方当事人在诉争事实发生后，对于借款的态度和行为，亦可以佐证并非基于客观真实的借贷关系进行相关行为。同时，根据案件所涉款项流动的途径，以及当事人变造证据及进行虚假陈述的事实，认定诉争借贷关系为虚假诉讼并无不当。

二、高某某与蔡某民间借贷纠纷案

[案号] (2017)闽02民再26号

[案情] 2011年11月30日，厦门市中级人民法院作出(2011)厦民初字第384号民事调解书，确认E公司应返还蔡某1490万元及相应利息。后因E公司未履行义务，经蔡某申请强制执行，厦门市中级人民法院于2012年3月对E公司一块国有土地使用权委托评估拍卖。2013年8月12日，蔡某某诉蔡某民间借贷一案由福建省高级人民法院作出(2013)闽民终字第752号生效判决，确认蔡某应向蔡某某偿还本金500万元及利息。同年9月16日，蔡某某以该生效判决向厦门中院申请强制执行。2013年7月至10月，蔡某将上述土地拍卖的情况及与蔡某某诉讼情况告知蔡D等人，经恶意串通，在福建思中律师事务所曾某忠、蒋某涓律师的帮助下，蔡某通过伪造债权债务确认书、指使他人作伪证等方式，与蔡D、高某某相互串通，在蔡某与高某某并不存在真实债权债务关系情况下，由高某某以自己的名义起诉蔡某。而后蔡某伪造其欠高某某款项的债权确认书，蔡D则指使蔡E伪造其受高某某委托转款给蔡某的确认书。2013年9月6

日,高某某以自己与蔡某之间存在债权债务纠纷为由向厦门中级人民法院提起民事诉讼,并提交上述伪造的证据材料,恶意快速达成调解,骗使厦门中级人民法院于同年 9 月 27 日作出(2013)厦民初字第 1009 号民事调解书,确认蔡某欠高某某 2344.55 万元的虚假民间借贷法律事实。2017 年 4 月 26 日,厦门中级人民法院作出(2016)闽 02 刑终 788 号刑事裁定,维持厦门市思明区人民法院作出的(2015)思刑初字第 464 号刑事判决,判决蔡某犯虚假诉讼罪,判处有期徒刑 1 年,并处罚金 1 万元。厦门中院再审认为,原审原告高某某与原审被告蔡某之间并不存在真实的债权债务关系,双方的诉讼行为系虚假诉讼,其诉讼请求依法应当予以驳回。

[简要分析] 民间借贷诉讼中,出借人与借款人之间恶意串通,虚构债权债务,并通过诉讼或调解的方式确定债权债务,应认定为虚假诉讼行为,因该虚假诉讼行为形成的法律文书不具备效力。

虚假民事诉讼区分为狭义的虚假诉讼和广义的虚假诉讼,狭义的虚假诉讼指诉讼各方之间存在虚构事实的恶意串通行为,通过诉讼手段侵害案外人利益,而广义的虚假诉讼则包括诉讼中某一方主体与其他主体虚构案件事实,侵害其他诉讼参加人的利益或案外人的利益。常见的狭义的虚假诉讼多以违法调解的形式体现,而广义的虚假诉讼则表现形式更为复杂,需要结合证据、当事人的陈述以及案件背景判断当事人是否通过虚构事实的手段侵害诉讼参加人的利益。虚假诉讼本身是一种刑事犯罪行为,人民法院在审理案件过程中发现可能存在虚假诉讼的,应将案件移送公安机关侦查。

(撰写人:徐　硕)

04

民间借贷中虚假陈述的审查与判定

——宫某与曾某、王某民间借贷纠纷案

裁判规则

民间借贷案件系当事人虚假陈述、有违社会诚信的重灾区。人民法院在相关案件审理中，应当充分利用交叉询问、层层递进等审查技巧，固定当事人损毁证据、虚假陈述的事实，在提高审判效率的同时，对司法不诚信行为进行处罚，重树社会诚实信用体系。

案　情[1]

2015年4月17日，宫某向曾某的账户转账891,000元。2015年4月28日，曾某、王某向宫某出具《借款借据》和《收条》各一份，《借款借据》所载内容为："今有王某、曾某借到宫某现金1,000,000元，借款期限自2015年4月28日至5月28日，本人曾某自愿在每月借款日的提前1日支付借款额3%的利息加费用给宫某，如未能按时付息及还本，本人曾某自愿承担借款金额的每日5%的违约金，并承担相应的责任。本人曾某已确认收到现金1,000,000元。"2015年4月28日，曾某、王某出具《收条》一张，《收条》所载内容为："今曾某、王某收到宫某现金1,000,000元。"2015年6月17日、2015年6月30日、2015年8月11日、2015年8月28日，王某分别按月偿还宫某利息30,000元。2015年10月23日，王某转账200,000元至宫某账户以偿还借款本金。2015年10月至2016年7月，王某分9次每次转账24,000元至宫某的账户以偿还借款利息。2016年8月

---

〔1〕(2017)京01民终3777号。

26 日王某通过转账偿还宫某借款利息 16,000 元,2016 年 10 月 13 日王某通过转账偿还宫某借款利息 32,000 元。之后曾某、王某未再偿还借款本金及利息。

北京市昌平区人民法院于 2017 年 3 月 16 日作出(2016)京 0114 民初 18012 号民事判决:1. 曾某、王某在该判决生效后 7 日内返还宫某借款本金 80 万元;2. 曾某、王某在该判决生效后七日内支付宫某借款利息(以 80 万元借款本金为基数,按照年利率 24% 从 2016 年 10 月 1 日起计算至实际付清之日止)。宣判后,曾某、王某向北京市第一中级人民法院提起上诉。

二审法院补充查明以下事实:

一审中,曾某、王某向法院提交证据 5. 跨行转账信息,用以证明已向宫某偿还本金 20 万元。该证据为仅一页 A4 纸大小的北京农商银行网页打印件,本页上半部分显示从王某的付款账号向宫某的收款账号转账 20 万元。本页中段空白处,宫某手写:"今收到本金人民币:贰拾万圆整。宫某 2015. 10. 23"。本页下半部分空白处有与宫某手写体明显不一致的书写信息:"已还本金 20 万元,100 万 - 20 万 = 80 万元"。本页最下端是打印体信息:"http://ibs. bjrcb. com/per/BankCommonForeignTransfer03. do 2015 - 9 - 30。"其后,曾某、王某提交另一证据 5 跨行转账信息复印件,但该页缺失下半部分及最下端内容。

2016 年 12 月 19 日,一审庭审笔录记载:曾某、王某代理人:"证据 5. 跨行转账信息,证明在 2015 年 4 月 28 日签订借据以后,曾某、王某于 2015 年 9 月 30 日通过银行转账的方式偿还本金 20 万元,在 2015 年 10 月 23 日有宫某本人亲笔书写签字确认……"2017 年 1 月 10 日一审庭审笔录记载:宫某代理人:"被告提交的证据上'收到 20 万'是宫某写的,'本金 20 万,100 万 - 20 万 = 80 万元'是王某写的。"曾某:"不是王某写的,是会计写的。"2017 年 1 月 13 日,曾某、王某提供情况说明一份,说明:宫某主张证据中有一个 100 万减去 20 万元事实,经与单位人员核对,并不存在以上事实,而且证据原件中并没有以上内容的显示,请法院依法予以核查。2017 年 2 月 20 日一审庭审笔录记载:法官询问:"'已还本金 20 万元还差 80 万元'是谁写的?"曾某:"不知道,公司很多人,我还认为是对方写的呢。"法官:"如果是对方写的,为什么在你手里?"曾某:"原件上没有这几个字,我们以原件为依据,复印件我们不认可。"

二审期间,法官询问:"曾某、王某,10 月 23 日中的'100 万 - 20 万 = 80 万元'是王某书写的吗?"曾某、王某代理人回答:"不是,原件在我们这里,向法庭提交。”法官问:“解释原件为何少了该页的下半部分?”曾某、王某代理人回答:“与当事人核实。当事人说下半部分没有内容,没有用就撕掉了。为了便于保管。”宫某答:“我们从法院调取的证据是有下半部分的,是他们自己撕掉了。”法官问:“曾某、王某,该证据一审时是你方提交的吗?”曾某、王某代理人答:“与当事人核实。复印件是对方提交的。收到本金20万元整的交易凭证的100万-20万=80万元不是我方提交的。”宫某答:“我们没有提交过相同的证据,一审时是对方提交的。”法官问:“双方如果有虚假陈述将会对其进行相应的处分,双方听清楚了吗?”双方答:“听清楚了。”法官问:“曾某、王某,第一,收到本金20万元整的交易凭证中的‘100万-20万=80万元’是不是你方提交的?第二,你方证据下半部分是谁撕掉的?第三,什么时间撕掉的?”。曾某、王某代理人答:“(当庭电话联系核实),当事人明确说该份证据不是他提交的,至于该份证据(也就是一审卷宗第53页)对应的原件为什么没有下半部分,是因为10月23日在宫某书写了手写部分以后,我方认为下面空白部分没有用就撕掉了便于保管。”法官问:“曾某、王某,一审2017年1月10日开庭笔录第4页,解释一下,中间记录‘已还款20万元’是王某写的……”曾某、王某代理人答:“当事人说他记不清了,复印件是对方提供的。我方提交的证据是没有100万-20万=80万元的那张的。至于会计写的,我与曾某本人核实过了,他说‘100万-20万=80万元’的手写体当时是会计写的,不能反映当时的具体情况,是他们那里批发部管财务的一个会计。”法官问:“你方陈述证明你们见过100万-20万=80万元,为什么又撕了?”曾某、王某代理人答:“庭下与当事人核实。这个即使有也不包含那30万元。”庭后,曾某、王某向法院提交情况说明,表示一审中曾某、王某没有提交有关偿还20万元的证据复印件,该证据复印件结尾注明已还20万元,还欠80万元的内容不是曾某、王某书写,也不是曾某、王某身边的人书写。

另查,据一审庭审笔录记载,跨行转账信息为曾某、王某单方提供的证据,宫某未提供该证据。

【裁判结论】

北京市第一中级人民法院于2017年5月27日,作出(2017)京01民终3777号民事判决,维持一审判决。同时,北京市第一中级人民法院作出(2017)京01司惩4号决定书,对曾某、王某罚款5万元。曾某、王某不服,向北京市高级人民法院申请复议,随后,北京市高级人民法院驳回其复议申请。

【裁判观点】

法院生效裁判认为:需要特别说明的是,在本案的审理过程中,存在曾某、王某一方损毁证据,多次虚假陈述的情形。具体而言,在一审程序第一次质证过程中,曾某、王某提交了证据5.跨行转账信息,用以证明自己已经偿还宫某20万元本金的事实。但在该页证据空白处,有手写体信息为“已还本金20万,100万-20万=80万元”,宫某发表质证意见时认为该信息属于对方借款100万元,尚欠80万元的自认。其后,曾某、王某提交另一不存在上述手写信息的证据5复印件。在法庭的多次询问中,曾某、王某一方最初陈述该手写体信息是自己公司的会计书写,其后否认自己提交上述证据,并出具书面说明坚持证据5原件并无“已还本金20万,100万-20万=80万元”的信息,要求法院核查。对此,法院在一审法院已经围绕相关争议焦点三次开庭的情况下,在二审期间再次审核证据5原件,该原件为A4纸大小的单页材料,但该页下半部分已被人为撕掉,曾某、王某解释是因为下半部分是空白的,为了便于保存就撕掉了。法院认为,首先,曾某、王某主张原件并无手写体信息,但其并未提供完整的证据原件予以证明,也即是说,一份已经缺失完整性的证据并不能说明缺失部分为空白。其次,曾某、王某否认自己提供了存在手写体信息的证据5,但一审庭审笔录已经完整记载了其单方提交该证据并进行质证的相关过程,一审卷宗亦已将载有手写体信息的证据5复印件装订入卷。最后,从已经装订入卷的证据5复印件来看,其仅系一页A4纸大小的材料,且该页纸最下端尚存有“http://ibs. bjrcb. com/per/BankCommonForeignTransfer03. do2015-9-30。”的打印体信息,该信息是北京农商银行转账查询网址与时间的体现,当事人不顾证据的完整性而认为撕掉本页三分之一部分便于保存的解释不符合常理。综合以上事实,法院认定曾某、王某存在对法庭多次虚假陈述,并以妨碍对方当事人使用为目的的损毁其持有的重要书证之行为。曾某、王某的上述行为扰乱法庭秩序,妨害民事诉讼,极大地浪费了司法资源,且不利于社会诚信体系的建立。因此,依照《中华人民共和国民事诉讼法》第一百一十条第一款第一项、第一百一十一条第一款第一项、第一百一十五条第一款、第一百一十六条第一款、第三款,最高人民法院《关于适用〈中华人民共和国民事诉讼法〉的解释》第一百一十三条规定,决定对曾某、王某罚款 50,000 元。

法官评析

本案涉及的争议焦点是出借人真实出借的款项数额以及借款人的还款数额。借款人为了证明其已偿还 20 万元,拿出转账凭证一份。出借人认可该份证据的真实性,并同时指出,该份证据空白处有对方手写的信息 100 万 - 20 万 = 80 万元的表述,该表述足以证明对方曾认可收到的借款是 100 万元。此次庭审结束后,借款人再次向法庭提交转账凭证复印件一份,该份证据除转账信息外,不再具有手写体信息。由此,诉辩双方展开了一场从一审法院到二审法院的事实查明拉锯战,也带入了我们今天需要深度思考的问题:民间借贷案件的事实审查的难点、方法及出路。

民间借贷案件,简单说来就是我借钱你还钱。但具体到"借了多少钱,还了多少钱"的事实查明部分,往往很难。该难点在于:民间借贷手续简便、灵活,出借双方不注重保留相关证据,诚实守信观念严重缺失。体现到我们的案件中来,就是一方或双方仅做对自己有利的陈述,有时甚至是虚假陈述。倘若对方提供相应证据,失信方再变更一套说辞,继续拖延诉讼。长此以往,民间借贷案件被法官戏称为"猜真假",社会新闻中也屡屡爆出借款人背负高利贷喝农药自杀等新闻。

证据难寻、真假难辨、矛盾突出的民间借贷案件,需要我们更加关注审判技巧与方法。以本案为例,法官在跳跃式询问、连续式询问中找到了突破口。方法一,连续式小问题询问。问题问得要"小",也即是具体明确。比如,"这个 100 万 - 20 万 = 80 万元是谁书写的?"当事人否认是自己书写,但同时给出"会计"的答案。法官再次询问:"会计的具体名字?"当事人继续回答。当事人感受不到对自己不利的因素或揣测不出法官的意图时,最容易回答真话。方法二,跳跃式模块化询问。比如,本案借款人否认自己交过存在"100 万 - 20 万 = 80 万元"手写体信息的证据,那么,法官直接跳过该话题,询问手写体信息为谁所写,在借款人提供姓名、职务等相关信息后,回过头来探究该证据是否系借款人单方提供,则令借款人的虚假陈述不攻自破。

诚实信用是社会主义核心价值观的重要组成部分,也是民商事法律的核心原则。当事人在诉讼中虚假陈述、损毁证据等行为，极大地浪费了日渐紧张的司法资源、损害了整个社会诚信体系。对此，杜万华大法官在《当前民事商事审判工作的九个重点问题》中谈到，要充分发挥民事商事审判在弘扬法治精神、倡导良好道德、引导广大民众遵守法律方面的独特作用，努力将民事商事审判打造成社会主义良好道德风尚的重要阵地。要通过对当事人民事责任的追究，体现法律对诚实守信行为的肯定和对违背诚信行为的否定，引导建立诚实守信的市场交易秩序。为此，我国民事诉讼法及司法解释也新增相关条款，规定严厉打击虚假诉讼行为，构成犯罪的，要坚决依法追究刑事责任。在此价值理念下，二审法院对本案查明的虚假陈述、毁损证据一方作出罚款 5 万元的民事处罚，由此探寻出重塑民间借贷诚实信用体系的有力路径。

【裁判依据】

1.《中华人民共和国民事诉讼法》第 110 条第 1 款第 1 项、第 111 条第 1 款第 1 项、第 115 条第 1 款、第 116 条第 1 款、第 3 款

2. 最高人民法院《关于适用〈中华人民共和国民事诉讼法〉的解释》第 113 条

【关联案例】

某投资公司诉某实体公司民间借贷纠纷案

［案号］ （2019）京 01 司惩 4 号

［案情］ 在某投资公司诉某实体公司民间借贷案中，某投资公司存在多次虚假陈述的情形。具体而言，某投资公司在管辖异议阶段主张双方当事人签订了两份金额、利率不同的书面借款合同，由此起诉两个案件；但在后续第一次庭审中主张双方没有书面借款合同，仅有口头约定；至第二次庭审时，其又认可了某实体公司提供的唯一一份书面借款合同。鉴于原告某投资公司虚假陈述，规避级别管辖，导致本案的级别管辖从高级人民法院降至中级人民法院。当事人陈述作为民事诉讼的证据类型之一，是人民法院据以裁判的重要依据，当事人罔顾客观事实，故意多次虚假陈述，严重扰乱司法秩序、浪费司法资源，依法应予以

惩戒。依照《民事诉讼法》第一百一十一条第一款第一项、第一百一十五条第一款、第一百一十六条的规定对某投资公司罚款400,000元。

[简要分析] 人民法院审理民事案件中发现存在虚假诉讼可能时,应当依职权调取相关证据,详细询问当事人,全面严格审查诉讼请求与相关证据之间是否存在矛盾,以及当事人诉讼中的言行是否违背常理。经综合审查判断,当事人存在虚构事实、恶意串通、规避法律或国家政策以谋取非法利益,进行虚假民事诉讼情形的,应当依法予以制裁。

(撰写人:杨　力)

05

民间借贷行为本身涉嫌非法集资犯罪的，应当裁定驳回起诉

——孙某某与中现公司民间借贷纠纷案

裁判规则

人民法院立案后，发现民间借贷行为本身涉嫌非法集资犯罪的，应当裁定驳回起诉，并将涉嫌非法集资犯罪的线索、材料移送公安或者检察机关。

案　情[1]

2017 年 11 月 5 日，孙某某与中现公司签订借款协议，约定孙某某向中现公司借款 5 万元，利率按年 24% 计算。后经查，中现公司涉嫌非法吸收公众存款罪被立案调查。孙某某故向法院起诉请求：1. 解除孙某某与中现公司于 2017 年 11 月 5 日签订的借款协议；2. 中现公司给付孙某某借款本金 5 万元、利息 6150 元及逾期利息损失（以 5 万元为基数，自 2018 年 11 月 6 日起至借款实际清偿之日止，按照年利率 24% 计算）。

一审法院认为：人民法院立案后，发现民间借贷行为本身涉嫌非法集资犯罪的，应当裁定驳回起诉，并将涉嫌非法集资犯罪的线索、材料移送公安或者检察机关。经查，诉争民间借贷行为涉嫌非法集资犯罪，故对孙某某提起的诉讼，依法应当裁定驳回。

北京市西城区人民法院作出（2018）京 0102 民初 20995 号民事裁定：裁定驳

[1] （2019）京 02 民终 2190 号。

回孙某某的起诉。孙某某不服提起上诉。

【裁判结论】

北京市第二中级人民法院于2019年3月12日,作出(2019)京02民终2190号民事裁定:驳回上诉,维持原裁定。

【裁判观点】

北京市第一中级人民法院认为:最高人民法院《关于审理民间借贷案件适用法律若干问题的规定》第5条第1款规定:"人民法院立案后,发现民间借贷行为本身涉嫌非法集资犯罪的,应当裁定驳回起诉,并将涉嫌非法集资犯罪的线索、材料移送公安或者检察机关。"最高人民法院《关于在审理经济纠纷案件中涉及经济犯罪嫌疑若干问题的规定》第11条规定:"人民法院作为经济纠纷受理的案件,经审理认为不属经济纠纷案件而有经济犯罪嫌疑的,应当裁定驳回起诉,将有关材料移送公安机关或检察机关。"鉴于一审法院已查明本案争议涉及的借贷行为涉嫌非法集资,根据上述规定,一审法院所作驳回孙某某起诉的裁定并无不当,法院应予维持。

法官评析

本条是关于民间借贷本身涉嫌非法集资犯罪的处理。

一、非法集资类案件的内涵

非法集资这一概念被广泛使用,不少文件和司法解释中都有体现。但其并非刑法上的一个独立罪名,而是对一类犯罪行为的统称。

早在最高人民法院1996年制定的《关于审理诈骗案件具体应用法律的若干问题的解释》(已废止)中就规定:"'非法集资'是指法人、其他组织或者个人,未经有权机关批准,向社会公众募集资金的行为。"其后,2010年12月13日公布的最高人民法院《关于审理非法集资刑事案件具体应用法律若干问题的解释》,从法律要件和实体要件两个方面对非法集资进行了界定,即非法集资主要指违反国家金融管理法律规定,向社会公众(包括单位和个人)吸收资金的行为。根据最高人民法院《关于审理非法集资刑事案件具体应用法律若干问题的解释》的相关规定,成立非法集资需同时具备非法性、公开性、利诱性、社会性四个特征,即未经有关部门依法批准或者借用合法经营的形式吸收资金;通过媒体、推介会、传单、手机短信等途径向社会公开宣传;承诺在一定期限内以货币、实物、股权等方式还本付息或者给付回报;向社会公众即社会不特定对象吸收资金。

《刑法》中涉及非法集资犯罪的罪名共计七个,分别是《刑法》欺诈发行股票、债券罪,擅自设立金融机构罪,非法吸收公众存款罪,擅自发行股票、公司、企业债券罪,集资诈骗罪,组织、领导传销活动罪以及非法经营罪。在上述这些罪名中,与民间借贷行为关联最为密切的是第 176 条规定的非法吸收公众存款罪和第 192 条规定的集资诈骗罪。

根据该最高人民法院《关于审理非法集资刑事案件具体应用法律若干问题的解释》第 2 条的规定,实践中,涉嫌构成吸收存款罪的常见行为有:(1)不具有房产销售的真实内容或者不以房产销售为主要目的,以返本销售、售后包租、约定回购、销售房产份额等方式非法吸收资金的;(2)以转让林权并代为管护等方式非法吸收资金的;(3)以代种植(养殖)、租种植(养殖)、联合种植(养殖)等方式非法吸收资金的;(4)不具有销售商品、提供服务的真实内容或者不以销售商品、提供服务为主要目的,以商品回购、寄存代售等方式非法吸收资金的;(5)不具有发行股票、债券的真实内容,以虚假转让股权、发售虚构债券等方式非法吸收资金的;(6)不具有募集基金的真实内容,以假借境外基金、发售虚构基金等方式非法吸收资金的;(7)不具有销售保险的真实内容,以假冒保险公司、伪造保险单据等方式非法吸收资金的;(8)以投资入股的方式非法吸收资金的;(9)以委托理财的方式非法吸收资金的;(10)利用民间"会""社"等组织非法吸收资金的。

关于集资诈骗罪,非法占有目的是成立集资诈骗罪的法定要件,是区分集资诈骗罪与其他非法集资犯罪的关键所在。最高人民法院《关于审理非法集资刑事案件具体应用法律若干问题的解释》第 4 条列举了实践中常见的"以非法占有为目的"的表现形式:(1)集资后不用于生产经营活动或者用于生产经营活动与筹集资金规模明显不成比例,致使集资款不能返还的;(2)肆意挥霍集资款,致使集资款不能返还的;(3)携带集资款逃匿的;(4)将集资款用于违法犯罪活动的;(5)抽逃、转移资金、隐匿财产,逃避返还资金的;(6)隐匿、销毁账目,或者搞假破产、假倒闭,逃避返还资金的;

(7)拒不交代资金去向,逃避返还资金的。

二、民间借贷行为本身涉嫌非法集资的处理

对于民间借贷行为本身涉嫌非法集资的处理,在理论上和实务中均存在不同的见解。2015 年最高人民法院《关于审理民间借贷案件适用法律若干问题的规定》实施后,做法趋于统一。其中第 5 条规定:"人民法院立案后,发现民间借贷行为本身涉嫌非法集资犯罪的,应当裁定驳回起诉,并将涉嫌非法集资犯罪的线索、材料移送公安或者检察机关。公安或者检察机关不予立案,或者立案侦查后撤销案件,或者检察机关作出不起诉决定,或者经人民法院生效判决认定不构成非法集资犯罪,当事人又以同一事实向人民法院提起诉讼的,人民法院应予受理。"

由此可见,对于非法集资类犯罪,需要统一进行刑事处理。这主要考虑到非法集资类犯罪是涉众型犯罪,被害人数较多,单一进行民事诉讼可能带来受害人之间的公平受偿问题。因为最高人民法院《关于审理民间借贷案件适用法律若干问题的规定》明确规定,民间借贷行为本身涉嫌非法集资犯罪的,应当裁定驳回起诉,并将涉嫌非法集资犯罪的线索、材料移送公安或者检察机关。由于刑事侦查具有结果的不确定性,人民法院认定的涉嫌刑事犯罪,移送公安或检察机关后,可能不被立案,或者立案后撤销案件,或者检察机关作出不起诉决定,再或者法院认定不构成非法集资犯罪,此种情况下,由于当事人的权利未经过救济,不属于一事不再理的范畴,应当允许当事人另行起诉。

【裁判依据】

1. 最高人民法院《关于审理民间借贷案件适用法律若干问题的规定》第 5 条

2. 最高人民法院《关于在审理经济纠纷案件中涉及经济犯罪嫌疑若干问题的规定》第 11 条

【关联案例】

童某某诉马某某民间借贷纠纷案

[案号] (2018)浙07民终1426号

[案情] 童某某诉马某某民间借贷纠纷案,不服浙江省东阳市人民法院(2017)浙0783民初10396号民事判决,提起上诉。童某某主张马某某归还其400万元并支付利息。经查,马某某系浙江某公司的法定代表人,其以公司及个人名义向社会不特定人员吸收资金,长期从事此类借贷行为并已形成一定规模。东阳市公安局于2019年4月4日对马某某立案侦查。

[简要分析] 法院认为,通过查明事实可知,东阳市公安局认为马某某的借款行为涉嫌非法吸收公众存款罪,于2019年4月4日受理该案。法院认为,本案借贷行为涉嫌非法吸收公众存款罪,公安机关已受理,根据最高人民法院《关于审理民间借贷案件适用法律若干问题的规定》第5条"人民法院立案后,发现民间借贷行为本身涉嫌非法集资犯罪的,应当裁定驳回起诉,并将涉嫌非法集资犯罪的线索、材料移送公安或者检察机关。"之规定,本案应依法移送公安机关处理。据此,依照最高人民法院《关于审理民间借贷案件适用法律若干问题的规定》第五条第一款、《中华人民共和国民事诉讼法》第一百一十九条、第一百五十四条第一款第(三)项、第一百七十条第一款第二项之规定,裁定如下:驳回童某某的起诉。

(撰写人:郭　帅)

06

出借人明知借款用于违法犯罪活动的处理

——李某、王某与陈某民间借贷纠纷案

裁判规则

明知借款人对外发放高利贷而提供借款资金，虽未被认定为刑事犯罪，但依然属于损害社会公共利益的行为，根据《合同法》第52条之规定，借款合同应认定为无效。

案　情[1]

2008年5月至2009年4月，李某陆续为陈某提供放高利贷资金700万元，每月从陈某处获取4%、5%不等的利息，李某、王某（二人系夫妻关系）认可其收到陈某总共支付的233万元高息。2009年6月后，陈某再未支付利息，亦未归还700万元本金，双方未约定还款期限。

李某、王某诉请：1. 陈某归还李某、王某资金本金4,843,602.26元；2. 陈某应付李某、王某从2009年6月至2014年6月原告起诉时止，共计利息1,150,277元。

【裁判结论】

重庆市第五中级人民法院于2015年3月10日，作出（2014）渝五中法民初字第00676号判决：1. 陈某于本判决生效之日起十日内返还李某、王某借款本金4,843,602.26元及资金占用损失（资金占用损失以4,843,602.26元为基数，从

[1] （2014）渝五中法民初字第00676号。

2009 年 6 月 1 日起,按人民银行公布的同期同类贷款基准利率为标准,计算至欠款本息付清之日止);2. 驳回李某、王某的其他诉讼请求。

【裁判观点】

对于李某、王某向陈某提供了 700 万元用于陈某对外放贷的事实,根据现有证据及陈某认可向原告借款 700 万元本金且并未归还的陈述,法院依法予以确认。但李某、王某明知陈某对外发放高利贷而提供借款资金,虽未被认定为刑事犯罪,但依然属于损害社会公共利益的行为,根据《合同法》第 52 条之规定"有下列情形之一的,合同无效……(四)损害社会公共利益",故对于李某、王某向陈某借款 700 万元的行为应认定为无效。按照《合同法》第 58 条之规定,"合同无效或者被撤销后,因该合同取得的财产,应当予以返还;不能返还或者没有必要返还的,应当折价补偿。有过错的一方应当赔偿对方因此所受到的损失,双方都有过错的,应当各自承担相应的责任"。故借款被认定无效后,李某、王某有权要求陈某返还借款本金及按人民银行同期同类贷款基准利率计算的资金占用损失,但对于陈某已支付的高息 233 万元,其中支付的超过人民银行同期同类贷款基准利率计算出的部分,应视为归还借款本金,故对此部分款项应先抵扣本金,将剩余部分返还李某、王某。由于陈某自 2009 年 6 月起就再未向李某、王某支付借款本金及利息,故对李某、王某要求陈某支付自 2009 年 6 月 1 日起,按人民银行同期同类贷款基准利率计算的资金占用损失,法院依法予以支持。

法官评析

一方面,出借人明知或应当知道借款人借款用于违法犯罪活动,仍为了谋取高息而提供借款的现象在社会上时有发生,但是普通民众对该类民事法律行为是否属于违法行为及其效力等认识不充分,对行为的后果和预期缺乏准确的判断,致各方在诉讼中争议较大;另一方面,在证据上能够认定出借人明知借款用于违法犯罪活动的案件并不多见,法院在认定该类案件中民间借贷合同无效,对当事人之间约定的高额利息、违约金等不予保护,既审慎保护当事人的合法权益,又在维护正常民间融资秩序方面起到了积极作用。

出借人事先知道或者应当知道借款人借款用于违法犯罪活动仍然提供

借款的民间借贷合同无效。从合同法一般原理和《合同法》第52条的规定上看，此种合同属以合法形式掩盖非法目的，且必然侵害社会公共利益，由此订立的合同应当认定无效。公民之间合法的借贷行为受法律保护，当合法的借贷关系产生后，借款人作为债务人在收到借款后，应根据借款协议的约定向贷款人即债权人按期足额归还借款、支付利息等，承担完全履行债务的义务。但以合法的民间借贷行为来掩盖非法目的时，不仅借贷关系不受法律保护，而且从事违法行为的民事主体还将受到其他法律的制裁，这是民间朴素的"恶债非法"的法理解释。司法实践中，常有借款人为从事违法、犯罪活动进行民间借贷的案件发生，例如，为犯罪活动准备资金，借款用作赌资、毒资、嫖资等。若贷款人是偶然地、不知情地出借资金则在所不论，若其明知或应知其出借款项将被用于上述活动，则实际上贷款人的行为性质即是一种违法或犯罪的帮助行为，当然会受到法律的否定评价，甚至其行为也应一并受到法律制裁。也就是说，即便借款合同在合同形式、合同内容上合法，但其被掩盖的目的非法的情况下，行为后果将损害国家、集体或者第三人的利益，理应被认定为无效。从规范意义看，规定该种协助违法或犯罪的行为无效不仅反映了法律对此的否定评价，而且也是对出借人出借行为的保护，因为出借资金一旦被用作违法、犯罪活动的资金受民事、行政甚至刑事规则的调整，不仅无法取得利息甚至连本金也难以收回。从这个意义上，属法律通过放大贷款人的风险起到对违法和犯罪行为抑制和避免的一种方式。[1]

【裁判依据】

1.《中华人民共和国合同法》第52条

2.《中华人民共和国合同法》第58条

3.最高人民法院《关于审理民间借贷案件适用法律若干问题的规定》第14条

（撰写人：曲建婷）

---

〔1〕 最高人民法院民事审判第一庭编著：《最高人民法院民间借贷司法解释理解与适用》，人民法院出版社2015年版，第266页。

9

CHAPTER

第九章

民间借贷中的新情况新问题

01

网络借贷中适格主体的司法认定

——刘某与杨某民间借贷纠纷案

裁判规则

借贷双方凭身份信息在电子借款平台进行注册，签订电子协议，并通过操作各自账户完成转款交易，电子协议本身即是认定借款关系和借款主体的依据。借款人认可其在电子借款平台注册账户目的是配合第三人借款，不仅提供身份证原件，而且配合第三人进行人脸识别、登录其个人账户，该事实表明借款人知晓第三人借用其账户借款的事实，并同意以其个人名义进行借款。借款是双方当事人真实意思表示，不违反法律、行政法规强制性规定，合法有效。

案　情[1]

刘某与杨某均系A公司旗下运营B平台实名认证会员。2016年11月5日，刘某通过B平台与杨某签订1份《借款协议》，并于当日向杨某转出约定借款，其金额为27,440元。合同约定利率为年化23.5%，期限为33天，自2016年11月5日至12月8日。还款日的次日为宽限期，借款人于还款日24:00点前未足额偿还借款本金和利息的，宽限期当日仍以未偿还借款本金为基数，按照本协议约定的借款利率计收利息；借款人于宽限期24:00前仍未足额偿还借款本息的，视为借款人逾期，自逾期之日（宽限期次日）起，则按照24%的年化利率计收利息，直至借款人清偿全部借款本息为止。刘某到庭陈述该笔款项至今未予偿还。2016年11月5日，刘某通过B平台向杨某转款27,440元。

[1] (2017)京01民终7399号。

一审法院认为,刘某与杨某在A公司提供的B平台上自愿签订贷款协议,是双方真实的意思表示,且未违反法律及行政法规的强制性规定,合法有效。依法成立的合同,对当事人具有法律约束力,当事人应当按照约定履行自己的义务。《借款协议》中载明:刘某与杨某借贷交易的时间、数额及还款的期限。刘某已依约履行了付款义务,现杨某逾期支付本金,应承担给付借款本金和相应的利息的责任。现刘某主张借款本金、利息和逾期利息的诉讼请求,证据充分,该院予以支持。刘某主张保全费、公告费、律师费的诉讼请求,未提交相关证据予以证明,该院不予支持。杨某辩称实际借款人为王某,应由王某承担还款责任,但杨某未提交证据证明王某与刘某存在借款合意或转款证明,故证据不足,该院不予采信。当事人有答辩并对对方当事人提交的证据进行质证的权利。本案中,杨某经该院合法传唤未到庭参加诉讼,视为其放弃了当庭答辩和质证的权利。

一审法院判决:1. 杨某于判决生效后7日内返还刘某借款27,440元;2. 杨某于判决生效后7日内返还刘某利息和罚息(借款期间和宽限期间的利息以27,440元为本金,自2016年11月5日起至12月9日止,按照年利率23.5%计算;罚息以27,440元为本金,自2016年12月10日起至实际付清之日止,按照年利率24%计算);3. 驳回刘某的其他诉讼请求。

【裁判结论】

北京市第一中级人民法院于2017年9月27日,作出(2017)京01民终7399号民事判决:驳回上诉,维持原判。

【裁判观点】

北京市第一中级人民法院认为:本案双方当事人争议焦点是刘某、杨某之间是否存在真实的民间借贷合同关系。杨某上诉主张,其B平台账户是由王某实际控制,其对借款不知情,不是真实的借款主体,应由王某承担还款责任。对此法院认为,首先,B平台属电子借款平台,借款双方凭身份信息进行注册和交易,并签订电子协议,借贷双方通过操作各自B平台账户完成转款交易,电子协议本身即是认定借款关系和借款主体的依据;其次,杨某认可其在B平台注册账户目的是配合王某借款,不仅提供身份证原件,还配合王某进行人脸识别、登录其个人账户，该事实表明杨某知晓王某借用其账户借款的事实，并同意以其个人名义进行借款。综合上述情形，一审判决认定刘某与杨某之间存在民间借贷法律关系，并无不当。法院对杨某的上述意见不予采信。上述借款是双方当事人真实意思表示，不违反法律、行政法规强制性规定，合法有效。

法官评析

电子借款平台的电子合同即为认定借款关系和借款主体的依据。电子合同是当事人之间借助互联网以电子方式设立、变更、终止民事权利义务关系的合同形式。电子合同具有以下特点：合同相对方通过网络以电子数据交换和电子邮件等方式签订合同，合同主体的身份确认和民事责任能力的判断存在困难；合同签订过程各环节往往不同步，要约与承诺的发出或撤销的时间确定容易发生争议；合同相关内容以电子信息形式储存在计算机中，可能存在不稳定性或更易被改动。

网络借贷中，当事人通过在网络借贷平台上签订电子合同与相对方达成借出或借入款项的意思表示。当事人在网络借贷平台进行借贷，可能存在两种形式：一种是平台并不直接介入借贷双方的合同中，双方在平台上直接达成借贷关系；另一种是平台以第三方的身份加入借贷合同，资金由贷款方转入平台，而后将债权转让，由平台放给借款方。

本案中，杨某在网络借贷平台上进行注册认证，以个人名义与刘某签订电子协议，并经由其个人账户完成转款交易。杨某虽主张其借贷平台账户由王某实际控制，但是登录账户借款需要提供身份证原件并完成人脸识别，可知其对该借款知情并同意以个人名义向刘某借款。案涉电子协议的相对方是刘某和杨某，杨某与刘某之间存在民间借贷关系。

【裁判依据】

1.《中华人民共和国合同法》第 10 条、第 11 条

2.《中华人民共和国电子商务法》第 48 条

【关联案例】

一、A公司诉甲银行银行结算合同纠纷案

［案号］ (2017)苏02民终1526号

［案情］ 2011年4月25日,A公司在甲银行开通网上银行服务,A公司在申请表的客户确认栏盖章确认以下内容:已经了解并同意遵守《甲银行电子银行章程》、《网上银行企业服务业务规则》及相关协议;已领取动态口令牌E-Token 2个。2013年11月20日13时,A公司通过IP为×××.×××.××.69的电脑登录网上银行对外转账91,300元。20分钟后,A公司网上银行在IP为××.××.×××.110的电脑登录,向吴某转账稿费、演出费等劳务2500元和17万元。

A公司陈述,2013年11月20日对外转账91,300元系正常操作,IP地址是A公司所属电脑,而向吴某转账的172,500元不是A公司的操作,IP地址与之前的完全不同(IP属福建某地),两次操作间隔20分钟,A公司不可能在20分钟内从无锡赶到福建,系网上银行存在漏洞,导致A公司的银行存款被非法转出。案涉网上银行的使用方法为:1.操作员1在甲银行网上银行官网上输入自己的用户名、密码以及动态口令登录网上银行系统;2.操作员1填写转账金额及收款账户后退出网上银行系统;3.操作员2输入自己的用户名、密码以及动态口令登录网上银行系统;4.操作员2核对转账信息后再次输入动态口令确认转账。其中,操作员1、2每人都有自己的用户名、密码以及动态口令牌,动态口令牌的6位密码每30秒变换一次。

甲银行提供中国信息安全认证中心出具的信息安全管理体系认证证书,载明:“兹证明甲银行信息中心建立的信息安全管理体系符合GB/T 22080—2008/ISO/IEC27001:2005及适用性声明(2013年9月11日1.2版),认证范围为甲银行信息中心为甲银行提供的生产信息系统(含灾备系统)运营支持服务、前端支持服务所进行的信息安全管理。颁证日期为2013年10月30日,有效期至2016年10月29日。”

［简要分析］ 本案系因网上银行支付引发的纠纷。网上银行由于虚拟化、数字化、信息化等特点,省略了交易双方面对面交流的环节,传统的签名、盖章等

认证形式无法再适用,采用有效的方式确认交易双方的身份、资格等成为网上银行交易安全保障义务的重要内容。本案中,双方一致确认系通过两个不同的操作员前后输入不同的用户名、密码以及每30秒变换一次的动态密码作为身份识别方式,A公司也在开通网上银行服务时,对甲银行告知的"凡使用正确的客户身份识别标识和身份认证方式进入甲银行电子银行系统使用电子银行服务的均视为客户本人所为,所产生的电子信息记录为该项交易的合同有效凭证"的内容表示遵守,故在一般情况下,按照上述方式进行的交易操作均应当认定为系经过A公司授权之行为。现A公司以2013年11月20日向吴某转账的172,500元的两笔交易均通过福建某地IP地址的电脑所操作,客观上不可能由A公司所为来证明上述两笔交易系第三人盗刷,未得到A公司授权。因网上银行支付不需要信用卡等物理介质,故并不排除得到授权的异地操作,A公司现有证据不足以证明本案争议款项系第三人盗刷,A公司存在实际损失,且甲银行也已就其行所提供的网上银行服务系统的安全性进行了举证。故对A公司的诉讼请求不予支持。

法院在处理网上银行支付引发的纠纷时,在银行举证了其电子支付安全性的有效证据的前提下,应认定使用正确的身份识别标识和身份认证方式进入网上银行电子银行系统使用电子银行服务的行为为客户本人或其授权人所为。对银行而言,由于网上银行操作均通过数据传输完成,银行在提供此类服务时,应当提示和告知客户妥善保管身份识别标识和身份认证信息或工具,并进行风险提示。对客户而言,客户在妥善保管身份识别标识和身份认证信息或工具时,还应审慎登录电子银行系统,如发现登录页面或其他操作环节异样即应停止操作。

二、A服务公司诉李某等借款合同纠纷案

[案号] (2014)黄埔民五(商)初字第6199号

[案情] A服务公司系提供借贷居间服务的有限责任公司,出借人与借款人可通过成为其网站会员达成借贷意向。2013年9月29日,李某(会员号××19)通过A服务公司网站与会员号为××02等264人达成借款意向,借贷双方根据网站提供的格式文本约定:会员号为××02等264人共计向李某出借资金50万元,借款开始日为出借人指定账户划付之日,借款到期日为借款开始后的

第12个自然月的借款开始日当日，节假日不顺延，月还款额为46,314.86元，还款方式为等额本息……若借款人出现逾期还款超过90天或借款人在逾期后出现逃避、拒绝沟通或拒绝承认欠款事实等恶意行为的，全体出借人一致同意将本协议项下债权无偿转让给A服务公司，由A服务公司统一向借款人追索。协议生效后，全体出借人通过A服务公司及第三方支付平台向李某放款50万元，但李某自2013年12月30日起开始逾期还款，A服务公司通过电话、短信方式进行催收均未果。2014年7月11日，A服务公司通过电子邮件告知李某已受让出借人的全部债权。A服务公司起诉请求李某支付借款本金及相应利息、逾期利息。李某辩称对A服务公司诉讼主体资格有异议，认为借款协议是李某与众出借人通过A服务公司签订的，A服务公司提供的是居间服务，与借款人、出借人之间是居间法律关系，因此不能成为本案诉讼主体。

[简要分析] 本案中，出借人与借款人签订的借款协议已明确约定，若借款人出现逾期还款超过90天或借款人在逾期后出现逃避、拒绝沟通或拒绝承认欠款事实等恶意行为的，全体出借人一致同意将本协议项下债权无偿转让给A服务公司，由A服务公司统一向借款人追索。该约定是合同当事人的真实意思表示，于法无悖，本案债权转让亦不属于《中华人民共和国合同法》第79条所规定的债权转让的除外情形，且A服务公司已于2014年7月11日通过电子邮件形式通知本案李某债权转让的事实，故A服务公司已成为合法债权人，在借款人不履行还款义务时，有权以自己的名义提起诉讼。

（撰写人：孙梦青）

02

P2P 借贷中的法定抵销权

——张某与张某倩民间借贷纠纷案

裁判规则

在 P2P 网络借贷案件中,法院应当重点审查双方资金往来是否属于同品质的到期债务,审慎适用法定抵销条款对双方的大量资金往来按照事后的标准统一结算。

案　情[1]

张某与张某倩均是“借贷宝”的注册会员。2016 年 5 月 27 日,甲方(出借人)张某,乙方(借款人)张某倩,丙方人人行科技股份有限公司通过“借贷宝”签订《借款协议》(协议编号:602504269009777882),该协议第 1 条约定:“借款金额人民币 5000 元,利率年化 24%,借款期限 11 天,自 2016 年 5 月 27 日至 2016 年 6 月 7 日,还款方式:借款期限届满后一次性偿还本金和利息。”第 6 条约定:“还款日的次日视为宽限期,借款人在还款日 22:00 点前未足额偿还借款本金和利息的,宽限期以截至当日未偿还借款本金为基准,按照本协议第 1 条约定的利率计收利息;借款人于宽限期仍未足额偿还借款本金和利息的,自宽限期次日起,不再计收利息,而以截至当日未偿还借款本金为基数,及年化 24% 的罚息利率计收罚息。”张某于《借款协议》签订当日向张某倩账户转账 5000 元。张某倩至今未偿还该协议项下的借款本金、利息和逾期利息。张某诉至法院,要求对方偿还本金及利息。张某倩则主张其与张某均系借贷宝平台用户,双方存在多次

[1] (2017)京 01 民终 2311 号。

交易,兑换、刷数据等行为。张某主张的借款协议,系张某倩通过借贷宝平台借款形式向张某倩归还的原借款的部分差额。根据借贷宝平台提供的第三方支付机构鹰皇金佰仕网络技术有限公司保存的数据显示,张某倩向张某累计支付904,094元,而2016年3月13日至5月27日,张某倩通过支付宝向张某支付886,284元,通过微信累计向张某支付17,810元。故张某倩实际不欠张某借款。

北京市石景山区人民法院于2016年12月20日,作出(2016)京0107民初8215号民事判决:1.张某倩于该判决生效后7日内给付张某借款本金5000元并支付借款期限内的利息36.16元;2.张某倩于该判决生效后7日内支付张某借款逾期利息(以5000元为本金,按照年利率24%计算,自2016年6月9日起计算至借款本金付清之日止)。宣判后,张某倩向北京市第一中级人民法院提起上诉。

【裁判结论】

北京市第一中级人民法院于2017年3月17日,作出(2017)京01民终2311号民事判决,维持一审判决。

【裁判观点】

北京市第一中级人民法院认为:结合当事人的诉辩主张,本案存在两个争议焦点:一是张某倩与张某的诉争借款协议是否系双方的真实意思表示;二是张某与张某倩之间的债权债务关系是否可以进行统一结算。

一、张某倩与张某的诉争借款协议是否系双方的真实意思表示

张某倩上诉主张,诉争借款的产生基于借贷宝平台上的刷数据行为,而非真实借贷。张某答辩称已提供借款协议证明双方的借贷意图。对此,法院认为,诚如张某倩所说,其通过在借贷宝平台的多次借入借出行为获得借贷宝较高等级评价与推广度,从而获取更多赚取利差的机会。那么,本案涉及的刷数据行为或刷单行为,仅系张某倩从张某处借款的目的,该目的不能影响法院对借款协议中双方借贷的真实意思表示的认定。

张某倩又主张,诉争借款协议的产生,系张某通过借贷宝平台向张某倩归还的原借款的部分差额。张某不予认可。对此,法院认为,最高人民法院《关于适用〈中华人民共和国民事诉讼法〉的解释》第90条规定:"当事人对自己提出的诉讼请求所依据的事实或者反驳对方诉讼请求所依据的事实,应当提供证据加以证明,但法律另有规定的除外。在作出判决前,当事人未能提供证据或者证据不足以证明其事实主张的,由负有举证证明责任的当事人承担不利的后果。”具体到本案,张某倩认为诉争借款的产生系张某向其归还原有借款,则其应当提供证据明确原有借款的金额、产生时间、借款期限以及双方以本案所涉借款形式偿还原借款的合意,以便法院对相关事实予以查明。鉴于张某倩并未对上述主张予以举证证明,其该项上诉理由法院不予采信。

二、张某与张某倩之间的债权债务关系是否可以进行统一结算

张某倩上诉称,通过借贷宝平台其累计向张某支付金额904,094元,而2016年3月13日至5月27日,张某倩亦通过支付宝平台向张某支付886,284元,通过微信平台支付17,810元。因此,应当将张某倩与张某间所有账目进行统一结算,从而确定到底是谁欠谁的债以及所欠金额。张某对此不予认可,其认为双方之间所称的兑付行为,系通过借贷宝、支付宝、微信支付平台进行的资金拆借,均已当天结清,不存尚需整体结算一说,且其他资金往来与本案的借贷关系无关。对此,依据《中华人民共和国合同法》第99条“当事人互负到期债务,该债务的标的物种类、品质相同的,任何一方可以将自己的债务与对方的债务抵销,但依照法律规定或者按照合同性质不得抵销的除外”的规定可知,如若当事人之间存在同品质、同种类的债务,从节约司法成本与彻底解决双方当事人之间纠纷的角度出发,法院可以进行债权债务的统一结算。但具体到本案,张某倩陈述双方在之前的结算中发现有差额时,即通过支付宝或微信补差额。也即是说,张某倩与张某在之前的经济往来中亦存在结算行为,现张某倩提供的向张某支付款项的转账凭证中实际存在结算等其他性质的资金流转,而非与本案借款协议项下同品质同种类的债务。另外,张某倩明确其无法提供与张某之间的全部债权债务账目,亦无法明确现有凭证中每笔转账对应的事由与性质。综上,法院认为,张某倩虽提供了其与张某之间的部分转账记录,但其并未充分举证证明上述转账均系与本案诉争借款同品质的到期债务,故,双方之间无法依据法定抵销条款进行一次性整体结算。

法官评析

本案涉及的争议焦点是在P2P网络借贷案件中是否可以适用法定抵销条款对债权债务进行统一结算以及如何审查适用的问题。《中华人民共和国合同法》第99条规定："当事人互负到期债务，该债务的标的物种类、品质相同的，任何一方可以将自己的债务与对方的债务抵销，但依照法律规定或者按照合同性质不得抵销的除外。"由此可知，法定抵销的构成要件包括：1.当事人相互负担对应的债务，也相互享有对应的债权；2.债务对应的标的物属于种类、品质相同之物；3.双方债务清偿期均已届满；4.不属于不能抵销之债。从法律效果来看，抵销权一旦行使，可以促成当事人双方相互债务的清偿，可以对守信方债权起到担保的作用，最终使双方当事人的债权债务归于消灭。通过法定抵销的方法，可以免除当事人互相履行债务所需要支出的时间、金钱与劳动力，有利于提高商事活动效率，降低商事交易成本，因此，作为效率优先的互联网金融领域亦存在适用法定抵销条款定分止争的空间。

一、P2P网络借贷之源起

P2P网络借贷（Peer-to-Peer Lending）即点对点借贷，指的是个体与个体之间通过互联网实现直接借贷，国内又称为"人人贷"。2013年11月13日，党的十八届三中全会通过的《中共中央关于全面深化改革若干重大问题的决定》指出，深化改革的重点是经济体制改革，核心问题是处理好政府与市场的关系，使市场在资源配置中起决定性作用，更好的发挥政府作用。在以上原则的指导下，我国的金融创新得以鼓励，普惠金融得以发展，金融市场的层次和产品丰富变化。至此，我国P2P网络借贷平台迅速成长，P2P网络借贷规模如雨后春笋般不断壮大。

二、P2P网络借贷案件之特点

互联网金融是传统金融行业与互联网信息技术相结合的新兴领域。一方面，互联网技术下的信息公开、透明与共享，使得中小微企业和个人的融资需求在较短时间内得以发布与回应；另一方面，互联网背景下的金融交易不受时空限制，交易成本更加低廉，因此，P2P网络借贷迅速成为传统金融交易的重要补充。在此背景下，P2P网络借贷案件亦呈现出互联网背景下特有的参与人数多、地域分布广、标的额小、案件量大的特点。

以本案为例，张某与张某倩通过借贷宝平台认识，该平台提供的第三方支付机构保存数据显示，双方在一定时期内存在近百笔资金往来，而双方亦提供了部分支付宝、微信转账记录，证明除此之外，双方还存在其他互联网途径的资金往来。同一时期，张某诉至法院要求张某倩偿还到期借款的案件就达到 17 件，案件标的额多在 1 万元左右。据北京市石景山区人民法院的数据统计，2016 年 9 月至 10 月，该院集中受理以人人行公司为原告的涉借贷宝平台居间合同纠纷及民间借贷纠纷案件 6800 件，该网贷平台注册人数 1.2 亿，逾期违约交易达 10 万件/年。由此可知，我们在审理该类案件时应当结合互联网金融案件的新特点，有针对性地进行前瞻性研究。

三、P2P 网络借贷案件之审查标准

P2P 网络借贷的金融商事属性以及金融改革市场化方向，要求法院在相关案件的审判应当注重司法自治与平等保护，效率优先与动态安全，更要尊重商业判断与商业实践，从而达到规范金融交易以及促进新金融创新与发展的目的。

案例中，张某倩答辩称应当将双方所有 P2P 网络借贷数额进行统一结算，由此确定双方的债权债务数额。民间借贷纠纷中债务标的是货币，货币为种类物，故在满足一定条件时可以相互抵销。倘若张某倩举证证明双方之间存在多笔均已到期的债务，则本案具有合同法中法定抵销条款的适用空间。

最高人民法院《关于审理民间借贷案件适用法律若干问题的规定》第 17 条规定："原告仅依据金融机构的转账凭证提起民间借贷诉讼，被告抗辩转账系偿还双方之前借款或其他债务，被告应当对其主张提供证据证明。被告提供相应证据证明其主张后，原告仍应就借贷关系的成立承担举证证明责任。"通常而言，当事人如果主张与对方存在民间借贷法律关系，只要提供相应转账凭证即可。张某倩为了证明自己的主张，即提供了上百份双方之间利用互联网 P2P 借贷平台或第三方支付平台的转账凭证。对此，张某不予认可，其主张双方之间存在多笔多性质的资金往来，此前的资金往来均已结算完毕，不能与现在起诉的借款混为一谈。在审理该类案件时，一种观点认为，既然现有证据已经表明双方之间存在多笔资金往来，则从彻底解决双方债务纠纷、提高司法效率的角度出发，应当对双方之间的账目统一结算。另一种观点则认为，法院应当从维护交易秩序、确保交易动态安全、提高交易与司法效率的角度出发，对双方资金往来的性质进一步审查，从而确定相关案件中法定抵销条款的适用标准。对此，我们认为以上两种观点并不矛盾，但应该结合互联网金融的特点，对资金往来的性质进一步审查，若其属于“同品质的债务”，则可以对应适用法定抵销条款。

第一，应当审查流转资金的性质。以本案为例，张某与张某倩之间存在多笔发生在大额临时性拆借后的小额转账，该类转账多为一两百元，当事人称之为“好处费”。“好处费”从性质上论属于借款的利息，符合金融有偿性特点，法院应当保护其合法正当的经营收益，而不应当将其作为借款纳入抵销债务之中。

第二，应当审查资金流转数据中是否存在已经清偿完毕的债务。结合本案案例可知，当事人双方均系通过互联网借贷平台理财，双方之间的临时性拆借多在当天或隔天结算完毕。也即是说，双方之间虽然存在多笔资金流转，但部分临时性拆借用途的资金已经在当事人之间进行过结算，张某倩虽持有相关转账凭证，但其属于已经结清的债权债务数据记录，而非与诉争标的额相同的到期债务。倘若法院对相关数据记录重新结算，实际上违背了当事人在金融交易时的意思自治，亦使金融实践中的交易秩序受到严重的损害。

第三，应当审查当事人提供的资金流转凭证是否属于完整的数据。对于此处的“完整”，我们认为不仅指同一 P2P 网络借贷平台上当事人双方的所有到期未予清偿的债务，亦包括不同 P2P 网络借贷平台甚至第三方支付平台的同性质数据。本案中，当事人不能提供完整的双方在借贷宝、微信支付、支付宝平台的资金流转数据，亦不能说明双方之间走账所对应的系哪一笔借款或还款，故，其提供的现有数据属于不确定的债务，其存在已经清偿的可能。此时，倘若法院适用法定抵销条款对现有数据进行结算，则可能因为其他数据的不断出现导致双方当事人之间的账目不断重新起算，极大地浪费了司法资源。

综上所述，司法实践中，大量存在守信方诉至法院要求对方还款，但失信方抗辩将双方在互联网借贷平台中所有走账一并结算的情形。倘若失信方拿出转账凭证即认定其抗辩成立，则该抗辩会成为失信方拖延诉讼的手段，司法效率大大降低的同时，也损害了守信方的合法权益。因此，在 P2P 网络借贷案件中，法院应当重点审查双方资金往来是否属于同品质的到期债务，审慎适用法定抵销条款对双方的大量资金往来按照事后的标准统一结算。

法律的生命始终不是逻辑，而是经验。只有熟悉法律的历史、社会和经济因素的法官，才能恰当地运用法律。金融创新给司法实践带来的新问题与新困惑，引导我们展开这场商事审判中法律适用问题的讨论。在促进交易、规范发展、尊重市场、适度前瞻的审判原则下，我们应在相关互联网金融案件中找寻到统一的审判理念与方法，也为即将到来的海量 P2P 网络借贷案件作出指引，从而不断拓展商事审判服务经济社会发展的广度和深度。

【裁判依据】

1.《中华人民共和国合同法》第 99 条

2. 最高人民法院《关于审理民间借贷案件适用法律若干问题的规定》第 17 条

（撰写人：杨　力）

03

民间借贷与融资租赁的甄别

——B租赁公司与A煤焦公司、C能源公司融资租赁合同纠纷案

裁判规则

融资租赁合同是出租人根据承租人对出卖人、租赁物的选择，向出卖人购买租赁物，提供给承租人使用，承租人支付租金的合同。当事人之间仅有资金的融通而没有确定的、客观存在的租赁物，亦无租赁物的所有权转移的，不构成融资租赁合同关系，法院应按照其实际构成的法律关系处理。

案　情[1]

2011年6月20日，B租赁公司与A煤焦公司、C能源公司签订了《融资租赁合同》，合同约定：乙方（A煤焦公司）将其拥有真实所有权并有处分权的租赁物转让给甲方（B租赁公司）再由甲方（B租赁公司）将租赁物出租给乙方（A煤焦公司）和丙方（C能源公司）使用，甲方支付租赁物转让款后，依法取得租赁物所有权，租赁期限内由承租人占有和保管租赁物。《融资租赁合同》还约定：租赁物的转让价款为人民币3亿元整，租赁期限为三年，租赁物起租日为甲方向乙方支付租赁物转让价款之日。租金以租赁成本和租赁利率为基础计算，由租赁成本与租赁利息构成，租赁利息按中国人民银行公布的人民币一年至三年期贷款基准利率上浮20%。租赁利息是按照租赁利率、以租赁成本余额计算的利息。租金共分十二期支付，承租人按照等额本息法每季度向甲方支付一次租金。租赁期限内，如遇中国人民银行公布的一年至三年期贷款基准利率调整时，甲方

[1] （2016）最高法民终286号。

将按照新公布的利率上浮20%重新确定租赁利率。甲方将于中国人民银行新利率执行当日按新的租赁利率向乙方和丙方计收租金。承租人同意在任何情况下均按照《实际租金支付表》及《租金调整通知书》的约定向甲方支付租金。《融资租赁合同》同时约定：承租人应向甲方支付租赁手续费人民币900万元、租赁保证金3000万元，甲、乙、丙三方一致同意，该款项由甲方在支付租赁物转让价款时直接扣收。若承租人未履行或未完全履行本合同项下的义务，甲方有权以租赁保证金按违约金、损害赔偿金、其他应付款项、应付租金、约定损失赔偿金、留购价款的顺序冲抵承租人对甲方的欠款。若承租人未按合同约定支付到期应付租金、租赁保证金等款项，承租人应就逾期未付款项按日万分之五向甲方支付违约金，直至全部付清之日止；承租人连续二期或累计三期未按合同约定向甲方支付到期租金视为承租人根本违约；若承租人发生预期违约或根本违约，甲方除有权按照合同约定要求承租人承担违约责任、赔偿损失外，还有权采取多项措施，包括提前终止合同，向承租人追索合同项下承租人应付的所有到期未付租金、违约金、损害赔偿金、全部未到期租金和其他应付款项。

B租赁公司按照合同约定调整了租赁利率并计算租金金额，承租人对此进行了确认。租赁调整通知书中记载第九期至第十二期每期租金金额为28,183,725.3元，上述各期租金支付日期分别为2013年9月20日、2013年12月20日、2014年3月20日、2014年6月28日。诉讼期间，B租赁公司明确按照租金调整通知书中每期租金应支付的日期分别计算违约金。2015年3月6日，山西省吕梁市中级人民法院裁定受理相关债权人对A煤焦公司、C能源公司的重整申请，并于2015年3月30日向D焦化公司发出通知书，告知其于2015年6月26日前向两公司管理人申报债权。

B租赁公司诉请A煤焦公司、C能源公司支付到期未付租金及违约金。

天津市高级人民法院认为：案涉《融资租赁合同》合法有效，各方当事人均应依约履行。合同签订后，B租赁公司依约履行了合同义务，A煤焦公司、C能源公司欠付到期租金显属违约。B租赁公司依合同约定，按照A煤焦公司、C能源公司确认的租金调整通知书上的租金数额主张相应欠付租金应予支持。A、C公司抗辩主张到期租金数额应扣除租赁保证金，因《融资租赁合同》中已明确约定租赁保证金的冲抵顺序，故不予支持。因B租赁公司仅主张违约金与租金，故保证金应按先违约金后租金的顺序予以扣除。双方签订的《融资租赁合同》

约定,若承租人未按合同约定支付到期应付租金、租赁保证金等款项,承租人应就逾期未付款项按日万分之五向B租赁公司支付违约金,直至全部付清之日止。B租赁公司依该约定主张A煤焦公司、C能源公司支付相应违约金,符合合同约定,法院予以支持。依据《中华人民共和国企业破产法》第46条的规定,未到期的债权,在破产申请受理时视为到期。附利息的债权自破产申请受理时起停止计息。因山西省吕梁市中级人民法院已于2015年3月6日裁定受理相关债权人对A煤焦公司、C能源公司的重整申请,故A煤焦公司、C能源公司给付违约金的期限应自各期租金付款日届满次日起至2015年3月6日。

天津市高级人民法院作出(2014)津高民二初字第0011号民事判决:A煤焦公司、C能源公司于本判决生效之日起十日内给付B租赁公司到期未付租金人民币112,734,901.2元及违约金,前述给付事项,应扣除已付保证金3000万元,扣除顺序为违约金、租金。判决后,A煤焦公司提起上诉。

【裁判结论】

最高人民法院于2016年12月27日,作出(2016)最高法民终286号民事判决:1.撤销天津市高级人民法院(2014)津高民二初字第0011号民事判决;2.A煤焦公司、C能源公司于本判决生效之日起十日内给付B租赁公司欠付本金80,136,388.92元、利息及违约金。

【裁判观点】

最高人民法院认为:本案的争议焦点之一是案涉《融资租赁合同》的性质及效力。根据《合同法》第237条有关“融资租赁合同是出租人根据承租人对出卖人、租赁物的选择,向出卖人购买租赁物,提供给承租人使用,承租人支付租金的合同”的规定,租赁物客观存在且所有权由出卖人转移给出租人系融资租赁合同区别于借款合同的重要特征。作为所有权的标的物,租赁物应当客观存在,并且为特定物。没有确定的、客观存在的租赁物,亦无租赁物的所有权转移,仅有资金的融通,不构成融资租赁合同关系。

B租赁公司与A煤焦公司、C能源公司于2011年6月20日签订的《融资租赁合同》,虽名为“融资租赁合同”,并就租赁物及租金等问题作出了明确约定,且附有《租赁物所有权转移证书》及《租赁物清单》,但《租赁物所有权转移证书》

仅载明租赁物所有权转移而未载明具体的租赁物名称及型号,《租赁物清单》仅列明了租赁物的供货商、租赁物名称、入账金额、入账时间、已提折旧及账面净值。而入账金额、时间、折旧、账面净值系财务记账方式,供货商及设备名称尚不足以使得租赁物特定化。该合同第3条“租赁物的购买”与交付第2款约定:A煤焦公司须在合同签订当日向甲方提交租赁物所有权凭证原件、租赁物购货合同、销售发票原件、租赁物保险凭证原件(若有),B租赁公司认为证明A煤焦公司拥有租赁物完整所有权所需的其他必要文件、资料;B租赁公司在检查完毕上述材料后,留存租赁物所有权凭证原件、A煤焦公司加盖公章的租赁物购货合同、销售发票及其他材料的复印件。根据该条约定,B租赁公司亦可通过提供上述书面文件,证明合同所约定的租赁物真实存在,并转移了所有权。但B租赁公司在本案诉讼期间未提交上述书面文件,也未提供B租赁公司取得租赁物所有权时对租赁物进行过实物检视、租赁物的现状及存放地点以及其他能够证明特定租赁物真实存在的证据。故仅凭《租赁物所有权转移证书》及《租赁物清单》尚不足以证明存在能与《租赁物清单》所列租赁物一一对应的特定租赁物,也不足以证明案涉《融资租赁合同》履行过程中存在租赁物的所有权转移,故现有证据不足以认定三方当事人之间系融资租赁合同关系。对B租赁公司有关租赁物实际存在、案涉《融资租赁合同》系融资租赁合同的主张,因证据不足,法院不予支持。

最高人民法院《关于审理融资租赁合同纠纷案件适用法律问题的解释》第1条规定,人民法院应当根据《合同法》第237条的规定,结合标的物的性质、价值、租金的构成以及当事人的合同权利和义务,对是否构成融资租赁法律关系作出认定。对名为融资租赁合同,但实际不构成融资租赁法律关系的,人民法院应按照其实际构成的法律关系处理。因现有证据仅能证明案涉当事人之间有资金的出借与返还关系,而不足以证明存在实际的租赁物并转移了租赁物的所有权,根据《合同法》第196条有关“借款合同是借款人向贷款人借款,到期返还借款并支付利息的合同”的规定,应当认定B租赁公司与A煤焦公司、C能源公司之间系借款合同关系而非融资租赁合同关系。

法官评析

融资租赁合同是出租人根据承租人对出卖人、租赁物的选择,向出卖人购买租赁物，提供给承租人使用，承租人支付租金的合同。融资租赁合同与其他类似合同相比具有以下特征：(1)通常涉及三方合同主体(出租人、承租人、出卖人)并由两个合同构成(出租人与承租人之间的融资租赁合同以及出租人与出卖人就租赁物签订的买卖合同)；(2)出租人根据承租人对出卖人和租赁物的选择购买租赁物；(3)租赁物的所有权在租赁期间归出租人享有，租赁物起物权担保作用；(4)租金的构成不仅包括租赁物的购买价格，还包括出租人的资金成本、必要费用和合理利润；(5)租赁期满后租赁物的所有权从当事人约定。

实践中，如果当事人利用融资租赁合同与贷款合同功能上的相似性，试图规避监管规则，达到牟取远高于贷款利息的租金利润的目的，就会超越融资租赁的界限。在审判过程中，法院应以"融物"特征为核心，综合考察融资租赁的合同交易结构与实际履行情况之间的差异，判断隐藏在"影子银行"背后的真实法律关系，重点把握以下三种典型的名为融资租赁实为借款的交易形式：

1. 只有租赁合同而无买卖合同

此类情况主要有两种形式：(1)当事人订立合同时没有购买租赁物的目的，因此不会在合同中约定购买租赁物，至多只是约定租赁物的产地、规格等原则性条款，或者约定设备名称，对设备具体如产地、型号、规格、数量、技术情况等均未约定，有的甚至只约定"设备"二字，其余均无。为了实现融资目的，此类合同大多约定由出租人将"租赁款"直接付给承租人，租金的计算则往往只考虑利息因素。(2)出租人与承租人订立租赁合同，合同约定由出租人与供货人订立购货合同后由承租人确认，但在合同履行过程中，出租人直接向承租人指定的设备供应商账户打款，设备供应商在扣除一定的款项后，将货款返还至承租人，期间并不发生真实的货物买卖与交付。融资租赁公司的借款经由供货商最终流向了承租人，产生了金融借款的效果。

2. 既有租赁合同，又有购货合同

典型情况有两类：(1)出租人与承租人订立租赁合同后，出租人亦根据租赁合同之约定与供货人订立购货合同，实际上出租人与供货人并不真正履行购货合同。承租人仅向出租人出具租赁物到位的凭证(亦称作租赁物件受领证),出租人进行形式审核,表明自己对不存在真实的货物买卖交易不知情,以便在产生纠纷之后逃避责任。(2)出租人与承租人虽订立租赁合同,但合同中并不约定租赁物的具体事项,也不约定由谁向供货方购置租赁物。在承租人提供买卖合同后,出租人直接将款项以“设备款”名义付给承租人使用,申明由承租人用此款购置设备,但并不审核承租人是否真正购置了设备。一旦发生法律纠纷,出租人在诉讼中以具备租赁合同与买卖合同为由要求按融资租赁法律关系认定。

3. 名为回租,实为借款

回租是指承租人将自己所有的设备等卖给出租人,同时与出租人订立一份融资租赁合同,再将该物件租回自行使用的租赁形式。这种方式在制造商资金困难而又需要使用其原有设备时采用。实践中,有当事人为规避融资租赁企业不得从事贷款业务的法律规定,利用融资租赁合同与借贷合同在功能上的相似性,订立回租合同,但实际上融资租赁法律关系并不真实存在。

【裁判依据】

1. 最高人民法院《关于审理融资租赁合同纠纷案件适用法律问题的解释》第1条

2.《中华人民共和国合同法》第196条

3.《中华人民共和国合同法》第237条

【关联案例】

一、董某、王某与某融资公司融资租赁合同纠纷案

[案号] (2019)京03民终4635号

[案情] 董某、王某与某融资公司签订《融资租赁合同》约定将董某在某销售公司购买的车辆以占有改定的交付方式转让给某融资公司,然后由董某、王某回租该车辆,某融资公司将融资款项93.3万元依照董某的付款申请打入某销售公司账户,后某销售公司将部分款项支付给董某。因董某、王某未按期支付租

金,某融资公司诉至法院要求其支付相关租金、逾期罚息及违约金等,并要求郭巍承担连带保证责任。

二审审理中查明,在一审法院庭审后作出判决前,河南省开封市金明区人民法院作出(2016)豫0211民初3181号民事判决,确认董某与某销售公司于2015年11月签订的《汽车购买合同》为无效合同。在该案中该院查明董某与某销售公司签订《汽车购买合同》是为了得到某融资公司的融资款,没有实际买卖交易。

[简要分析] 对名为融资租赁合同但实际不构成融资租赁法律关系的,人民法院应当根据其实际构成的法律关系,认定合同的性质和效力,并据此确定当事人之间的权利义务关系。

融资租赁交易具有融资和融物的双重属性,缺一不可。应认定本案融资租赁合同没有融物属性,系以融资租赁之名行借贷之实,应属借款合同。本案应按照借款合同判断合同效力,进而确定各方当事人的权利义务。故二审裁定撤销一审判决,发回一审法院重审。

二、某租赁公司与某材料公司融资租赁合同纠纷案

[案号] (2018)最高法民再373号

[案情] 2012年4月23日,某租赁公司与某材料公司签订《融资租赁合同》,约定:1.某材料公司以筹措资金为目的,以回租方式向某租赁公司转让租赁物,某租赁公司根据某材料公司上述目的融资受让租赁物,租赁物为《售后回租资产清单》中载明的铜箔生产线设备,转让价款为1.5亿元;2.某租赁公司购买某材料公司转让的租赁物并回租给某材料公司使用,某材料公司承租租赁物须向某租赁公司支付租金,租金支付按《租赁附表》(概算表)及《实际租金支付表》的规定办理;3.租赁期限为四年,每三个月支付一次租金,共分16期,每期按等额本金方式支付,租金由租赁成本与租赁利息构成,租赁利息以中国人民银行公布的人民币三到五年期贷款基准利率(年6.9%)上浮15%计算,当中国人民银行调整基准利率,某租赁公司以《租金调整通知书》通知某材料公司,对某材料公司欠付的租金部分,如遇利率上调,则按新租赁利率相应调整,如遇利率下调,则按原利率执行;4.在租赁期内,某材料公司确保某租赁公司是租赁设备的唯一

合法所有权人,保证不会利用其对标的物的占有而在租赁物上设置对出租人不利的权利负担;5. 若某材料公司根本违约,某租赁公司有权向某材料公司追索合同项下应付所有到期未付租金、滞纳金、未到期剩余租赁成本、留购价款或终止合同、取回租赁物,并要求赔偿损失等。上述合同附件一《售后回租资产清单》记载租赁资产包括造液系统设备等七大项共 14 套,附件二《租赁附表》记载起租日为 2012 年 4 月 15 日,应付租金总额为 17,565.856557 万元,租赁物留购价为 1 元。上述合同签订后,某租赁公司于 2012 年 4 月 28 日将 14,400 万元合同款(扣除了 600 万元手续费)通过网银汇入某材料公司账户。2013 年 4 月 15 日,上述融资租赁业务在中国人民银行征信中心办理了租赁初始登记。另查,案涉租赁货物原始购买发票载明设备价格为 1068 元。

[简要分析] 如无实际租赁物或者租赁物所有权未从出卖人处转移至出租人或者租赁物的价值明显偏低,则应认定该类融资租赁合同没有融物属性,系以融资租赁之名行借贷之实,应属借款合同。

从表面看,案涉《融资租赁合同》系售后回租融资租赁合同关系,某材料公司是出卖人和承租人,但实际上,该合同中融物的事实难以认定,理由如下:(一)当事人提交的证据不能证明买卖交易关系真实存在,亦不能证明《售后回租资产清单》中所载明的租赁物由某材料公司真实拥有,更不能证明某租赁公司实际取得清单上所载明的租赁物的所有权。(二)涉案租赁物的实际价值与约定的转让价款差异巨大。某租赁公司作为专业融资租赁机构,其提供的证据不能证明其主张的设备的价值,其以高于市场价值十几倍的价格购买租赁物,显然背离买卖合同等价交换原则,其租金亦不体现租赁物的真正价值。综上,《融资租赁合同》虽然形式上有售后回租融资租赁合同相关条款的约定,但实际上并不存在融物的事实,双方实际上仅是"借钱还钱"的借贷融资关系。

(撰写人:曲建婷)

04

项目工程借贷中构成表见代理的判断标准

——陆某与广州某公司民间借贷纠纷案

裁判规则

表见代理制度不仅要求代理人的无权代理行为在客观上形成具有代理权的表象，而且要求相对人在主观上善意且无过失。在民间借贷案件中，对于主观上“善意且无过失”的判断，应当结合案件具体情况，考察出借人在行为上是否尽到合理注意义务。对于出借人没有尽到合理注意义务的，不能认定为善意且无过失，不构成表见代理。

案　情[1]

2013 年，广州某公司中标某县道路施工工程。同年 11 月，县住建委（发包人）与广州某公司（承包人）签订施工合同。此后，广州某公司成立了高铁连接线项目部。

2014 年 5 月 20 日，项目部负责人蒋某以项目部名义与陆某签订《借款合同》，约定项目部向陆某借款 2600 万元，用于支付工程项目的材料款及人员工资，利息按年利率 25% 计算，每半年支付一次利息，到期日本金及利息一次性支付给贷款方；借款期限自 2014 年 5 月 21 日起至 2015 年 5 月 20 日，借款账号为蒋某个人账户。

合同签订后，陆某陆续汇入蒋某账户 1600 万元。2015 年 1 月 25 日，蒋某向陆某出具收条一份，确认收到上述借款。同时，除上述款项外，收条载明：“2014

[1] (2017)京 01 民终 7395 号。

年10月15日,从解除三方投资合作协议,陆某名下1000万元投资款转为合同借款给蒋某1000万元整"。针对该1000万元,陆某除提供了汇入蒋某账户的330万元证据外,其余款项陆某称系从之前与蒋某个人的经济往来中结算而来。

2015年8月25日,项目部负责人蒋某以项目部名义与陆某签订《还款协议》,约定项目部收到《借款合同》中共计2600万元借款,现资金周转困难,项目部提出延期还款。

后项目部未向陆某偿还任何款项。陆某向法院起诉请求:广州某公司偿还借款本金2600万元及利息。

一审诉讼中,陆某提交了广州某公司作为甲方与蒋某作为乙方签订的《县道路工程施工管理配合总协议》,但缺少了第四页。二审诉讼中,广州某公司亦提交了上述协议,其中第四页第六条第九项载明:"项目部印章由甲方或甲方管理代表保管。项目部印章仅用于工程技术、一般性公文等场合,乙方不得使用项目部公章签订材料采购、机械租赁等经济性文件、合同、协议书、证明及委托书等,否则视为无效,甲方不予承认,由此产生的一切经济、法律后果由乙方承担。"诉讼中,陆某表示其未见到广州某公司向蒋某出具的授权委托书等文件,其认定蒋某有权代表广州某公司签订《借款合同》的主要依据为道路工程施工合同文件、中标通知书、《县道路工程施工管理配合总协议》等文件,以及陆某数次去现场考察时,蒋某均在场。

北京市海淀区人民法院认为:涉案《借款合同》系蒋某以项目部名义签订,蒋某系项目部负责人,故蒋某的签字行为系代表广州某公司项目部,故涉案《借款合同》对广州某公司具有法律效力。根据陆某提交的证据,其向蒋某的账户转账支付了1600万元,陆某系根据蒋某的指示打款,故款项汇入蒋某个人账户系合同义务的履行方式。至于陆某名下1000万元投资款转为本案借款合同项下的借款,因陆某提交证据证明其向蒋某支付了330万元,故当事人将该330万元归入涉案《借款合同》项下,该院不持异议;至于剩余的670万元,应属陆某与蒋某的债权债务关系。综上,对于2600万元的诉讼请求中的1930万元予以支持,超出部分,不予支持。关于利息部分,对于年24%予以支持,超出部分不予支持。

北京市海淀区人民法院作出(2016)京0108民初17949号民事判决:1.广州某公司偿还陆某借款本金1930万元并支付利息;2.驳回陆某的其他诉讼请求。

判决后,广州某公司提起上诉。

【裁判结论】

北京市第一中级人民法院于2017年12月6日,作出(2017)京01民终7395号民事判决:1.撤销北京市海淀区人民法院(2016)京0108民初17949号民事判决;2.驳回陆某的全部诉讼请求。

【裁判观点】

北京市第一中级人民法院认为:本案的争议焦点为涉案《借款合同》是否对广州某公司产生约束力。广州某公司上诉认为蒋某作为项目承包人,无权代表广州某公司项目部与陆某签订《借款合同》,其使用的项目部公章是私刻,《借款合同》不应对广州某公司产生约束力。陆某则认为《借款合同》是蒋某以广州某公司项目部名义签订,广州某公司应当对《借款合同》承担责任。对此法院认为,蒋某在本案中是否构成表见代理,是认定涉案《借款合同》是否对广州某公司产生约束力的关键。

法院认为,表见代理的构成要件包括相对人有理由相信行为人有代理权及相对人善意且无过错。具体到本案中:其一,蒋某的身份为项目承包人,在中标通知书、《县道路工程施工管理配合总协议》等中均有体现,陆某对此是明知的。其二,《县道路工程施工管理配合总协议》明确载明项目部印章仅用于工程技术、一般性公文等场合,不得使用项目部公章签订材料采购、机械租赁等经济性文件、合同、协议书、证明及委托书等,否则视为无效。陆某应对上述条款尽到合理注意义务。陆某对其一审提交该证据缺少第四页的解释,不符合常理。其三,涉案《借款协议》约定借款金额2600万元,年利率25%,款项进入蒋某个人账户,如陆某认为广州某公司具有偿还款项的义务,理应对蒋某的身份,是否具有授权等予以调查,现有证据并未表明陆某尽到此合理注意义务。综合考虑本案案情,法院认为蒋某的涉案行为并不构成表见代理,涉案《借款合同》对广州某公司不发生效力。综上,法院依法予以改判。

法官评析

本案系因建设工程中项目部经理加盖项目部印章对外借款而引起的民

间借贷纠纷案件，核心问题在于项目部经理加盖项目印章对外借款的行为是否构成表见代理，是否应当对公司产生约束力。作为私法上保护信赖利益的一种方式，表见代理在立法论和解释论层面均存在一定分歧，客观上带来了司法实践中适用表见代理制度的混乱。本案在考量被代理人与相对人的利益冲突问题时，从表见代理的构成要件出发，将主观上"善意且无过失"的模糊化标准转化为客观上是否尽到"合理注意义务"之审查，结合案件事实，在坚持综合判断的基础上，依法、审慎认定本案尚不构成表见代理。现详述如下。

一、表见代理之辩

表见代理，谓代理人之代理行为，虽无代理权，而有可使第三人信其有代理权之事由，因而使本人对于相对人负授权人责任之无权代理。《中华人民共和国合同法》(以下简称《合同法》)第 49 条确立了表见代理制度，《中华人民共和国民法总则》(以下简称《民法总则》)第 172 条予以沿用。表见代理属于无权代理，法律效果本不应及于被代理人，但因行为人具有代理权之表象，为保护相对人的信赖利益，维护交易正常预期，因此立法者使其具有与有权代理相同的法律效果，以此平衡个人权利的静态安全与社会交易的动态安全。

《合同法》第 49 条规定："行为人没有代理权、超越代理权或者代理权终止后以被代理人名义订立合同，相对人有理由相信行为人有代理权的，该代理行为有效。"据此分析表见代理的构成要件，可得出以下结论：其一，须是无权代理，即行为人没有代理权、超越代理权或者代理权终止后以被代理人名义订立合同。理论界将表见代理类型归纳为授权表示型(形有实无)、权限逾越型(形大实小)、权限延续型(形存实亡)。其二，须行为人具有被授予代理权的外观和表象。外观和表象，是一种客观事实，如无权代理人曾被授予过代理权，或根据交易习惯行为人的行为具有代表权表象等。实践中，如行为人持有被代理人的授权文件、合同书等。其三，须相对人相信行为人有代理权且系善意无过失。《合同法》《民法总则》的表述仅称相对人有理由相信行为人有代理权，并未指明该相信是否应当善意且无过失，留下了解读空间。但司法实务中的主流意见，均认为在案件判断中，应当将善意且无过失纳入考量。最高人民法院《关于当前形势下审理民商事合同纠纷案件若干问题的指导意见》第13条规定："合同法第四十九条规定的表见代理制度不仅要求代理人的无权代理行为在客观上形成具有代理权的表象，而且要求相对人在主观上善意且无过失地相信行为人有代理权。合同相对人主张构成表见代理的，应当承担举证责任，不仅应当举证证明代理行为存在诸如合同书、公章、印鉴等有权代理的客观表象形式要素，而且应当证明其善意且无过失地相信行为人具有代理权。"最高人民法院的相关案例，亦是对"善意且无过失"予以体现。而关于如何确定相对人主观上善意且无过失，标准相对模糊，一般认为属于结合案件事实综合判断之结论。

二、本案裁判解析

本案争议焦点为项目部经理加盖项目印章对外借款的行为是否构成表见代理。对此应当结合表见代理的构成要件，尤其是相对人是否善意且无过失这一标准，予以判断。二审诉讼中，合议庭首先依法补充查明了两个关键事实：一是陆某从未见到广州某公司向蒋某出具的授权委托书等文件。陆某认定蒋某有代理权的主要依据为道路工程施工合同文件、中标通知书、《县道路工程施工管理配合总协议》等文件。二是陆某一审提交的《道路工程施工管理配合总协议》缺少了第四页载明的对项目公章使用限制的重要内容。再结合涉案《借款协议》约定借款金额2600万元，年利率25%，款项进入蒋某个人账户等异常因素，合议庭认定陆某未尽到合理注意义务。作为理性的经济人，向国有企业广州某公司出借巨额款项，在面对种种疑点时，未能要求行为人出具授权手续，未能仔细查看总协议内容，未能进一步向广州某公司核实，实难认定为善意且无过失。故合议庭最终认定，蒋某的涉案行为并不构成表见代理，涉案《借款合同》对广州某公司不发生效力。

三、类型化思考

表见代理在建设工程纠纷中大量存在，形式各样，而类型化总结对司法实践极具价值。笔者搜寻了最高人民法院的相关案例二十余件，发现建设工程中是否适用表见代理的考量因素主要有以下内容：是否以被代理人或项目部名义；是否为项目部负责人；是否使用被代理人或项目部公章；被代理人是否存在实际履行行为；涉案标的物的具体用途；是否存在授权；交易方式是否异常；相对人是否知道被代理人与行为人的内部关系等。司法实践中，对于须行为人具有被授予代理权的外观和表象，比较容易认定和把据。而对于相对人是否“善意且无过失”，标准不尽统一。笔者根据司法实践中的案件，总结出符合下列情形，相对人未以合理方式向被代理人核实行为人是否具有代理权的，可以认定相对人并非善意且无过失：一是使用的印章明显不符合用印规范和交易习惯；二是交易对价、条款明显不合理，损害被代理人的利益；三是相对人所尽的注意义务与认知水平、交易情况等明显不相称。上述总结亦非完满和绝对，仅是对主观状况客观化考察的一种努力，以期在司法实践表见代理综合判断方法之中，增加些许类型化思考的努力，以此在自由裁量与规范秩序中实现法的合目的性。

【裁判依据】

1.《中华人民共和国民法总则》第 172 条

2.《中华人民共和国合同法》第 48 条、第 49 条

（撰写人：强刚华　郭　帅）

05

民间借贷与循环买卖

——神某公司与大连公司、松某公司、关某等民间借贷纠纷案

裁判规则

涉及循环买卖时，法院应着眼于整个交易流程判断各方当事人签订的合同性质，在实质系各方之间为生产、经营需要订立的民间借贷合同情况下，除存在法定无效的情形外，当事人主张民间借贷合同有效的，法院应予支持。

案 情[1]

一、神某公司与“相关经销商”的合同约定、保证及订单情况

（一）关于上海分公司的合同约定、保证及订单情况。

2012 年 4 月，神某公司（甲方）与上海分公司（乙方）签订《货物买卖框架合同》，约定：甲方向乙方出售货物的相关事宜达成整体框架合同，付款方式：分为以现金方式和以票据方式付款两种；违约责任：乙方逾期付款的，自逾期之日起 30 日内，每日须按逾期支付款项金额的千分之一的标准向甲方支付违约金；逾期 30 日仍未付清货款的，乙方须向甲方支付相应订单总价款 20% 的违约金，同时，甲方保留解除本合同的权利，甲方可以根据乙方逾期付款的天数，在乙方付清全款之后收取乙方低于上述比例的违约金即罚息。

后，关某、大连公司、松某公司均签署《最高额保证担保合同》，约定为上海分公司对神某公司的未付债务承担连带保证责任。

2015 年 3 月，上海分公司向神某公司下单求购松下传真机等货品。上海分

〔1〕（2018）京 01 民终 3366 号。

公司出具《货物签收证明》载明：我公司已经收到神某公司的货物，并已经对货物进行了验收。神某公司向上海分公司出具《应收账款清单》载明：截至2015年9月30日贵公司应付神某公司共计6,033,598元，上海分公司盖章确认。

（二）神某公司（甲方）与北京分公司、广州公司、迪某公司均约定有与上海分公司相同的合同。

二、神某公司与大连公司签订"松下产品合作协议"及订单情况

"相关经销商"对上述《货物验收证明》及《应收账款清单》盖章的真实性认可，但主张交易并未真实发生，而是"名为买卖实为借贷"，货物并未真实交付。在此之前，大连公司曾与神某公司签订三份"松下产品合作协议"。

2010年6月，大连公司与神某公司签订《2010年松下产品合作协议》，主要约定为：神某公司作为大连公司授权的松下产品包销商，按照约定向认证经销商提供45天账期及不高于采购价格2.5%的特殊的销售及价格政策支持；神某公司销售给认证经销商的松下产品将在大连公司供价的基础上加价2.5%，同时提供不长于45天的账期，大连公司应保证认证经销商认可并执行该销售政策。

2011年、2013年，大连公司与神某公司又签订松下产品合作协议，具有上述相同约定。

2013年，神某公司向大连公司发送《国内采购订单申请单》，求购松下传真机等，还表明了合同价款、付款方式为银行承兑汇票。后神某公司（出票人）向大连公司出具银行承兑汇票。此后，神某公司向大连公司发送多份采购订单申请单。

据此，2013年6月至2015年3月，神某公司累计以银行承兑汇票的方式向大连公司支付67,430,775元。就上述钱款的性质，神某公司主张为支付的货款；大连公司主张"名为货款实为借贷"，自始至终大连公司未向神某公司发送任何订单中约定的货物；神某公司主张"这是他们的经营模式"。

三、神某公司与大连公司签订的《质押合同》及质物流转情况

由于双方存在上述长期的业务和资金往来，为了担保相关债权的实现，神某公司与大连公司签订一系列质押合同和补充协议，但就担保债权的具体指向，协议中均未明确。

四、神某公司与大连公司签订《还款备忘协议》及关于质物的变化情况

2015年7月，神某公司与大连公司签订《还款备忘协议》载明：经双方友好

协商，大连公司对"相关经销商"（包括迪某公司、广州公司、北京分公司、上海分公司）与神某公司的相关债务还款以及质押货物及抵押房产事宜达成共识，双方承诺严格履行此还款备忘录。具体内容包括：1. 大连公司承诺按照约定的时间进度，对"相关经销商"与神某公司的债务欠款代为偿还；2. "相关经销商"欠款金额明细；3. 质押物情况；4. 还款情况。备忘录为神某公司与大连公司达成的回款方案，并不影响该业务项下原有合同及协议的效力。

2015 年 7 月，神某公司与大连公司、"相关经销商"签订《质押合同》，约定大连公司愿意以其所有的或者依法享有处分权的财产作为质物；在前述质押合同的基础上，追加质物。

2015 年 9 月，神某公司（需方）与大连公司（供方）又签订《一次性货物采购合同》约定，交易产品为双方之前签署的质押合同（三份）及质押合同补充协议中所指的质押物，除该合同金额外，神某公司不再支付任何其他费用；交货事项：由于神某公司在本采购合同签订前已根据质押合同及补充协议依法占有本合同项下产品，所以本合同生效即为交付货物。

另，神某公司主张律师费共计 15 万元，提交了委托协议书及律师费发票为证。

海淀区人民法院认为，民间借贷是指自然人、法人、其他组织之间及其相互之间进行资金融通的行为。法人之间、其他组织之间以及它们相互之间为生产、经营需要订立的民间借贷合同，除存在法定的无效情形外，当事人主张民间借贷合同有效的，人民法院应予支持。

2010 年 6 月至 2013 年 3 月，神某公司与大连公司签订三份"松下产品合作协议"，主要约定为：大连公司选定神某公司为松下传真机等产品在中国区的包销商，神某公司按照约定，向认证经销商提供 45 天账期及不高于采购价格 2.5% 的特殊的销售及价格政策支持；神某公司销售给认证经销商的松下产品将在大连公司供价的基础上加价 2.5%，同时提供不长于 45 天的账期，大连公司保证认证经销商认可并执行该销售政策。上述三份合同的累积期限为：2010 年 7 月至 2015 年 3 月。

2013 年 6 月至 2015 年 2 月，神某公司向大连公司分六次下单购买松下传真机等产品，合同价款（含税）共计 4900 余万元，神某公司以银行承兑汇票方式向大连公司支付了上述钱款，但上述货物并未实际交付。

2012 年至 2014 年，神某公司分别与“相关经销商”签订了四份《货物买卖框架合同》。同时，大连公司、松某公司、关某分别对上述《货物买卖框架合同》下所发生的“相关经销商”对神某公司的未付债务提供最高额连带责任保证。

2015 年 2 月至 3 月，“相关经销商”向神某公司订购松下传真机等货物，其中上海分公司的合同价款为 6,033,598 元、北京分公司的合同价款为 6,619,989 元、广州公司的合同价款为 4,454,240 元、迪某公司的合同价款为 3,784,392 元；“相关经销商”均确认收到上述货物。

2015 年 7 月，神某公司与大连公司签订《还款备忘协议》约定，大连公司承诺对“相关经销商”与神某公司的债务欠款代为偿还。

就上述货物买卖发生的经过，神某公司认为其作为大连公司的包销商，购买货物之后再分销，无须货物的实际流转交付，是一种合理合法的商业模式，且系各方之间的真实意思，各方之间成立买卖合同关系，应属合法有效。大连公司认为，各方之间并不存在真实的买卖合同关系，名为买卖实为借贷，以合法形式掩盖非法目的，相关买卖合同应属无效。

对此该院认为：首先，神某公司与大连公司及“相关经销商”之间虽然签订一系列货物买卖合同，但从整个交易流程来看，神某公司交易的上家大连公司与下家“相关经销商”均为关联公司，神某公司加入交易环节，显然与正常交易规律及秩序不符，其实系为大连公司提供“融资”，而非真实参与经营。其次，神某公司与大连公司签订的三份“松下产品合作协议”中均约定：神某公司销售给认证经销商的松下产品将在大连公司供价的基础上加价 2.5%，同时提供不长于 45 天的账期，大连公司保证认证经销商认可并执行该销售政策；该约定自始即明确了神某公司的固定收益，亦与买卖关系中的收益波动不符，而明显具备借贷关系的特征。再次，在案证据表明，作为交易上家的大连公司又为作为交易下家的“相关经销商”对神某公司的未付债务提供“回款”保证，并签订长时间内的“最高额连带责任保证”协议，明显与买卖合同关系中的常理相悖，其实质在于保证出借人的固定收益。综合上述分析，神某公司与大连公司及“相关经销商”之间签订的一系列买卖合同，虽有买卖关系之表象，其实质为“民间借贷关系”。各方签订的一系列买卖协议实为双方民间借贷关系的形式载体，其效力与民间借贷关系的效力具有同一性。

根据最高人民法院《关于审理民间借贷案件适用法律若干问题的规定》的

相关规定,法人之间、其他组织之间以及它们相互之间为生产、经营需要订立的民间借贷合同,除存在法定无效的情形外,当事人主张民间借贷合同有效的,人民法院应予支持。神某公司、大连公司及"相关经销商"均为从事数码产品经营的相关公司,各方签订的一系列买卖合同,实质系各方之间为生产、经营需要订立的民间借贷合同,未违反法律、行政法规的强制性规定,应属合法有效。

综合本案案情分析,神某公司为实际出借人,大连公司为实际借款人,根据双方签订的《还款备忘协议》,截至 2015 年 7 月,大连公司尚欠神某公司 20,892,219 元,于 2015 年 8 月 25 日之前全部还清。该金额应为双方对前期借款本金及利息重新计算之后予以确认的金额,《还款备忘协议》是双方重新签订的债权凭证。根据最高人民法院《关于审理民间借贷案件适用法律若干问题的规定》的相关规定,借贷双方对前期借款本息结算后将利息计入后期借款本金并重新出具债权凭证,如果前期利率没有超过年利率 24%,重新出具的债权凭证载明的金额可认定为后期借款本金。双方签订的"松下产品合作协议"约定:神某公司销售给认证经销商的松下产品将在大连公司供价的基础上加价 2.5%,同时提供不长于 45 天的账期。该约定实质为:大连公司向神某公司借款,期限 45 天的利息不低于借款本金的 2.5%,折合年息为 20.28%。该利息约定未超出法律规定的范围,该院不持异议。综合上述因素,该院认定截至 2015 年 7 月 3 日,大连公司尚欠神某公司借款 20,892,219 元,利息酌情按照年息 20% 计算,于 2015 年 8 月 25 日之前全部还清。

根据松某公司、关某分别与神某公司、"相关经销商"签订的《最高额保证担保合同》,关某累计最高保证额为 5000 万元,松某公司的累积最高保证额为 1.2 亿元;担保的范围包括货款、违约金、利息、损害赔偿金和实现债权的费用等;上述保证实质系为大连公司向神某公司的借款提供连带责任保证,且都在保证期间内。

根据《质押合同》、《补充协议》、2015 年 5 月 3 日《质押货物提货申请书(换货)》及《还款备忘协议》,双方确认:截至 2015 年 7 月 3 日,大连公司向神某公司出质的质物数量为 16,681 台,账面价格 19,996,383 元。2015 年 7 月 23 日,双方又签订一份《质押合同》,大连公司在前述质物的基础上,又追加质物 4324 台;以上质物合计 21,005 件。针对上述质物,部分质押合同中并未明确具体担保债权的指向,但其实质均系为大连公司向神某公司的累计借款提供担保。

2015 年 9 月，神某公司(需方)与大连公司(供方)签订的《一次性货物采购合同》中约定，交易产品为双方签署的 2014 年 10 月《质押合同》、2014 年 11 月《质押合同》、2015 年 3 月《补充协议》及 2015 年 7 月《质押合同》中所指的质押物：松下传真机 21,005 件，产品货款：12,500,026 元；由于神某公司在本采购合同签订前已根据质押合同及补充协议依法占有本合同项下产品，所以本合同生效即为交付货物。

上述《一次性货物采购合同》交易的产品与前述质物数量均为 21,005 件，货品一致，具有同一性。由于在签订该协议之前，神某公司即因质权而占有该货物，且质物本应是对原债权的担保，双方又签订该《一次性货物采购合同》，其实质为双方对质物的重新议价，即双方确认质物的价格为 12,500,026 元。根据《担保法》的相关规定，债务履行期届满质权人未受清偿的，可以与出质人协议以质物折价，也可以依法拍卖、变卖质物。由于神某公司已经将部分质物变卖，且大连公司对变卖质物的价格提出重大异议。该院结合上述实际情况，经综合考虑后认定，大连公司以双方确认的质物价格抵消相应欠款，即确认 2015 年 9 月 16 日大连公司向神某公司偿还 12,500,026 元的借款本金。

据此，截至 2015 年 9 月 16 日，大连公司尚欠神某公司借款共计 8,392,193 元。根据前述分析，上述借款应于 2015 年 8 月 25 日之前全部还清。现还款期限已经届满，大连公司应当及时履行还款义务。大连公司未按照约定及时还款的行为，已经构成违约，应当承担相应的违约责任。

就神某公司主张违约金一节，虽然《货物买卖框架合同中》约定，逾期 30 天仍未付清货款的，“相关经销商”需向神某公司支付相应订单总价款 20% 的违约金。基于该院已经认定上述欠款系神某公司向大连公司的借款，故违约金的主张转化为逾期利息。根据该院前述分析，认定双方原约定利息为年息 20%，根据最高人民法院《关于审理民间借贷案件适用法律若干问题的规定》的相关规定，逾期利息仍按照年息 20% 计算，自逾期之日的 2015 年 8 月 26 日开始计算。

就神某公司主张律师费一节，在主合同中未见约定，缺乏事实及法律依据，故该院不予支持。关某经该院依法传唤，无正当理由未到庭参加诉讼，视为其自动放弃抗辩权，不影响该院依据查明的事实依法作出裁判。

综上所述，海淀区人民法院依据《中华人民共和国合同法》第四十四条、第六十条、第一百零七条、第一百九十六条、第二百零五条、第二百零六条、第二百零七条,《中华人民共和国担保法》第十四条、第十八条、第二十一条、第三十一条、第六十三条、第七十一条第二款,《中华人民共和国民事诉讼法》第一百四十四条,最高人民法院《关于审理民间借贷案件适用法律若干问题的规定》第一条、第十条、第十一条、第二十六条、第二十八条、第二十九条第二款第(二)项之规定,判决:1. 大连公司、松某公司、关某于判决生效后7日内连带偿还神某公司借款本金8,392,193元及逾期利息(以8,392,193元为基数,按照年息20%,自2015年8月26日起计算至实际付清之日止);2. 松某公司、关某承担上述连带清偿责任后,可以向大连公司进行追偿;3. 驳回神某公司其他本诉请求;4. 驳回大连公司、上海分公司、北京分公司、广州公司、迪某公司的全部反诉请求。

【裁判结论】

北京市第一中级人民法院于2018年5月31日,作出(2018)京01民终3366号民事判决:驳回上诉,维持原判。

【裁判观点】

北京市第一中级人民法院认为:1. 关于一审判决依据《一次性货物采购合同》确认的货款金额抵扣欠款是否正确的问题。首先,大连公司、松某公司及关某在二审中对《一次性货物采购合同》的真实性提出异议,经审查,一审中,大连公司及松某公司已经确认了《一次性货物采购合同》的真实性,而关某是大连公司的法定代表人,现大连公司、松某公司及关某在二审中推翻其自认,且无其他证据对此予以佐证,故对其该项上诉理由,不予采信,应认定《一次性货物采购合同》系大连公司的真实意思表示。其次,《一次性货物采购合同》约定出质人将质物销售给了质权人,其实质是出质人与质权人将质物直接进行了抵债,此时需要注意的是,2015年7月3日,大连公司与神某公司签订的《还款备忘协议》中约定的债务履行期限的截止日是2015年8月25日,《一次性货物采购合同》签订的时间是2015年9月22日,此时债务履行期限已经届满,故本案不存在流质的问题,应认定《一次性货物采购合同》合法有效。再次,关于质物实际清偿债务的金额问题,债务履行期限届满,债务人不履行到期债务,质权人有权就质物优先受偿,现大连公司与神某公司通过《一次性货物采购合同》对质物的抵债价格进行了明确约定,故应以明确约定的价格清偿双方之间的债务。最后,应当指出,《质押合同》约定的质物价值并不当然等同于质权人在实现质权时,质物用以清偿债务的金额,具体仍应以实现质权时,质物变卖、拍卖或折价的金额为准。综合以上分析,对一审判决关于2015年9月16日,大连公司向神某公司偿还了12,500,026元借款本金的认定,予以维持。

2. 大连公司、松某公司及关某主张《还款备忘协议》系独立合同,故松某公司、关某不应再承担保证责任。就此法院认为,一审判决已根据本案事实,认定大连公司与神某公司之间系民间借贷法律关系,松某公司及关某实际是为上述民间借贷法律关系提供保证,《还款备忘协议》的内容为债权人和债务人就双方民间借贷法律关系中的尚欠借款本金及利息进行的确认,属于民间借贷法律关系中的补充协议,本案中并不存在大连公司、松某公司及关某所主张的欠款纠纷合同关系。大连公司、松某公司及关某的该项上诉请求,明显缺乏法律依据及逻辑性,不予采信。

3. 关于大连公司、松某公司及关某上诉主张一审变更案由为民间借贷纠纷未予释明,程序违法的问题。就此法院认为,法院有权根据查明的事实确定案件的案由。一审中,大连公司、松某公司即主张本案的案由为民间借贷纠纷,一审确定的案由及在该案由项下的实体处理结果并未侵害大连公司、松某公司及关某的诉讼权利。对该项上诉理由,不予支持。

法官评析

循环贸易是贸易商常用的贸易乃至融资手段,发生纠纷时,原告一般主张买卖合同关系,被告则往往以“名为买卖,实为借贷”进行抗辩。因该类案件一般涉及主体多、标的大,且外在交易形式与内在意思表示不一致,在实务中往往存在极大争议。应认为,多方参与的循环贸易中“名为买卖,实为借贷”的判断标准取决于循环贸易关系是否完全闭合,如不完全闭合,则不构成民间借贷。本案中,一审法院通过查明神某公司与大连公司及“相关经销商”之间的整个交易流程,确定了案涉循环贸易为闭合性质,并通过对其交易实质的考察(固定收益的约定、连带保证的确认)等,最终确认本案纠纷属“名为买卖,实为借贷”的循环贸易。

在确定系民间借贷关系的情况下,循环贸易的效力与民间借贷关系的效力具有同一性,因此,应当根据《合同法》、最高人民法院《关于审理民间借贷案件适用法律若干问题的规定》等的相关规定,判断其具体适用标准,除存在法定无效的情形外,当事人主张民间借贷合同有效的,人民法院应予支持。对于各方的权利义务,则以其实际身份,即出借人、借款人、保证人的身份具体确定其权利义务。

【裁判依据】

《中华人民共和国合同法》第 52 条

(撰写人:苑　珊)

06

民间借贷与名股实债

——青企壹公司与盈腾公司民间借贷纠纷案

裁判规则

投资人目的并非取得目标公司股权，而仅是为了获取固定收益，且不享有参与公司经营管理权利的，即便登记为股东，也应认定为债权投资。投资人要求按约定返还投资本息的，人民法院应当支持。

案　情[1]

2013年6月8日，青企壹公司（甲方）与盈腾公司（乙方）签订《增资协议书》，约定青企壹公司以现金方式认购盈腾公司新增注册资本2900万元，认缴金额为3190万元。《增资协议书》第5条约定，增资完成后，甲方成为乙方的股东，但不参与公司的经营管理，对公司的重大事项无投票权，无选举权和被选举权；同时，不承担公司的经营风险。第9条约定，乙方现有全体股东承诺，甲方成为新股东后（以《核准变更登记通知书》为准），甲方享有每年优先收取固定收益的权利，每年收益率为甲方出资金额的5%（税前）；收取固定收益后，甲方不再参与公司的分红。如甲方按本协议第4条约定足额存入出资资金之日起30日内，工商部门仍未发出甲方成为股东的《核准变更登记通知书》的，甲方优先收取固定收益的时间（合作开始时间）从甲方足额存入出资资金之日起的第31日开始计算。第10条约定：(1)合作时间为2年，自乙方完成增资扩股工商登记手续起计算。本条约定的合作开始时间与第9条约定不符的，以第9条约定为准。

〔1〕 (2019)京民终101号。

(2)退出机制:合作期满后,甲乙双方同意乙方按甲方初期投入金额原价回购股份。同时,在甲方退股时,乙方需按甲方出资额每年3%(税前)的比例一次性给予甲方作为股本公积。甲方需无条件地配合乙方办理股权工商变更手续,如经乙方有表决权股东按章程表决规则同意,甲方可以选择继续合作成为乙方的普通股东,但需另行签订相关协议。

同日,青企壹公司(甲方)与斯科尔公司(乙方)签订《合作协议书》,约定:鉴于乙方为盈腾公司的现有股东之一,乙方同意每年支付甲方319万元,该费用在双方合作期每满1年时支付给甲方。本合作期限为2年,自甲方在工商部门登记成为盈腾公司股东之日起计算。上述协议签订当天,青企壹公司向盈腾公司转账支付3190万元。

2014年2月25日,银杏盛世公司与青企壹公司签订《股权转让协议》,约定银杏盛世公司将其持有盈腾公司13.81%的股权共2900万元出资额,以2900万元的转让价格转让给青企壹公司。

2015年7月2日,青企壹公司(甲方)与盈腾公司(乙方)签订《撤资退股协议书》,该协议约定:鉴于甲乙双方于2013年6月签订的《增资协议书》(以下简称原协议)将于2015年7月12日到期,经过双方友好协商,达成如下条款,供双方共同恪守:"第一条　乙方按照原协议的规定,支付甲方投资到期收益。第二条　双方约定甲方在乙方的投资将按总投资金额3190万元分一年四期全额撤出,在此分期退出阶段,乙方保证甲方在办理撤资手续及股权变更期间将按原协议规定享有稳定的投资收益。分四期撤出明细如下:第一期2015年10月13日,撤出金额500万元;第二期2016年1月13日,撤出金额800万元;第三期2016年4月13日,撤出金额800万元;第四期2016年7月13日,撤出金额1090万元。第三条　乙方在甲方分期撤资时间,按实际投资金额同时支付甲方的投资收益。第四条　在签署本协议后十天内,甲方必须配合乙方办理相关股权转让及工商股权变更登记手续,原协议合作期满后,甲方不再享有作为乙方股东的权益。"

后各方产生纠纷,青企壹公司向一审法院起诉请求判令盈腾公司向青企壹公司清偿3190万元借款及利息。

【裁判结论】

北京市高级人民法院于2019年5月12日，作出(2019)京民终101号民事判决，认可了关于盈腾公司向青企壹公司清偿3190万元借款及利息的认定。

【裁判观点】

北京市高级人民法院认为：关于青企壹公司与盈腾公司之间法律关系的性质，盈腾公司认为《增资协议书》是双方投资合作真实的意思表示，对此法院认为，双方当事人之间法律关系的性质应当根据当事人的投资目的、实际权利义务等因素综合认定。投资人目的在于取得目标公司股权，且享有参与公司的经营管理权利的，应认定为股权投资。反之，投资人目的并非取得目标公司股权，而仅是为了获取固定收益，且不享有参与公司经营管理权利的，即便登记为股东，也应认定为债权投资。本案中，虽然青企壹公司与盈腾公司、银杏盛世公司签订了《增资协议书》及《股权转让协议》，但从《增资协议书》约定的内容及《增资协议书》、《股权转让协议》实际履行情况看，青企壹公司的目的并非取得目标公司股权，而仅是为了获取固定收益。首先，从约定内容看，《增资协议书》第五条约定，增资完成后，青企壹公司成为盈腾公司的股东，但不参与公司的经营管理，对公司的重大事项无投票权，无选举权和被选举权；同时，不承担公司的经营风险。第九条约定，青企壹公司享有每年优先收取固定收益的权利，每年收益率为青企壹公司出资金额的5%(税前)；收取固定收益后，青企壹公司不再参与公司的分红。第十条约定，盈腾公司按青企壹公司初期投入金额原价回购股份。同时，在青企壹公司退股时，盈腾公司需按青企壹公司出资额每年3%(税前)比例一次性给予青企壹公司作为股本公积。以上约定清楚地表明，青企壹公司在本次增资合作中，虽然出资获得盈腾公司股权，但并不参与公司的经营管理，也不享有与股东身份相对应的股东权利，在合作期内仅享有优先收取固定收益的权利，不承担公司的经营风险，因此其投资的目的显然不是取得公司的股权。其次，从协议的履行情况看，青企壹公司向盈腾公司支付3190万元后，盈腾公司并未办理任何增资手续。银杏盛世公司与青企壹公司签订《股权转让协议》后，斯科尔公司仍然继续按照《增资协议书》《合作协议书》约定的比例及金额向青企壹公司支付费用。《增资协议书》约定的两年期届满后，盈腾公司在《就青企壹公司撤资事宜的答复》及《撤资退股协议书》中仍然承诺保证青企壹公司在办理撤资手续及股权变更期间将按原合作方案享有稳定的投资收益。盈腾公司及斯科尔公司的上述行为亦表明,盈腾公司与青企壹公司签订《增资协议书》的真实目的为借款。因此,一审判决认定双方之间系民间借贷法律关系正确,盈腾公司关于一审判决就法律关系认定错误的上诉理由,于法无据,法院不予支持。

法官评析

名股实债问题一段时间以来成为司法实务中的热点问题。本案尝试浅作分析。

一、名股实债中的“债”≠借贷

名股实债并非一个法律术语,并没有精准的定义,而是在商事交易中逐渐形成的。从字面意思来讲,名股实债,即名为股权投资,实际为债权投资。中国证券投资基金业协会发布的《证券期货经营机构私募资产管理计划备案管理规范第4号——私募资产管理计划投资房地产开发企业、项目》对“名股实债”进行了定义:本规范所称名股实债,是指投资回报不与被投资企业的经营业绩挂钩,不是根据企业的投资收益或亏损进行分配,而是向投资者提供保本保收益承诺,根据约定定期向投资者支付固定收益,并在满足特定条件后由被投资企业赎回股权或者偿还本息的投资方式,常见形式包括回购、第三方收购、对赌、定期分红等。部分法院的裁判文书中也对“名股实债”进行了表述。如江苏省扬中市人民法院(2018)苏1182民初849号认为“所谓名股实债,是指投资人将资金以股权投资的方式投入目标公司,并约定在一定期限届满或者一定条件下收回投资本金和获得固定的利益回报的投资模式。名股实债广泛运用于实体企业之间,是企业常见的融资方式。名股实债并无统一的交易模式,收回本金和固定收益的获得方式亦有多种。”

由此可见,债是指“取得固定收益”的债,突破了股权中所有的“共同经营、共担风险”。不少意见狭隘的将“债”理解为借款,是不妥当的。有的法院已经注意到这个问题,并进行了回应。在北京市高级人民法院(2019)京民终254号民事判决书中,北京市高级人民法院认定,上诉人根据中国证券投资基金业协会发布的文件中关于“明股实债”的表述认定本案为借贷关系,法院认为,“明股实债”的“债”并非特指借贷合同关系,而是指因合同中允诺产生的付款义务,上诉人关于一审适用法律错误的理由不能成立,法院不予采信。

二、名股实债的几种类型

从投资人进入公司是否进行股权变更登记,是否实际参与公司经营管理,是否享有股东权利等角度看,可以将“名股实债”分为对赌回购型、让与担保型、借贷融资型。

(一)对赌回购型

实践中,投资方与融资方在达成股权性融资协议时,为解决交易双方对目标公司未来发展的不确定性、信息不对称以及代理成本而设计的包含股权回购、金钱补偿等对未来目标公司的估值进行调整的协议,被称为“对赌协议”,又称估值调整协议。从订立“对赌协议”的主体来看,有投资方与目标公司的股东或者实际控制人“对赌”,投资方与目标公司“对赌”,投资方与目标公司的股东、目标公司“对赌”等形式。

从最高人民法院2019年11月8日印发的《全国法院民商事审判工作会议纪要》规定来看,人民法院在审理“对赌协议”纠纷案件时,不仅应当适用合同法的相关规定,还应当适用公司法的相关规定;既要坚持鼓励投资方对实体企业特别是科技创新企业投资原则,从而在一定程度上缓解企业融资难问题,又要贯彻资本维持原则和保护债权人合法权益原则,依法平衡投资方、公司债权人、公司之间的利益。对于投资方与目标公司的股东或者实际控制人订立的“对赌协议”,如无其他无效事由,认定有效并支持实际履行,实践中并无争议。但投资方与目标公司订立的“对赌协议”是否有效以及能否实际履行,存在争议。对此,应当把握如下处理规则:投资方与目标公司订立的“对赌协议”在不存在法定无效事由的情况下,目标公司仅以存在股权回购或者金钱补偿约定为由,主张“对赌协议”无效的,人民法院不予支持,但投资方主张实际履行的,人民法院应当审查是否符合公司法关于“股东不得抽逃出资”及股份回购的强制性规定,判决是否支持其诉讼请求。投资方请求目标公司回购股权的,人民法院应当依据《公司法》第35条关于“股东不得抽逃出资”或者第142条关于股份回购的强制性规定进行审查。经审查,目标公司未完成减资程序的,人民法院应当驳回其诉讼请求。投资方请求目标公司承担金钱补偿义务的,人民法院应当依据《公司法》第35条关于“股东不得抽逃出资”和第166条关于利润分配的强制性规定进行审查。经审查，目标公司没有利润或者虽有利润但不足以补偿投资方的，人民法院应当驳回或者部分支持其诉讼请求。今后目标公司有利润时，投资方还可以依据该事实另行提起诉讼。

（二）让与担保型

让与担保是指债务人或者第三人与债权人订立合同，约定将财产形式上转让至债权人名下，债务人到期清偿债务，债权人将该财产返还给债务人或第三人，债务人到期没有清偿债务，债权人可以对财产拍卖、变卖、折价偿还债权的非典型担保方式。担保物为股权的，即为股权让与担保。

股权让与担保下，债权人虽然是名义的股东，但实际上并不享有股东权利，亦不参与公司的经营管理，此时所有的“股权”，虽然已经完成财产权利变动的公示方式，转让至投资人名下，但仅为担保之功能。因此，债权人要求行使股东权利的，原则不予支持；债务人到期没有清偿债务，债权人请求确认股权归其所有的，人民法院不予支持，但债权人请求参照法律关于担保物权的规定对股权拍卖、变卖、折价优先偿还其债权的，人民法院依法予以支持。债务人因到期没有清偿债务，请求对该财产拍卖、变卖、折价偿还所欠债权人合同项下债务的，人民法院亦应依法予以支持。

（三）借贷融资型

《合同法》第196条规定，借款合同是借款人向贷款人借款，到期返还借款并支付利息的合同。有的融资模式，虽然签订了《股权转让协议》，但并不进行工商变更登记，投资人只收取固定回报，不参与公司经营管理。此种情况，已经实际上为“借贷”，可以按照借贷法律关系进行处理。如在上海市闵行区人民法院（2018）沪0112民初13652号案件中，法院认定“原告金某与张某签订《股份转让协议》后并未进行工商变更登记，与此同时，系争合同明确约定了原告金某有权获得天种公司所支付的不低于年化10%的现金或分红，也包含有张某承诺不低于原价回购全部股份的约定，因此，法院认定系争合同名为股份转让协议，但实际上系张某通过短期让与天种公司流通股份的形式取得了原告金某出借的融资款，系争合同约定的分红实际上是利息而非利润分配，原告金某与张某之间系借款合同关系。”

关于借款关系与股权投资关系的区分，最高人民法院（2019）最高法民终355号民事案件进行了详述："关于协议性质，通联公司主张案涉《投资协议》性质为借款协议，并非股权投资协议。法院认为，结合协议签订背景、目的、条款内容及交易模式、履行情况综合判断，农发公司与汉川公司之间并非借款关系，而是股权投资关系。理由如下：1. 本案系农发公司按照国家发改委等四部委联合印发《专项建设基金监督管理办法》（发改投资〔2016〕1199号）的规定通过增资方式向汉川公司提供资金，该投资方式符合国家政策，不违反《中华人民共和国公司法》及行业监管规定。事实上，基金通过增资入股、逐年退出及回购机制对目标公司进行投资，是符合商业惯例和普遍交易模式的，不属于为规避监管所采取的'名股实债'的借贷情形。2. 农发公司增资入股后，汉川公司修改了公司章程、农发公司取得了股东资格并享有表决权，虽然不直接参与汉川公司日常经营，但仍通过审查、审批、通知等方式在一定程度上参与管理，这也是基金投资模式中作为投资者的正常操作，显然不能以此否定其股东身份。3. 虽然案涉协议有固定收益、逐年退出及股权回购等条款，但这仅是股东之间及股东与目标公司之间就投资收益和风险分担所作的内部约定，并不影响交易目的和投资模式。并且在投资期限内，农发公司作为实际股东之一，其对外仍是承担相应责任和风险的。4. 农发公司根据协议约定获得了固定收益，但该固定收益仅为年1.2%，远低于一般借款利息，明显不属于通过借贷获取利息收益的情形。其本质仍是农发公司以股权投资方式注入资金帮助企业脱困的投资行为，只有这样汉川公司及其股东通联公司才能以极低的成本获取巨额资金。综上，案涉《投资协议》系股权投资协议，一审认定其性质并非借款协议是正确的。"

【裁判依据】

1.《中华人民共和国民法总则》第146条

2.《中华人民共和国合同法》第196条

【关联案例】

扬州某投资管理中心与何某某股权转让纠纷案

[案号] (2018)苏1182民初849号

[案情] 2015年,扬州某投资管理中心通过增资扩股方式,投资650万元,持有目标公司880万股股票。何某某系目标公司实际控制人,双方约定,如果目标公司在2015年、2016年、2017年中有1年利润未达到承诺的净利润,扬州某投资管理中心可要求控股股东及实际控制人何某某按等同于投资金额加上以投资金额为基础每年8%收益率的回购价格回购股权。后目标公司2015年的利润未达到预期目标,扬州某投资管理中心起诉要求其回购股权。

[简要分析] 结合当事人签订协议的目的和实际权利义务来看,上述协议名为股权转让协议,实际上是一种"带回购条款的股权性融资",即名股实债。所谓名股实债,是指投资人将资金以股权投资的方式投入目标公司,并约定在一定期限届满或者满足一定条件时收回投资本金和获得固定的利益回报的投资模式。名股实债广泛运用于实体企业之间,是企业常见的融资方式。名股实债并无统一的交易模式,收回本金和固定收益的获得方式亦有多种。本案收回本金和固定收益的获得方式为设置对赌条款,即如果经审计后2015年、2016年、2017年有1年利润未达到承诺的净利润,则触发对赌,后果是原告可要求控股股东及其实际控制人即被告按等同于投资金额加上以投资金额为基础每年8%的收益率(不计复利)的回购价格回购原告的股权。关于案涉协议效力问题。如上所述,认定案涉协议效力其实就是认定名股实债的效力,而认定名股实债的效力,主要是考察对赌协议的效力。案涉股权认购协议及其补充协议、投资退出协议中对赌协议是有效的。

(撰写人:郭　帅)

07

民间借贷与对赌协议

——海富公司与世恒公司、迪亚公司等增资纠纷案

裁判规则

在民间融资投资活动中,融资方和投资方设置估值调整机制(对赌协议)时要遵守公司法和合同法的规定。目标公司股东对投资方的补偿承诺不违反法律法规的禁止性规定,是有效的。在合同约定的补偿条件成立的情况下,根据合同当事人意思自治、诚实信用的原则,引资者应信守承诺,投资者应当得到约定的补偿。

案　情[1]

2007年,世恒公司(更名前为甘肃众星锌业有限公司)、海富公司、迪亚公司(世恒公司的原始股东)等人共同签订了一份《增资协议》。《增资协议》约定海富公司向世恒公司增资,但世恒公司2008年的净利润必须高于3000万元人民币,若不能达到要求,海富公司则有权请求世恒公司、迪亚公司履行协议中约定的补偿义务。如果到2010年10月20日,因为世恒公司的原因而无法上市,则海富公司有权要求迪亚公司回购其持有的世恒公司的股权。

2007年11月海富公司向世恒公司转账人民币2000万元,其中人民币114.7717万元用于新增注册资本,占世恒公司3.58%的股权,其余部分资金人民币1885.2283万元则用于转增为资本公积。

2008年世恒公司的净利润仅为人民币26,858.13元。由于双方未能就补

[1] 最高人民法院(2012)民提字第11号。

偿达成一致意见,海富公司提起诉讼,请求世恒公司、迪亚公司等,按照《增资协议》向其补偿人民币1998.2095万元。该案经过了兰州中院一审、甘肃高院二审及最高法院再审三个阶段。

【裁判结论】

最高人民法院(2012)民提字第11号民事判决书撤销甘肃省高级人民法院(2011)甘民二终字第96号民事判决,判决生效后30日内,迪亚公司向海富公司支付协议补偿款19,982,095元。

【裁判观点】

2009年12月,海富公司向一审法院提起诉讼时的诉讼请求是请求判令世恒公司、迪亚公司、陆某向其支付协议补偿款19,982,095元并承担本案诉讼费用及其他费用,没有请求返还投资款。因此二审判决判令世恒公司、迪亚公司共同返还投资款及利息超出了海富公司的诉讼请求,是错误的。

海富公司作为企业法人,向世恒公司投资后与迪亚公司合资经营,故世恒公司为合资企业。世恒公司、海富公司、迪亚公司、陆波在《增资协议书》中约定,如果世恒公司实际净利润低于3000万元,则海富公司有权从世恒公司处获得补偿,并约定了计算公式。这一约定使得海富公司的投资可以取得相对固定的收益,该收益脱离了世恒公司的经营业绩,损害了公司利益和公司债权人利益,一审法院、二审法院根据《中华人民共和国公司法》第20条和《中华人民共和国中外合资经营企业法》第8条的规定认定《增资协议书》中的这部分条款无效是正确的。但二审法院认定海富公司18,852,283元的投资名为联营,实为借贷,并判决世恒公司和迪亚公司向海富公司返还该笔投资款,没有法律依据,法院予以纠正。

《增资协议书》中并无由陆某对海富公司进行补偿的约定,海富公司请求陆某进行补偿,没有合同依据。此外,海富公司称陆某涉嫌犯罪,没有证据证明,法院对该主张亦不予支持。

但是,在《增资协议书》中,迪亚公司对于海富公司的补偿承诺并不损害公司及公司债权人的利益,不违反法律法规的禁止性规定,是当事人的真实意思表示,是有效的。迪亚公司对海富公司承诺了世恒公司2008年的净利润目标并约定了补偿金额的计算方法。在世恒公司2008年的利润未达到约定目标的情况下，迪亚公司应当依约应海富公司的请求对其进行补偿。迪亚公司对海富公司请求的补偿金额及计算方法没有提出异议，法院予以确认。

法官评析

一、问题的提出

创新驱动的宏观经济战略给市场经营环境带来深刻变化。创新的商业模式的出现，令合同的表现形式跳出传统的借贷框架，以崭新的业态应用于商业实践。较传统的借贷方式融资，金融实践中有了更多新的选择。本案的审理，即体现了人民法院传统审查思路与新商事审判思路的博弈。一种观点认为，案涉纠纷就是“名为联营，实为借贷”，由此应当以借贷法律关系审查认定；另一种观点则认为，案涉纠纷是以“对赌协议”为主，由多个合同组成的多种商事法律关系。

二、“对赌协议”法律性质之探析

“对赌协议”，即估值调整机制（Valuation Adjustment Mechanism，VAM），是私募股权投资行为中常见的融资契约。有学者认为“对赌协议”是一种期权，[1]亦有学者提出其法律性质系射幸合同。[2]

从签订主体上来看，“对赌协议”可能发生于投资方与目标公司之间、投资方与目标公司的实际控制人、股东之间或前两种方式的混合。从协议内容上看，投资方与融资方在该协议中约定一定的条件，在一定期间内如果约定的条件未成就，由投资方行使估值调整权利，从而弥补高估企业价值的损失；相反，如果约定的条件成就，则由融资方行使相关权利以补偿企业价值被低估的损失。

从作用上来看，“对赌协议”有利于高效率促成交易，对企业的经营管理起到一定的良性引导，并对双方交易具有一定的担保功能。首先，企业真实价值的计算，不仅与企业资产负债表反映的净资产有关，也与公司研发能力、管理团队的经营能力、所处行业的发展趋势等多种因素及无形资产有

〔1〕 谢海霞：《对赌协议的法律性质探析》，载《法学杂志》2010年第1期。
〔2〕 傅穹：《对赌协议的法律构造与定性观察》，载《政法论丛》2011年第6期。

关。私募股权的目标公司属于闭锁性公司，由于缺乏市场传导与反馈机制，“外人”很少知晓其真实价值。投融资双方因为信息的不对等，很难在合作之初对此达成一致的认识。此时，“对赌协议”的出现，即意味着投融资双方暂时搁浅争议，在最大化投资收益的共同目标下，先对企业进行融资，再在一定条件下启动估值调整机制，从而加快融资交易的步伐。其次，“对赌协议”所建立起来的惩罚与激励机制，往往有利于引导目标公司中的经营管理者尽职尽责，促进目标公司业绩的提升。最后，在股权价值高于或低于预期收益时，投融资方承诺以一定方式补偿对方，实际具有一定的担保功能。

综合以上分析可知，“对赌协议”系包括了增资合作、估值调整、股权转让等一系列内容的无名合同，该合同中众多的法律关系需要我们一一梳理与探析，从而回答不同主体间具体条款的效力性问题。

三、“对赌协议”中法律原则之适用

根据“对赌协议”中提供补偿的不同义务人，我们可以把“对赌协议”分为与目标公司对赌、股东间对赌、同时与目标公司及其股东对赌三种类型。实践中，目标公司作为义务人进行估值调整的方式主要有：无偿向投资方发行新股、回赎投资者的股份、直接以现金形式补偿投资者等。股东作为义务人进行估值调整的方式主要是股权转让或现金补偿。在判定相关条款的效力时，我们需要考虑以下原则。

（一）鼓励交易、当事人意思自治原则

一方面，既然“对赌协议”有利于商事活动中的投融资双方加快合作步伐，提高交易效率，我们就不应该一味否认其效力、阻碍交易。另一方面，在民事行为尤其是合同行为中，“个人应享有相对于法律可能性和事实可能性的最高程度的自由来做他愿意做的任何事情”，[1] 即我国《民法总则》第5条规定的当事人意思自治原则。在该类案件中，则是股东自治、公司自治。从本案当事人签订的《增资协议书》《补充协议书》《股权转让协议》来看，不存在《合同法》第52条规定的欺诈、胁迫、恶意串通等情形，均系各方真实意思表示，我们就应当尊重当事人自己在商事活动中的商业判断。

---

〔1〕 Robert Alexy, Theorie der Grundrechte, S. 317, Baden-Baden, 1985. 转引自王轶：《民法原理与民法学方法》，法律出版社2009年版，第48页。

(二)公共利益维护

自由只能以限制为基础。[1] 当事人意思自治原则的适用,亦受到维护公共利益原则的限制。“对赌协议”中的公共利益,从主体来看,包含公司其他股东、公司债权人以及金融活动中的不特定多数群体。因此,倘若“对赌协议”涉及公司公积金转增股本、公司定向减资、债转股等内容时,应受到《公司法》、《合同法》等法律法规的规制,从而确保公司法定资本的维系、股东固有权利的保护以及正常金融秩序的维护。

四、“对赌协议”中法律价值之体现

一种观点认为,“对赌协议”实际是对投资方“旱涝保收”的承诺,违背了商事活动等价有偿、风险共担的基本原则,从而损害了正常的经济秩序与公共利益,“对赌协议”的非正义性决定了其无效性。但是,我们需要看到,投资者在这场交易中不仅投入了资金成本,亦包括帮助清理产权关系、激励完善公司治理结构以及以公司上市为目标的资本运作。另外,投资方并非“旱涝保收”,一旦其以股东身份进入目标公司,均依据《公司法》的规定,对目标公司的经营亏损等问题按照持股比例承担相应损失。因此,我们不能轻易地从交易结果来推导交易行为的非正义。

在当今社会,正义有着一张普罗透斯似的脸,变幻无常、随时可呈不同形状,并具有极不相同的面貌。[2] 经济竞赛的基本原理认为,在经济竞赛中,正义者只可能是参与者的行为而不可能是竞赛结果。[3] 交易本身是一种商业博弈,有亏有盈,法律并不能保证一项特定的交易中,各方可以等同受益。[4] 也就是说,商事活动中的正义体现为过程正义,而非结果正义。我们在案件中应该更多去关注《增资协议书》《补充协议书》《股权转让协议》等协议签订过程中当事人的主观正义,而非投融资方商业博弈的结果。由此可知,本案并无适用《合同法》第 52 条第 1 款第 4 项“损害社会公共利益”或第 5 项“违反法律、行政法规的强制性规定”的空间。

---

〔1〕[英]霍布豪斯:《自由主义》,朱曾汶译,商务印书馆 1996 年版,第 73 页。

〔2〕[美]E. 博登海默:《法理学:法律哲学与法律方法》,邓正来、姬敬武译,华夏出版社 1987 年版,第 238 页。

〔3〕[英]弗里德里希·冯·哈耶克:《法律、立法与自由》(第二、三卷),邓正来等译,中国大百科全书出版社 2002 年版,第 129 页。

〔4〕蒋大兴:《公司法的观念与解释Ⅱ——裁判思维 &解释伦理》,法律出版社 2009 年版,第 34 页。

值得一提的是,第九次《全国法院民商事审判工作会议纪要》已经明确:投资方与目标公司订立的"对赌协议"在不存在法定无效事由的情况下,目标公司仅以存在股权回购或者金钱补偿约定为由,主张"对赌协议"无效的,人民法院不予支持,但投资方主张实际履行的,人民法院应当审查是否符合公司法关于"股东不得抽逃出资"及股份回购的强制性规定,判决是否支持其诉讼请求。具体而言:(1)投资方请求目标公司回购股权的,人民法院应当依据《公司法》第35条关于"股东不得抽逃出资"或者第142条关于股份回购的强制性规定进行审查。经审查,目标公司未完成减资程序的,人民法院应当驳回其诉讼请求。(2)投资方请求目标公司承担金钱补偿义务的,人民法院应当依据《公司法》第35条关于"股东不得抽逃出资"和第166条关于利润分配的强制性规定进行审查。经审查,目标公司没有利润或者虽有利润但不足以补偿投资方的,人民法院应当驳回或者部分支持其诉讼请求。今后目标公司有利润时,投资方还可以依据该事实另行提起诉讼。

【裁判依据】

1.《中华人民共和国合同法》第6条、第8条、第80条、第107条

2.《中华人民共和国公司法》第72条第1款

【关联案例】

强某与某公司担保合同纠纷案

[案号] (2016)最高法民再第128号

[案情] 强某向某公司增资3000万元,占某公司0.86%的股权,同时在《补充协议》中约定,某公司股东曹务波承诺目标公司于2013年6月30日前获准首次公开发行股票并在国内主板或创业板证券交易所上市,如果目标公司未能在前述日期前完成合格IPO,强某有权要求曹务波以现金形式回购强某持有的目标公司股权,回购价格以强某实际投资额再加上每年8%的内部收益率溢价。某公司为曹务波的回购提供连带责任担保。

［**简要分析**］ 本案争议焦点为案涉《补充协议》中约定的某公司担保条款是否有。最高人民法院从以下两个方面予以审查:一是强某已对某公司提供的担保经过股东会决议尽到审慎注意和形式审查义务;二是投资人强某的投资全部用于公司经营发展,有利于公司提升持续盈利能力,目标公司的全体股东因而受益,目标公司本身也是最终受益者。因此,认定目标公司承担担保责任,符合一般公平原则,其与《公司法》第16条的立法目的并无冲突,上述诉争条款应当认定有效。

（撰写人:杨 力）

08

关于裁判文书中利率标准的最新表述

——丘某与叶某民间借贷纠纷案

裁判规则

自2019年8月20日起,中国人民银行已经授权全国银行间同业拆借中心于每月20日(遇节假日顺延)9时30分公布贷款市场报价利率(LPR),中国人民银行贷款基准利率这一标准已经取消。因此,自此之后人民法院裁判贷款利息的基本标准应改为全国银行间同业拆借中心公布的贷款市场报价利率。

案 情[1]

2018年1月14日,通过谢某介绍,丘某与叶某达成借款协议,叶某向丘某出具借条,借条显示叶某向丘某借款6万元,借款周期为两个月(2018年1月14日至3月14日),叶某向丘某提供中国建设银行的转账支票作为抵押。丘某称双方口头约定借款利率为每月3%。当日,丘某通过招商银行将6万元转账至叶某指定账号。叶某于2018年2月14日、同年3月19日分两次通过双方共同好友谢某向丘某微信转账各2000元,同年5月6日,谢某以个人名义替叶某向丘某微信转账5000元,同年7月19日,叶某通过微信转账向丘某还款1万元。此后,叶某未再还款,其提供给丘某作为抵押的出票人为东方富神化工科技(北京)有限公司的转账支票为空头支票,无法使用。以上丘某共计收到叶某还款19,000元,叶某尚欠借款本金41,000元未还。

丘某称,谢某表示叶某向丘某的借款可以按照每月3%或4%支付利息,叶

---

[1] (2020)京01民终342号。

某不同意将利息约定写入借条中，但丘某收到来自谢某和叶某的微信转款均为叶某偿还的借款利息。诉讼中，丘某未提交与叶某约定月息3%的证据。

一审法院判决认为，丘某向叶某出借资金，双方之间形成民间借贷关系，合法有效。叶某未按约定日期还款的行为构成违约，应承担相应的违约责任，丘某有权要求叶某返还借款并支付逾期付款利息。叶某出具的借条中无利息内容，并无证据证明叶某本人作出过向丘某支付借款利息的承诺，丘某与案外人谢某的约定对叶某无约束力，故案外人和叶某向丘某微信转账的资金，不应认定是叶某偿还的利息，丘某要求叶某返还借款本金6万元，缺乏事实和法律依据，一审法院对丘某多主张的19,000元借款本金的诉讼请求不予支持。叶某经一审法院公告送达开庭传票，未到庭参加诉讼，视为其放弃抗辩权，不影响一审法院依据查明的事实作出裁决。

北京市海淀区人民法院作出（2018）京0108民初68538号民事判决：1. 叶某于判决生效后10日内偿还丘某借款本金41,000元并支付逾期利息（逾期利息分段计算，以58,000元作为计算基数，自2018年3月15日起计算至同年3月19日止；以56,000元作为计算基数，自同年3月20日起计算至同年5月6日止；以51,000元作为计算基数，自同年5月7日起计算至7月19日止，以41,000元作为计算基数，自同年7月20日起计算至实际付清日止，均按中国人民银行同期同类银行贷款基准利率计算）；二、驳回丘某其他诉讼请求。

【裁判结论】

北京市第一中级人民法院于2020年2月7日，作出（2020）京01民终342号民事判决：1. 撤销北京市海淀区人民法院（2018）京0108民初68538号民事判决；2. 叶天竞于本判决生效后7日内偿还丘某借款本金41,000元并支付逾期利息（逾期利息分段计算，其中以58,000元作为计算基数，自2018年3月15日起计算至同年3月19日止，按中国人民银行同期同类银行贷款基准利率计算；以56,000元作为计算基数，自2018年3月20日起计算至同年5月6日止，按中国人民银行同期同类银行贷款基准利率计算；以51,000元作为计算基数，自2018年5月7日起计算至同年7月19日止，按中国人民银行同期同类银行贷款基准利率计算；以41,000元作为计算基数，自2018年7月20日起计算至2019年8月19日止，按中国人民银行同期同类银行贷款基准利率计算；以41,000元作为计算基数，自2019年8月20日起至实际清偿之日止，按照全国银行间同业拆借中心公布的贷款市场报价利率计算)；三、驳回丘某其他诉讼请求。

【裁判观点】

北京市第一中级人民法院认为：丘某向叶某出借资金，双方之间形成民间借贷关系，该民间借贷关系未违反国家法律法规的强制性规定，应属有效。本案中，虽谢某在丘某与叶某之间就借款事宜进行了沟通，并曾在丘某催要利息时，通过微信偿还了2000元，但因本案所涉借条并未约定利息，且现无证据证明谢某认可利息的意思表示系代表叶某作出的，故谢某对还款性质的表述不能及于叶某。丘某关于谢某所做利息承诺应当被视为叶某承诺、一审法院将利息认定为本金不符合实际情况和双方意愿的上诉理由，证据不足，法院不予采信。需要说明的是，自2019年8月20日起，中国人民银行已经授权全国银行间同业拆借中心于每月20日(遇节假日顺延)9时30分公布贷款市场报价利率(LPR)，中国人民银行贷款基准利率这一标准已经取消。因此，叶某应支付丘某的逾期利息计算标准将与之保持一致。因此，一审判决认定事实清楚，适用法律正确，但因为计息标准的变化，需要改判相应内容。

法官评析

本案是关于利率标准最新表述的典型案件。《全国法院民商事审判工作会议纪要》第3条第3点关于借款合同中明确规定："要注意到，为深化利率市场化改革，推动降低实体利率水平，自2019年8月20日起，中国人民银行已经授权全国银行间同业拆借中心于每月20日(遇节假日顺延)9时30分公布贷款市场报价利率(LPR)，中国人民银行贷款基准利率这一标准已经取消。因此，自此之后人民法院裁判贷款利息的基本标准应改为全国银行间同业拆借中心公布的贷款市场报价利率。应予注意的是，贷款利率标准尽管发生了变化，但存款基准利率并未发生相应变化，相关标准仍可适用。"

针对利率标准的前后变化，笔者认为，在具体应用中应当以2019年8月20日为分界点，分情况处理：

1. 自2019年8月20日起，中国人民银行已经授权全国银行间同业拆借中心于每月 20 日(遇节假日顺延)9 时 30 分公布贷款市场报价利率(LPR),中国人民银行贷款基准利率已经取消。因此,当前,人民法院裁判贷款利息的基本标准应为全国银行间同业拆借中心公布的贷款市场报价利率。

2. 对于 2019 年 8 月 20 日以后审结的一审案件及二审改判案件,利息需计算至 2019 年 8 月 20 日以后的,分段表述,即"由起始日至 2019 年 8 月 19 日按照中国人民银行同期同类贷款利率计算,自 2019 年 8 月 20 日起至截止日按照同期全国银行间同业拆借中心公布的贷款市场报价利率计算"。

3. 对于一审裁判时间在 2019 年 8 月 19 日及以前的二审上诉案件,当事人未对一审裁判文书的利率标准提出异议且一审裁判不存在其他问题的,二审可以维持;如果当事人针对一审裁判文书的利率标准提出异议的,二审可以依据新的标准予以改判;如果法院认为一审裁判存在问题应予改判的,二审亦应依据新的标准对利息计算予以改判。

4. 对于一审裁判时间在 2019 年 8 月 20 日及以后的二审上诉案件,一审裁判文书中仍仅采用"按照中国人民银行同期同类贷款利率计算"利息的,二审可以依据新的标准对利息计算予以改判。

【裁判依据】

1.《中华人民共和国合同法》第 107 条、第 207 条

2. 最高人民法院《关于审理民间借贷案件适用法律若干问题的规定》第 25 条

(撰写人:李　利　郭　帅)

1

APPENDIX

附录1

《北京市第一中级人民法院民间借贷审判白皮书（2011~2018）》

民间借贷案件审判白皮书
(2011 ~ 2018)

北京市第一中级人民法院

二〇一九年五月

前　言

民间借贷泛指在国家金融监管体系之外自发形成的民间融资形式,在我国存在深厚的社会基础和历史渊源。近年来,作为银行等金融机构资金融通的重要补充,民间借贷以其手续简便、门槛较低、放款灵活、收益可观等优势而日趋活跃,规模不断扩大,实现了从生存性、生活性借贷向发展性、经营性借贷的转变,有效缓解了社会融资需求,增强了经济发展活力,促进了我国多层次信贷市场的发展和完善。

相较于民间借贷规模的迅速扩大和新型借贷模式的不断涌现,相关的金融监管体系尚未完全建立,随着"互联网 +"与民间借贷市场不断融合,民间借贷日益网络化、职业化的趋势,客观上进一步放大了风险隐患,引发资金链断裂、非法集资、高利贷、套路贷、暴力催收等各种社会问题,对国家金融秩序和社会安全稳定造成冲击,相关纠纷大量成讼涌入法院。2015 年以来,全国法院一审受理民间借贷案件数量已位居所有民商事案件类型首位,成为民商事审判第一大案由。民间借贷案件的爆炸式增加,加之新类型案件不断涌现,给法院的审判工作带来新的挑战。

一个规范、高效、便捷的民间融资市场,有助于降低市场运行成本,提高市场运行效率,深化推进金融供给侧结构性改革,从而为实现经济高质量发展提供坚实基础。最高人民法院《关于为改善营商环境提供司法保障的若干意见》中明确提出,要"妥善审理各类金融案件,为优化营商环境提供金融司法支持。以服务实体经济为宗旨,引导和规范各类金融行为"。北京市第一中级人民法院(以下简称北京一中院)历来高度重视民间借贷案件的审判工作,将其作为化解社会矛盾,维护社会秩序,优化营商环境,保障金融安全,践行能动司法的重要抓手。自 2011 年 8 月开始,北京一中院对民间借贷案件实行集中审理,通过在审判实践中的积累,形成了一套较为成熟的裁判模式。在全面调取分析 2011 ~2018 年审理的全部 2997 件一审、二审民间借贷案件的基础上,北京一中院形成《民间借贷案件审判白皮书(2011 ~2018)》,对 8 年来民间借贷案件审理的显著特点、审理难点和司法应对机制进行了详尽、全面、系统的总结和梳理,并针对诉讼中的常见多发问题,为公众提供实用有效的风险防范提示与建议。

一、民间借贷案件十大显著特点

2011年1月1日到2018年12月31日,北京一中院及辖区法院(海淀、石景山、昌平、门头沟、延庆)[1]共审理民间借贷案件65,605件,涉及金额500.3亿元。经调研分析,民间借贷案件呈现以下特点:

1. 案件数量迅猛增长,成为民商事审判第一大案由。北京一中院及辖区法院的总收案数量[2]从2011年的1738件,增长到2016年的10,822件,2018年收案再创新高,达到22,659件(见图1)。8年间案件数量增长超过10倍,成为名副其实的民商事审判第一大案由。[3]

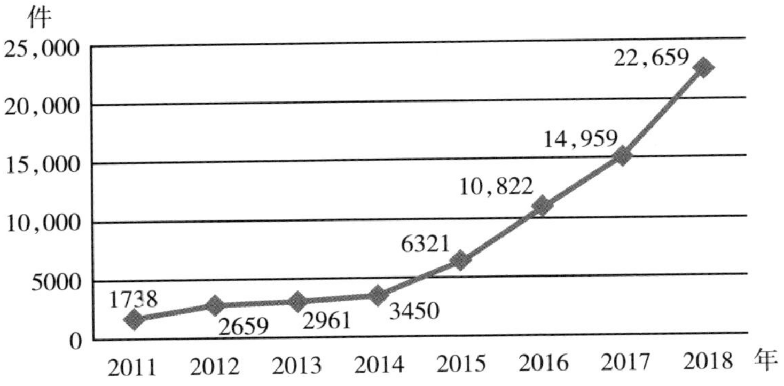

图1　北京一中院及辖区法院民间借贷案件统计

2. 涉案标的大幅攀升,2018年首次突破百亿大关,反映民间资本市场活跃。

---

〔1〕北京一中院自2013年8月21日起,管辖法院由西城(宣武)、海淀、石景山、昌平、门头沟、延庆、房山、大兴变更为海淀、石景山、昌平、门头沟、延庆五法院。本白皮书司法统计以北京一中院现辖五院为准。

〔2〕从北京一中院收案数量上看,2011年1月1日到2018年12月31日,北京一中院民间借贷纠纷收案数量2011年280件,2012年310件,2013年314件,2014年240件,2015年293件,2016年269件,2017年558件,2018年733件。从北京一中院辖区法院收案数量来看,2011年1458件,2012年2385件,2013年2647件,2014年3210件,2015年6028件,2016年10,553件,2017年14,401件,2018年21,926件。

〔3〕据最高人民法院统计,自2015年起民间借贷案件超过婚姻家庭案件成为民商事第一大案由。

北京一中院及辖区法院涉案总金额[1]自2011年的8.05亿元,迅猛增长到2015年的76.64亿元,2018年达到154.4亿元,首次突破百亿大关(见图2)。巨额的资金体量,反映出民间资本市场活跃。与此同时,个案涉案金额差距明显,从几千元到上亿元不等,最高金额达1.79亿元。[2]

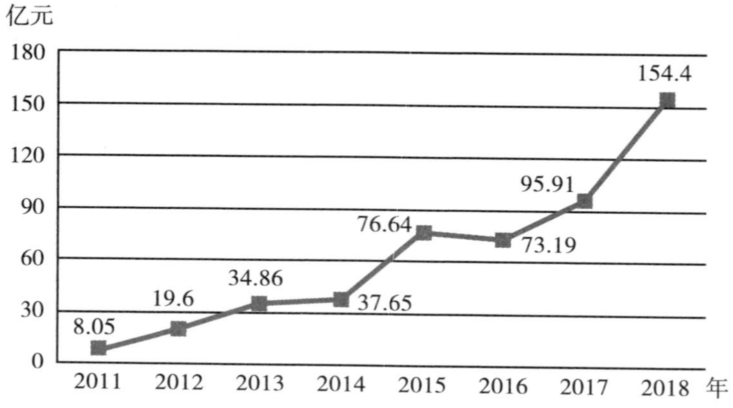

图2 北京一中院及辖区法院民间借贷案件涉诉金额统计

3. 自然人借贷背后的商行为特征突出,发展经营性借贷占主流,成为民营企业融资的一种变通方式。从借贷主体看,自然人之间的借贷案件,2011年为216件,占比77.14%,2018年为584件,占比81.04%,一直稳定在74%~82%,围绕80%上下小幅波动(见图3)。

〔1〕 从北京一中院涉案金额来看,2011年3.15亿元,2012年4.59亿元,2013年18.33亿元,2014年6.33亿元,2015年21.62亿元,2016年13.34亿元,2017年15.05亿元,2018年为59.24亿元。从北京一中院辖区法院涉案金额来看,2011年4.9亿元,2012年为15.01亿元,2013年16.53亿元,2014年31.32亿元,2015年55.02亿元,2016年为59.85亿元,2017年80.86亿元,2018年95.16亿元。

〔2〕 (2017)京01民初236号企业借贷纠纷案。

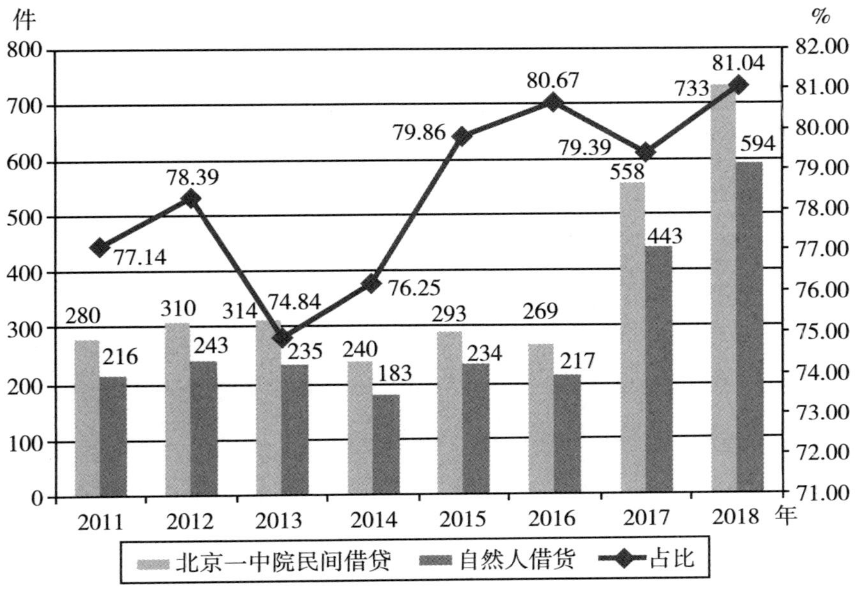

图3　北京一中院民间借贷案件自然人占比统计

从借款目的看，北京一中院审理的民间借贷案件中，用于医疗、养老、赡养抚养、子女教育等基本生活借贷的案件逐步降低，用于投资、生意周转、公司经营等发展性、经营性借贷占比已达70%（见图4）。发展经营性借贷增多，与当前经济发展，人民生活水平提高，资金端民间资本日益充裕、大众逐利欲望强烈，理财需求高涨息息相关，也与需求端创业市场火热，经营性融资需求旺盛密不可分。

进一步分析借款人的身份构成，担任中小微企业、民营企业法定代表人、负责人、股东、高级管理人员等身份，借款实际用于企业生产经营、投资扩大生产、资金临时周转的日益增多。从2011年占比19.44%，上升至2018年的38.89%（见图5）。近年来，民间借贷背后的商行为特点日益突出，一方面反映出社会经济活动尤其是民营经济的活跃频繁，另一方面也与出借人对企业破产制度存在"忧虑"相关，即借款人为企业时，出借人通常要求借款以单位法定代表人或股东的个人名义借款，合乎我国重视个人信用背书的文化传统。同时，民间借贷成为民营企业融资的一种变通方式，也侧面反映出民营企业尤其是小微企业融资难的问题依然存在。

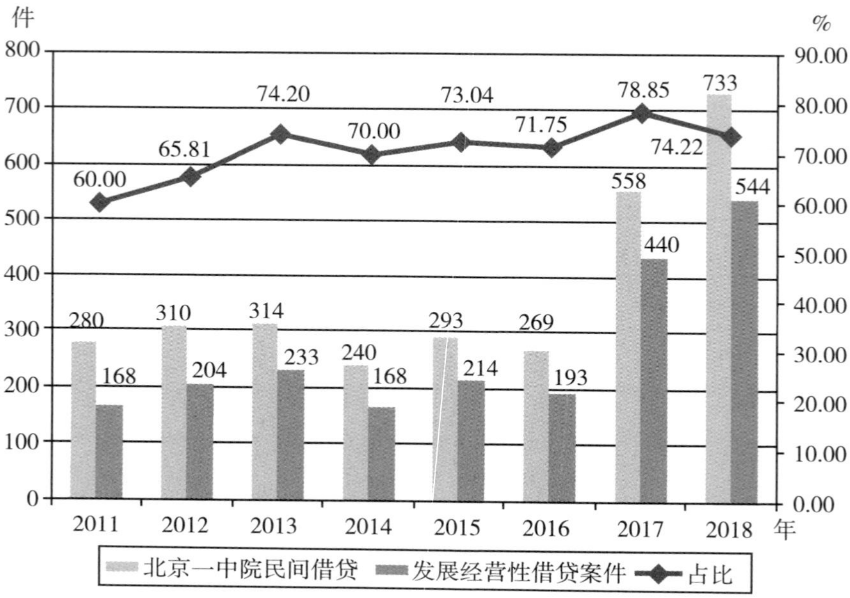

图 4　北京一中院民间借贷案件发展经营性借贷占比统计

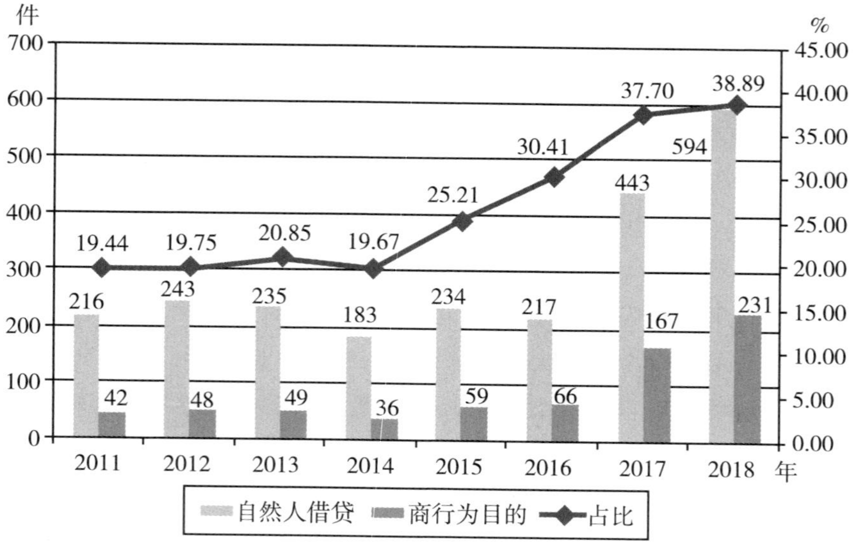

图 5　北京一中院民间借贷案件个人借贷用于商行为目的占比统计

4. 涉企业借贷数量倍增,企业间资金融通得到司法规制。北京一中院审理的民间借贷纠纷中,当事人一方涉及企业的案件占比保持稳定,但绝对数量呈现增多趋势,从2011年的64件,上升至2018年的139件(见图6)。企业间借贷案件中的合同效力认定,经历了从一律认定无效,到区分对待的转变。2013年前,企业间借贷合同效力被一律认定为无效。随着经济社会的发展和监管政策的适当放松,2013年后,对于经常性的企业间拆借继续予以否定,对于临时性资金拆借予以有条件认可,金融秩序维护与市场活力释放得到有效平衡,各方利益实现妥善保护。

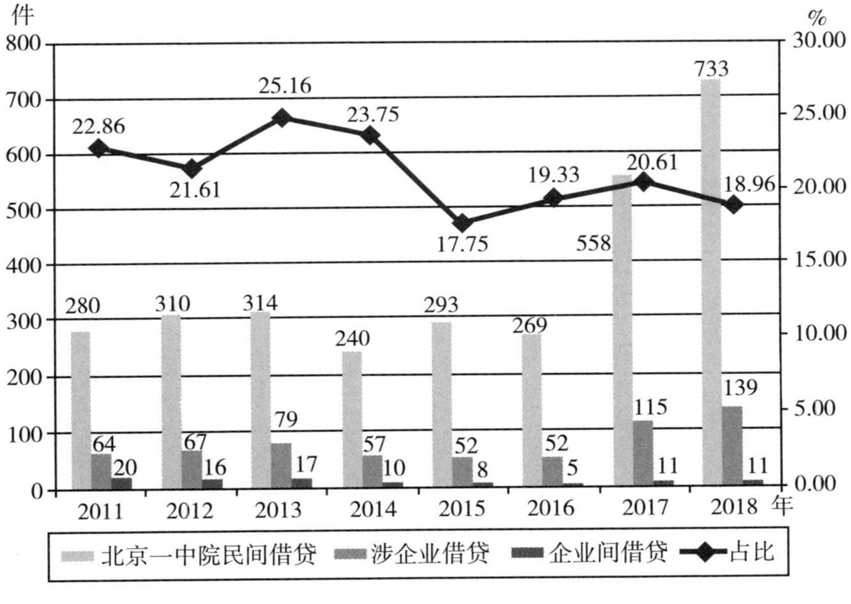

图6　北京一中院民间借贷案件涉企业借贷占比统计

5. 民间融资成本显著攀升,2018年平均融资成本超过20%。北京一中院受理的民间借贷案件,借款协议中有明确利息约定的案件占比从2011年的54件,占比19.29%,上升至2018年的499件,占比68.08%,上升幅度明显。

进一步分析有明确利息约定的案件,当事人约定不低于同期银行贷款利率四倍或24%的案件,占比从2011年的5.56%,上升至2018年的63.33%,总体呈大幅上升趋势(见图7)。

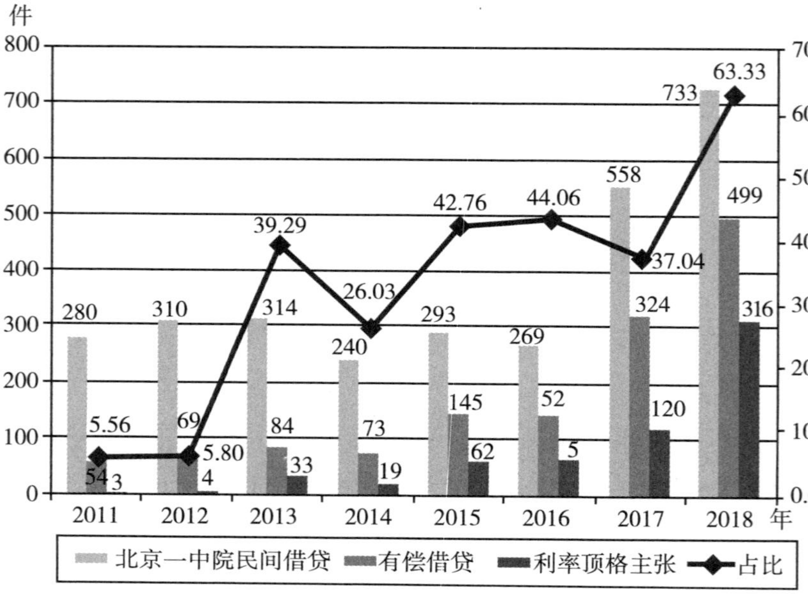

图 7　北京一中院民间借贷案件有偿借贷及利率顶格主张占比统计

2018 年，全部案件平均利率为 12.37%，有偿借贷案件平均利率为 24.6%[1]。其中，企业间借贷利率在 2013 年之前多以银行同期贷款利率为基准，2013 年后从平均年利率 9% 上升至 2018 年的 15%，增幅明显。民间借贷的高额利率，是借款主体自身信用以及抗风险能力弱的市场化体现。大量得不到银行信贷支持的个人、民营企业、中小微企业转向民间融资市场寻求资金，民间借贷市场实际已成为我国多层次金融体系的重要组成部分。

6. 技术进步带来款项交付方式变化，电子转账达到八成。8 年间，北京一中院受理的民间借贷案件，通过银行、支付宝、微信等转账汇款进行交付的案件从 2011 年的 145 件，占比 51.79%，逐步上升至 2018 年的 623 件，占比 84.99%（见图 8）。涉及全部或部分现金交付的案件占比从 2011 年的 48.21%，降低至 2018 年的 15.01%，已经不足两成。转账汇款占比上升，反映出技术进步对传统款项交付方式的改变，也与借款金额不断增加，当事人证

---

[1] 计算方法说明：(1)全部案件平均利率：合同未约定的按 0 计算，有约定的按约定，计算平均数为 12.37%。(2)有偿借贷案件平均利率：只计算有明确利率约定的案件，计算平均数为 24.6%。(3)考虑到数据样本，案件纠纷特点，可能存在一定偏差。但能总体反映民间借贷的高息化特点。

据意识不断增强相关。

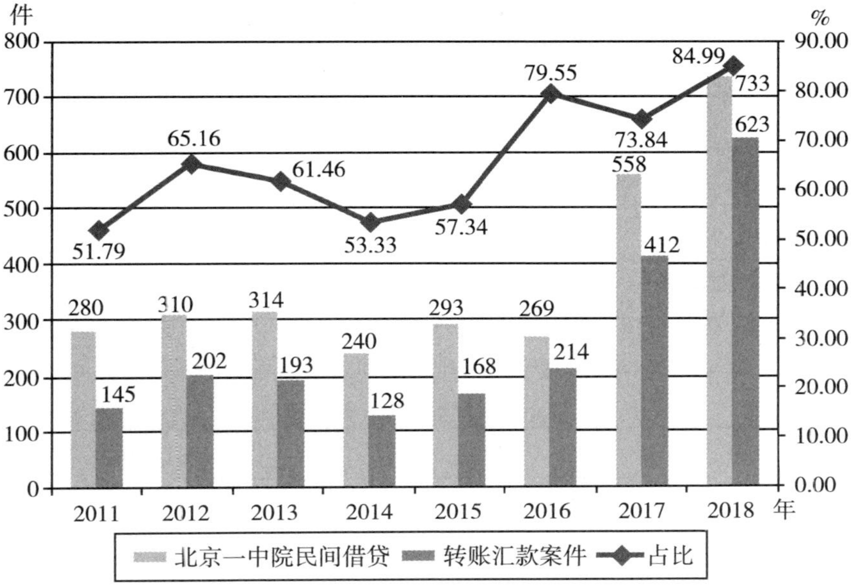

图8　北京一中院民间借贷案件转账汇款方式占比统计

7. 涉夫妻共债案件先增后减,法律指引效果凸显。北京一中院审理的民间借贷案件中,涉夫妻共同债务的案件从2011年的21件,逐步上升至2017年的118件,并达到顶峰,2018年明显开始回落(见图9)。案件数量的升降变化与2018年1月最高人民法院《关于审理涉及夫妻债务纠纷案件适用法律有关问题的解释》正式实施密切相关,随着司法解释对于涉夫妻共同债务的认定标准进一步明晰,当事人对是否属于夫妻共同债务的预期进一步加强,相关案件数量回落明显。

8. 涉刑案件频发,非诚信诉讼行为亟待规制。民间借贷纠纷中涉嫌刑事犯罪的情况时有发生。北京一中院8年间受理的案件,当事人抗辩存在集资诈骗、非法暴力讨债等涉嫌刑事犯罪的案件277件,[1]案件占比9.24%。其中,8年间 以涉嫌刑事犯罪为由,移送案件47件。2018年,移送以民间借贷为幌子的违

〔1〕 当事人抗辩涉刑案件,2011年0件,2012年12件,2013年8件,2014年22件,2015年17件,2016件25件,2017年119件(有串案),2018件74件。裁定移送案件,2011年0件,2012年12件,2013年7件,2014年7件,2015年1件,2016件15件,2017年0件,2018件5件。

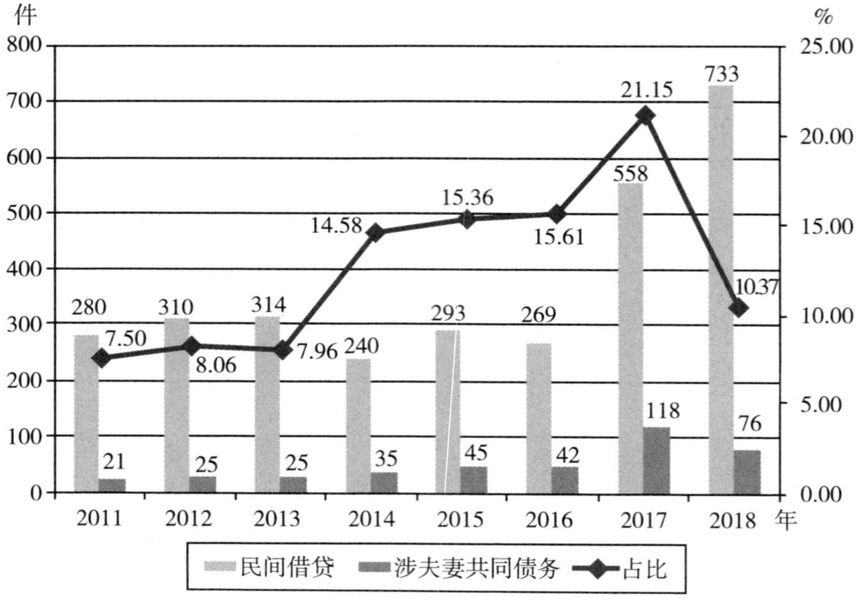

图9　北京一中院民间借贷案件涉夫妻共同债务占比统计

法犯罪案件5件（见图10）。此外，民间借贷案件中当事人虚假陈述、证人说谎、虚假诉讼、恶意诉讼等违背诚实信用原则的非诚信诉讼行为多发。此前北京一中院曾抽样分析了2017年6月审结的32件民间借贷案件，明显存在非诚信诉讼行为的22件，涉及非诚信行为问题的高达68.75%，主要表现为双方对重要事实表述有严重出入，[1]虚假陈述较为严重。

9.网络借贷案件不断涌现，信息时代特色明显。近年来，随着“互联网+”与社会各领域的深度融合，传统的民间借贷也以“网络借贷”的模式实现飞跃，相关的纠纷诉讼开始出现。北京一中院2016年开始受理第一起网络借贷案件后，2017年受理104件，2018年受理163件，数量呈现上升趋势（见图11）。网络借贷案件带来了信息技术下当事人身份确认，电子证据固定、采集、审查等新问题，时代特色明显。随着今后网络借贷市场的整顿力度加大，必将产生大量难以清偿的不良贷款。可以预见在未来一段时间内，将有越来越多的网络借贷纠纷进入法院。

[1] 其中法律关系表述不一（是否曾约定为借款关系）6件，借款金额出入（具体借款多少）5件，是否现金交付（是否支付了现金）4件，伪造证据1件，对已还数额有争议3件。

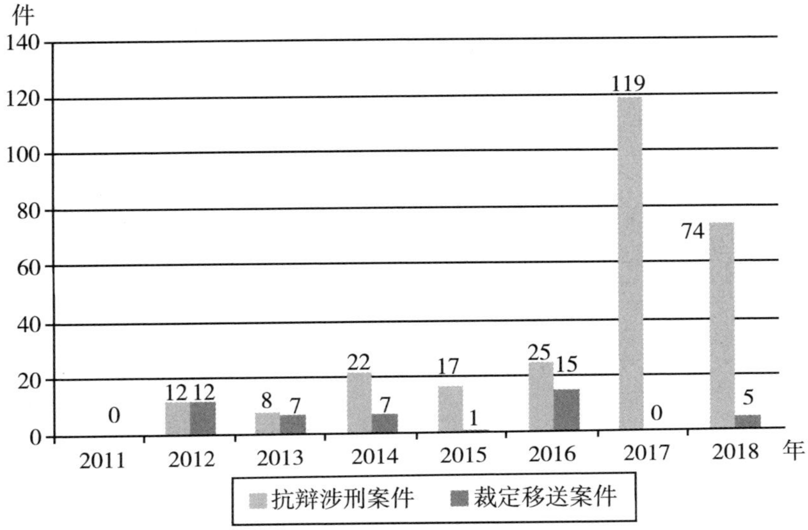

图10　北京一中院民间借贷案件当事人抗辩涉刑案件及移送案件统计

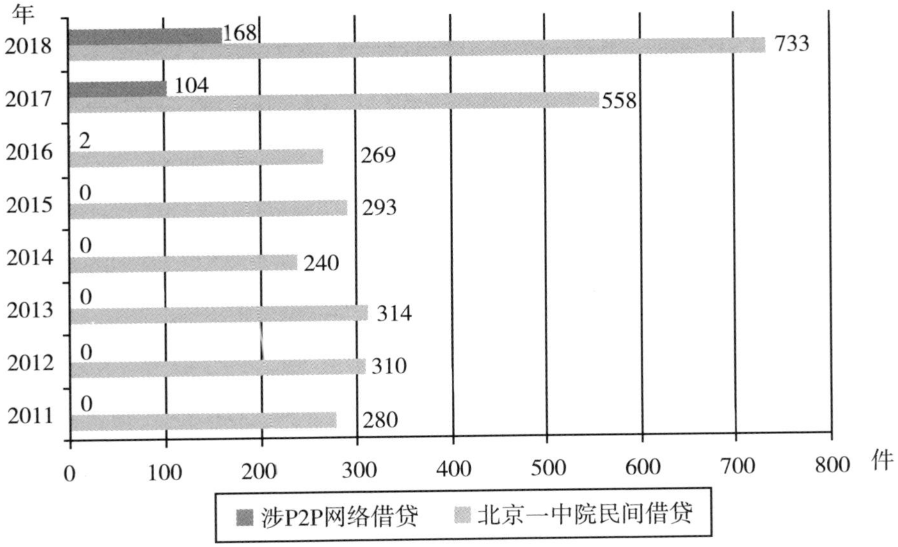

图11　北京一中院民间借贷案件涉网络借贷统计

10.二审调解撤诉率逐年降低，纠纷化解难度增大。北京一中院二审调解撤诉案件占比，从2011年占比45.36%，逐步下降至2018年的21.56%（见图12）。二审调撤率降低，一方面与基层法院纠纷化解功能充分发挥，消解过滤掉大量简易案件有关,另一方面也与当前民间借贷市场呈现的借款金额高、借贷主体复杂多样、以盈利为目的的商行为特征突出等多因素交织相关。此外,随着网络借贷的发展及职业放贷人增多,非法集资、暴力讨债时有发生,容易引发涉众群体性纠纷,进一步加大了纠纷化解难度。

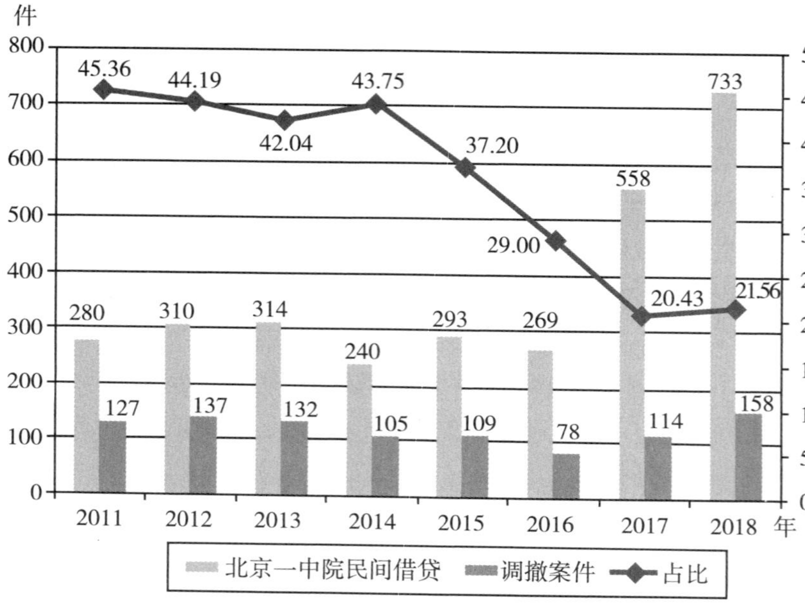

图 12 北京一中院民间借贷案件调撤率统计

二、民间借贷案件十大审理难点

当前社会经济快速发展,社会矛盾复杂多样,加之"互联网 +"与社会生活深度融合,尽管我国立法不断完善,司法实践经验持续积累,但民间借贷基本特点和社会治理过程中尚存在的一些问题投射到司法实践中,给民间借贷案件的审理工作带来诸多难点。

(一)个案客观事实查明难

民间借贷特有的盲目、无序、不规范等特点,造成事实查明难度大。分析北京一中院 8 年间审结的案件,当事人没有任何书面借款协议的案件达 597 余件,占比约 19.92%。相当一部分当事人因为法律知识匮乏、证据意识淡薄,举证能力不足,无法提供借条、合同等能够证明借贷法律关系存在的凭证,法官作为裁判者,只能运用逻辑推理以及社会经验,去构建出一个基本"合情合理"的事实。此外,实际生活中,因借条、欠条内容直观明确,经常被用作结算其他法律关系的凭证。当事人经常将买卖、合伙、赌博等其他行为形成的债权债务通过民间借贷的形式予以确认。基础法律事实的复杂,导致事实还原难度加大。法院在处理该类案件时,既要尊重当事人在经济生活中通过和解、清算达成的债权债务协议,以便简化举证责任,又要注重防范部分当事人以民间借贷形式掩盖非法交易行为,违背公序良俗,事实查明难度较大。

(二)类案裁判尺度统一难

2015 年 9 月正式实施的最高人民法院《关于审理民间借贷案件适用法律若干问题的规定》中,对于民间借贷案件的认定、证据标准、利息计算以及其他具体问题进行了明确详细的规定,但由于民间借贷纠纷案件基数庞大,案件事实复杂多样,当事人举证能力存在差异,社会新情况新问题不断涌现,法官对法律事实认定裁量标准不同,法律规范仍在不断调整变化等多方面原因,客观上仍存在类案裁判尺度不统一的问题。

(三)恶意串通虚假诉讼甄别难

民间借贷一直是虚假诉讼的重灾区。正常的民事诉讼需要原被告双方进行"对抗",通过不断举证来证明己方的主张,反驳对方,从而使案件事实得以明晰。但审判实践中,存在原被告双方对借贷事实的发生没有任何争议;对借贷发生的原因、时间、地点、款项来源、交付方式、款项去向等事实叙述不清;违背常理的巨额款项现金交付;出借人经济状况明显不具备出借能力,一方故意不出庭,等待法院缺席判决等异常情形,其真实目的在于骗取法院出具判决书、调解书。法官对于此类案件,通常处理为判决驳回当事人诉求。但如何找到确凿的证据证明双方恶意串通进行虚假诉讼而给予相应的处罚,是目前审理中面临的难点。

(四)"套路贷"违法犯罪行为确认难

"套路贷"是指以民间借贷为幌子,通过虚增债务、伪造证据等方式恶意侵占借款人房产、款项的违法犯罪行为。犯罪分子与借款人首先签订虚高的借款合同或阴阳合同,约定超高额利息,再利用借款人的迫切心理,虚假承诺、谎称交易惯例(如承诺虚高的部分不需要偿还、需要现金交纳保证金)制造款项交付的证据(如银行流水),最终使借款人实际收到的金额远小于表面"证据"上显示的金额。此外,他们还通过设置各种陷阱阻止借款人提前或按期还款,以此获取高额的违约金。由于民商事审判中事实查明手段的局限性,在个案中法官对于有明确的“借款合同”、有详细的“银行流水”,形成了证据优势的疑似“套路贷”犯罪行为,甄别难度较大。

(五)二审矛盾纠纷化解难

数据显示,北京一中院二审调解撤诉案件占比,从2011年的45.36%,逐步下降至2018年的21.56%,这从一个侧面反映出二审矛盾纠纷化解难度不断增大。究其原因,一是绝大多数争议不大、标的相对较小的纠纷已通过诉前多元调解和一审诉讼程序得到有效消解,进入二审程序的多为案件标的较大或双方冲突激烈的案件,矛盾缓和的空间已经很小。二是随着社会经济的发展,民间借贷日益成为投资理财的一种新渠道,由传统的熟人小圈子向不特定社会公众不断扩展,熟人社会的人情因素减少,借贷的营利性显著增强,客观上追求利益最大化(8年间有明确利息约定的案件从19.29%上升至68.08%;利率顶格约定的案件从5.56%上升至2018年的63.33%)。三是出借方的法律意识和预判能力不断提高,债权转让渠道多样,种种原因导致调解、让步空间进一步缩小。

(六)企业间借贷司法规制难

企业以自有资金进行的临时性资金拆借,可以提高闲置资金的利用效率,对缓解企业融资难具有重要意义。但实践中也存在企业套取银行信贷又高利转贷、企业向单位员工集资后又转贷牟利,企业以借贷为主要业务进行经营性放贷扰乱金融监管秩序等需要法律严加规制的行为。审判实践中的难点在于,企业是否进行高利转贷或经营性放贷的事实认定和举证责任承担,需要结合企业的注册资本、流动资金、款项来源、借贷数额、借款频率、利息约定、当事人关系、收益占比等因素综合考量。法官不但要掌握法律知识,还要了解财务知识,这在对法官的综合素质提出较高要求的同时,也客观上导致司法监管难度大的现状。

(七)职业放贷行为引导规范难

随着民间借贷市场的不断发展,近年来出现一些未取得金融监管部门批准,不具备发放贷款资质,但向社会不特定对象出借资金以赚取高额利息,出借行为具有营业性、经常性特点的单位,以及以放贷为其重要收入来源,经常性向不特定对象放贷并赚取高额利息的个人。北京一中院2018年审理的案件中,出借人涉诉10件以上的共有6起,其中仅刘某某一人作为出借人的涉诉案件90件。

按照法律规定,未经中国人民银行依法批准,任何单位和个人不得擅自设立金融机构或者擅自从事金融业务活动。职业放贷人其显著特点是以“民间借贷”的形式,行“银行业金融机构业务”之实,规避国家监管。其行为客观导致大量资金游离于国家金融监管体系之外,一定程度上影响了国家金融秩序的稳定。但由于目前立法层面对于职业放贷行为和职业放贷人群体没有专门的引导和规范,司法层面只能将疑似职业放贷人的放贷行为仍纳入民间借贷的范畴进行处理。应当如何界定个人职业放贷行为,能否认定其借款合同因违反法律规定而无效,如何加强对职业放贷人的监管规范成为目前司法实践中的难题。

(八)网络借贷案件处理难

信息化时代下,网络借贷兴起的同时,也产生大量新问题,给法院工作带来新挑战。一是不少平台合规性不足,接受债权转让、对外提供担保、自有资金池放贷等行为时有发生,非法集资与合法融资的判定界限模糊,造成刑民交叉法律问题突出。二是网络借贷涉及人数多,涉案金额大,一旦发生平台“爆雷”事件,将带来巨大的社会风险和金融风险。三是网络借贷民事纠纷数量巨大,一旦成讼涌入法院,有限的司法资源如何消解海量纠纷成为当前面临的重要课题。四是在个案审判中,不断涌现出新问题亟待解决,例如,电子证据的采集、固定和真实性审查,网络平台作为第三方主体撮合借贷双方的交易收取高额管理费、服务费,在个案中是否存在变相突破利率限制的情形,等等。总之,在法律与政策之间,在刑事与民事之间,司法如何加强与行政机关联动,妥善维护各方合法利益,促进网贷市场健康发展,是当前法院面临的难题。

(九)金融创新与隐性借贷区别难

金融是实体经济的血脉。金融创新通过提供更具针对性的金融工具、金融服务、交易方式等,从数量和质量两方面满足了社会融资需求,具有重要意义。民间借贷24%的高利率上限,吸引了广泛的社会资金投入,不少模式打着金融创新的口号,规避政策监管,与民间借贷之间的界限日益模糊。例如,有的融资租赁中,只有资金往来,没有租赁物的交付;有的买卖贸易中,“走单、走票、不走货”,以贸易合同之名,行资金拆借之实;有的委托理财中明显违反监管规定设定固定收益保本保息,以此吸引客户;有的私募基金名为合伙投资,实际利用第三方担保等方式变相承诺投资者高额收益;有的信托公司通过各种措施确保优先级受益人安全退出,劣后级受益人承担全部亏损,变相实现保本保息。形色各异的金融创新,混淆不同金融业务与借贷的界限,带来了政府部门监管难、法律纠纷处理难。

(十)多层面法律问题交织认定难

我国目前涉及民间借贷的法律规范主要见于《民法总则》、《合同法》及最高人民法院《关于审理民间借贷案件适用法律若干问题的规定》。此外,具体案件中存在大量与《物权法》《担保法》《婚姻法》《刑法》等各部门法的交叉问题。有的民间借贷案件涉及是否属于夫妻共同债务的认定问题,需要对家庭日常生活作出合理判断。有的民间借贷案件涉及新型担保方式的认定问题,需要对让与担保等情形进行处理。还有不少案件与非法吸收公众存款、集资诈骗、非法经营等问题交织在一起,出现由同一法律事实或相互交叉的法律事实引发的不同刑事案件和民事案件,即产生民刑交叉问题。民刑交叉涉及民刑诉讼程序的协调与实体责任承担问题,是司法实践中的法律适用难点。

三、规范民间融资发展,优化营商环境十大创新机制

为加强对民间借贷案件的公正审理,保障各方当事人的合法权益,进一步降低民间资本流通成本,引导民间资本服务实体经济,塑造和维护规范有序的民间资本流通秩序,北京一中院深入贯彻平等保护理念,不断创新完善民间借贷审判工作十大机制,努力创造平等有序、充满活力的法治化营商环境。

(一)贯彻平等保护理念,助力优化营商环境

在民间借贷案件审理过程中,坚持"依法保护、支持创新、不越红线"的原则,平等保护借贷双方的合法权利,不断降低民间资本流通成本。依法保护正常的生活性借贷和临时性资金拆借,严格规制生产经营性企业从事经常性放贷业务扰乱市场监管秩序的行为,引导民间资本服务实体经济。支持金融创新行为,依法认定隐性借贷效力,坚决遏制交易平台、交易对手、交易模式以"创新"为名行高利贷之实的行为。严格执行24%的法定利率上限规定,严厉打击高利贷、砍头息等违法行为,对于各种以"违约金""服务费""中介费""保证金""延期费"等突破或变相突破法定利率红线的,依法不予保护,进一步优化营商环境。

(二)创新诉非衔接机制,加强民营企业保护

与北京多元调解发展促进会、民营企业产权保护调解室、"一带一路"国际

商事调解中心等多家专业调解机构合作,创新完善诉非衔接机制。积极借助社会力量参与诉前、诉中矛盾多元化解,并对涉及民营企业、中小微企业的融资借贷类案件重点导入。2018 年以来,成功化解各类纠纷 14 件,涉及标的额 22 亿元。加大财产保全力度,努力实现"立保同步、保调对接、以保促调、以保促审、以保促执"。研发上线网上财产保全系统,实现当事人"最多来一次,一次就办成"的服务目标。2018 年以来,作出财产保全裁定的案件 284 件,保全标的额 223 亿元。有效加强了民营企业、中小微企业的权益保护,取得了良好的法律效果和社会效果。

(三)创新多方协同治理机制,防范化解重大风险

积极将民间借贷纠纷的处理融入国家治理体系。充分发挥审判职能,总结民间借贷案件"风控嵌入式五步裁判法[1]",建立从立案到宣判的全流程风险防范机制,依法打击以金融创新为名规避政策监管、资金转贷套利的行为,对于涉嫌非法吸收公众存款或集资诈骗的依法追究刑事责任。提炼套路贷案件"12345"甄别工作法,[2]对 2013 年来审结的全部 2686 件民间借贷案件开展"拉网式"排查,排查出可疑案件 162 件,相关案件线索及时向公安机关移送。与市扫黑办建立涉黑涉恶线索定期会商工作机制,及时研判诉讼中发现的涉黑涉恶线索和新情况新问题,并定期报送典型案例。调研审判实践中的多发问题,积极向全国人大法工委建议,把借款合同区分一般性借贷和经营性借贷,相关观点得到代表关注,参与国务院参事室经济研究中心的重点调研课题,就府院联动下的网络借贷风险防范机制开展研究。

(四)完善虚假诉讼惩治机制,助推社会诚信建设

正面引导与依法惩治相结合,探索推进诚信诉讼保证书、当事人本人出庭、

---

[1] 第一步,庭前排查,第一时间预判风险;第二步,庭审释明,落实当事人/证人出庭制度;第三步,心证公开,释明举证责任风险;第四步,文书说理,辨法析理以理服人;第五步,判后答疑,春风化雨有理有据有节。

[2] "1"是贯彻一个理念,确保"让人民群众在每一个案件中感受到公平正义"。"2"是注重两个结合,将全网泛查与人工筛查相结合,日常排查与定期研判相结合,借助信息化手段及时发现问题。"3"是把握分案、阅卷和开庭三个阶段,做到内勤分案阶段前期预警,法官阅卷仔细审查,合议庭开庭识别确认。"4"是完善四项工作制度,注重总结将疑似案件形成"一库",统一尺度将发改案件汇成"一表",发挥各单位合力对疑难问题谋划"一会",全程关注敏感案件织密舆情"一网"。"5"是把握"案由""当事人""诉辩主张""资金流转""本人到庭"这五个关键点,逐层筛查、不断深入,确保涉"套路贷"案件浮出水面。

证人出庭机制建设,防范虚假诉讼。要求诉讼当事人庭前签署诚信诉讼保证书,做到“庭前签、当庭读、庭后究”。针对当事人本人出庭率低的问题,通过释明举证责任,积极引导当事人出庭。针对证人证言采信率低的问题,严格落实民诉法证人出庭制度,进行交叉询问,多次询问,确保证人证言经得起法律检验。积极制定、规范司惩字案件处理流程,对已查明的虚假诉讼、恶意诉讼,情节轻微未造成严重后果的,进行当庭训诫、批评教育,并记入庭审笔录或在裁判文书中予以说明,对于情节严重,造成对方当事人权益损失及司法资源浪费的行为,依法给予罚款、拘留等处罚。

(五)完善庭审要素式审查机制,推动解决事实查明难

将庭上审查指引与庭下主动调查相结合,实现重要事实查明全覆盖。庭审中坚持对借贷发生的原因、款项来源、交付情况、借贷双方关系等民间借贷纠纷的核心要素进行全面审查,针对部分案件当事人举证能力不足的问题,进行有效诉讼指引,形成实质性庭审抗辩。同时对于当事人因客观原因无法获取的证据,依法进行调查取证,弥补当事人举证能力短板。2017 年,北京一中院牵头制定《北京市法院民间借贷纠纷办案规范》,规范全文 13,660 字,涵盖民间借贷案件审理的法律关系、合同效力、合同履行、合同权利义务终止、违约责任、民刑交叉问题等 6 大方面 68 个关键点,相关成果已嵌入北京法院智慧云办案系统,有力促进了北京法院民间借贷案件审判的标准化、规范化。

(六)创新繁简分流机制,提高案件审判质效

探索在审理环节对民间借贷纠纷进行繁简分流,推行审判团队内部的“简案快审、难案精审”的差异化审理机制,优化司法资源配置。简单案件快排期、快庭审、快动笔、快结案;复杂案件精细化审理,打造具有示范引导意义的精品案件。积极探索电子送达方式,利用智能语音输入技术等信息化手段,不断提高诉讼效率,进一步压缩民间借贷案件审理周期。北京一中院 2018 年民间借贷纠纷平均审理时限为 47 天,比 2011 年的 62 天缩短 24%。

(七)完善案件规范化审理机制,促进裁判尺度统一

探索总结以“事实查明要素化”“裁判尺度规范化”“日常学习制度化”“类案排查前置化”“二审监督常态化”“难案办理精细化”为核心的案件规范化审理“标准六法”,旨在培育法官标准化思维,有效推进专业化审判,从而保障法院以及上下级法院裁判尺度的有机统一。依托智能检索系统、中国裁判文书网,在案件分配后对疑难复杂案件进行全面检索，对于类案、关联案充分考虑前案判决，确保前后案件之间、上下级法院之间、审理案件的合议庭之间裁判尺度统一。探索完善法官会议召开形式，尝试邀请专家参与新类型、复杂疑难性民间借贷案件的研讨，碰撞智慧火花。推行涉刑案件联动识别防范机制，与辖区法院定期会商，通报疑似涉刑案件情况，确保一审、二审裁判尺度统一。

(八)创新诉讼全流程化解机制，努力消除矛盾纠纷

始终贯彻“纠纷全流程化解”原则，不断加强和重视调撤工作，修复社会裂痕，缓和社会矛盾，促进纠纷解决的法律效果与社会效果相统一。对于熟人之间的民间借贷纠纷，在查明事实的基础上优先调解、重点调解，努力促成当事人和解。2011～2018 年案件平均调撤率 34.44%。高度重视调解案件的执结工作，在案件调解后多渠道督促当事人及时履行调解义务，彻底消除矛盾纠纷，2018 年调解执结率 40% 左右。同时，进一步加强与互联网金融协会的调研合作，探索网络平台良性退出后的海量纠纷第三方化解机制。

(九)完善专业化人才培养机制，打造特色审判团队

民间借贷纠纷案件自 2011 年 8 月开始由北京一中院民三庭集中审理，近年来，随着司改的不断深入，进一步成立“融资借贷”审判团队，通过案件的专业化审判，培养出一支具有丰富民间借贷案件审判经验的法官队伍。积极参与编写出版学术专著《民间借贷案件裁判要点与观点》一书，在《人民司法》《北京审判》《中国法院年度案例》等期刊发表文章百余篇。多名干警荣获“北京市模范法官”“北京青年岗位能手”“北京市司法业务技能标兵”等称号，多名干警在全国法院学术论文讨论会中斩获奖项。

(十)创新服务型审判延伸机制，充分回应社会需求

充分发挥民三庭“全国青年文明号”“首都学雷锋志愿示范岗”的服务职能，立足岗位特点，为社会提供有针对性的法律服务，不断延伸审判职能。对民间借贷典型案件的开庭和宣判进行庭审直播，通过媒体的报道让每一次庭审都成为普及法律知识的公开课。结合社会热点开展普法宣传，讲授网络公开课，录制“套路贷”普法短视频，发布民间借贷典型案例等，多渠道阐述民间借贷纠纷中的法律问题。送法下社区、入学校、进企业，开展有针对性的定制化普法服务。为公众答疑解惑，了解企业对司法服务保障的实际需求，解答企业所遇到的融资借贷风险防范等法律问题。

四、民间借贷风险防范十项提示

民间借贷纠纷的大量发生，与当事人法律意识、证据意识、合规意识不强密切相关，结合民间借贷合同从磋商、订立到履行、救济的全过程，北京一中院为出借方、借款方和网络平台三方梳理出防范民间借贷风险的十项提示。

（一）核实身份信息，双向资质审查

民间借贷应当注意核实相对方的身份信息，确保交易安全。一是个人间借贷，尤其是经中间人介绍的陌生人借贷，要核实相对方的身份信息，防止冒用，并尽可能保留对方的身份证复印件。二是企业间借贷，应当确认相对方的营业执照及工商登记信息，审查经办人是否有权代办借贷事宜。三是通过平台的网络借贷，应当注意平台的合法合规情况，重点审查平台是否经过备案，资金是否进行银行存管，是否依法依规及时进行信息披露。

（二）规范合同约定，注意避免歧义

形成一份形式完备、内容清晰的书面协议，可以最大限度降低纠纷风险。一是双方达成借款合意时应当有正式的借条、借款合同等书面凭证，凭证上要注明当事人信息、借款本金、利息、期限、用途、违约责任等内容，防止因借条内容不规范产生纠纷。二是合同用语要简练、清晰，避免歧义，数字金额尽可能采取大写形式。三是因多次结算产生多份借条、协议时，应当注意及时更换；对于因其他法律关系产生的债权债务转化为民间借贷时，应当注明来龙去脉。四是妥善保管原件，避免毁损和丢失。

（三）严格款项交付，降低举证风险

款项是否交付是产生纠纷时审查的重点，借贷双方应当严格款项交付形式，注意保存证据。一是出借款项或归还款项应当尽量通过银行、支付宝、微信等有据可查的转账形式，并注明转款原因，避免现金交付。二是采取现金交付时可邀请见证人见证，注明现金交付过程，各方签字确认。也可以进行录音、录像，注意保证声音、图像的完整、清晰。三是款项交付的双方应为借款人和出借人本人，其他人代理的应当具有授权。

（四）妥善设定担保，采取增信措施

对于大额的个人间借贷、企业间借贷，要注重采取增信措施，通过设定担保，

降低违约风险。一是采取保证方式担保的,要注重审查担保人的担保能力,明确保证期间及保证范围。二是对于以房产、机动车、股权等进行担保的,除签订合同外,要及时办理抵押、质押登记手续,依法设立担保物权。三是为避免产生涉及夫妻债务的纠纷,出借人可以要求借款人配偶在借条上签字确认借款。

(五)警惕高息诱惑,保障资金安全

当前,民间借贷已经成为社会理财的重要途径之一,高息成了民间借贷市场的标配。作为出借方,一是树立理性投资意识,充分认识到高收益带来的高风险。多了解、勤调查、交叉验证,不轻信盲从,做理性的借贷、投资人。二是要自觉抵制高息诱惑,对宣传高额回报、快速致富,保证本息无忧的借贷要提高警惕。三是提高对非法集资等犯罪的识别能力,防范法律风险。

(六)防范借款套路,避免上当受骗

近年来,出现了以民间借贷为幌子的"套路贷"违法犯罪行为,严重侵害人民群众合法权益。作为借款方,应当擦亮眼睛,谨防套路:一是了解套路手段,减少风险。套路贷往往通过"虚增债务""伪造证据""收取高额费用""层层平账""软硬暴力讨债"等方式非法侵占财物。二是借款时要对不合常理的做法提高警惕。如发现放款人通过各种手段使自己实际收到的借款金额远小于表面证据上显示的金额(如银行转账后要求现金收回全部或大部分资金),要擦亮眼睛。三是发现自己可能涉嫌被"套路贷"的,及时寻求法律救济。

(七)恪守彼此承诺,积极履行义务

古语云:"君子一诺,驷马难追",诚信是社会主义核心价值观之一。借贷双方应当恪守诚信,依法积极履行各自义务。一是出借方要积极履行放款义务,按时足额放款,遵守国家利率规定,不搞"砍头息",不变相放高利贷。二是借款方要合理使用借款,积极履行还款义务,按时足额还款,不恶意拖延,不搞失踪失联。三是产生纠纷时要积极协商,努力化解纠纷,实现共赢。

(八)合理合法讨债,自觉理性维权

合理合法讨债,是法律和道德赋予债权人的权利,也是债权人应当承担的义务。一是讨债手段要合法合理,一方面要符合法律规定,不碰触法律底线;另一方面也要坚守道德底线,自觉维护社会公德。二是理性维权,不采用暴力、胁迫、侵害他人名誉、隐私等身心健康的讨债手段。三是树立法律维权意识,善于用于法律武器维护自身合法权益。

(九)依法诚信诉讼,维护法律尊严

依法诚信诉讼,自觉维护法律尊严,是诉讼参与人的法定义务。一是依法参与诉讼活动,遵守法庭秩序和规则。二是不杜撰事实,不隐瞒事实,不作虚假陈述,不利用诉讼程序恶意转移财产,损害第三方利益。三是依法行使权利,不滥用诉权,不恶意拖延诉讼进行。四是法庭要求当事人本人出庭的要及时出庭说明情况,对自己提出的主张及时提供证据。五是自觉履行发生法律效力的裁判文书,维护法律尊严。

(十)贯彻服务理念,维护市场发展

随着网络借贷的发展,网络借贷平台成为维护借贷市场发展的一支重要力量。一是要严格遵守业务活动各项规定,合法合规开展业务。二是要贯彻服务理念,提供优质的信息交互、借贷撮合服务。三是为借贷双方积极提供沟通渠道,妥善处理纠纷。四是规范服务费、居间费的收取,形成业内良性竞争,促进借贷市场健康发展。

结　语

"浩渺行无极,扬帆但信风。"未来,北京一中院将继续以服务实体经济为宗旨,围绕经济社会发展大局,深入了解社会多元化融资需求,引导民间资本服务实体经济发展;持续推进民间借贷案件审判专业化建设,加强对民间借贷新情况新问题的调查研究,紧跟民间借贷市场发展趋势,探索当前背景下新型纠纷解决途径,为推动首都经济健康发展,优化营商法治环境,维护首都和谐稳定提供更加优质的服务、更加有力地保障!

附录1: 民间借贷十大典型案例

案例一:合伙经营结算后形成的民间借贷法律关系,依法予以保护

[基本案情] 王某起诉李某等要求偿还借款5万元。李某等抗辩称双方系合伙关系,并非民间借贷关系。法院查明,王某、李某、方某等合伙做生意,每人出资5万元。后来王某要求退伙,李某、方某等向王某出具借条,内容为:"借到王某5万元,借款三人共同偿还。"法院认定王某与李某等之间的民间借贷关

系成立并生效,判决李某等偿还借款。

[典型意义] 最高人民法院《关于审理民间借贷案件适用法律若干问题的规定》第15条规定:"原告以借据、收据、欠条等债权凭证为依据提起民间借贷诉讼,被告依据基础法律关系提出抗辩或者反诉,并提供证据证明债权纠纷非民间借贷行为引起的,人民法院应当依据查明的案件事实,按照基础法律关系审理。当事人通过调解、和解或者清算达成的债权债务协议,不适用前款规定。"民间借贷法律关系不仅会通过当事人之间直接借贷而建立,也会由合伙、买卖、投资理财、股权转让等其他法律关系通过结算而转化为民间借贷法律关系,有利于简化各方举证责任,明确权利义务承担。

案例二:企业间临时性资金拆借,依法予以保护

[基本案情] 2012年,某电子商务公司向某矿业公司汇款转账2500万元,并在转账凭证中注明"借款"。2017年,某矿业公司向某电子商务公司出具借条,载明:自2012年以来向某电子商务公司借款2500万元,利率为月息1.8%,截至2017年12月7日利息为3100万元。现某电子商务公司提交上述转账凭证及借条,起诉要求某矿业公司偿还借款并支付利息。法院认为双方之间属于临时性资金拆借,某电子商务公司的诉讼请求有事实及法律依据,依法予以支持。

[典型意义] 最高人民法院《关于审理民间借贷案件适用法律若干问题的意见》第11条规定:"法人之间、其他组织之间以及它们相互之间为生产、经营需要订立的民间借贷合同,除存在合同法第五十二条、本规定第十四条规定的情形外,当事人主张民间借贷合同有效的,人民法院应予支持。"企业法人之间为自身生产、经营需要,进行的临时性资金拆借行为,在不违反法律、行政法规强制性规定的情况下,应当认定合法有效。

案例三:个人擅自加盖公司公章对外担保,未经公司决议的,公司不承担担保责任

[基本案情] 杨某与刘某签订《借款协议》一份,借款金额8000万元。担保人处加盖刘某担任法定代表人的公司公章。杨某起诉刘某及公司,主张公司系保证人身份,应当对借款承担连带保证责任。法院判决认为,依据《公司法》及公司章程规定,公司应当就对外担保形成公司决议。本案中,公司法定代表人及其工作人员违反公司章程规定,未经公司股东会决议擅自加盖公司公章对外

担保,相对人刘某未尽到合理审查义务的,对公司不产生法律约束力。故判决驳回了杨某对公司的诉请。

[典型意义] 《中华人民共和国公司法》第16条规定,“公司向其他企业投资或者为他人提供担保,依照公司章程的规定,由董事会或者股东会、股东大会决议;公司章程对投资或者担保的总额及单项投资或者担保的数额有限额规定的,不得超过规定的限额。”司法实践中,不少法定代表人、大股东、高管人员擅自加盖公司公章对外担保,实际上架空了公司的决议机制,损害了公司及中小股东的利益。在公司对外担保的情况下,相对人应当要求提供公司决议文件,并进行必要的审查,以维护自身利益。

案例四:劳动者与公司之间因提前支取费用签署“借款单”,不认定为民间借贷法律关系

[基本案情] 马某系某公司员工,为完成购车项目,按照公司规定须预支费用并出具《借款凭证》,事后再通过报销凭据予以冲销公司账目。该公司现以《借款凭证》为证据,将马某以民间借贷纠纷为由起诉至法院,请求马某偿还借款本息。法院审理后认为,该公司与马某之间虽然签署《借款凭证》,但双方并非民间借贷关系,因此判决驳回该公司的诉讼请求。

[典型意义] 民间借贷合同的成立须以当事人存在民间借贷的合意为前提,不能仅依据签署借款凭据就简单认定当事人之间存在借贷关系。本案中,借款发生在劳动者与单位之间,所谓的“借款”实为劳动者为完成单位工作需要而预支的业务性支出,《借款凭证》的订立目的不是要求“借款人”按时返本付息,而是为了满足公司财务制度的需要。因此,双方之间并不存在民间借贷的合意,双方所形成法律关系也不是在平等主体之间形成的民间借贷关系。

案例五:出借人对现金交付情况无法作出合理说明的,对款项交付事实不予认定

[基本案情] 鲁某向徐某出具借条,借款430万元。落款日期2013年3月18日。法院查明,借条实际形成时间是2013年10月,鲁某写借条的目的是让徐某帮助其要回承包土地。徐某称430万元是现金支付,来源是其朋友委托其代购古董的费用,但两次庭审中对款项交付的时间、地点、包装类型和颜色陈述并不一致。法院认定徐某并未实际交付430万元借款,判决驳回徐某的诉讼请求。

[典型意义] 《中华人民共和国合同法》第210条规定:“自然人之间的借

款合同,自贷款人提供借款时生效。”最高人民法院《关于审理民间借贷案件适用法律若干问题的规定》第 16 条第 2 款规定:“被告抗辩借贷行为尚未实际发生并能作出合理说明,人民法院应当结合借贷金额、款项交付、当事人的经济能力、当地或者当事人之间的交易方式、交易习惯、当事人财产变动情况以及证人证言等事实和因素,综合判断查证借贷事实是否发生。”在出借人主张以现金交付且无其他证据证明的情况下,人民法院应当严格审查借贷发生的原因、时间、地点、款项来源、交付方式、款项流向以及借贷双方的关系、经济状况等事实,综合判断款项是否实际交付。

案例六:未经夫妻双方认可且未用于夫妻共同生活的债务,不认定为夫妻共同债务

[基本案情] 花某与姚某系夫妻关系,花某在夫妻关系存续期间向张某借款 200 万元,并出具借条,借条上仅有花某一方作为借款人签字,张某作为出借人将 200 万元借款直接汇入花某的个人账户。张某主张涉诉 200 万元应当为夫妻共同债务,故起诉请求花某、姚某共同偿还 200 万元借款。法院经审理认为,涉诉 200 万元超出家庭日常生活需要,且无证据证明姚某对债务知情并认可,因此涉诉债务应认定为花某个人债务,姚某无须承担共同还款责任。

[典型意义] 最高人民法院《关于审理涉及夫妻债务纠纷案件适用法律有关问题的解释》第 3 条规定:“夫妻一方在婚姻关系存续期间以个人名义超出家庭日常生活需要所负的债务,债权人以属于夫妻共同债务为由主张权利的,人民法院不予支持,但债权人能够证明该债务用于夫妻共同生活、共同生产经营或者基于夫妻双方共同意思表示的除外。”根据上述司法解释的规定,认定夫妻共同债务应当审查夫妻双方是否有共同借款的意思表示、借款是否用于夫妻共同生活、共同生产经营等因素,对夫妻一方以个人名义举债,且超出家庭日常生活需要、共同生产经营需要的借款,不应认定为夫妻共同债务。

案例七:“砍头息”不受法律保护,本金数额以实际交付为准

[基本案情] 张某向徐某转账 176.4 万元,徐某向张某出具借条,载明借款金额为 180 万元。法院经审理后认为,180 万元借款中有 3.6 万元是“砍头息”,该款项张某并未实际支付给徐某,因此实际借款本金应认定为 176.4 万元。

[典型意义] 最高人民法院《关于审理民间借贷案件适用法律若干问题的规定》第 27 条规定:“借据、收据、欠条等债权凭证载明的借款金额,一般认定为

本金。预先在本金中扣除利息的，人民法院应当将实际出借的金额认定为本金。”出借人在支付款项时预先扣除的利息俗称“砍头息”。在民间借贷中，收取“砍头息”是出借人规避法律、变相收取高息的一种方式。一般情况下，当出借人实际支付的借款金额与双方约定的金额不一致时，应当将实际出借的金额认定为本金。

案例八：当事人提供有效电子证据的，依法予以采信

［基本案情］ 朱某与伊某系夫妻关系，迟某与汪某系夫妻关系，四人建立微信群。朱某与迟某通过电子邮件商谈借款事宜。后朱某与伊某从银行贷款60万元，朱某将60万元支付至迟某系股东的公司，并在微信群中告知迟某和汪某，汪某回复收到。朱某多次通过短信和微信群催促迟某与汪某还款。迟某、汪某辩称其与朱某系委托关系而非借款关系，伊某不是法律关系主体。法院认定，四人在微信群中对借款、支付、还款、催收等事项进行了协商和沟通，四人对微信群中所有涉及借款的事项均知晓，夫妻中的一人从未对另一人的行为提出过异议，故朱某、伊某与迟某、汪某之间构成民间借贷法律关系。

［典型意义］ 由于通信技术的快速发展，很多借贷双方会通过微信、短信、支付宝等电子数据形式协商、支付、催促、偿还借款。电子数据系《中华人民共和国民事诉讼法》规定的一种证据形式。最高人民法院《关于适用〈中华人民共和国民事诉讼法〉的解释》第116条进一步明确了电子数据的含义，该条规定：“电子数据是指通过电子邮件、电子数据交换、网上聊天记录、博客、微博客、手机短信、电子签名、域名等形成或者存储在电子介质中的信息。”故在没有纸面借据情况下，法院可以通过电子数据认定当事人之间是否构成民间借贷法律关系。

案例九：“套路贷”涉嫌刑事犯罪，应当移送公安机关立案侦查

［基本案情］ 张某与王某经肖某介绍相识。张某与王某签署《借款合同》《收条》《承诺书》，约定张某向王某借款30万元；同时，应王某的要求双方另行签订《房屋租赁合同》《租金收据》，约定王某有权收取张某名下房产20年的租金以偿还30万元借款。案涉款项30万元，短短10分钟内，在同一银行的同一柜台，分别通过转账、取现、存款的方式，从王某账户转至张某账户，后经案外人肖某账户再次转回至王某账户。对于肖某当日向王某转账的30万元的性质，王某无法作出合理解释。根据上述事实，法院认为本案表面上虽为民间借贷纠纷，但王某与张某签署的《房屋租赁合同》所涉租金数额明显超过借款金额，且资金

经案外人肖某最终回到王某处,张某并未实际收取款项,王某将其或未实际出借的款项转为合法的债权,涉嫌诈骗,最终裁定驳回王某的起诉,将本案移送至公安机关。

[典型意义] 近日,司法实践中出现了以民间借贷为幌子,通过"虚增债务""伪造证据""收取高额费用"等方式非法侵占财物的"套路贷"等新型违法犯罪行为。本案即为典型的疑似"套路贷"案件:先签订虚高的借款合同,约定高额利息,实现非法目的包装;后制造款项交付证据,形成证据闭合,形成虚假的证据链条。对于此类涉嫌刑事犯罪的行为,在查明事实的基础上,法院应及时裁定驳回起诉,移送公安机关立案侦查。

案例十:对虚假陈述、毁损证据等不诚信的诉讼行为,依法予以惩戒

[基本案情] 宫某起诉曾某、王某偿还借款100万元。曾某、王某一审提交转账凭证一张,上有"已还本金20万元,100万-20万=80万元"字样,用以证明已偿还部分借款本金。二审中,曾某、王某再次出示该转账凭证,但上述手写内容已被撕毁,曾某、王某主张被撕掉部分为空白且其从未收到借款100万元,对于撕毁证据的行为曾某、王某无法作出合理解释。法院认为,曾某、王某存在对法庭多次虚假陈述,并以妨碍对方当事人使用为目的损毁其持有的重要书证的行为,严重扰乱法庭秩序,妨害民事诉讼,浪费了司法资源,不利于社会诚信体系的建立,因此根据民事诉讼法的规定对其罚款5万元。

[典型意义] 依据《中华人民共和国民事诉讼法》第111条第1款第1项的规定,诉讼参与人或者其他人有伪造、毁灭重要证据,妨碍人民法院审理案件的行为,人民法院可以根据情节轻重予以罚款、拘留;构成犯罪的,依法追究刑事责任。民间借贷纠纷因其手续简便灵活,往往存在出借双方不注重保留相关证据、诚信观念缺失的问题。诚实信用是社会主义核心价值观的重要组成部分,也是民商事法律的帝王条款。在审理民间借贷案件中,对于伪造、毁灭证据、虚假陈述、严重扰乱庭审秩序的行为,人民法院应当依法予以处罚。

附录2:民间借贷案件诉讼指引十条

一、管辖

民间借贷纠纷案件一般由被告住所地或合同履行地法院管辖。被告住所地一般指被告户籍地或经常居住地(指公民离开住所地至起诉时已连续居住一年以上的地方);合同履行地一般为交付或归还借款的地点。借贷双方就合同履行地未约定或者约定不明确,事后未达成补充协议,按照合同有关条款或者交易习惯仍不能确定的,以接受货币一方所在地为合同履行地。

当事人可以书面协议选择被告住所地、合同履行地、合同签订地、原告住所地、标的物所在地等与争议有实际联系的地点的法院管辖。

北京市第一中级人民法院关于民间借贷纠纷案件的管辖范围包括:海淀区、石景山区、门头沟区、昌平区、延庆区人民法院的上诉案件;诉讼标的额在1亿元以上的第一审案件;诉讼标的额在5000万元以上且当事人一方住所地不在本市辖区的第一审案件。

二、诉讼时效

当事人向法院请求保护民事权利的诉讼时效期间为三年。法律另有规定的,依照其规定。诉讼时效期间自权利人知道或者应当知道权利受到损害以及义务人之日起计算。但是,自权利受到损害之日起超过二十年的,人民法院不予保护;有特殊情况的,人民法院可以根据权利人的申请决定延长。

《民法总则》施行之日,即2017年10月1日,诉讼时效期间尚未满《民法通则》规定的二年或者一年,当事人主张适用《民法总则》关于三年诉讼时效期间规定的,应予支持。《民法总则》施行前,《民法通则》规定的二年或者一年诉讼时效期间已经届满,当事人主张适用《民法总则》关于三年诉讼时效期间规定的,不予支持。

三、诉讼费用交纳

当事人进行民事诉讼,应当按照规定交纳案件受理费。民间借贷案件,按照《诉讼费用交纳办法》规定,依据诉讼请求的金额分段累计计算。当事人交纳诉讼费用确有困难,向法院申请缓交、减交或者免交的,应向法院提交书面申请及相关单位出具的困难证明。

当事人逾期不交纳诉讼费用又未提出缓交、减交或者免交申请,或者申请未获批准,在法院指定期限内仍未交纳诉讼费用的,由人民法院依照有关规定(视为撤回起诉或视为撤回上诉)处理。

判决生效后,胜诉方预交但不应负担的诉讼费用,法院应当退还,由败诉方向法院交纳,但胜诉方自愿承担或者同意败诉方直接向其支付的除外。当事人拒不交纳诉讼费用的,法院可以强制执行。

四、提交证据

当事人对自己提出的诉讼请求所依据的事实或者反驳对方诉讼请求所依据的事实有责任提供证据加以证明。没有证据或者证据不足以证明当事人的事实主张的,由负有举证责任的当事人承担不利后果(见表 1)。

表 1　证据目录

序号	证据名称	证明目的	备注
1	借条、欠条、借款合同、还款承诺书等表明借贷合意的证据	双方形成民间借贷法律关系	必须
2	银行汇款单据等可以表明款项已经实际交付的凭证	款项已经实际交付	必须
3	债务人的主体资格信息	债务人主体资格	必须
4	诉讼请求中本金、利息、违约金等计算依据	诉讼请求依据	必须(可能同 1)
5	债权转让协议或原债权人出具的说明	债权来源	视情况
6	担保合同,抵、质押合同及办理登记资料	担保人应承担担保责任	视情况
7	担保人的主体资格信息	担保人主体资格	视情况
8	催收资料及送达资料	未超过诉讼时效	视情况

当事人应当在举证期限内向法院提交证据材料。当事人在举证期限内提交证据材料确有困难的,应在举证期限内向法院申请延期举证,经法院准许,可适当延长举证期限。当事人申请证人出庭作证的,也应当在举证期限届满前提出。未经法院通知,证人不得出庭作证,但双方当事人同意并经法院准许的除外。

当事人应当对提交的证据逐一分类编号,对证据材料的来源、证明对象和内容作简要说明,签名或盖章,并注明提交日期。

当事人因客观原因不能自行收集的证据,可以向法院提出书面申请,请求法院调取证据,但不得迟于举证期限届满前 7 日。申请书应当载明所要调查收集的证据的内容,需要由人民法院调查收集证据的原因及其要证明的事实。

五、财产保全

当事人申请财产保全,应当向法院提交申请书。申请书应当载明申请保全人与被保全人的身份、送达地址、联系方式;请求事项和所根据的事实与理由;请求保全数额或者争议标的;明确的被保全财产信息或者具体的被保全财产线索;为财产保全提供担保的财产信息或资信证明,或者不需要提供担保的理由等。

法院采取保全措施,可以责令申请人提供担保,担保数额不超过请求保全数额或争议标的价值的30%。申请人不提供担保的,裁定驳回申请。

申请保全人或第三人为财产保全提供财产担保的,应当向法院出具担保书。担保书应当载明担保人、担保方式、担保范围、担保财产及其价值、担保责任承担等内容,并附相关证据材料。第三人为财产保全提供保证担保的,应当向法院提交保证书。保证书应当载明保证人、保证方式、保证范围、保证责任承担等内容,并附相关证据材料。

申请保全人也可以通过签订财产保全责任险合同的方式为财产保全提供担保,保险人应当向人民法院出具担保书。担保书应当载明,因申请财产保全错误,由保险人赔偿被保全人因保全所遭受的损失等内容,并附相关证据材料。

六、多元化解

当事人可以选择通过人民调解组织、商事调解组织、行业调解组织、律师试点调解等多种渠道,启动纠纷多元化解程序。

多元化解坚持依法调解、平等自愿、调解中立、调解保密、便捷高效、有效对接、注重实效的原则。

人民法院委派调解的案件,调解期限为三十日,但是双方当事人书面同意延长调解期限的,可以再延长三十日。

委派调解成功的案件,当事人申请法院出具司法确认裁定的,依法不收取诉讼费;当事人申请法院出具调解书的,在诉讼费标准减半的基础上再适当减免;当事人达成调解协议并申请撤诉的,免交案件受理费。

七、一审程序

经过送达、答辩、证据交换等庭前准备后,法院会正式开庭审理案件。一审程序中,除案件涉及国家机密、个人隐私或法律另有规定的以外,都应公开开庭进行审理。

一般的庭审流程为:核对当事人情况,宣布庭审纪律,告知当事人诉讼权利与义务;原告陈述诉讼请求及依据的事实和理由;被告进行答辩;进行举证质证,当事人要围绕证据的真实性、合法性、关联性进行说明;法庭询问,法官根据案件的争议焦点对当事人进行询问,查明案件事实;法庭辩论,当事人在法庭组织下进行辩论;发表最后陈述,法庭辩论结束后,法庭将会征询各方最后意见;进行调解;庭审结束。

在符合法律规定的前提下,原告可以在法院宣判之前申请撤诉。

如果原告在开庭审理中经传票传唤,无正当理由拒不到庭,或者未经许可中途退庭,可以按撤诉处理;被告反诉的,可以缺席判决。如果被告在开庭审理中经传票传唤,无正当理由拒不到庭,或者未经法庭许可中途退庭的,可以缺席判决。

八、二审程序

当事人不服人民法院第一审判决的,有权在判决书送达之日起 15 日内向上一级人民法院提起上诉。

当事人不服地方人民法院第一审裁定的,有权在裁定书送达之日起 10 日内向上一级人民法院提起上诉。

上诉应当向原审法院递交上诉状,并按照对方当事人或者代表人的人数提出副本。上诉状的内容,应当包括当事人的姓名,法人的名称及其法定代表人的姓名或者其他组织的名称及其主要负责人的姓名;原审人民法院名称、案件的编号和案由;上诉的请求和理由。

九、审判监督程序

当事人对已经发生法律效力的判决、裁定,认为有错误的,可以向上一级人民法院申请再审;当事人一方人数众多或者当事人双方为公民的案件,也可以向原审人民法院申请再审。当事人申请再审,应当在判决、裁定发生法律效力后六个月内提出。

根据民事诉讼法的规定,当事人的申请符合下列情形之一的,人民法院应当再审:(1)有新的证据,足以推翻原判决、裁定的;(2)原判决、裁定认定的基本事实缺乏证据证明的;(3)原判决、裁定认定事实的主要证据是伪造的;(4)原判决、裁定认定事实的主要证据未经质证;(5)对审理案件需要的主要证据,当事人因客观原因不能自行收集,书面申请人民法院调查收集,人民法院未调查收集的;(6)原判决、裁定适用法律确有错误的;(7)审判组织的组成不合法或者依法应当回避的审判人员没有回避的;(8)无诉讼行为能力人未经法定代理人代为诉讼或者应当参加诉讼的当事人,因不能归责于本人或者其诉讼代理人的事由,未参加诉讼的;(9)违反法律规定,剥夺当事人辩论权利的;(10)未经传票传唤,缺席判决的;(11)原判决、裁定遗漏或者超出诉讼请求的;(12)据以作出原判决、裁定的法律文书被撤销或者变更的;(13)审判人员审理该案件时有贪污受贿,徇私舞弊,枉法裁判行为的。

十、执行程序

发生法律效力的民事判决、裁定、调解书和其他应当由法院执行的法律文书,当事人必须履行。一方拒绝履行的,对方当事人可以向第一审人民法院申请强制执行。

申请执行的期间为二年。申请执行时效的中止、中断,适用法律有关诉讼时效中止、中断的规定。前款规定的期间,从法律文书规定履行期间的最后一日起计算;法律文书规定分期履行的,从规定的每次履行期间的最后一日起计算;法律文书未规定履行期间的,从法律文书生效之日起计算。

被执行人未按执行通知履行法律文书确定的义务,应当报告当前以及收到执行通知之日前一年的财产情况。被执行人拒绝报告或者虚假报告的,人民法院可以根据情节轻重对被执行人或者其法定代理人、有关单位的主要负责人或者直接责任人员予以罚款、拘留。

被执行人不履行法律文书确定的义务的,人民法院可以对其采取或者通知有关单位协助采取限制出境、通过媒体公布不履行义务信息、限制其高消费、纳入失信被执行人名单等。

2

APPENDIX

附录2

北京市第一中级人民法院民间借贷纠纷问答

一、民间借贷法律关系的认定

1. 民间借贷纠纷的涵盖范围如何界定?

民间借贷,是指除金融监管部门批准设立的从事贷款业务的金融机构以外的自然人、法人、其他组织之间及其相互之间进行资金融通的行为。"金融监管部门批准设立的从事贷款业务的金融机构"分三类:第一类是银行业金融机构,如各大商业银行、城市信用合作社、农村信用合作社等吸收公众存款的金融机构以及政策性银行;第二类是非银行金融机构,由银保监会批准设立并监管的金融机构,如金融资产管理公司、信托投资公司、财务公司、金融租赁公司等准金融机构;第三类是证监会、银保监会批准设立并监管的证券公司、基金公司、保险公司、汽车金融公司、消费金融公司等。

2. 典当行是否受最高人民法院《关于审理民间借贷案件适用法律若干问题的规定》的规制?

典当行向当户签发当票或者双方之间签订借款合同,没有当物的,应认定名为典当,实为借贷,双方之间的法律关系应按照民间借贷处理。除此之外,出借方是典当行的,按照典当纠纷处理。

3. 名为借贷,实为因其他法律关系产生的债务应当如何处理?

原告以借据、收据、欠条等债权凭证为依据提起民间借贷诉讼,被告依据基础法律关系提出抗辩或者反诉,并提供证据证明债权纠纷非民间借贷行为引起的,人民法院应当依据查明的案件事实,按照基础法律关系审理。但当事人通过调解、和解或者清算达成的债权债务协议,不适用前款规定。

一般来说,原告以双方民间借贷关系为由提起诉讼,并提供了借据、收据、欠条等债权凭证,即已初步完成了证明双方之间为民间借贷关系的举证责任。被告不认可原告主张的民间借贷法律关系,而对双方的基础法律关系提出抗辩的,应当提供证据加以证明。

4. 用人单位以暂支单等形式向劳动者放款的性质如何认定?

应在查明事实的基础上区分对待,如果款项与劳动关系关联的,如属于预支工资、奖金或出差费用等,应作为劳动争议案件处理;属于劳动者向用人单位借款的,按民间借贷纠纷处理。

5. 借刷信用卡是否属于民间借贷法律关系?

对于借刷信用卡,符合民间借贷构成要件的,实质上属于款项的借用,按民间借贷法律关系处理。

6. 当事人以签订买卖合同作为民间借贷合同的担保,借款到期后借款人不能还款,出借人请求履行买卖合同的,如何处理?

当事人以签订买卖合同作为民间借贷合同的担保,借款到期后借款人不能还款,出借人请求履行买卖合同的,人民法院应当按照民间借贷法律关系审理,并向当事人释明变更诉讼请求。当事人拒绝变更的,人民法院裁定驳回起诉。按照民间借贷法律关系审理作出的判决生效后,借款人不履行生效判决确定的金钱债务,出借人可以申请拍卖买卖合同标的物,以偿还债务。就拍卖所得的价款与应偿还借款本息之间的差额,借款人或者出借人有权主张返还或补偿。当事人主张就买卖合同标的物享有优先受偿权的,人民法院不予支持。

7. 委托贷款纠纷处理是否适用民间借贷相关法律规定及司法解释?

委托贷款是委托人委托银行进行的放款,属于金融业务,按金融借款处理。

8. 循环买卖中,如何认定法律关系?

在三方或三方以上的企业间进行的封闭式循环买卖中,一方在同一时期先卖后买同一标的物,低价卖出高价买入,明显违背营利法人的经营目的与商业常理的,买卖合同属于当事人共同实施的虚伪意思表示,应认定为无效,法律关系按借贷法律关系处理。对于作为中间方的托盘企业并非出于生产、经营需要而借款,而是为了转贷牟利,并以此为常业的,借贷合同亦应认定为无效。借款合同无效后,借款人应向贷款人返还借款的本金和利息。因贷款人对合同的无效也存在过错,人民法院可以相应减轻借款人返还的利息金额。

二、民间借贷纠纷诉讼主体的认定

1. 原告持有未载明债权人的借条等债权凭证,被告抗辩原告非实际债权人如何处理?

当事人持有的借据、收据、欠条等债权凭证没有载明债权人,持有债权凭证的当事人提起民间借贷诉讼的,人民法院应予受理。被告对原告的债权人资格提出有事实依据的抗辩,人民法院经审理认为原告不具有债权人资格的,裁定驳回起诉。借条所载明的出借人与原告姓名有出入的,应当结合款项交付情况等其他证据予以综合判断。

2. 存在债权转让、债务承担、债务加入的情况下,当事人如何确定?

债权转让:债权人转让权利的,应当通知债务人,未经通知,该转让对债务人不发生效力。起诉前已经通知的,新债权人为适格原告;起诉前未通知,新债权人作为原告主张通过起诉方式完成通知的,应当支持。

债务承担:债务人将合同的义务全部或者部分转移给第三人的,应当经债权人同意。债务承担中征得债权人同意的,新债务人为被告,未征得债权人同意的,原债务人为被告。

债务加入:在债务加入的情况下,原债务人与加入人均为被告,共同承担还款义务。债务承担和债务加入不同,债务承担意为债务人全部或部分脱离债之关系,对债权产生实质影响,需要债权人明示准许,而债务加入意为债务人与加入人共同承担责任,一般无须经债权人同意即可生效,为保护债权人的利益,应严格审查有无债务承担的意思表示,如无,一般应认定为债务加入。

3. 一审诉讼中或一审裁判后,二审审结前当事人变更的,如何处理?

依据民诉法"当事人恒定和诉讼承继原则",在诉讼中,争议的民事权利义务转移的,不影响当事人的诉讼主体资格和诉讼地位。人民法院作出的发生法律效力的判决、裁定对受让人具有拘束力。受让人申请以无独立请求权的第三人身份参加诉讼的,人民法院可予准许。受让人申请替代当事人承担诉讼的,人民法院可以根据案件的具体情况决定是否准许;不予准许的,可以追加其为无独立请求权的第三人;人民法院准许受让人替代当事人承担诉讼的,裁定变更当事人。

4. 案外人在借条上签字的是否应认定为保证人?

要具体审查案外人签字的形式是否具有承担保证责任的意思表示,具有明确承担保证责任意思表示的,或者在保证人栏签字的,应当承担保证责任。但未表明其保证人身份或者承担保证责任,或者通过其他事实不能推定其为保证人,出借人请求其承担保证责任的,不予支持。

5. 借贷双方通过网络贷款平台形成借贷关系,出借人起诉网络贷款平台要求承担保证责任的,如何处理?

借贷双方通过网络贷款平台形成借贷关系,网络贷款平台的提供者仅提供媒介服务,当事人请求其承担担保责任的,人民法院不予支持。网络贷款平台的提供者通过网页、广告或者其他媒介明示或者有其他证据证明其为借贷提供担保,出借人请求网络贷款平台的提供者承担担保责任的,人民法院应予支持。

6. 债务人和保证人并存,债权人仅起诉一方的,如何处理?

保证人为借款人提供连带责任保证,出借人仅起诉借款人的,人民法院可以不追加保证人为共同被告;出借人仅起诉保证人的,人民法院可以追加借款人为共同被告。保证人为借款人提供一般保证,出借人仅起诉保证人的,人民法院应当追加借款人为共同被告;出借人仅起诉借款人的,人民法院可以不追加保证人为共同被告。对于连带责任保证中债权人仅起诉债务人或担保人的,从查明案件事实及纠纷一次性处理的角度出发,可以向当事人释明,当事人坚持仅起诉一方的,应予准许。

7. 借条只有企业法定代表人或负责人签字时,还款主体如何确定?

该问题属于事实认定问题,应当根据个案情况综合判断,确定意思表示指向的对象。值得注意的是,企业法定代表人或负责人以企业名义与出借人签订民间借贷合同,出借人、企业或者其股东能够证明所借款项用于企业法定代表人或负责人个人使用,出借人请求将企业法定代表人或负责人列为共同被告或者第三人的,人民法院应予准许。企业法定代表人或负责人以个人名义与出借人签订民间借贷合同,所借款项用于企业生产经营,出借人请求企业与个人共同承担责任的,人民法院应予支持。

8. 借款人与实际收款人不一致时如何处理?

当事人对借贷合同双方当事人无争议的,债务人仅抗辩款项未实际交付的,实际收款人可根据案情作为证人或追加为第三人参加诉讼以便查明事实。

9. 当事人抗辩借条上的签名、盖章为虚假又不申请鉴定的情况下如何处理?

需要通过司法鉴定才能确认债权凭证真实性而当事人双方均不申请司法鉴定的,根据以下情形分别作出处理:(1)被告虽对债权凭证的真实性提出异议,但未提供反驳证据或者提供的证据不足以证明债权凭证的真实性存疑,被告不申请鉴定,或者虽然申请鉴定但拒不提供笔迹、印章等比对样本的,可以认定该债权凭证的真实性。(2)被告提供了相应证据能够证明债权凭证的真实性存疑,原告可以申请鉴定,原告不申请鉴定的,不予认定该债权凭证的真实性;原告申请鉴定的,被告应当提供笔迹、印章等比对样本,拒不提供的,可以认定该债权凭证的真实性。

三、民间借贷合同的效力认定

1. 自然人之间借贷合同与其他借贷合同效力审查有何特别?

自然人之间的借款合同,是实践性合同,不仅需要当事人之间的合意,还需要款项实际交付，合同才生效。自然人之间约定借款合同经签字或盖章后发生法律效力的，不能改变合同生效的法律评价标准。其他借款合同如无当事人另有约定或法律、行政法规另有规定，一般为诺成性合同，自成立时生效。

2. 如何认定《中华人民共和国合同法》第 210 条自然人之间借款合同的生效要件？

依据最高人民法院《关于审理民间借贷案件适用法律若干问题的规定》第 9 条的规定，具有下列情形之一，可以视为具备合同法第二百一十条关于自然人之间借款合同的生效要件：（一）以现金支付的，自借款人收到借款时；（二）以银行转账、网上电子汇款或者通过网络贷款平台等形式支付的，自资金到达借款人账户时；（三）以票据交付的，自借款人依法取得票据权利时；（四）出借人将特定资金账户支配权授权给借款人的，自借款人取得对该账户实际支配权时；（五）出借人以与借款人约定的其他方式提供借款并实际履行完成时。

3. 民间借贷合同无效的常见情形有哪些？

依据最高人民法院《关于审理民间借贷案件适用法律若干问题的规定》第 14 条的规定，具有下列情形之一，人民法院应当认定民间借贷合同无效：（一）套取金融机构信贷资金又高利转贷给借款人，且借款人事先知道或者应当知道的；（二）以向其他企业借贷或者向本单位职工集资取得的资金又转贷给借款人牟利，且借款人事先知道或者应当知道的；（三）出借人事先知道或者应当知道借款人借款用于违法犯罪活动仍然提供借款的（如为犯罪活动准备资金、借款用作赌资、毒资、嫖资等）；（四）违背社会公序良俗的；（五）其他违反法律、行政法规效力性强制性规定的。审查民间借贷合同的效力，主要依据为《中华人民共和国合同法》第 52 条、最高人民法院《关于审理民间借贷案件适用法律若干问题的规定》第 14 条。

4. 法人或者其他组织在本单位内部通过借款形式向职工筹集资金效力如何认定？

法人或者其他组织在本单位内部通过借款形式向职工筹集资金，用于本单位生产、经营，且不存在《合同法》第 52 条、最高人民法院《关于审理民间借贷案件适用法律若干问题的规定》第 14 条规定的情形，当事人主张民间借贷合同有效的，人民法院应予支持。

5. 企业间借贷合同效力如何认定?

对于企业间借贷合同的效力,应当分情况对待。对于企业之间为解决资金困难或生产急需的临时性资金拆借,除存在《中华人民共和国合同法》第52条、最高人民法院《关于审理民间借贷案件适用法律若干问题的规定》第14条规定的情形外,应当认定为有效。对于企业以借款、放贷为主要业务或主要收入来源,具有经常性、经营性、对象不特定性等特征,会导致企业性质异化为未经金融监管部门批准从事专门放贷业务的金融机构,将严重扰乱金融秩序,此种情况下应当对合同效力作出否定性评价。

对于企业间借贷合同等,由于对合同效力的认定经历了由绝对无效到有条件认可的转变,对于签订时不符合当时司法解释精神,诉讼时情况发生变化的,应当按照最高人民法院《关于适用〈中华人民共和国合同法〉若干问题的解释(一)》第3条规定的精神,对以前成立的民间借贷合同,适用当时的司法解释民间借贷合同无效而适用现在的规定有效的,应当认可合同效力。

6. 如何识别虚假诉讼? 对于虚假诉讼如何处理?

人民法院审理民间借贷纠纷案件时发现有下列情形,应当严格审查借贷发生的原因、时间、地点、款项来源、交付方式、款项流向以及借贷双方的关系、经济状况等事实,综合判断是否属于虚假民事诉讼:(1)出借人明显不具备出借能力;(2)出借人起诉所依据的事实和理由明显不符合常理;(3)出借人不能提交债权凭证或者提交的债权凭证存在伪造的可能;(4)当事人双方在一定期间内多次参加民间借贷诉讼;(5)当事人一方或者双方无正当理由拒不到庭参加诉讼,委托代理人对借贷事实陈述不清或者陈述前后矛盾;(6)当事人双方对借贷事实的发生没有任何争议或者诉辩明显不符合常理;(7)借款人的配偶或合伙人、案外人的其他债权人提出有事实依据的异议;(8)当事人在其他纠纷中存在低价转让财产的情形;(9)当事人不正当放弃权利;(10)其他可能存在虚假民间借贷诉讼的情形。

人民法院应当采取措施,避免并打击虚假诉讼。例如,在送达阶段,要求原被告签署诚信诉讼保证书;在庭审过程中发现原被告所述不一致的情况下,要求其宣读诚信诉讼保证书,并当庭宣誓;在整个诉讼过程中向原被告双方释明虚假诉讼的法律后果。经查明属于虚假民间借贷诉讼,原告申请撤诉的,人民法院不予准许,并应当根据《民事诉讼法》第112条之规定,判决驳回其请求。诉讼参与人或者其他人恶意制造、参与虚假诉讼,人民法院应当依照《民事诉讼法》第111条、第112条和第113条之规定,依法予以罚款、拘留;构成犯罪的,应当移送有管辖权的司法机关追究刑事责任。单位恶意制造、参与虚假诉讼的,人民法院应当对该单位进行罚款,并可以对其主要负责人或者直接责任人员予以罚款、拘留;构成犯罪的,应当移送有管辖权的司法机关追究刑事责任。

7. 民间借贷合同无效后,出借方请求参照约定利息或银行同期贷款利息支付资金占用费如何处理?

最高人民法院《关于审理民间借贷案件适用法律若干问题的规定》通过之后,民间借贷合同无效的范围进一步限缩。一般来讲,对民间借贷合同效力作出否定性评价后,当事人不应因违法行为而获利,因此一般不应当支持资金占用费。由于社会生活纷繁复杂,对于具体案件中,出借方确不存在过错的,可以参照中国人民银行同期贷款基准利率酌情支持。

四、民间借贷合同的履行与解除

1. 借贷双方就合同履行地未约定或者约定不明确,如何确定合同履行地?

借贷双方就合同履行地未约定或者约定不明确,事后未达成补充协议,按照合同有关条款或者交易习惯仍不能确定的,以接受货币一方所在地为合同履行地。即,当借款人要求出借人交付货币时,以借款人所在地为合同履行地;当出借人要求借款人偿还借款本金和利息时,以出借人所在地为合同履行地。

2. 民间借贷合同履行过程中出现合同变更如何处理?

依据法律规定,当事人协商一致,可以变更合同。除当事人另有约定外,借款人可以提前偿还借款。在审判实践中,主张合同变更的当事人,应当对双方达成合同变更的合意承担举证证明责任。

3. 被告称借款到期未还,原告主张借贷行为尚未实际发生的,如何处理?

被告抗辩借贷行为尚未实际发生并能作出合理说明,由原告举证证明已完成出借义务。人民法院应当结合借贷金额、款项交付、当事人的经济能力、当地或者当事人之间的交易方式、交易习惯、当事人财产变动情况以及证人证言等事实和因素,综合判断查证借贷事实是否发生。

4. 原告称借款到期未还,被告主张已经归还借款的,如何处理?

被告认可借款事实,但主张已经归还的,属于对借款事实的自认,一般可直接认定存在借款事实。被告抗辩称已经归还借款,属于对权利消灭的主张,应当由被告承担举证责任。被告提供相应证据证明其主张后,原告仍应提供其他证明双方之间存在借贷关系的证据,否则应当承担举证不能的法律后果。人民法院应当审查双方是否还存在之前借款或其他债务关系,综合判断借贷关系是否因履行已经消灭。

5. 原告仅依据金融机构的转账凭证提起民间借贷诉讼,被告抗辩转账系偿还双方之前借款或其他债务的,如何处理?

原告仅依据金融机构的转账凭证提起民间借贷诉讼,被告抗辩转账系偿还双方之前借款或其他债务,或存在其他法律关系的,被告应当对其主张提供证据证明。被告提供相应证据证明其主张后,原告仍应就借贷关系的成立承担举证证明责任。

6. 当事人主张民间借贷通过"现金交付"的,如何审查?

对于当事人主张现金交付的,应从以下四个方面进行审查:(1)金额大小"区别审查"。对于现金交付数额较小的案件,依据借款人出具的借据或贷款人对交付细节合理的描述,在没有其他有力反证的情况下,即可认定借款的存在。对于现金交付金额较大的案件,借据仅具有初步的证明效力,贷款人仍应提供其他佐证,如应提供款项来源证明、证人证言、视听资料、电子证据等排除合理怀疑。对于金额大小之界定,需要根据个案具体情况裁量。(2)交付类型"细致审查"。对于借据载明的款项,如果绝大部分金额通过银行转账方式支付,贷款人主张小部分系现金交付的,应提供充分证据证明。尤其是在贷方为专业放贷机构、放贷人的情况下,为打击不合理的"砍头息",更应仔细审查。(3)合理怀疑"从严审查"。对于现金交付事实存在较大争议的,诉辩双方无明显对抗且案件涉第三方利益的,或其他引起合理怀疑的,应当责令双方当事人到庭说明情况,无正当理由拒不到庭履行说明义务的,应当承担相应后果。(4)案件认定"综合审查"。鉴于现金交付的普遍性、多样性和复杂性,对案件事实的认定还应当综合考虑现金交付的原因、时间、地点、次数、金额大小、款项来源、用途、在场人员、支付能力、交易方式、交易习惯及亲疏关系等因素,依据"高度盖然性"的证明标准,综合审查。

7. 借款合同中未明确本金、利息、违约金的清偿顺序,如何处理?

依据最高人民法院《关于适用〈中华人民共和国合同法〉若干问题的解释(二)》第 20 条、第 21 条的规定,债务人的给付不足以清偿其对同一债权人所负的数笔相同种类的全部债务，应当优先抵充已到期的债务；几项债务均到期的，优先抵充对债权人缺乏担保或者担保数额最少的债务；担保数额相同的，优先抵充债务负担较重的债务；负担相同的，按照债务到期的先后顺序抵充；到期时间相同的，按比例抵充。债务人除主债务之外还应当支付利息和费用，按照下列顺序抵充：(1)实现债权的有关费用；(2)利息、违约金；(3)主债务。

8. 涉网贷平台民间借贷纠纷中，被告抗辩其将用户账号、密码等身份验证信息透露给他人，其本人并非实际借款人，应如何处理？

以互联网为媒介的网贷活动具有一定的虚拟属性，用户账号、密码等身份验证信息是代表其交易主体身份的标识。在网贷平台及出借人已经尽到合理审查义务的前提下，用户将相关信息透露给他人使用，相关账户产生的交易应视为该用户本人行为，并由其承担相应的法律后果。

9. 民间借贷合同解除的条件及解除的后果？

民间借贷合同的解除条件及后果适用《中华人民共和国合同法》关于合同解除与法律后果的一般规定。合同解除分为约定解除和法定解除。判决主文可表述为确认某某合同于何时解除。合同解除后，尚未履行的，终止履行；已经履行的，根据履行情况和合同性质，当事人可以要求恢复原状、采取其他补救措施、并有权要求赔偿损失。

10. 民间借贷纠纷中，借款方抗辩应当进行债权债务抵销如何处理？

在民间借贷纠纷中，借款方主张双方存在其他借贷关系或经济往来应当抵销时，应由借款方对存在其他借贷关系或经济往来承担举证证明责任，经审查确实存在的，经双方协商一致，可以约定抵销，无法协商一致的，符合法定抵销条件的(互负到期债务，且债务的标的物种类、品质相同)予以抵销。

五、民间借贷违约责任的认定

1. 民间借贷合同对利息未约定或约定不明该如何处理？

借贷双方没有约定利息，出借人主张支付借期内利息的，人民法院不予支持。自然人之间借贷对利息约定不明，出借人主张支付利息的，人民法院不予支持。值得注意的是，利息约定不规范或有争议，不直接等同于约定不明，应当通过合同解释和事实查明来确定真实意思表示，仍无法确定的，按约定不明处理。

除自然人之间借贷的外，借贷双方对借贷利息约定不明，出借人主张利息的，人民法院应当结合民间借贷合同的内容，并根据当地或者当事人的交易方式、交易习惯、市场利率等因素确定利息。

2. 借款人抗辩存在“砍头息”的如何处理?

所谓“砍头息”,是指出借人出借款项时,通过直接或间接手段预先扣除的利息。对是否存在“砍头息”应当结合款项交付方式、银行流水、当事人陈述等综合认定。查明确实存在预先在本金中扣除利息的,应当将实际出借的金额认定为本金。

3. 民间借贷合同利率上限是多少,如何理解24%和36%?

我国目前对利率限制采取得是“两线三区”,两线指的是24%和36%,三区是依据两线而划分的司法保护区、自然债务区、无效区。24%以下是司法绝对保护的区间,借贷双方约定的利率未超过年利率24%,出借人请求借款人按照约定的利率支付利息的,应予支持。24%~36%是司法相对保护的区间,属于自然之债,贷款方要求借款方支付利息超过24%的部分,不予支持,但借款方自愿履行的,法院不予干预。借款方履行后反悔并要求返还超过24%部分的,法院不予支持。36%以上是法律不予保护的区间,借贷双方约定的利率超过年利率36%,超过部分的利息约定无效。借款人请求出借人返还已支付的超过年利率36%部分的利息的,应予支持。

4. 民间借贷合同对前期借款本息结算后将利息计入后期借款本金并重新出具债权凭证计算复利的,如何处理?

借贷双方对前期借款本息结算后将利息计入后期借款本金并重新出具债权凭证,如果前期利率没有超过年利率24%,重新出具的债权凭证载明的金额可认定为后期借款本金;超过部分的利息不能计入后期借款本金。约定的利率超过年利率24%,当事人主张超过部分的利息不能计入后期借款本金的,人民法院应予支持。按前款计算,借款人在借款期间届满后应当支付的本息之和,不能超过最初借款本金与以最初借款本金为基数,以年利率24%计算的整个借款期间的利息之和。出借人请求借款人支付超过部分的,人民法院不予支持。

5. 民间借贷合同对逾期利息未约定或约定不明,如何处理?

借贷双方对逾期利率有约定的,从其约定,但以不超过年利率24%为限。未约定逾期利率或者约定不明的,人民法院可以区分不同情况处理:(1)既未约定借期内的利率,也未约定逾期利率,出借人主张借款人自逾期还款之日起按照年利率6%支付资金占用期间利息的,人民法院应予支持;(2)约定了借期内的利率但未约定逾期利率，出借人主张借款人自逾期还款之日起按照借期内的利率支付资金占用期间利息的，人民法院应予支持。

6. 当事人既主张逾期利息，又主张违约金或其他费用的如何处理？

出借人与借款人既约定了逾期利率，又约定了违约金或者其他费用，出借人可以选择主张逾期利息、违约金或者其他费用，也可以一并主张，但总计超过年利率24%的部分，人民法院不予支持。

7. 最高人民法院《关于审理民间借贷案件适用法律若干问题的规定》第30条中“其他费用”如何理解和适用？

对于上述条款中“其他费用”的理解，首先，该条款中的其他费用指向的是出借人与借款人之间的合同约定，费用的债权人应当是借款出借人；其次，应当对费用的类型予以区分，对于借款人为获得借款支付的成本费用，如贷款时的咨询费、服务费等，该类费用应当计算在年利率24%内。对于因债务人违约而产生的实现债权的费用，如诉讼中产生的律师费、案件受理费、办理保全费等，该类费用不应当计算在年利率24%内。

8. 借款人已经支付部分利息但未支付完毕全部利息，对于已经支付的部分利息，依据什么标准处理？

对于借款人已经支付的部分利息，法院应按照合同约定的利率（以不超过年利率36%为限）计算。年利率24%以下的民间借贷利率可申请司法强制执行；超过年利率36%以上的部分认定为无效，法院不予支持；年利率24%～36%的民间借贷利率拥有债权保持力但无执行力，即认定为自然之债，当事人自愿履行完毕的，法院不予干预，但对于尚未履行的部分利息，法院在审理中应当按照年利率24%予以计算。

9. 借款人支付的超过36%部分的利息，是抵充本金还是抵充利息？

参照最高人民法院《关于适用〈中华人民共和国合同法〉若干问题的解释（二）》第21条规定，债务人除主债务之外还应当支付利息和费用，当其给付不足以清偿全部债务时，并且当事人没有约定的，人民法院应当按照下列顺序抵充：（1）实现债权的有关费用；（2）利息；（3）主债务。对于借款人支付的超过36%部分的利息，法院应先抵充利息，再抵充本金，当事人之间另有约定的除外。对于已支付利息的年利率是否超过36%的计算，不能以单笔还息数额计算利率，而应按照已偿还的利息总额与借款本金的比率，计算从借款日到实际最后一笔利息还款日期间内的实际支付利率。

10. 借款到期后,一般保证人另行出具还款承诺,承诺承担保证责任,并于某年某月某日还清本息,但诉讼中又主张享有先诉抗辩权的,如何处理?

依据《担保法》第17条第3款的规定,一般保证人享有的先诉抗辩权,可以书面形式放弃,上述承诺函,视为放弃了先诉抗辩权。承诺逾期后,出借人主张权利的,保证人不能再以先诉抗辩权为由拒绝承担责任。

六、民间借贷纠纷中夫妻共同债务问题

1. 夫妻共同债务认定的基本原则?

夫妻共同债务形成时应遵循“共债共签”原则,夫妻双方共同签字或者夫妻一方事后追认等共同意思表示所负的债务,应当认定为夫妻共同债务。

2. 如何理解家庭日常生活需要所负债务?

在夫妻未约定分别财产制或者虽约定但债权人不知道的情况下,夫妻一方以个人名义为家庭日常生活需要所负的债务,应当认定为夫妻共同债务。我国城镇居民家庭消费种类主要分为八大类,分别是食品、衣着、家庭设备用品及维修服务、医疗保健、交通通信、文娱教育及服务、居住、其他商品和服务。家庭日常生活的范围,可以参考上述八大类家庭消费,根据夫妻共同生活的状态(如双方的职业、身份、资产、收入、兴趣、家庭人数等)和当地一般社会生活习惯予以认定。当然,随着我国经济社会和人们家庭观念、家庭生活方式的不断发展变化,在认定是否属于家庭日常生活需要支出时,也要随着社会的变化而变化。

3. 如何理解夫妻共同经营所负债务?

夫妻共同生产经营主要是指由夫妻双方共同决定生产经营事项,或者虽由一方决定但另一方进行了授权的情形。判断生产经营活动是否属于夫妻共同生产经营,要根据经营活动的性质以及夫妻双方在其中的地位作用等综合认定。夫妻从事商业活动,视情形适用公司法、合同法、合伙企业法等法律及司法解释的规定。夫妻共同生产经营所负的债务一般包括双方共同从事工商业、共同投资以及购买生产资料等所负的债务。

4. 家庭日常生活需要之外的债务能否认定为夫妻共同债务?

夫妻一方在婚姻关系存续期间以个人名义超出家庭日常生活需要所负的债务,债权人以属于夫妻共同债务为由主张权利的,人民法院不予支持,但债权人能够证明该债务用于夫妻共同生活、共同生产经营或者基于夫妻双方共同意思表示的除外。

5. 涉及夫妻共同债务纠纷案件中的举证证明责任如何分配？

对于家庭日常生活所负的共同债务，原则上推定为夫妻共同债务，债权人无须举证证明，如果举债人的配偶一方反驳认为不属于夫妻共同债务的，则由其举证证明所负债务并非用于家庭日常生活；对于超出家庭日常生活所负的共同债务，虽然债务形成于婚姻关系存续期间和夫妻共同财产制下，但一般情况下并不当然认定为夫妻共同债务；债权人主张属于夫妻共同债务的，应当由其根据《民事诉讼法》第64条“当事人对自己提出的主张，有责任提供证据”等规定，举证证明该债务属于夫妻共同生活、共同生产经营所负债务，或者所负债务基于夫妻双方共同的意思表示。如果债权人不能证明的，则不能认定为夫妻共同债务。

6. 借款合同纠纷中，借款人配偶未在借款合同中签字，出借人以夫妻共同债务为由将借款人配偶列为当事人，要求借款人配偶共同承担债务，法院是否准许？

借款人配偶未在借款合同中签字，不是借款合同当事人，将借款人配偶列为被告显然突破合同相对性原则。但是，依据最高人民法院《关于依法妥善审理涉及夫妻债务案件有关问题的通知》第2条规定，未经审判程序，不得要求未举债的夫妻一方承担民事责任。因此，基于夫妻共同共有财产的特殊性，出借人要求未举债的夫妻一方承担共同还款责任，因出借人无法在执行程序中直接追加未举债的夫妻一方为被申请执行人，从诉讼便利和诉讼经济的角度考虑，出借人将未举债的夫妻一方列为共同被告，以夫妻共同之债进行主张，予以准许。

7. 对于在最高人民法院《关于审理涉及夫妻债务纠纷案件适用法律若干问题的解释》实施前发生的债务，债权人请求债务人配偶承担责任的，对于债权人申请法院调查取证的申请，是否予以支持？

对于在最高人民法院《关于审理涉及夫妻债务纠纷案件适用法律若干问题的解释》实施前发生的债务，债权人亦应当就涉案债务是否属于夫妻共同债务承担初步举证责任。鉴于司法解释在举证责任分配方面的重大变化，对于审理案件需要的主要证据，即能够证明借款用于夫妻共同生活、共同生产经营或者基于夫妻双方共同意思表示，但债权人因客观原因不能自行收集的证据，债权人书面申请人民法院调查收集的，人民法院可以准许。

七、民间借贷纠纷中民刑交叉问题

1. 民间借贷行为本身涉嫌非法集资犯罪的如何处理?

人民法院立案后,发现民间借贷行为本身涉嫌非法集资犯罪的,应当裁定驳回起诉,并将涉嫌非法集资犯罪的线索、材料移送公安或者检察机关。公安或者检察机关不予立案,或者立案侦查后撤销案件,或者检察机关作出不起诉决定,或者经人民法院生效判决认定不构成非法集资犯罪,当事人又以同一事实向人民法院提起诉讼的,人民法院应予受理。非法集资犯罪是个学理上的概念,对应的罪名有七个:非法吸收公众存款罪,集资诈骗罪,非法经营罪,组织领导传销活动罪,擅自设立金融机构罪,欺诈发行股票、债券罪,擅自发行股票、公司、企业债券罪。

2. 与民间借贷纠纷案件虽有关联但不是同一事实的犯罪线索如何处理?

依据最高人民法院《关于审理民间借贷案件适用法律若干问题的规定》第 6 条、第 7 条的规定,人民法院立案后,发现与民间借贷纠纷案件虽有关联但不是同一事实的涉嫌非法集资等犯罪的线索、材料的,人民法院应当继续审理民间借贷纠纷案件,并将涉嫌非法集资等犯罪的线索、材料移送公安或者检察机关。民间借贷的基本案件事实必须以刑事案件审理结果为依据,而该刑事案件尚未审结的,人民法院应当裁定中止诉讼。

3. 借贷行为涉嫌犯罪或已经认定为犯罪的,民间借贷合同、相关担保合同效力如何认定?

依据最高人民法院《关于审理民间借贷案件适用法律若干问题的规定》第 13 条的规定,借款人或者出借人的借贷行为涉嫌犯罪,或者已经生效的判决认定构成犯罪,当事人提起民事诉讼的,民间借贷合同并不当然无效。人民法院应当根据《民法总则》第 153 条、第 154 条,《合同法》第 52 条,本规定第 14 条之规定,认定民间借贷合同的效力。不存在上述情形的,借贷合同认定为有效。借款人涉嫌犯罪或者生效判决认定其有罪,出借人起诉请求担保人承担民事责任的,人民法院应予受理。保证合同是借贷合同的从合同。主合同借款人涉嫌犯罪并不必然导致保证合同无效,应在依法认定主合同效力的情况下,确定保证合同的效力。关于保证合同无效后的责任认定问题,依照最高人民法院《关于适用〈中华人民共和国担保法〉若干问题的解释》第 7 条、第 8 条处理。

4. 民间借贷纠纷被移送公安或检察机关，后被认定不构成犯罪的，案件的财产保全如何处理?

公安或者检察机关不予立案，或者立案侦查后撤销案件，或者检察机关作出不起诉决定，或者经人民法院生效判决认定不构成犯罪的，当事人可以另行起诉，之前的保全材料应纳入新的案件。

3

APPENDIX

附录3

民间借贷常用法律法规汇总

一、法律法规

1. 中华人民共和国民法总则(节录)

(2017 年 3 月 15 日第十二届全国人民代表大会
第五次会议通过　中华人民共和国主席令第 66 号公布
自 2017 年 10 月 1 日起施行)

第三节　民事法律行为的效力

第一百四十三条　具备下列条件的民事法律行为有效:

(一)行为人具有相应的民事行为能力;

(二)意思表示真实;

(三)不违反法律、行政法规的强制性规定,不违背公序良俗。

第一百四十四条　无民事行为能力人实施的民事法律行为无效。

第一百四十五条　限制民事行为能力人实施的纯获利益的民事法律行为或者与其年龄、智力、精神健康状况相适应的民事法律行为有效;实施的其他民事法律行为经法定代理人同意或者追认后有效。

相对人可以催告法定代理人自收到通知之日起一个月内予以追认。法定代理人未作表示的,视为拒绝追认。民事法律行为被追认前,善意相对人有撤销的权利。撤销应当以通知的方式作出。

第一百四十六条　行为人与相对人以虚假的意思表示实施的民事法律行为无效。

以虚假的意思表示隐藏的民事法律行为的效力,依照有关法律规定处理。

第一百四十七条　基于重大误解实施的民事法律行为,行为人有权请求人民法院或者仲裁机构予以撤销。

第一百四十八条　一方以欺诈手段,使对方在违背真实意思的情况下实施的民事法律行为,受欺诈方有权请求人民法院或者仲裁机构予以撤销。

第一百四十九条　第三人实施欺诈行为,使一方在违背真实意思的情况下实施的民事法律行为,对方知道或者应当知道该欺诈行为的,受欺诈方有权请求人民法院或者仲裁机构予以撤销。

第一百五十条 一方或者第三人以胁迫手段，使对方在违背真实意思的情况下实施的民事法律行为，受胁迫方有权请求人民法院或者仲裁机构予以撤销。

第一百五十一条 一方利用对方处于危困状态、缺乏判断能力等情形，致使民事法律行为成立时显失公平的，受损害方有权请求人民法院或者仲裁机构予以撤销。

第一百五十二条 有下列情形之一的，撤销权消灭：

（一）当事人自知道或者应当知道撤销事由之日起一年内、重大误解的当事人自知道或者应当知道撤销事由之日起三个月内没有行使撤销权；

（二）当事人受胁迫，自胁迫行为终止之日起一年内没有行使撤销权；

（三）当事人知道撤销事由后明确表示或者以自己的行为表明放弃撤销权。

当事人自民事法律行为发生之日起五年内没有行使撤销权的，撤销权消灭。

第一百五十三条 违反法律、行政法规的强制性规定的民事法律行为无效，但是该强制性规定不导致该民事法律行为无效的除外。

违背公序良俗的民事法律行为无效。

第一百五十四条 行为人与相对人恶意串通，损害他人合法权益的民事法律行为无效。

第一百五十五条 无效的或者被撤销的民事法律行为自始没有法律约束力。

第一百五十六条 民事法律行为部分无效，不影响其他部分效力的，其他部分仍然有效。

第一百五十七条 民事法律行为无效、被撤销或者确定不发生效力后，行为人因该行为取得的财产，应当予以返还；不能返还或者没有必要返还的，应当折价补偿。有过错的一方应当赔偿对方由此所受到的损失；各方都有过错的，应当各自承担相应的责任。法律另有规定的，依照其规定。

第九章 诉讼时效

第一百八十八条 向人民法院请求保护民事权利的诉讼时效期间为三年。法律另有规定的，依照其规定。

诉讼时效期间自权利人知道或者应当知道权利受到损害以及义务人之日起计算。法律另有规定的，依照其规定。但是自权利受到损害之日起超过二十年的，人民法院不予保护；有特殊情况的，人民法院可以根据权利人的申请决定延长。

第一百八十九条 当事人约定同一债务分期履行的,诉讼时效期间自最后一期履行期限届满之日起计算。

第一百九十条 无民事行为能力人或者限制民事行为能力人对其法定代理人的请求权的诉讼时效期间,自该法定代理终止之日起计算。

第一百九十一条 未成年人遭受性侵害的损害赔偿请求权的诉讼时效期间,自受害人年满十八周岁之日起计算。

第一百九十二条 诉讼时效期间届满的,义务人可以提出不履行义务的抗辩。

诉讼时效期间届满后,义务人同意履行的,不得以诉讼时效期间届满为由抗辩;义务人已自愿履行的,不得请求返还。

第一百九十三条 人民法院不得主动适用诉讼时效的规定。

第一百九十四条 在诉讼时效期间的最后六个月内,因下列障碍,不能行使请求权的,诉讼时效中止:

(一)不可抗力;

(二)无民事行为能力人或者限制民事行为能力人没有法定代理人,或者法定代理人死亡、丧失民事行为能力、丧失代理权;

(三)继承开始后未确定继承人或者遗产管理人;

(四)权利人被义务人或者其他人控制;

(五)其他导致权利人不能行使请求权的障碍。

自中止时效的原因消除之日起满六个月,诉讼时效期间届满。

第一百九十五条 有下列情形之一的,诉讼时效中断,从中断、有关程序终结时起,诉讼时效期间重新计算:

(一)权利人向义务人提出履行请求;

(二)义务人同意履行义务;

(三)权利人提起诉讼或者申请仲裁;

(四)与提起诉讼或者申请仲裁具有同等效力的其他情形。

第一百九十六条 下列请求权不适用诉讼时效的规定:

(一)请求停止侵害、排除妨碍、消除危险;

(二)不动产物权和登记的动产物权的权利人请求返还财产;

（三）请求支付抚养费、赡养费或者扶养费；

（四）依法不适用诉讼时效的其他请求权。

第一百九十七条 诉讼时效的期间、计算方法以及中止、中断的事由由法律规定，当事人约定无效。

当事人对诉讼时效利益的预先放弃无效。

第一百九十八条 法律对仲裁时效有规定的，依照其规定；没有规定的，适用诉讼时效的规定。

第一百九十九条 法律规定或者当事人约定的撤销权、解除权等权利的存续期间，除法律另有规定外，自权利人知道或者应当知道权利产生之日起计算，不适用有关诉讼时效中止、中断和延长的规定。存续期间届满，撤销权、解除权等权利消灭。

2. 中华人民共和国合同法（节录）

（1999年3月15日第九届全国人民代表大会第二次会议通过
1999年3月15日中华人民共和国主席令第15号公布
自1999年10月1日起施行）

第十二章 借款合同

第一百九十六条 借款合同是借款人向贷款人借款，到期返还借款并支付利息的合同。

第一百九十七条 借款合同采用书面形式，但自然人之间借款另有约定的除外。

借款合同的内容包括借款种类、币种、用途、数额、利率、期限和还款方式等条款。

第一百九十八条 订立借款合同，贷款人可以要求借款人提供担保。担保依照《中华人民共和国担保法》的规定。

第一百九十九条 订立借款合同，借款人应当按照贷款人的要求提供与借款有关的业务活动和财务状况的真实情况。

第二百条 借款的利息不得预先在本金中扣除。利息预先在本金中扣除的，应当按照实际借款数额返还借款并计算利息。

第二百零一条 贷款人未按照约定的日期、数额提供借款,造成借款人损失的,应当赔偿损失。

借款人未按照约定的日期、数额收取借款的,应当按照约定的日期、数额支付利息。

第二百零二条 贷款人按照约定可以检查、监督借款的使用情况。借款人应当按照约定向贷款人定期提供有关财务会计报表等资料。

第二百零三条 借款人未按照约定的借款用途使用借款的,贷款人可以停止发放借款、提前收回借款或者解除合同。

第二百零四条 办理贷款业务的金融机构贷款的利率,应当按照中国人民银行规定的贷款利率的上下限确定。

第二百零五条 借款人应当按照约定的期限支付利息。对支付利息的期限没有约定或者约定不明确,依照本法第六十一条的规定仍不能确定,借款期间不满一年的,应当在返还借款时一并支付;借款期间一年以上的,应当在每届满一年时支付,剩余期间不满一年的,应当在返还借款时一并支付。

第二百零六条 借款人应当按照约定的期限返还借款。对借款期限没有约定或者约定不明确,依照本法第六十一条的规定仍不能确定的,借款人可以随时返还;贷款人可以催告借款人在合理期限内返还。

第二百零七条 借款人未按照约定的期限返还借款的,应当按照约定或者国家有关规定支付逾期利息。

第二百零八条 借款人提前偿还借款的,除当事人另有约定的以外,应当按照实际借款的期间计算利息。

第二百零九条 借款人可以在还款期限届满之前向贷款人申请展期。贷款人同意的,可以展期。

第二百一十条 自然人之间的借款合同,自贷款人提供借款时生效。

第二百一十一条 自然人之间的借款合同对支付利息没有约定或者约定不明确的,视为不支付利息。自然人之间的借款合同约定支付利息的,借款的利率不得违反国家有关限制借款利率的规定。

3. 中华人民共和国婚姻法(节录)

(2001 年 4 月 28 日中华人民共和国第九届全国人民代表大会常务委员会第二十一次会议通过　中华人民共和国主席令第 51 号公布　自 2001 年 4 月 28 日起施行)

第三章　家 庭 关 系

第十九条　夫妻可以约定婚姻关系存续期间所得的财产以及婚前财产归各自所有、共同所有或部分各自所有、部分共同所有。约定应当采用书面形式。没有约定或约定不明确的,适用本法第十七条、第十八条的规定。

夫妻对婚姻关系存续期间所得的财产以及婚前财产的约定,对双方具有约束力。

夫妻对婚姻关系存续期间所得的财产约定归各自所有的,夫或妻一方对外所负的债务,第三人知道该约定的,以夫或妻一方所有的财产清偿。

第四章　离　　婚

第四十一条　离婚时,原为夫妻共同生活所负的债务,应当共同偿还。共同财产不足清偿的,或财产归各自所有的,由双方协议清偿;协议不成时,由人民法院判决。

4. 非法金融机构和非法金融业务活动取缔办法(节录)

(1998 年 6 月 30 日国务院第 5 次常务会议通过
中华人民共和国国务院令第 247 号发布
根据 2011 年 1 月 8 日国务院令第 588 号修订)

第一章　总　　则

第一条　为了取缔非法金融机构和非法金融业务活动,维护金融秩序,保护社会公众利益,制定本办法。

第二条　任何非法金融机构和非法金融业务活动,必须予以取缔。

第三条　本办法所称非法金融机构,是指未经中国人民银行批准,擅自设立从事或者主要从事吸收存款、发放贷款、办理结算、票据贴现、资金拆借、信托投资、金融租赁、融资担保、外汇买卖等金融业务活动的机构。

非法金融机构的筹备组织，视为非法金融机构。

第四条　本办法所称非法金融业务活动，是指未经中国人民银行批准，擅自从事的下列活动：

(一)非法吸收公众存款或者变相吸收公众存款；

(二)未经依法批准，以任何名义向社会不特定对象进行的非法集资；

(三)非法发放贷款、办理结算、票据贴现、资金拆借、信托投资、金融租赁、融资担保、外汇买卖；

(四)中国人民银行认定的其他非法金融业务活动。

前款所称非法吸收公众存款，是指未经中国人民银行批准，向社会不特定对象吸收资金，出具凭证，承诺在一定期限内还本付息的活动；所称变相吸收公众存款，是指未经中国人民银行批准，不以吸收公众存款的名义，向社会不特定对象吸收资金，但承诺履行的义务与吸收公众存款性质相同的活动。

第五条　未经中国人民银行依法批准，任何单位和个人不得擅自设立金融机构或者擅自从事金融业务活动。

对非法金融机构和非法金融业务活动，工商行政管理机关不予办理登记。

对非法金融机构和非法金融业务活动，金融机构不予开立账户、办理结算和提供贷款。

第六条　非法金融机构和非法金融业务活动由中国人民银行予以取缔。

非法金融机构设立地或者非法金融业务活动发生地的地方人民政府，负责组织、协调、监督与取缔有关的工作。

第七条　中国人民银行依法取缔非法金融机构和非法金融业务活动，任何单位和个人不得干涉，不得拒绝、阻挠。

第八条　中国人民银行工作人员在履行取缔非法金融机构和非法金融业务活动的职责中，应当依法保守秘密。

第二章　取缔程序

第九条　对非法金融机构、非法吸收公众存款或者变相吸收公众存款以及非法集资，中国人民银行一经发现，应当立即调查、核实；经初步认定后，应当及时提请公安机关依法立案侦查。

第十条　在调查、侦查非法金融机构和非法金融业务活动的过程中，中国人民银行和公安机关应当互相配合。

第十一条 对非法金融机构和非法金融业务活动的犯罪嫌疑人、涉案资金和财产,由公安机关依法采取强制措施,防止犯罪嫌疑人逃跑和转移资金、财产。

第十二条 对非法金融机构和非法金融业务活动,经中国人民银行调查认定后,作出取缔决定,宣布该金融机构和金融业务活动为非法,责令停止一切业务活动,并予公告。

第十三条 中国人民银行发现金融机构为非法金融机构或者非法金融业务活动开立账户、办理结算和提供贷款的,应当责令该金融机构立即停止有关业务活动。任何单位和个人不得擅自动用有关资金。

设立非法金融机构或者从事非法金融业务活动骗取工商行政管理机关登记的,一经发现,工商行政管理机关应当立即注销登记或者变更登记。

第十四条 中国人民银行对非法金融机构和非法金融业务活动进行调查时,被调查的单位和个人必须接受中国人民银行依法进行的调查,如实反映情况,提供有关资料,不得拒绝、隐瞒。

第十五条 中国人民银行调查非法金融机构和非法金融业务活动时,对与案件有关的情况和资料,可以采取记录、复制、录音等手段取得证据。

在证据可能灭失或者以后难以取得的情况下,中国人民银行可以依法先行登记保存,当事人或者有关人员不得销毁或者转移证据。

第三章 债权债务的清理清退

第十六条 因非法金融业务活动形成的债权债务,由从事非法金融业务活动的机构负责清理清退。

第十七条 非法金融机构一经中国人民银行宣布取缔,有批准部门、主管单位或者组建单位的,由批准部门、主管单位或者组建单位负责组织清理清退债权债务;没有批准部门、主管单位或者组建单位的,由所在地的地方人民政府负责组织清理清退债权债务。

第十八条 因参与非法金融业务活动受到的损失,由参与者自行承担。

第十九条 非法金融业务活动所形成的债务和风险,不得转嫁给未参与非法金融业务活动的国有银行和其他金融机构以及其他任何单位。

第二十条 债权债务清理清退后,有剩余非法财物的,予以没收,就地上缴中央金库。

第二十一条 因清理清退发生纠纷的，由当事人协商解决；协商不成的，通过司法程序解决。

第四章 罚 则

第二十二条 设立非法金融机构或者从事非法金融业务活动，构成犯罪的，依法追究刑事责任；尚不构成犯罪的，由中国人民银行没收非法所得，并处非法所得1倍以上5倍以下的罚款；没有非法所得的，处10万元以上50万元以下的罚款。

第二十三条 擅自批准设立非法金融机构或者擅自批准从事非法金融业务活动的，对直接负责的主管人员和其他直接责任人员依法给予行政处分；构成犯罪的，依法追究刑事责任。

第二十四条 金融机构违反规定，为非法金融机构或者非法金融业务活动开立账户、办理结算或者提供贷款的，由中国人民银行责令改正，没收违法所得，并处违法所得1倍以上5倍以下的罚款；没有违法所得的，处10万元以上50万元以下的罚款；对直接负责的主管人员和其他直接责任人员依法给予纪律处分；构成犯罪的，依法追究刑事责任。

第二十五条 拒绝、阻碍中国人民银行依法执行职务，构成犯罪的，依法追究刑事责任；尚不构成犯罪的，由公安机关依法给予治安管理处罚。

第二十六条 中国人民银行工作人员在履行取缔非法金融机构和非法金融业务活动的职责中泄露秘密的，依法给予行政处分；构成犯罪的，依法追究刑事责任。

第二十七条 中国人民银行、公安机关和工商行政管理机关工作人员玩忽职守、滥用职权、徇私舞弊，构成犯罪的，依法追究刑事责任；尚不构成犯罪的，依法给予行政处分。

中国人民银行工作人员对非法金融机构和非法金融业务活动案件，应当移交公安机关而不移交，构成犯罪的，依法追究刑事责任；尚不构成犯罪的，依法给予行政处分。

5. 国务院关于《非法金融机构和非法金融业务活动取缔办法》第二十九条有关问题的紧急通知

（1998 年 7 月 26 日　国发明电〔1998〕6 号）

各省、自治区、直辖市人民政府，国务院各部委、各直属机构：

国务院 1998 年 7 月 13 日发布实施的《非法金融机构和非法金融业务活动取缔办法》（以下简称《办法》），对于维护金融秩序，防范和化解金融风险，保护社会公众利益，具有十分重要的意义。为了全面、准确地理解和执行《办法》，现就有关问题紧急通知如下：

一、鉴于《办法》第二十九条所列各类基金会、互助会、储金会、资金服务部、股金服务部、结算中心、投资公司等机构，一般是在《办法》颁布前由当地人民政府或者有关部门批准设立的，其超越国家政策范围从事金融业务活动的情况比较复杂，需要按照国务院规定的政策和期限，有领导、有计划、有步骤地进行清理整顿，加以规范。具体清理整顿办法由国务院另行规定。在清理整顿期间，暂不按《办法》予以取缔。超过规定期限继续从事非法金融业务活动的，要严格按照《办法》规定，予以取缔并给予处罚。

二、《办法》第二十九条所列机构中，有些因不能支付到期债务、发生挤提而影响社会安定的，由该机构的主管机关会同人民银行、工商行政管理等有关部门研究、提出停业整顿方案，报经县级以上地方人民政府批准后组织实施。在宣布停业整顿的同时，要发安民告示，宣布清偿债务优先保护城乡居民债权人的合法利益，以利维护社会安定。停业整顿期间，停止吸收存款，暂停支付债务，集中力量清理债权债务，制定债务清偿方案。

三、这项工作关系维护金融秩序全局，涉及面广，敏感度高，政策性很强，地方各级人民政府要统一领导，切实负起责任，组织、协调有关部门把工作做细，务必保持社会稳定。发现紧急情况和重要问题，要及时报上级人民政府。

二、司法解释

1. 最高人民法院关于审理民间借贷案件适用法律若干问题的规定

（2015年6月23日由最高人民法院审判委员会第1655次会议通过 法释〔2015〕18号 2015年8月6日公布 自2015年9月1日起施行）

为正确审理民间借贷纠纷案件，根据《中华人民共和国民法通则》《中华人民共和国物权法》《中华人民共和国担保法》《中华人民共和国合同法》《中华人民共和国民事诉讼法》《中华人民共和国刑事诉讼法》等相关法律之规定，结合审判实践，制定本规定。

第一条 本规定所称的民间借贷，是指自然人、法人、其他组织之间及其相互之间进行资金融通的行为。

经金融监管部门批准设立的从事贷款业务的金融机构及其分支机构，因发放贷款等相关金融业务引发的纠纷，不适用本规定。

第二条 出借人向人民法院起诉时，应当提供借据、收据、欠条等债权凭证以及其他能够证明借贷法律关系存在的证据。

当事人持有的借据、收据、欠条等债权凭证没有载明债权人，持有债权凭证的当事人提起民间借贷诉讼的，人民法院应予受理。被告对原告的债权人资格提出有事实依据的抗辩，人民法院经审理认为原告不具有债权人资格的，裁定驳回起诉。

第三条 借贷双方就合同履行地未约定或者约定不明确，事后未达成补充协议，按照合同有关条款或者交易习惯仍不能确定的，以接受货币一方所在地为合同履行地。

第四条 保证人为借款人提供连带责任保证，出借人仅起诉借款人的，人民法院可以不追加保证人为共同被告；出借人仅起诉保证人的，人民法院可以追加借款人为共同被告。

保证人为借款人提供一般保证，出借人仅起诉保证人的，人民法院应当追加借款人为共同被告；出借人仅起诉借款人的，人民法院可以不追加保证人为共同被告。

第五条 人民法院立案后，发现民间借贷行为本身涉嫌非法集资犯罪的，应当裁定驳回起诉，并将涉嫌非法集资犯罪的线索、材料移送公安或者检察机关。

公安或者检察机关不予立案，或者立案侦查后撤销案件，或者检察机关作出不起诉决定，或者经人民法院生效判决认定不构成非法集资犯罪，当事人又以同一事实向人民法院提起诉讼的，人民法院应予受理。

第六条 人民法院立案后，发现与民间借贷纠纷案件虽有关联但不是同一事实的涉嫌非法集资等犯罪的线索、材料的，人民法院应当继续审理民间借贷纠纷案件，并将涉嫌非法集资等犯罪的线索、材料移送公安或者检察机关。

第七条 民间借贷的基本案件事实必须以刑事案件审理结果为依据，而该刑事案件尚未审结的，人民法院应当裁定中止诉讼。

第八条 借款人涉嫌犯罪或者生效判决认定其有罪，出借人起诉请求担保人承担民事责任的，人民法院应予受理。

第九条 具有下列情形之一，可以视为具备合同法第二百一十条关于自然人之间借款合同的生效要件：

(一)以现金支付的，自借款人收到借款时；

(二)以银行转账、网上电子汇款或者通过网络贷款平台等形式支付的，自资金到达借款人账户时；

(三)以票据交付的，自借款人依法取得票据权利时；

(四)出借人将特定资金账户支配权授权给借款人的，自借款人取得对该账户实际支配权时；

(五)出借人以与借款人约定的其他方式提供借款并实际履行完成时。

第十条 除自然人之间的借款合同外，当事人主张民间借贷合同自合同成立时生效的，人民法院应予支持，但当事人另有约定或者法律、行政法规另有规定的除外。

第十一条 法人之间、其他组织之间以及它们相互之间为生产、经营需要订立的民间借贷合同，除存在合同法第五十二条、本规定第十四条规定的情形外，当事人主张民间借贷合同有效的，人民法院应予支持。

第十二条 法人或者其他组织在本单位内部通过借款形式向职工筹集资金，用于本单位生产、经营，且不存在合同法第五十二条、本规定第十四条规定的情形，当事人主张民间借贷合同有效的，人民法院应予支持。

第十三条 借款人或者出借人的借贷行为涉嫌犯罪，或者已经生效的判决认定构成犯罪，当事人提起民事诉讼的，民间借贷合同并不当然无效。人民法院应当根据合同法第五十二条、本规定第十四条之规定，认定民间借贷合同的效力。

担保人以借款人或者出借人的借贷行为涉嫌犯罪或者已经生效的判决认定构成犯罪为由，主张不承担民事责任的，人民法院应当依据民间借贷合同与担保合同的效力、当事人的过错程度，依法确定担保人的民事责任。

第十四条 具有下列情形之一，人民法院应当认定民间借贷合同无效：

（一）套取金融机构信贷资金又高利转贷给借款人，且借款人事先知道或者应当知道的；

（二）以向其他企业借贷或者向本单位职工集资取得的资金又转贷给借款人牟利，且借款人事先知道或者应当知道的；

（三）出借人事先知道或者应当知道借款人借款用于违法犯罪活动仍然提供借款的；

（四）违背社会公序良俗的；

（五）其他违反法律、行政法规效力性强制性规定的。

第十五条 原告以借据、收据、欠条等债权凭证为依据提起民间借贷诉讼，被告依据基础法律关系提出抗辩或者反诉，并提供证据证明债权纠纷非民间借贷行为引起的，人民法院应当依据查明的案件事实，按照基础法律关系审理。

当事人通过调解、和解或者清算达成的债权债务协议，不适用前款规定。

第十六条 原告仅依据借据、收据、欠条等债权凭证提起民间借贷诉讼，被告抗辩已经偿还借款，被告应当对其主张提供证据证明。被告提供相应证据证明其主张后，原告仍应就借贷关系的成立承担举证证明责任。

被告抗辩借贷行为尚未实际发生并能作出合理说明，人民法院应当结合借贷金额、款项交付、当事人的经济能力、当地或者当事人之间的交易方式、交易习惯、当事人财产变动情况以及证人证言等事实和因素，综合判断查证借贷事实是否发生。

第十七条 原告仅依据金融机构的转账凭证提起民间借贷诉讼，被告抗辩转账系偿还双方之前借款或其他债务，被告应当对其主张提供证据证明。被告提供相应证据证明其主张后，原告仍应就借贷关系的成立承担举证证明责任。

第十八条 根据《关于适用〈中华人民共和国民事诉讼法〉的解释》第一百七十四条第二款之规定，负有举证证明责任的原告无正当理由拒不到庭，经审查现有证据无法确认借贷行为、借贷金额、支付方式等案件主要事实，人民法院对其主张的事实不予认定。

第十九条 人民法院审理民间借贷纠纷案件时发现有下列情形，应当严格审查借贷发生的原因、时间、地点、款项来源、交付方式、款项流向以及借贷双方的关系、经济状况等事实，综合判断是否属于虚假民事诉讼：

（一）出借人明显不具备出借能力；

（二）出借人起诉所依据的事实和理由明显不符合常理；

（三）出借人不能提交债权凭证或者提交的债权凭证存在伪造的可能；

（四）当事人双方在一定期间内多次参加民间借贷诉讼；

（五）当事人一方或者双方无正当理由拒不到庭参加诉讼，委托代理人对借贷事实陈述不清或者陈述前后矛盾；

（六）当事人双方对借贷事实的发生没有任何争议或者诉辩明显不符合常理；

（七）借款人的配偶或合伙人、案外人的其他债权人提出有事实依据的异议；

（八）当事人在其他纠纷中存在低价转让财产的情形；

（九）当事人不正当放弃权利；

（十）其他可能存在虚假民间借贷诉讼的情形。

第二十条 经查明属于虚假民间借贷诉讼，原告申请撤诉的，人民法院不予准许，并应当根据民事诉讼法第一百一十二条之规定，判决驳回其请求。

诉讼参与人或者其他人恶意制造、参与虚假诉讼，人民法院应当依照民事诉讼法第一百一十一条、第一百一十二条和第一百一十三条之规定，依法予以罚款、拘留；构成犯罪的，应当移送有管辖权的司法机关追究刑事责任。

单位恶意制造、参与虚假诉讼的，人民法院应当对该单位进行罚款，并可以对其主要负责人或者直接责任人员予以罚款、拘留；构成犯罪的，应当移送有管辖权的司法机关追究刑事责任。

第二十一条 他人在借据、收据、欠条等债权凭证或者借款合同上签字或者盖章,但未表明其保证人身份或者承担保证责任,或者通过其他事实不能推定其为保证人,出借人请求其承担保证责任的,人民法院不予支持。

第二十二条 借贷双方通过网络贷款平台形成借贷关系,网络贷款平台的提供者仅提供媒介服务,当事人请求其承担担保责任的,人民法院不予支持。

网络贷款平台的提供者通过网页、广告或者其他媒介明示或者有其他证据证明其为借贷提供担保,出借人请求网络贷款平台的提供者承担担保责任的,人民法院应予支持。

第二十三条 企业法定代表人或负责人以企业名义与出借人签订民间借贷合同,出借人、企业或者其股东能够证明所借款项用于企业法定代表人或负责人个人使用,出借人请求将企业法定代表人或负责人列为共同被告或者第三人的,人民法院应予准许。

企业法定代表人或负责人以个人名义与出借人签订民间借贷合同,所借款项用于企业生产经营,出借人请求企业与个人共同承担责任的,人民法院应予支持。

第二十四条 当事人以签订买卖合同作为民间借贷合同的担保,借款到期后借款人不能还款,出借人请求履行买卖合同的,人民法院应当按照民间借贷法律关系审理,并向当事人释明变更诉讼请求。当事人拒绝变更的,人民法院裁定驳回起诉。

按照民间借贷法律关系审理作出的判决生效后,借款人不履行生效判决确定的金钱债务,出借人可以申请拍卖买卖合同标的物,以偿还债务。就拍卖所得的价款与应偿还借款本息之间的差额,借款人或者出借人有权主张返还或补偿。

第二十五条 借贷双方没有约定利息,出借人主张支付借期内利息的,人民法院不予支持。

自然人之间借贷对利息约定不明,出借人主张支付利息的,人民法院不予支持。除自然人之间借贷的外,借贷双方对借贷利息约定不明,出借人主张利息的,人民法院应当结合民间借贷合同的内容,并根据当地或者当事人的交易方式、交易习惯、市场利率等因素确定利息。

第二十六条 借贷双方约定的利率未超过年利率24%,出借人请求借款人按照约定的利率支付利息的,人民法院应予支持。

借贷双方约定的利率超过年利率36%,超过部分的利息约定无效。借款人请求出借人返还已支付的超过年利率36%部分的利息的,人民法院应予支持。

第二十七条 借据、收据、欠条等债权凭证载明的借款金额,一般认定为本金。预先在本金中扣除利息的,人民法院应当将实际出借的金额认定为本金。

第二十八条 借贷双方对前期借款本息结算后将利息计入后期借款本金并重新出具债权凭证,如果前期利率没有超过年利率24%,重新出具的债权凭证载明的金额可认定为后期借款本金;超过部分的利息不能计入后期借款本金。约定的利率超过年利率24%,当事人主张超过部分的利息不能计入后期借款本金的,人民法院应予支持。

按前款计算,借款人在借款期间届满后应当支付的本息之和,不能超过最初借款本金与以最初借款本金为基数,以年利率24%计算的整个借款期间的利息之和。出借人请求借款人支付超过部分的,人民法院不予支持。

第二十九条 借贷双方对逾期利率有约定的,从其约定,但以不超过年利率24%为限。

未约定逾期利率或者约定不明的,人民法院可以区分不同情况处理:

(一)既未约定借期内的利率,也未约定逾期利率,出借人主张借款人自逾期还款之日起按照年利率6%支付资金占用期间利息的,人民法院应予支持;

(二)约定了借期内的利率但未约定逾期利率,出借人主张借款人自逾期还款之日起按照借期内的利率支付资金占用期间利息的,人民法院应予支持。

第三十条 出借人与借款人既约定了逾期利率,又约定了违约金或者其他费用,出借人可以选择主张逾期利息、违约金或者其他费用,也可以一并主张,但总计超过年利率24%的部分,人民法院不予支持。

第三十一条 没有约定利息但借款人自愿支付,或者超过约定的利率自愿支付利息或违约金,且没有损害国家、集体和第三人利益,借款人又以不当得利为由要求出借人返还的,人民法院不予支持,但借款人要求返还超过年利率36%部分的利息除外。

第三十二条 借款人可以提前偿还借款,但当事人另有约定的除外。

借款人提前偿还借款并主张按照实际借款期间计算利息的,人民法院应予支持。

第三十三条 本规定公布施行后,最高人民法院于1991年8月13日发布的《关于人民法院审理借贷案件的若干意见》同时废止;最高人民法院以前发布的司法解释与本规定不一致的，不再适用。

2. 最高人民法院关于适用《中华人民共和国民法总则》诉讼时效制度若干问题的解释

（2018年7月2日最高人民法院审判委员会第1744次会议通过　法释〔2018〕12号　2018年7月18日发布　自2018年7月23日起施行）

为正确适用《中华人民共和国民法总则》关于诉讼时效制度的规定，保护当事人的合法权益，结合审判实践，制定本解释。

第一条　民法总则施行后诉讼时效期间开始计算的，应当适用民法总则第一百八十八条关于三年诉讼时效期间的规定。当事人主张适用民法通则关于二年或者一年诉讼时效期间规定的，人民法院不予支持。

第二条　民法总则施行之日，诉讼时效期间尚未满民法通则规定的二年或者一年，当事人主张适用民法总则关于三年诉讼时效期间规定的，人民法院应予支持。

第三条　民法总则施行前，民法通则规定的二年或者一年诉讼时效期间已经届满，当事人主张适用民法总则关于三年诉讼时效期间规定的，人民法院不予支持。

第四条　民法总则施行之日，中止时效的原因尚未消除的，应当适用民法总则关于诉讼时效中止的规定。

第五条　本解释自2018年7月23日起施行。

本解释施行后，案件尚在一审或者二审阶段的，适用本解释；本解释施行前已经终审，当事人申请再审或者按照审判监督程序决定再审的案件，不适用本解释。

3. 最高人民法院、最高人民检察院、公安部关于办理非法集资刑事案件适用法律若干问题的意见

（2014 年 3 月 25 日印发实施　公通字〔2014〕16 号）

各省、自治区、直辖市高级人民法院，人民检察院，公安厅、局，解放军军事法院、军事检察院，新疆维吾尔自治区高级人民法院生产建设兵团分院，新疆生产建设兵团人民检察院、公安局：

为解决近年来公安机关、人民检察院、人民法院在办理非法集资刑事案件中遇到的问题，依法惩治非法吸收公众存款、集资诈骗等犯罪，根据刑法、刑事诉讼法的规定，结合司法实践，现就办理非法集资刑事案件适用法律问题提出以下意见：

一、关于行政认定的问题

行政部门对于非法集资的性质认定，不是非法集资刑事案件进入刑事诉讼程序的必经程序。行政部门未对非法集资作出性质认定的，不影响非法集资刑事案件的侦查、起诉和审判。

公安机关、人民检察院、人民法院应当依法认定案件事实的性质，对于案情复杂、性质认定疑难的案件，可参考有关部门的认定意见，根据案件事实和法律规定作出性质认定。

二、关于“向社会公开宣传”的认定问题

最高人民法院《关于审理非法集资刑事案件具体应用法律若干问题的解释》第一条第一款第二项中的“向社会公开宣传”，包括以各种途径向社会公众传播吸收资金的信息，以及明知吸收资金的信息向社会公众扩散而予以放任等情形。

三、关于“社会公众”的认定问题

下列情形不属于最高人民法院《关于审理非法集资刑事案件具体应用法律若干问题的解释》第一条第二款规定的“针对特定对象吸收资金”的行为，应当认定为向社会公众吸收资金：

（一）在向亲友或者单位内部人员吸收资金的过程中，明知亲友或者单位内部人员向不特定对象吸收资金而予以放任的；

（二）以吸收资金为目的，将社会人员吸收为单位内部人员，并向其吸收资

金的。

四、关于共同犯罪的处理问题

为他人向社会公众非法吸收资金提供帮助,从中收取代理费、好处费、返点费、佣金、提成等费用,构成非法集资共同犯罪的,应当依法追究刑事责任。能够及时退缴上述费用的,可依法从轻处罚;其中情节轻微的,可以免除处罚;情节显著轻微、危害不大的,不作为犯罪处理。

五、关于涉案财物的追缴和处置问题

向社会公众非法吸收的资金属于违法所得。以吸收的资金向集资参与人支付的利息、分红等回报,以及向帮助吸收资金人员支付的代理费、好处费、返点费、佣金、提成等费用,应当依法追缴。集资参与人本金尚未归还的,所支付的回报可予折抵本金。

将非法吸收的资金及其转换财物用于清偿债务或者转让给他人,有下列情形之一的,应当依法追缴:

(一)他人明知是上述资金及财物而收取的;

(二)他人无偿取得上述资金及财物的;

(三)他人以明显低于市场的价格取得上述资金及财物的;

(四)他人取得上述资金及财物系源于非法债务或者违法犯罪活动的;

(五)其他依法应当追缴的情形。

查封、扣押、冻结的易贬值及保管、养护成本较高的涉案财物,可以在诉讼终结前依照有关规定变卖、拍卖。所得价款由查封、扣押、冻结机关予以保管,待诉讼终结后一并处置。

查封、扣押、冻结的涉案财物,一般应在诉讼终结后,返还集资参与人。涉案财物不足全部返还的,按照集资参与人的集资额比例返还。

六、关于证据的收集问题

办理非法集资刑事案件中,确因客观条件的限制无法逐一收集集资参与人的言词证据的,可结合已收集的集资参与人的言词证据和依法收集并查证属实的书面合同、银行账户交易记录、会计凭证及会计账簿、资金收付凭证、审计报告、互联网电子数据等证据,综合认定非法集资对象人数和吸收资金数额等犯罪事实。

七、关于涉及民事案件的处理问题

对于公安机关、人民检察院、人民法院正在侦查、起诉、审理的非法集资刑事案件,有关单位或者个人就同一事实向人民法院提起民事诉讼或者申请执行涉案财物的,人民法院应当不予受理,并将有关材料移送公安机关或者检察机关。

人民法院在审理民事案件或者执行过程中,发现有非法集资犯罪嫌疑的,应当裁定驳回起诉或者中止执行,并及时将有关材料移送公安机关或者检察机关。

公安机关、人民检察院、人民法院在侦查、起诉、审理非法集资刑事案件中,发现与人民法院正在审理的民事案件属同一事实,或者被申请执行的财物属于涉案财物的,应当及时通报相关人民法院。人民法院经审查认为确属涉嫌犯罪的,依照前款规定处理。

八、关于跨区域案件的处理问题

跨区域非法集资刑事案件,在查清犯罪事实的基础上,可以由不同地区的公安机关、人民检察院、人民法院分别处理。

对于分别处理的跨区域非法集资刑事案件,应当按照统一制定的方案处置涉案财物。

国家机关工作人员违反规定处置涉案财物,构成渎职等犯罪的,应当依法追究刑事责任。

4. 最高人民法院、最高人民检察院关于办理虚假诉讼刑事案件适用法律若干问题的解释

(2018年1月25日最高人民法院审判委员会第1732次会议、2018年6月13日最高人民检察院第十三届检察委员会第二次会议通过　法释〔2018〕17号　2018年9月26日发布　自2018年10月1日起施行)

为依法惩治虚假诉讼犯罪活动,维护司法秩序,保护公民、法人和其他组织合法权益,根据《中华人民共和国刑法》《中华人民共和国刑事诉讼法》《中华人民共和国民事诉讼法》等法律规定,现就办理此类刑事案件适用法律的若干问题解释如下:

第一条　采取伪造证据、虚假陈述等手段,实施下列行为之一,捏造民事法律关系,虚构民事纠纷,向人民法院提起民事诉讼的,应当认定为刑法第三百零七条之一第一款规定的"以捏造的事实提起民事诉讼":

（一）与夫妻一方恶意串通，捏造夫妻共同债务的；

（二）与他人恶意串通，捏造债权债务关系和以物抵债协议的；

（三）与公司、企业的法定代表人、董事、监事、经理或者其他管理人员恶意串通，捏造公司、企业债务或者担保义务的；

（四）捏造知识产权侵权关系或者不正当竞争关系的；

（五）在破产案件审理过程中申报捏造的债权的；

（六）与被执行人恶意串通，捏造债权或者对查封、扣押、冻结财产的优先权、担保物权的；

（七）单方或者与他人恶意串通，捏造身份、合同、侵权、继承等民事法律关系的其他行为。

隐瞒债务已经全部清偿的事实，向人民法院提起民事诉讼，要求他人履行债务的，以"以捏造的事实提起民事诉讼"论。

向人民法院申请执行基于捏造的事实作出的仲裁裁决、公证债权文书，或者在民事执行过程中以捏造的事实对执行标的提出异议、申请参与执行财产分配的，属于刑法第三百零七条之一第一款规定的"以捏造的事实提起民事诉讼"。

第二条 以捏造的事实提起民事诉讼，有下列情形之一的，应当认定为刑法第三百零七条之一第一款规定的"妨害司法秩序或者严重侵害他人合法权益"：

（一）致使人民法院基于捏造的事实采取财产保全或者行为保全措施的；

（二）致使人民法院开庭审理，干扰正常司法活动的；

（三）致使人民法院基于捏造的事实作出裁判文书、制作财产分配方案，或者立案执行基于捏造的事实作出的仲裁裁决、公证债权文书的；

（四）多次以捏造的事实提起民事诉讼的；

（五）曾因以捏造的事实提起民事诉讼被采取民事诉讼强制措施或者受过刑事追究的；

（六）其他妨害司法秩序或者严重侵害他人合法权益的情形。

第三条 以捏造的事实提起民事诉讼，有下列情形之一的，应当认定为刑法第三百零七条之一第一款规定的"情节严重"：

（一）有本解释第二条第一项情形，造成他人经济损失一百万元以上的；

（二）有本解释第二条第二项至第四项情形之一，严重干扰正常司法活动或者严重损害司法公信力的；

(三)致使义务人自动履行生效裁判文书确定的财产给付义务或者人民法院强制执行财产权益,数额达到一百万元以上的;

(四)致使他人债权无法实现,数额达到一百万元以上的;

(五)非法占有他人财产,数额达到十万元以上的;

(六)致使他人因为不执行人民法院基于捏造的事实作出的判决、裁定,被采取刑事拘留、逮捕措施或者受到刑事追究的;

(七)其他情节严重的情形。

第四条 实施刑法第三百零七条之一第一款行为,非法占有他人财产或者逃避合法债务,又构成诈骗罪,职务侵占罪,拒不执行判决、裁定罪,贪污罪等犯罪的,依照处罚较重的规定定罪从重处罚。

第五条 司法工作人员利用职权,与他人共同实施刑法第三百零七条之一前三款行为的,从重处罚;同时构成滥用职权罪,民事枉法裁判罪,执行判决、裁定滥用职权罪等犯罪的,依照处罚较重的规定定罪从重处罚。

第六条 诉讼代理人、证人、鉴定人等诉讼参与人与他人通谋,代理提起虚假民事诉讼、故意作虚假证言或者出具虚假鉴定意见,共同实施刑法第三百零七条之一前三款行为的,依照共同犯罪的规定定罪处罚;同时构成妨害作证罪,帮助毁灭、伪造证据罪等犯罪的,依照处罚较重的规定定罪从重处罚。

第七条 采取伪造证据等手段篡改案件事实,骗取人民法院裁判文书,构成犯罪的,依照刑法第二百八十条、第三百零七条等规定追究刑事责任。

第八条 单位实施刑法第三百零七条之一第一款行为的,依照本解释规定的定罪量刑标准,对其直接负责的主管人员和其他直接责任人员定罪处罚,并对单位判处罚金。

第九条 实施刑法第三百零七条之一第一款行为,未达到情节严重的标准,行为人系初犯,在民事诉讼过程中自愿具结悔过,接受人民法院处理决定,积极退赃、退赔的,可以认定为犯罪情节轻微,不起诉或者免予刑事处罚;确有必要判处刑罚的,可以从宽处罚。

司法工作人员利用职权,与他人共同实施刑法第三百零七条之一第一款行为的,对司法工作人员不适用本条第一款规定。

第十条 虚假诉讼刑事案件由虚假民事诉讼案件的受理法院所在地或者执行法院所在地人民法院管辖。有刑法第三百零七条之一第四款情形的,上级人民法院可以指定下级人民法院将案件移送其他人民法院审判。

第十一条 本解释所称裁判文书，是指人民法院依照民事诉讼法、企业破产法等民事法律作出的判决、裁定、调解书、支付令等文书。

第十二条 本解释自2018年10月1日起施行。

5.最高人民法院关于在审理经济纠纷案件中涉及经济犯罪嫌疑若干问题的规定

（1998年4月9日由最高人民法院审判委员会第974次会议通过 法释〔1998〕7号 1998年4月21日发布 自1998年4月29日起施行）

根据《中华人民共和国民法通则》、《中华人民共和国刑法》、《中华人民共和国民事诉讼法》、《中华人民共和国刑事诉讼法》等有关规定，对审理经济纠纷案件中涉及经济犯罪嫌疑问题作以下规定：

第一条 同一公民、法人或其他经济组织因不同的法律事实，分别涉及经济纠纷和经济犯罪嫌疑的，经济纠纷案件和经济犯罪嫌疑案件应当分开审理。

第二条 单位直接负责的主管人员和其他直接责任人员，以为单位骗取财物为目的，采取欺骗手段对外签订经济合同，骗取的财物被该单位占有、使用或处分构成犯罪的，除依法追究有关人员的刑事责任，责令该单位返还骗取的财物外，如给被害人造成经济损失的，单位发承担赔偿责任。

第三条 单位直接负责的主管人员和其他直接责任人员，以该单位的名义对外签订经济合同，将取得的财物部分或全部占为己有构成犯罪的，除依法追究行为人的刑事责任外，该单位对行为人因签订、履行该经济合同造成的后果，依法应当承担民事责任。

第四条 个人借用单位的业务介绍信、合同专用章或者盖有公章的空白合同书，以出借单位名义签订经济合同，骗取财物归个人占有、使用、处分或者进行其他犯罪活动，给对方造成经济损失构成犯罪的，除依法追究借用人的刑事责任外，出借业务介绍信、合同专用章或者盖有公章的空白合同书的单位，依法应当承担赔偿责任。但是，有证据证明被害人明知签订合同对方当事人是借用行为，仍与之签订合同的除外。

第五条 行为人盗窃、盗用单位的公章、业务介绍信、盖有公章的空白合同书，或者私刻单位的公章签订经济合同，骗取财物归个人占有、使用、处分或者进行其他犯罪活动构成犯罪的，单位对行为人该犯罪行为所造成的经济损失不承担民事责任。

行为人私刻单位公章或者擅自使用单位公章、业务介绍信、盖有公章的空白合同书以签订经济合同的方法进行的犯罪行为，单位有明显过错，且该过错行为与被害人的经济损失之间具有因果关系的，单位对该犯罪行为所造成的经济损失，依法应当承担赔偿责任。

第六条 企业承包、租赁经营合同期满后，企业按规定办理了企业法定代表人的变更登记，而企业法人未采取有效措施收回其公章、业务介绍信、盖有公章的空白合同书，或者没有及时采取措施通知相对人，致原企业承包人、租赁人得以用原承包、租赁企业的名义签订经济合同，骗取财物占为己有构成犯罪的，该企业对被害人的经济损失，依法应当承担赔偿责任。但是，原承包人、承租人利用擅自保留的公章、业务介绍信、盖有公章的空白合同书以原承包、租赁企业的名义签订经济合同，骗取财物占为己有构成犯罪的，企业一般不承担民事责任。

单位聘用的人员被解聘后，或者受单位委托保管公章的人员被解除委托后，单位未及时收回其公章，行为人擅自利用保留的原单位公章签订经济合同，骗取财物占为己有构成犯罪，如给被害人造成经济损失的，单位应当承担赔偿责任。

第七条 单位直接负责的主管人员和其他直接责任人员，将单位进行走私或其他犯罪活动所得财物以签订经济合同的方法予以销售，买方明知或者应当知道的，如因此造成经济损失，其损失由买方自负。但是，如果买方不知该经济合同的标的物是犯罪行为所得财物而购买的，卖方对买方所造成的经济损失应当承担民事责任。

第八条 根据《中华人民共和国刑事诉讼法》第七十七条第一款的规定，被害人对本《规定》第二条因单位犯罪行为造成经济损失的，对第四条、第五条第一款、第六条应当承担刑事责任的被告人未能返还财物而遭受经济损失提起附带民事诉讼的，受理刑事案件的人民法院应当依法一并审理。被害人因其遭受经济损失也有权对单位另行提起民事诉讼。若被害人另行提起民事诉讼的，有管辖权的人民法院应当依法受理。

第九条 被害人请求保护其民事权利的诉讼时效在公安机关、检察机关查处经济犯罪嫌疑期间中断。如果公安机关决定撤销涉嫌经济犯罪案件或者检察机关决定不起诉的,诉讼时效从撤销案件或决定不起诉之次日起重新计算。

第十条 人民法院在审理经济纠纷案件中,发现与本案有牵连,但与本案不是同一法律关系的经济犯罪嫌疑线索、材料,应将犯罪嫌疑线索、材料移送有关公安机关或检察机关查处,经济纠纷案件继续审理。

第十一条 人民法院作为经济纠纷受理的案件,经审理认为不属经济纠纷案件而有经济犯罪嫌疑的,应当裁定驳回起诉,将有关材料移送公安机关或检察机关。

第十二条 人民法院已立案审理的经济纠纷案件,公安机关或检察机关认为有经济犯罪嫌疑,并说明理由附有关材料函告受理该案的人民法院的,有关人民法院应当认真审查。经过审查,认为确有经济犯罪嫌疑的,应当将案件移送公安机关或检察机关,并书面通知当事人,退还案件受理费;如认为确属经济纠纷案件的,应当依法继续审理,并将结果函告有关公安机关或检察机关。

6. 最高人民法院关于审理涉及夫妻债务纠纷案件适用法律有关问题的解释

(2018年1月8日最高人民法院审判委员会第1731次会议通过 法释〔2018〕2号 2018年1月16日发布 自2018年1月18日起施行)

为正确审理涉及夫妻债务纠纷案件,平等保护各方当事人合法权益,根据《中华人民共和国民法总则》《中华人民共和国婚姻法》《中华人民共和国合同法》《中华人民共和国民事诉讼法》等法律规定,制定本解释。

第一条 夫妻双方共同签字或者夫妻一方事后追认等共同意思表示所负的债务,应当认定为夫妻共同债务。

第二条 夫妻一方在婚姻关系存续期间以个人名义为家庭日常生活需要所负的债务,债权人以属于夫妻共同债务为由主张权利的,人民法院应予支持。

第三条 夫妻一方在婚姻关系存续期间以个人名义超出家庭日常生活需要所负的债务,债权人以属于夫妻共同债务为由主张权利的,人民法院不予支持,但债权人能够证明该债务用于夫妻共同生活、共同生产经营或者基于夫妻双方共同意思表示的除外。

第四条 本解释自2018年1月18日起施行。

本解释施行后,最高人民法院此前作出的相关司法解释与本解释相抵触的,以本解释为准。

7.最高人民法院关于仲裁机构"先予仲裁"裁决或者调解书立案、执行等法律适用问题的批复

(2018年5月28日最高人民法院审判委员会第1740次会议通过 法释〔2018〕10号 2018年6月5日发布 自2018年6月12日起施行)

广东省高级人民法院:

你院《关于"先予仲裁"裁决应否立案执行的请示》(粤高法〔2018〕99号)收悉。经研究,批复如下:

当事人申请人民法院执行仲裁机构根据仲裁法作出的仲裁裁决或者调解书,人民法院经审查,符合民事诉讼法、仲裁法相关规定的,应当依法及时受理,立案执行。但是,根据仲裁法第二条的规定,仲裁机构可以仲裁的是当事人间已经发生的合同纠纷和其他财产权益纠纷。因此,网络借贷合同当事人申请执行仲裁机构在纠纷发生前作出的仲裁裁决或者调解书的,人民法院应当裁定不予受理;已经受理的,裁定驳回执行申请。

你院请示中提出的下列情形,应当认定为民事诉讼法第二百三十七条第二款第三项规定的"仲裁庭的组成或者仲裁的程序违反法定程序"的情形:

一、仲裁机构未依照仲裁法规定的程序审理纠纷或者主持调解,径行根据网络借贷合同当事人在纠纷发生前签订的和解或者调解协议作出仲裁裁决、仲裁调解书的;

二、仲裁机构在仲裁过程中未保障当事人申请仲裁员回避、提供证据、答辩等仲裁法规定的基本程序权利的。

前款规定情形中,网络借贷合同当事人以约定弃权条款为由,主张仲裁程序未违反法定程序的,人民法院不予支持。

人民法院办理其他合同纠纷、财产权益纠纷仲裁裁决或者调解书执行案件,

适用本批复。

8.最高人民法院关于公证债权文书执行若干问题的规定

（2018年6月25日最高人民法院审判委员会第1743次会议通过　法释〔2018〕18号　2018年9月30日发布自2018年10月1日起施行）

为了进一步规范人民法院办理公证债权文书执行案件，确保公证债权文书依法执行，维护当事人、利害关系人的合法权益，根据《中华人民共和国民事诉讼法》《中华人民共和国公证法》等法律规定，结合执行实践，制定本规定。

第一条　本规定所称公证债权文书，是指根据公证法第三十七条第一款规定经公证赋予强制执行效力的债权文书。

第二条　公证债权文书执行案件，由被执行人住所地或者被执行的财产所在地人民法院管辖。

前款规定案件的级别管辖，参照人民法院受理第一审民商事案件级别管辖的规定确定。

第三条　债权人申请执行公证债权文书，除应当提交作为执行依据的公证债权文书等申请执行所需的材料外，还应当提交证明履行情况等内容的执行证书。

第四条　债权人申请执行的公证债权文书应当包括公证证词、被证明的债权文书等内容。权利义务主体、给付内容应当在公证证词中列明。

第五条　债权人申请执行公证债权文书，有下列情形之一的，人民法院应当裁定不予受理；已经受理的，裁定驳回执行申请：

（一）债权文书属于不得经公证赋予强制执行效力的文书；

（二）公证债权文书未载明债务人接受强制执行的承诺；

（三）公证证词载明的权利义务主体或者给付内容不明确；

（四）债权人未提交执行证书；

（五）其他不符合受理条件的情形。

第六条　公证债权文书赋予强制执行效力的范围同时包含主债务和担保债务的，人民法院应当依法予以执行；仅包含主债务的，对担保债务部分的执行申请不予受理;仅包含担保债务的,对主债务部分的执行申请不予受理。

第七条 债权人对不予受理、驳回执行申请裁定不服的,可以自裁定送达之日起十日内向上一级人民法院申请复议。

申请复议期满未申请复议,或者复议申请被驳回的,当事人可以就公证债权文书涉及的民事权利义务争议向人民法院提起诉讼。

第八条 公证机构决定不予出具执行证书的,当事人可以就公证债权文书涉及的民事权利义务争议直接向人民法院提起诉讼。

第九条 申请执行公证债权文书的期间自公证债权文书确定的履行期间的最后一日起计算;分期履行的,自公证债权文书确定的每次履行期间的最后一日起计算。

债权人向公证机构申请出具执行证书的,申请执行时效自债权人提出申请之日起中断。

第十条 人民法院在执行实施中,根据公证债权文书并结合申请执行人的申请依法确定给付内容。

第十一条 因民间借贷形成的公证债权文书,文书中载明的利率超过人民法院依照法律、司法解释规定应予支持的上限的,对超过的利息部分不纳入执行范围;载明的利率未超过人民法院依照法律、司法解释规定应予支持的上限,被执行人主张实际超过的,可以依照本规定第二十二条第一款规定提起诉讼。

第十二条 有下列情形之一的,被执行人可以依照民事诉讼法第二百三十八条第二款规定申请不予执行公证债权文书:

(一)被执行人未到场且未委托代理人到场办理公证的;

(二)无民事行为能力人或者限制民事行为能力人没有监护人代为办理公证的;

(三)公证员为本人、近亲属办理公证,或者办理与本人、近亲属有利害关系的公证的;

(四)公证员办理该项公证有贪污受贿、徇私舞弊行为,已经由生效刑事法律文书等确认的;

(五)其他严重违反法定公证程序的情形。

被执行人以公证债权文书的内容与事实不符或者违反法律强制性规定等实体事由申请不予执行的,人民法院应当告知其依照本规定第二十二条第一款规定提起诉讼。

第十三条 被执行人申请不予执行公证债权文书，应当在执行通知书送达之日起十五日内向执行法院提出书面申请，并提交相关证据材料；有本规定第十二条第一款第三项、第四项规定情形且执行程序尚未终结的，应当自知道或者应当知道有关事实之日起十五日内提出。

公证债权文书执行案件被指定执行、提级执行、委托执行后，被执行人申请不予执行的，由提出申请时负责该案件执行的人民法院审查。

第十四条 被执行人认为公证债权文书存在本规定第十二条第一款规定的多个不予执行事由的，应当在不予执行案件审查期间一并提出。

不予执行申请被裁定驳回后，同一被执行人再次提出申请的，人民法院不予受理。但有证据证明不予执行事由在不予执行申请被裁定驳回后知道的，可以在执行程序终结前提出。

第十五条 人民法院审查不予执行公证债权文书案件，案情复杂、争议较大的，应当进行听证。必要时可以向公证机构调阅公证案卷，要求公证机构作出书面说明，或者通知公证员到庭说明情况。

第十六条 人民法院审查不予执行公证债权文书案件，应当在受理之日起六十日内审查完毕并作出裁定；有特殊情况需要延长的，经法院院长批准，可以延长三十日。

第十七条 人民法院审查不予执行公证债权文书案件期间，不停止执行。

被执行人提供充分、有效的担保，请求停止相应处分措施的，人民法院可以准许；申请执行人提供充分、有效的担保，请求继续执行的，应当继续执行。

第十八条 被执行人依照本规定第十二条第一款规定申请不予执行，人民法院经审查认为理由成立的，裁定不予执行；理由不成立的，裁定驳回不予执行申请。

公证债权文书部分内容具有本规定第十二条第一款规定情形的，人民法院应当裁定对该部分不予执行；应当不予执行部分与其他部分不可分的，裁定对该公证债权文书不予执行。

第十九条 人民法院认定执行公证债权文书违背公序良俗的，裁定不予执行。

第二十条 公证债权文书被裁定不予执行的，当事人可以就该公证债权文书涉及的民事权利义务争议向人民法院提起诉讼；公证债权文书被裁定部分不予执行的，当事人可以就该部分争议提起诉讼。

当事人对不予执行裁定提出执行异议或者申请复议的，人民法院不予受理。

第二十一条 当事人不服驳回不予执行申请裁定的，可以自裁定送达之日起十日内向上一级人民法院申请复议。上一级人民法院应当自收到复议申请之日起三十日内审查。经审查，理由成立的，裁定撤销原裁定，不予执行该公证债权文书；理由不成立的，裁定驳回复议申请。复议期间，不停止执行。

第二十二条 有下列情形之一的，债务人可以在执行程序终结前，以债权人为被告，向执行法院提起诉讼，请求不予执行公证债权文书：

（一）公证债权文书载明的民事权利义务关系与事实不符；

（二）经公证的债权文书具有法律规定的无效、可撤销等情形；

（三）公证债权文书载明的债权因清偿、提存、抵销、免除等原因全部或者部分消灭。

债务人提起诉讼，不影响人民法院对公证债权文书的执行。债务人提供充分、有效的担保，请求停止相应处分措施的，人民法院可以准许；债权人提供充分、有效的担保，请求继续执行的，应当继续执行。

第二十三条 对债务人依照本规定第二十二条第一款规定提起的诉讼，人民法院经审理认为理由成立的，判决不予执行或者部分不予执行；理由不成立的，判决驳回诉讼请求。

当事人同时就公证债权文书涉及的民事权利义务争议提出诉讼请求的，人民法院可以在判决中一并作出裁判。

第二十四条 有下列情形之一的，债权人、利害关系人可以就公证债权文书涉及的民事权利义务争议直接向有管辖权的人民法院提起诉讼：

（一）公证债权文书载明的民事权利义务关系与事实不符；

（二）经公证的债权文书具有法律规定的无效、可撤销等情形。

债权人提起诉讼，诉讼案件受理后又申请执行公证债权文书的，人民法院不予受理。进入执行程序后债权人又提起诉讼的，诉讼案件受理后，人民法院可以裁定终结公证债权文书的执行；债权人请求继续执行其未提出争议部分的，人民法院可以准许。

利害关系人提起诉讼，不影响人民法院对公证债权文书的执行。利害关系人提供充分、有效的担保，请求停止相应处分措施的，人民法院可以准许；债权人提供充分、有效的担保，请求继续执行的，应当继续执行。

第二十五条 本规定自2018年10月1日起施行。

本规定施行前最高人民法院公布的司法解释与本规定不一致的，以本规定为准。

9. 最高人民法院关于逾期付款违约金应当按照何种标准计算问题的批复

（1999年1月29日由最高人民法院审判委员会第1042次会议通过 法释〔1999〕8号 1999年2月12日发布 自1999年2月16日起施行）

对于合同当事人没有约定逾期付款违约金标准的，人民法院可以参照中国人民银行规定的金融机构计收逾期贷款利息的标准计算逾期付款违约金。中国人民银行调整金融机构计收逾期贷款利息的标准时，人民法院可以相应调整计算逾期付款违约金的计算标准。参照中国人民银行1996年4月30日发布的银发〔1996〕156号《关于降低金融机构存、贷款利率的通知》的规定，目前，逾期付款违约金标准可以按每日万分之四计算。

本批复公布后，人民法院尚未审结的案件中有关计算逾期付款违约金的问题，按照本批复办理。本批复公布前，已经按我院1996年5月16日作出的法复〔1996〕7号《关于逾期付款违约金应当依据何种标准计算问题的批复》审结的案件不再变动。

10. 最高人民法院关于修改《最高人民法院关于逾期付款违约金应当按照何种标准计算问题的批复》的批复

（2000年11月13日由最高人民法院审判委员会第1137次会议通过 法释〔2000〕34号 2000年11月15日发布 自2000年11月21日起施行）

各省、自治区、直辖市高级人民法院，解放军军事法院，新疆维吾尔自治区高级人民法院生产建设兵团分院：

一些法院反映，我院法释〔1999〕8号《关于逾期付款违约金应当按照何种标

准计算问题的批复》的有关内容与中国人民银行《关于降低金融机构存贷款利率公告》不一致。经研究,现批复如下:

将最高人民法院法释〔1999〕8号批复中“参照中国人民银行1996年4月30日发布的银发〔1996〕156号《关于降低金融机构存、贷款利率的通知》的规定,目前,逾期付款违约金标准可以按每日万分之四计算”的内容删除。

11. 最高人民法院关于如何确认公民与企业之间借贷行为效力问题的批复

(1999年1月26日最高人民法院审判委员会第1041次会议通过　法释〔1999〕3号　1999年2月13日发布施行)

黑龙江省高级人民法院:

你院黑高法〔1998〕192号《关于公民与企业之间借贷合同效力如何确认的请示》收悉。经研究,答复如下:

公民与非金融企业(以下简称企业)之间的借贷属于民间借贷。只要双方当事人意思表示真实即可认定有效。但是,具有下列情形之一的,应当认定无效:

(一)企业以借贷名义向职工非法集资;

(二)企业以借贷名义非法向社会集资;

(三)企业以借贷名义向社会公众发放贷款;

(四)其他违反法律、行政法规的行为。

借贷利率超过银行同期同类贷款利率四倍的,按照最高人民法院法(民)发〔1991〕21号《关于人民法院审理借贷案件的若干意见》的有关规定办理。

12. 最高人民法院关于适用《中华人民共和国婚姻法》若干问题的解释(二)(节录)

[2003年12月4日最高人民法院审判委员会第1299次会议通过　法释〔2017〕6号　根据2017年2月20日最高人民法院审判委员会第1710次会议《最高人民法院关于适用〈中华人民共和国婚姻法〉若干问题的解释(二)的补充规定》修正]

第二十三条　债权人就一方婚前所负个人债务向债务人的配偶主张权利的,人民法院不予支持。但债权人能够证明所负债务用于婚后家庭共同生活的除外。

第二十四条　债权人就婚姻关系存续期间夫妻一方以个人名义所负债务主张权利的,应当按夫妻共同债务处理。但夫妻一方能够证明债权人与债务人明确约定为个人债务,或者能够证明属于婚姻法第十九条第三款规定情形的除外。

夫妻一方与第三人串通,虚构债务,第三人主张权利的,人民法院不予支持。

夫妻一方在从事赌博、吸毒等违法犯罪活动中所负债务,第三人主张权利的,人民法院不予支持。

第二十五条　当事人的离婚协议或者人民法院的判决书、裁定书、调解书已经对夫妻财产分割问题作出处理的,债权人仍有权就夫妻共同债务向男女双方主张权利。

一方就共同债务承担连带清偿责任后,基于离婚协议或者人民法院的法律文书向另一方主张追偿的,人民法院应当支持。

第二十六条　夫或妻一方死亡的,生存一方应当对婚姻关系存续期间的共同债务承担连带清偿责任。

三、司法政策

1. 最高人民法院关于依法妥善审理民间借贷案件的通知

（2018 年 8 月 1 日发布　法〔2018〕215 号）

各省、自治区、直辖市高级人民法院，解放军军事法院，新疆维吾尔自治区高级人民法院生产建设兵团分院：

民间借贷在一定程度上满足了社会多元化融资需求，促进了多层次信贷市场的形成和完善。与此同时，民间借贷纠纷案件也呈现爆炸式增长，给人民法院的审判工作带来新的挑战。近年来，社会上不断出现披着民间借贷外衣，通过“虚增债务”“伪造证据”“恶意制造违约”“收取高额费用”等方式非法侵占财物的“套路贷”诈骗等新型犯罪，严重侵害了人民群众的合法权益，扰乱了金融市场秩序，影响社会和谐稳定。为充分发挥民商事审判工作的评价、教育、指引功能，妥善审理民间借贷纠纷案件，防范化解各类风险，现将有关事项通知如下：

一、加大对借贷事实和证据的审查力度。“套路贷”诈骗等犯罪设局者具备知识型犯罪特征，善于通过虚增债权债务、制造银行流水痕迹、故意失联制造违约等方式，形成证据链条闭环，并借助民事诉讼程序实现非法目的。因此，人民法院在审理民间借贷纠纷案件中，除根据最高人民法院《关于审理民间借贷案件适用法律若干问题的规定》第十五条、第十六条规定，对借据、收据、欠条等债权凭证及银行流水等款项交付凭证进行审查外，还应结合款项来源、交易习惯、经济能力、财产变化情况、当事人关系以及当事人陈述等因素综合判断借贷的真实情况。有违法犯罪等合理怀疑，代理人对案件事实无法说明的，应当传唤当事人本人到庭，就有关案件事实接受询问。要适当加大调查取证力度，查明事实真相。

二、严格区分民间借贷行为与诈骗等犯罪行为。人民法院在审理民间借贷纠纷案件中，要切实提高对“套路贷”诈骗等犯罪行为的警觉，加强对民间借贷行为与诈骗等犯罪行为的甄别，发现涉嫌违法犯罪线索、材料的，要及时按照最高人民法院《关于在审理经济纠纷案件中涉及经济犯罪嫌疑若干问题的规定》和最高人民法院《关于审理民间借贷案件适用法律若干问题的规定》依法处理。

民间借贷行为本身涉及违法犯罪的，应当裁定驳回起诉，并将涉嫌犯罪的线索、材料移送公安机关或检察机关，切实防范犯罪分子将非法行为合法化，利用民事判决堂而皇之侵占被害人财产。刑事判决认定出借人构成“套路贷”诈骗等犯罪的，人民法院对已按普通民间借贷纠纷作出的生效判决，应当及时通过审判监督程序予以纠正。

三、依法严守法定利率红线。最高人民法院《关于审理民间借贷案件适用法律若干问题的规定》依法确立了法定利率的司法红线，应当从严把握。人民法院在民间借贷纠纷案件审理过程中，对于各种以“利息”“违约金”“服务费”“中介费”“保证金”“延期费”等突破或变相突破法定利率红线的，应当依法不予支持。对于“出借人主张系以现金方式支付大额贷款本金”“借款人抗辩所谓现金支付本金系出借人预先扣除的高额利息”的，要加强对出借人主张的现金支付款项来源、交付情况等证据的审查，依法认定借贷本金数额和高额利息扣收事实。发现交易平台、交易对手、交易模式等以“创新”为名行高利贷之实的，应当及时采取发送司法建议函等有效方式，坚决予以遏制。

四、建立民间借贷纠纷防范和解决机制。人民法院在防范和化解民间借贷各类风险中，要紧密结合党和国家工作大局，紧紧依靠党委领导和政府支持，探索审判机制创新，加强联动效应，探索建立跨部门综合治理机制。要加大法制宣传力度，引导社会良好风气，认真总结审判经验，加强调查研究。

各级人民法院在审理民间借贷纠纷案件中发现新情况、新问题，请及时层报最高人民法院。

2. 最高人民法院印发《关于充分发挥审判职能作用加强和创新社会管理的若干意见》的通知（节录）

（2011年10月27日发布　法发〔2011〕16号）

二、狠抓执法办案工作，充分发挥人民法院在加强和创新社会管理中的重要作用

5. 依法妥善审理、执行各类案件。公正审理、执行各类案件，是人民法院参与社会管理的基本途径。人民法院加强和创新社会管理，必须始终抓好执法办案第一要务。要认真总结并大力发扬近年来坚持能动司法的经验做法，进一步

完善司法政策,强化司法措施,搞好司法服务。要依法妥善审理加快转变经济发展方式过程中出现的各类案件,特别是金融、投资、商贸、物流、消费、企业改制、节能减排、环境保护等方面的案件,为保持经济长期平稳较快发展提供有力司法保障。要依法妥善审理涉及中小企业的民间借贷纠纷案件,积极引导民间借贷规范发展,依法打击非法集资等违法犯罪行为,妥善处理企业之间互相担保、企业资金链断裂引发的各类矛盾纠纷,有效维护正常的金融秩序,切实保障人民群众的合法权益。要依法妥善审理知识产权案件,加大知识产权司法保护力度,深入推进实施国家知识产权战略,以公正的司法保护自主创新,激发社会创造活力,推动建设创新型国家。要依法妥善审理因人民内部矛盾引发的各类民事和行政案件,特别是农村土地征用、城镇房屋拆迁、“三农”问题、教育医疗、社会保障、安全生产、城市管理等方面的案件,切实保障人民群众的合法权益。要依法妥善审理群众普遍关注、社会反映强烈的涉及社会公德的案件,准确预判案件裁判的结果对社会公共道德建设的影响,有效发挥司法裁判的教育、示范功能,引领良好社会风尚,培育良好社会心态,提升社会道德水平。要严格贯彻宽严相济刑事政策,依法惩治各类刑事犯罪,维护国家安全和社会稳定。要科学构建综合治理执行难的工作格局,加大执行力度,完善执行联动机制,积极推动从根本上解决执行难问题。

3. 最高人民法院关于依法妥善审理民间借贷纠纷案件促进经济发展维护社会稳定的通知

(2011 年 12 月 2 日发布　法〔2011〕336 号)

各省、自治区、直辖市高级人民法院,解放军军事法院,新疆维吾尔自治区高级人民法院生产建设兵团分院:

当前我国经济保持平稳较快发展,整体形势良好,但是受国际国内经济形势变化等多种因素的影响,一些地方出现了与民间借贷相关的债务不能及时清偿、债务人出逃、中小企业倒闭等事件,对当地经济发展和社会稳定造成了较大冲击,相关纠纷案件在短期内大量增加。为践行能动司法理念,充分发挥审判职能作用,妥善化解民间借贷纠纷,促进经济发展,维护社会稳定,现将有关事项通知如下:

一、高度重视民间借贷纠纷案件的审判执行工作。民间借贷客观上拓宽了中小企业的融资渠道，一定程度上解决了部分社会融资需求，增强了经济运行的自我调整和适应能力，促进了多层次信贷市场的形成和发展，但实践中民间借贷也存在着交易隐蔽、风险不易监控等特点，容易引发高利贷、中小企业资金链断裂甚至破产以及非法集资、暴力催收导致人身伤害等违法犯罪问题，对金融秩序乃至经济发展、社会稳定造成不利影响，也使得人民法院妥善化解民间借贷纠纷的难度增加。因此，人民法院应当高度重视民间借贷纠纷案件的审判执行工作，将其作为“为大局服务，为人民司法”的重要工作内容，作为深入推进三项重点工作的重要切入点，通过依法妥善审理民间借贷纠纷，规范和引导民间借贷健康有序发展，切实维护社会和谐稳定。

二、做好民间借贷纠纷案件的立案受理工作。当事人就民间借贷纠纷起诉的，人民法院要依据民事诉讼法的有关规定做好立案受理工作。立案时要认真进行审查，对于涉嫌非法集资等经济犯罪的案件，依法移送有关部门处理；对于可能影响社会稳定的案件，及时与政府及有关部门沟通协调，积极配合做好相关预案工作，切实防范可能引发的群体性、突发性事件。

三、依法惩治与民间借贷相关的刑事犯罪。人民法院在审理与民间借贷相关的非法集资等经济犯罪案件时，要依照最高人民法院《关于在审理经济纠纷案件中涉及经济犯罪嫌疑若干问题的规定》的有关规定，根据具体情况分别处理。对于非法集资等经济犯罪案件，要依法及时审判，切实维护金融秩序。对于与民间借贷相关的黑社会性质的组织犯罪及其他暴力性犯罪，要依法从严惩处，切实维护人民群众人身财产安全。要严格贯彻宽严相济的刑事政策，注意区分性质不同的违法犯罪行为，真正做到罚当其罪。

四、依法妥善审理民间借贷纠纷案件。人民法院在审理民间借贷纠纷案件时，要严格适用民法通则、合同法等有关法律法规和司法解释的规定，同时注意把握国家经济政策精神，努力做到依法公正与妥善合理的有机统一。要依法认定民间借贷的合同效力，保护合法借贷关系，切实维护当事人的合法权益，确保案件处理取得良好的法律效果和社会效果。对于因赌博、吸毒等违法犯罪活动而形成的借贷关系或者出借人明知借款人是为了进行上述违法犯罪活动的借贷关系，依法不予保护。

五、加大对民间借贷纠纷案件的调解力度。人民法院审理民间借贷纠纷案件，要深入贯彻“调解优先、调判结合”工作原则。对于涉及众多出借人或者借款人的案件、可能引发工人讨薪等群体性事件的案件、出借人与借款人之间情绪严重对立的案件以及判决后难以执行的案件等，要先行调解，重点调解，努力促成当事人和解。要充分借助政府部门、行业组织、社会团体等各方面力量，加强与人民调解、行政调解的程序对接，形成化解矛盾的最大合力，共同维护社会和谐稳定。

六、依法保护合法的借贷利息。人民法院在审理民间借贷纠纷案件时，要依法保护合法的借贷利息，依法遏制高利贷化倾向。出借人依照合同约定请求支付借款利息的，人民法院应当依据合同法和最高人民法院《关于人民法院审理借贷案件的若干意见》第6条、第7条的规定处理。出借人将利息预先在本金中扣除的，应当按照实际借款数额返还借款并计算利息。当事人仅约定借期内利率，未约定逾期利率，出借人以借期内的利率主张逾期还款利息的，依法予以支持。当事人既未约定借期内利率，也未约定逾期利率的，出借人参照中国人民银行同期同类贷款基准利率，主张自逾期还款之日起的利息损失的，依法予以支持。

七、注意防范、制裁虚假诉讼。人民法院在审理民间借贷纠纷案件过程中，要依法全面、客观地审核双方当事人提交的全部证据，从各证据与案件事实的关联程度、各证据之间的联系等方面进行综合审查判断。对形式有瑕疵的“欠条”或者“收条”，要结合其他证据认定是否存在借贷关系；对现金交付的借贷，可根据交付凭证、支付能力、交易习惯、借贷金额的大小、当事人间关系以及当事人陈述的交易细节经过等因素综合判断。发现有虚假诉讼嫌疑的，要及时依职权或者提请有关部门调查取证，查清事实真相。经查证确属虚假诉讼的，驳回其诉讼请求，并对其妨害民事诉讼的行为依法予以制裁；对于以骗取财物、逃废债务为目的实施虚假诉讼，构成犯罪的，依法追究刑事责任。

八、妥善适用有关司法措施。对于暂时资金周转困难但仍在正常经营的借款人，在不损害出借人合法权益的前提下，灵活适用诉讼保全措施，尽量使该借款人度过暂时的债务危机。对于出借人举报的有转移财产、逃避债务可能的借款人，要依法视情加大诉讼保全力度，切实维护债权人的合法权益。在审理因民间借贷债务而引发的企业破产案件时，对于符合国家产业政策且具有挽救价值和希望的负债中小企业，要积极适用重整、和解程序，尽快实现企业再生；对没有挽救希望，必须通过破产清算退出市场的中小企业，要制定综合预案，统筹协调，稳步推进，切实将企业退市引发的不良影响降到最低。

九、积极促进建立健全民间借贷纠纷防范和解决机制。人民法院在化解民间借贷纠纷的工作中，要紧紧围绕党和国家工作大局，紧紧依靠党委领导和政府支持，积极采取司法应对措施，全力维护社会和谐稳定。要加强与政府有关职能部门的沟通协调，充分发挥联动效能。要建立和完善系列案件审判执行统一协调机制，避免因裁判标准不一致或者执行工作简单化而激化社会矛盾。要结合民间借贷纠纷案件审判工作实际，及时提出司法建议，为有关部门依法采取有效措施提供参考。要加强法制宣传，特别是对典型案件的宣传，引导各类民间借贷主体增强风险防范意识，倡导守法诚信的社会风尚。

十、加强对民间借贷纠纷案件新情况新问题的调查研究。人民法院在民间借贷纠纷案件的审判工作中，要认真总结审判经验，密切关注各类敏感疑难问题和典型案件，对审理民间借贷纠纷案件过程中出现的新情况新问题，要认真分析研究成因，尽早提出对策，必要时及时层报最高人民法院。

4.最高人民法院印发《关于人民法院为防范化解金融风险和推进金融改革发展提供司法保障的指导意见》的通知(节录)

(2012年2月10日发布　法发〔2012〕3号)

二、依法规范金融秩序，推动金融市场协调发展

金融市场的稳定运行和健康发展，直接关涉金融秩序和社会政治的稳定。各级人民法院要通过切实有效地开展好各类金融案件的审判工作，促进多层次金融市场体系建设，维护金融市场秩序，推动金融市场全面协调发展。

5.保障信贷市场规范健康发展。各级人民法院要根据最高人民法院《关于依法妥善审理民间借贷纠纷案件，促进经济发展维护社会稳定的通知》的精神，妥善审理民间借贷等金融案件，保障民间借贷对正规金融的积极补充作用。要依法认定民间借贷合同的效力，保护合法的民间借贷法律关系，提高资金使用效率，推动中小微企业“融资难、融资贵”问题的解决。要依法保护合法的借贷利息，遏制民间融资中的高利贷化和投机化倾向，规范和引导民间融资健康发展。要高度重视和妥善审理涉及地下钱庄纠纷案件，严厉制裁地下钱庄违法行为，遏制资金游离于金融监管之外，维护安全稳定的信贷市场秩序。

5. 最高人民法院关于当前形势下加强民事审判切实保障民生若干问题的通知(节录)

(2012年2月12日发布　法发〔2012〕40号)

二、妥善审理民间借贷案件,维护合法有序的民间借贷关系。要从维护国家金融安全、保障经济健康发展的高度,统一审判理念和裁判思路,全面、准确、及时了解和掌握国家经济、金融政策精神;要依法准确认定民间借贷行为效力,正确划分合法的民间借贷与集资诈骗、非法吸收公众存款等犯罪行为的界限;要正确分析当事人诉讼请求的实质,判断当事人有关约定的效力,保护合法的民间借贷行为以及当事人的合法权益,促进实体经济发展。要加强对借据真实性的审查,进一步明确举证责任的分配,加大对各种形式高利贷的排除力度和对虚假债务的审查力度。

6. 最高人民法院印发《关于进一步加强金融审判工作的若干意见》的通知

(2017年8月4日发布　法发〔2017〕22号)

各省、自治区、直辖市高级人民法院,解放军军事法院,新疆维吾尔自治区高级人民法院生产建设兵团分院:

现将《最高人民法院关于进一步加强金融审判工作的若干意见》印发给你们,请认真贯彻执行。

最高人民法院

二〇一七年八月四日

最高人民法院关于进一步加强金融审判工作的若干意见

金融是国家重要的核心竞争力,金融安全是国家安全的重要组成部分,金融制度是经济社会发展中重要的基础性制度。为充分发挥人民法院金融审判职能作用,促进经济和金融良性循环、健康发展,现提出以下指导意见。

一、统一思想，提高认识，深入学习贯彻习近平总书记在全国金融工作会议上的重要讲话精神

习近平总书记在第五次全国金融工作会议上发表的重要讲话，科学回答了我国金融改革发展稳定中的重大理论和实践问题，具有很强的思想性、指导性、实践性，为做好新形势下金融工作提供了根本遵循，为人民法院金融审判工作指明了方向。全国各级人民法院要深入学习贯彻会议精神，切实把思想和行动统一到以习近平同志为核心的党中央对金融工作的形势分析判断和决策部署上来，牢牢坚持党对金融工作的统一领导，紧紧围绕服务实体经济、防控金融风险、深化金融改革三项任务，积极稳妥开展金融审判工作，切实维护国家金融安全，促进经济和金融良性循环、健康发展。

二、以服务实体经济作为出发点和落脚点，引导和规范金融交易

1. 遵循金融规律，依法审理金融案件。以金融服务实体经济为价值本源，依法审理各类金融案件。对于能够实际降低交易成本，实现普惠金融，合法合规的金融交易模式依法予以保护。对以金融创新为名掩盖金融风险、规避金融监管、进行制度套利的金融违规行为，要以其实际构成的法律关系确定其效力和各方的权利义务。对于以金融创新名义非法吸收公众存款或者集资诈骗，构成犯罪的，依法追究刑事责任。

2. 严格依法规制高利贷，有效降低实体经济的融资成本。金融借款合同的借款人以贷款人同时主张的利息、复利、罚息、违约金和其他费用过高，显著背离实际损失为由，请求对总计超过年利率24%的部分予以调减的，应予支持，以有效降低实体经济的融资成本。规范和引导民间融资秩序，依法否定民间借贷纠纷案件中预扣本金或者利息、变相高息等规避民间借贷利率司法保护上限的合同条款效力。

3. 依法认定新类型担保的法律效力，拓宽中小微企业的融资担保方式。丰富和拓展中小微企业的融资担保方式，除符合合同法第五十二条规定的合同无效情形外，应当依法认定新类型担保合同有效；符合物权法有关担保物权的规定的，还应当依法认定其物权效力，以增强中小微企业融资能力，有效缓解中小微企业融资难、融资贵问题。

4. 规范和促进直接服务实体经济的融资方式，拓宽金融对接实体经济的渠道。依法保护融资租赁、保理等金融资本与实体经济相结合的融资模式，支持和保障金融资本服务实体经济。对名为融资租赁合同、保理合同,实为借款合同的,应当按照实际构成的借款合同关系确定各方的权利义务,防范当事人以预扣租金、保证金等方式变相抬高实体经济融资成本。

5. 优化多层次资本市场体系的法治环境,满足多样化金融需求。依法审理证券、期货民商事纠纷案件,规范资本市场投融资秩序,引导把更多金融资源配置到经济社会发展的重点领域和薄弱环节,更好满足实体经济多样化的金融需求。

6. 准确适用保险法,促进保险业发挥长期稳健风险管理和保障的功能。妥善审理保险合同纠纷案件,依法保障各方当事人利益。充分发挥保险制度的核心功能,管理和分散实体经济运行中的自然灾害、意外事故、法律责任以及信用等风险。依法规范保险合同纠纷当事人、保险中介等各类市场主体行为,防范不同主体的道德风险,构建保险诚信法治体系。

7. 依法审理互联网金融纠纷案件,规范发展互联网金融。依法认定互联网金融所涉具体法律关系,据此确定各方当事人的权利义务。准确界定网络借贷信息中介机构与网络借贷合同当事人之间的居间合同关系。网络借贷信息中介机构与出借人以居间费用形式规避民间借贷利率司法保护上限规定的,应当认定无效。依法严厉打击涉互联网金融或者以互联网金融名义进行的违法犯罪行为,规范和保障互联网金融健康发展。

8. 加强新类型金融案件的研究和应对,统一裁判尺度。高度关注涉及私募股权投资、委托理财、资产管理等新类型金融交易的案件,严格按照合同法、公司法、合伙企业法、信托法等法律规范,确定各方当事人的权利义务。发布指导性案例,通过类案指导,统一裁判尺度。

9. 依法规制国有企业的贷款通道业务,防范无金融资质的国有企业变相从事金融业务。无金融资质的国有企业变相从事金融业务,套取金融机构信贷资金又高利转贷的,应当根据最高人民法院《关于审理民间借贷案件适用法律若干问题的规定》第十四条的规定,依法否定其放贷行为的法律效力,并通过向相应的主管部门提出司法建议等方式,遏制国有企业的贷款通道业务,引导其回归实体经济。

10. 依法打击资金掮客和资金融通中的违法犯罪行为,有效规范金融秩序。对于民间借贷中涉及商业银行工作人员内外勾结进行高利转贷、利益输送,或者金融机构工作人员违法发放贷款，以及公司、企业在申请贷款过程中虚构事实、隐瞒真相骗取贷款、实施贷款诈骗构成犯罪的，依法追究刑事责任。

三、有效防范化解金融风险，切实维护金融安全

11. 依法处置“僵尸企业”推动经济去杠杆。加强破产审判工作和体制机制建设，充分发挥破产程序在依法处置“僵尸企业”中的制度功能。对于已不具备市场竞争力和营运价值的“僵尸企业”，及时进行破产清算，有序退出市场，切实减少无效供给、化解过剩产能、释放生产要素、降低企业杠杆率，为深化供给侧结构性改革提供有力的司法服务和保障。

12. 充分发挥破产重整制度的拯救功能，促进有价值的危困企业再生。健全完善破产企业识别机制，对于虽然丧失清偿能力，但仍能适应市场需要、具有营运价值的企业，要综合运用破产重整、和解制度手段进行拯救，优化资源配置，实现企业再生。破产重整程序要坚持市场化导向，更加重视重整中的营业整合和资产重组，严格依法审慎适用重整计划强制批准权。

13. 积极预防破产案件引发金融风险，维护社会稳定。依法审慎处理可能引发金融风险、影响社会稳定的破产案件，特别是涉及相互、连环担保以及民间融资、非法集资的企业破产案件，避免引发区域性风险和群体性事件。进一步完善上市公司、金融机构等特定主体的破产制度设计，预防个案引发系统性金融风险。严格审查破产程序中的恶意逃废债务行为。依法适用关联企业合并破产、行使破产撤销权和取回权等手段，查找和追回债务人财产。对于隐匿、故意销毁会计账册、会计凭证，拒不执行法院判决、裁定等犯罪行为，依法追究刑事责任。

14. 依法保护金融债权，提升金融债权实现效率。依法打击逃废金融债权的行为，明确责任主体和责任范围，切实保护金融债权。根据具体金融借款合同纠纷案件的特点，分别适用普通程序、简易程序、特别程序、督促程序等不同程序，提高审判效率。有效发挥具有强制执行效力的公证书的作用，降低金融债权实现成本。

15. 依法审理票据纠纷案件，妥善化解票据风险。认真研究应对因违法票据融资行为可能引发的金融风险，准确适用票据法审理票据纠纷案件，有效防范和遏制票据风险，促进票据市场安全稳定发展。

16. 依法审理金融不良债权案件，保障金融不良债权依法处置。加强研究新形势下金融不良债权处置过程中出现的新情况新问题，统一裁判标准，促进金融不良债权处置的市场化、法治化进程。

17. 持续保持对非法集资犯罪打击的高压态势,有效维护社会稳定。依法公正高效审理非法集资案件,严厉打击非法集资犯罪行为。针对非法集资犯罪案件参与人数多、涉案金额大、波及面广、行业和区域相对集中的特点,加强与职能机关、地方政府的信息沟通和协调配合,提升处置效果,切实保障被害人的合法权益,有效维护社会稳定。

18. 依法保障房地产市场平稳健康发展,防范房地产市场的金融风险传导。高度重视房地产市场波动对金融债权的影响,依法妥善审理相关案件,有效防范房地产市场潜在风险对金融稳定和金融安全的传导与冲击。统一借名买房等规避国家房产限购政策的合同效力的裁判标准,引导房产交易回归居住属性。

19. 依法严厉惩治证券犯罪行为,维护资本市场秩序。依法审理欺诈发行股票、债券案件,违规披露、不披露重要信息案件,内幕交易案件,利用未公开信息交易案件和操纵证券、期货市场案件,防范和化解资本市场的系统性风险,促进资本市场的持续健康发展。

20. 加强投资者民事权益的司法保护,维护投资者的财产安全。依法审理证券市场虚假陈述、内幕交易、操纵市场的民事案件,保障证券投资者的合法权益。支持证券投资者保护机构以诉讼代表人的身份接受投资者委托提起诉讼或者提供专门法律服务,拓展投资者维权方式。探索建立证券侵权民事诉讼领域的律师调查令制度,提高投资者的举证能力。依法充分运用专家证人、专家陪审员制度,扩充证券案件审理的知识容量和审理深度,提高证券案件审判的专业性和公信力。引导金融产品提供者及服务提供者切实履行投资者适当性审查义务、信息披露义务和最大损失揭示义务,依法维护投资者的正当权益。

21. 规范整治地方交易场所的违法交易行为,防范和化解区域性金融风险。对地方交易场所未经许可或者超越经营许可范围开展的违法违规交易行为,要严格依照相关法律和行政法规的禁止性规定,否定其法律效力,明确交易场所的民事责任。切实加强涉地方交易场所案件的行政处置工作与司法审判工作的衔接,有效防范区域性金融风险。

22. 依法审理涉地方政府债务纠纷案件,防范地方政府债务风险。依法认定政府违法提供担保的法律责任,规范政府行为。依法认定地方政府利用平台公司融资、政府和社会资本合作(PPP)、投资基金、购买服务等方式变相举债作出的行政行为或者签订的行政协议的性质、效力和责任,明确裁判规则,划出责任边界,有效防范地方政府债务风险的集聚。

23. 依法审理涉外投资案件,加强外部金融风险的防范应对。加强对"一带一路"战略下跨境投资的金融安全与金融风险问题的研究应对,准确认定规避国家外汇管制政策的跨境投资行为的法律效力。

四、依法服务和保障金融改革,建立和完善适应金融审判工作需要的新机制

24. 支持金融监管机构依法履职,监督和促进金融监管机构依法行政。紧密配合金融改革和金融监管机构调整的要求,维护金融监管机构依法履行监管职责。依法审理涉及金融监管机构履行行政许可和审批、作出行政处罚和处理、公开政府信息及不履行法定职责等方面的各类行政案件,积极推动、监督和支持金融监管机构依法行政。

25. 加强与金融监管机构的协调配合,推动完善金融法治体系。探索建立人民法院与金融监管机构之间的沟通机制,定期通报涉及金融风险防范与金融安全的重要案件情况,强化金融监管和金融审判的衔接配合,推动形成统一完善的金融法治体系。

26. 有效引入外部资源,探索完善金融案件的多元化纠纷解决机制。推广证券期货行业、保险行业的诉讼与调解对接机制的成功经验,联合相关金融监管机构、行业协会和投资者保护机构,发挥专业资源优势,防范和化解金融纠纷。进一步畅通当事人的诉求表达和权利救济渠道,通过立案前委派调解、立案后委托调解等方式,促进金融纠纷依法、公正、高效解决,有效维护各方当事人的合法权益。

27. 建立金融审判信息平台,不断提升金融审判的信息化水平。结合"智慧法院"建设,探索建立金融审判信息平台,研究建立以金融机构为当事人的民商事案件信息管理系统,实时反映金融机构涉诉信息。建立重大金融案件的信息专报制度,及时研究应对措施,有效防范金融风险的传导和扩大。充分挖掘运用司法大数据,加强对金融案件的审判管理和分析研判,定期形成金融审判大数据分析报告,研究解决具有普遍性、趋势性的法律问题,为区域性、行业性、系统性金融风险的防范预警和重大决策提供信息支持。

五、加强司法能力建设,不断提升金融审判的专业化水平

28. 根据金融案件特点,探索建立专业化的金融审判机构。根据金融机构分布和金融案件数量情况，在金融案件相对集中的地区选择部分法院设立金融审判庭，探索实行金融案件的集中管辖。在其他金融案件较多的中级人民法院，可以根据案件情况设立专业化的金融审判庭或者金融审判合议庭。

29. 加强金融审判队伍的专业化建设，为金融审判提供人才保障。充实各级人民法院的金融审判队伍，完善与金融监管机构交流挂职、联合开展业务交流等金融审判专业人才的培养机制，有针对性地开展金融审判专题培训，努力造就一支既懂法律、又懂金融的高素质金融审判队伍，不断提升金融审判的专业化水平。

30. 加强金融司法研究，推动金融法治理论与金融审判实践的深度融合。加强与学术机构、高等院校的合作，围绕金融审判实务问题，深入开展金融审判的理论研究，为金融审判提供智力支持。

7. 最高人民法院关于防范和制裁虚假诉讼的指导意见

（2016 年 6 月 20 日发布　法发〔2016〕13 号）

当前，民事商事审判领域存在的虚假诉讼现象，不仅严重侵害案外人合法权益，破坏社会诚信，也扰乱了正常的诉讼秩序，损害司法权威和司法公信力，人民群众对此反映强烈。各级人民法院对此要高度重视，努力探索通过多种有效措施防范和制裁虚假诉讼行为。

1. 虚假诉讼一般包含以下要素：

(1) 以规避法律、法规或国家政策谋取非法利益为目的；

(2) 双方当事人存在恶意串通；

(3) 虚构事实；

(4) 借用合法的民事程序；

(5) 侵害国家利益、社会公共利益或者案外人的合法权益。

2. 实践中，要特别注意以下情形：

(1) 当事人为夫妻、朋友等亲近关系或者关联企业等共同利益关系；

(2) 原告诉请司法保护的标的额与其自身经济状况严重不符；

(3) 原告起诉所依据的事实和理由明显不符合常理；

(4) 当事人双方无实质性民事权益争议；

(5)案件证据不足,但双方仍然主动迅速达成调解协议,并请求人民法院出具调解书。

3. 各级人民法院应当在立案窗口及法庭张贴警示宣传标识,同时在"人民法院民事诉讼风险提示书"中明确告知参与虚假诉讼应当承担的法律责任,引导当事人依法行使诉权,诚信诉讼。

4. 在民间借贷、离婚析产、以物抵债、劳动争议、公司分立(合并)、企业破产等虚假诉讼高发领域的案件审理中,要加大证据审查力度。对可能存在虚假诉讼的,要适当加大依职权调查取证力度。

5. 涉嫌虚假诉讼的,应当传唤当事人本人到庭,就有关案件事实接受询问。除法定事由外,应当要求证人出庭作证。要充分发挥民事诉讼法司法解释有关当事人和证人签署保证书规定的作用,探索当事人和证人宣誓制度。

6. 诉讼中,一方对另一方提出的于己不利的事实明确表示承认,且不符合常理的,要做进一步查明,慎重认定。查明的事实与自认的事实不符的,不予确认。

7. 要加强对调解协议的审查力度。对双方主动达成调解协议并申请人民法院出具调解书的,应当结合案件基础事实,注重审查调解协议是否损害国家利益、社会公共利益或者案外人的合法权益;对人民调解协议司法确认案件,要按照民事诉讼法司法解释要求,注重审查基础法律关系的真实性。

8. 在执行公证债权文书和仲裁裁决书、调解书等法律文书过程中,对可能存在双方恶意串通、虚构事实的,要加大实质审查力度,注重审查相关法律文书是否损害国家利益、社会公共利益或者案外人的合法权益。如果存在上述情形,应当裁定不予执行。必要时,可向仲裁机构或者公证机关发出司法建议。

9. 加大公开审判力度,增加案件审理的透明度。对与案件处理结果可能存在法律上利害关系的,可适当依职权通知其参加诉讼,避免其民事权益受到损害,防范虚假诉讼行为。

10. 在第三人撤销之诉、案外人执行异议之诉、案外人申请再审等案件审理中,发现已经生效的裁判涉及虚假诉讼的,要及时予以纠正,保护案外人诉权和实体权利;同时也要防范有关人员利用上述法律制度,制造虚假诉讼,损害原诉讼中合法权利人利益。

11. 经查明属于虚假诉讼,原告申请撤诉的,不予准许,并应当根据民事诉讼法第一百一十二条的规定,驳回其请求。

12. 对虚假诉讼参与人，要适度加大罚款、拘留等妨碍民事诉讼强制措施的法律适用力度；虚假诉讼侵害他人民事权益的，虚假诉讼参与人应当承担赔偿责任；虚假诉讼违法行为涉嫌虚假诉讼罪、诈骗罪、合同诈骗罪等刑事犯罪的，民事审判部门应当依法将相关线索和有关案件材料移送侦查机关。

13. 探索建立虚假诉讼失信人名单制度。将虚假诉讼参与人列入失信人名单，逐步开展与现有相关信息平台和社会信用体系接轨工作，加大制裁力度。

14. 人民法院工作人员参与虚假诉讼的，要依照法官法、法官职业道德基本准则和法官行为规范等规定，从严处理。

15. 诉讼代理人参与虚假诉讼的，要依法予以制裁，并应当向司法行政部门、律师协会或者行业协会发出司法建议。

16. 鉴定机构、鉴定人参与虚假诉讼的，可以根据情节轻重，给予鉴定机构、鉴定人训诫、责令退还鉴定费用、从法院委托鉴定专业机构备选名单中除名等制裁，并应当向司法行政部门或者行业协会发出司法建议。

17. 要积极主动与有关部门沟通协调，争取支持配合，探索建立多部门协调配合的综合治理机制。要通过向社会公开发布虚假诉讼典型案例等多种形式，震慑虚假诉讼违法行为。

18. 各级人民法院要及时组织干警学习了解中央和地方的各项经济社会政策，充分预判有可能在司法领域反映出来的虚假诉讼案件类型，也可以采取典型案例分析、审判业务交流、庭审观摩等多种形式，提高甄别虚假诉讼的司法能力。

8. 最高人民法院、最高人民检察院、公安部、司法部关于办理“套路贷”刑事案件若干问题的意见

（2019年4月9日发布并施行　法发〔2019〕11号）

为持续深入开展“扫黑除恶”专项斗争，准确甄别和依法严厉惩处“套路贷”违法犯罪分子，根据刑法、刑事诉讼法、有关司法解释以及最高人民法院、最高人民检察院、公安部、司法部《关于办理黑恶势力犯罪案件若干问题的指导意见》等规范性文件的规定，现对办理“套路贷”刑事案件若干问题提出如下意见。

一、准确把握“套路贷”与民间借贷的区别

1. “套路贷”，是对以非法占有为目的，假借民间借贷之名，诱使或迫使被害

人签订“借贷”或变相“借贷”“抵押”“担保”等相关协议，通过虚增借贷金额、恶意制造违约、肆意认定违约、毁匿还款证据等方式形成虚假债权债务，并借助诉讼、仲裁、公证或者采用暴力、威胁以及其他手段非法占有被害人财物的相关违法犯罪活动的概括性称谓。

2.“套路贷”与平等主体之间基于意思自治而形成的民事借贷关系存在本质区别，民间借贷的出借人是为了到期按照协议约定的内容收回本金并获取利息，不具有非法占有他人财物的目的，也不会在签订、履行借贷协议过程中实施虚增借贷金额、制造虚假给付痕迹、恶意制造违约、肆意认定违约、毁匿还款证据等行为。

司法实践中，应当注意非法讨债引发的案件与“套路贷”案件的区别，犯罪嫌疑人、被告人不具有非法占有目的，也未使用“套路贷”与借款人形成虚假债权债务，不应视为“套路贷”。因使用暴力、威胁以及其他手段强行索债构成犯罪的，应当根据具体案件事实定罪处罚。

3. 实践中，“套路贷”的常见犯罪手法和步骤包括但不限于以下情形：

（1）制造民间借贷假象。犯罪嫌疑人、被告人往往以“小额贷款公司”“投资公司”“咨询公司”“担保公司”“网络借贷平台”等名义对外宣传，以低息、无抵押、无担保、快速放款等为诱饵吸引被害人借款，继而以“保证金”“行规”等虚假理由诱使被害人基于错误认识签订金额虚高的“借贷”协议或相关协议。有的犯罪嫌疑人、被告人还会以被害人先前借贷违约等理由，迫使对方签订金额虚高的“借贷”协议或相关协议。

（2）制造资金走账流水等虚假给付事实。犯罪嫌疑人、被告人按照虚高的“借贷”协议金额将资金转入被害人账户，制造已将全部借款交付被害人的银行流水痕迹，随后便采取各种手段将其中全部或者部分资金收回，被害人实际上并未取得或者完全取得“借贷”协议、银行流水上显示的钱款。

（3）故意制造违约或者肆意认定违约。犯罪嫌疑人、被告人往往会以设置违约陷阱、制造还款障碍等方式，故意造成被害人违约，或者通过肆意认定违约，强行要求被害人偿还虚假债务。

（4）恶意垒高借款金额。当被害人无力偿还时，有的犯罪嫌疑人、被告人会安排其所属公司或者指定的关联公司、关联人员为被害人偿还“借款”，继而与被害人签订金额更大的虚高“借贷”协议或相关协议，通过这种“转单平账”“以贷还贷”的方式不断垒高“债务”。

(5)软硬兼施“索债”。在被害人未偿还虚高“借款”的情况下,犯罪嫌疑人、被告人借助诉讼、仲裁、公证或者采用暴力、威胁以及其他手段向被害人或者被害人的特定关系人索取“债务”。

二、依法严惩“套路贷”犯罪

4.实施“套路贷”过程中,未采用明显的暴力或者威胁手段,其行为特征从整体上表现为以非法占有为目的,通过虚构事实、隐瞒真相骗取被害人财物的,一般以诈骗罪定罪处罚;对于在实施“套路贷”过程中多种手段并用,构成诈骗、敲诈勒索、非法拘禁、虚假诉讼、寻衅滋事、强迫交易、抢劫、绑架等多种犯罪的,应当根据具体案件事实,区分不同情况,依照刑法及有关司法解释的规定数罪并罚或者择一重处。

5.多人共同实施“套路贷”犯罪,犯罪嫌疑人、被告人在所参与的犯罪中起主要作用的,应当认定为主犯,对其参与或组织、指挥的全部犯罪承担刑事责任;起次要或辅助作用的,应当认定为从犯。

明知他人实施“套路贷”犯罪,具有以下情形之一的,以相关犯罪的共犯论处,但刑法和司法解释等另有规定的除外:

(1)组织发送“贷款”信息、广告,吸引、介绍被害人“借款”的;

(2)提供资金、场所、银行卡、账号、交通工具等帮助的;

(3)出售、提供、帮助获取公民个人信息的;

(4)协助制造走账记录等虚假给付事实的;

(5)协助办理公证的;

(6)协助以虚假事实提起诉讼或者仲裁的;

(7)协助套现、取现、办理动产或不动产过户等,转移犯罪所得及其产生的收益的;

(8)其他符合共同犯罪规定的情形。

上述规定中的“明知他人实施‘套路贷’犯罪”,应当结合行为人的认知能力、既往经历、行为次数和手段、与同案人、被害人的关系、获利情况、是否曾因“套路贷”受过处罚、是否故意规避查处等主客观因素综合分析认定。

6.在认定“套路贷”犯罪数额时,应当与民间借贷相区别,从整体上予以否定性评价,“虚高债务”和以“利息”“保证金”“中介费”“服务费”“违约金”等名目被犯罪嫌疑人、被告人非法占有的财物，均应计入犯罪数额。

犯罪嫌疑人、被告人实际给付被害人的本金数额，不计入犯罪数额。

已经着手实施“套路贷”，但因意志以外原因未得逞的，可以根据相关罪名所涉及的刑法、司法解释规定，按照已着手非法占有的财物数额认定犯罪未遂。既有既遂，又有未遂，犯罪既遂部分与未遂部分分别对应不同法定刑幅度的，应当先决定对未遂部分是否减轻处罚，确定未遂部分对应的法定刑幅度，再与既遂部分对应的法定刑幅度进行比较，选择处罚较重的法定刑幅度，并酌情从重处罚；二者在同一量刑幅度的，以犯罪既遂酌情从重处罚。

7. 犯罪嫌疑人、被告人实施“套路贷”违法所得的一切财物，应当予以追缴或者责令退赔；对被害人的合法财产，应当及时返还。有证据证明是犯罪嫌疑人、被告人为实施“套路贷”而交付给被害人的本金，赔偿被害人损失后如有剩余，应依法予以没收。

犯罪嫌疑人、被告人已将违法所得的财物用于清偿债务、转让或者设置其他权利负担，具有下列情形之一的，应当依法追缴：

(1) 第三人明知是违法所得财物而接受的；

(2) 第三人无偿取得或者以明显低于市场的价格取得违法所得财物的；

(3) 第三人通过非法债务清偿或者违法犯罪活动取得违法所得财物的；

(4) 其他应当依法追缴的情形。

8. 以老年人、未成年人、在校学生、丧失劳动能力的人为对象实施“套路贷”，或者因实施“套路贷”造成被害人或其特定关系人自杀、死亡、精神失常、为偿还“债务”而实施犯罪活动的，除刑法、司法解释另有规定的外，应当酌情从重处罚。

在坚持依法从严惩处的同时，对于认罪认罚、积极退赃、真诚悔罪或者具有其他法定、酌定从轻处罚情节的被告人，可以依法从宽处罚。

9. 对于“套路贷”犯罪分子，应当根据其所触犯的具体罪名，依法加大财产刑适用力度。符合刑法第三十七条之一规定的，可以依法禁止从事相关职业。

10. 三人以上为实施“套路贷”而组成的较为固定的犯罪组织，应当认定为犯罪集团。对首要分子应按照集团所犯全部罪行处罚。

符合黑恶势力认定标准的，应当按照黑社会性质组织、恶势力或者恶势力犯罪集团侦查、起诉、审判。

三、依法确定“套路贷”刑事案件管辖

11.“套路贷”犯罪案件一般由犯罪地公安机关侦查，如果由犯罪嫌疑人居住地公安机关立案侦查更为适宜的，可以由犯罪嫌疑人居住地公安机关立案侦查。犯罪地包括犯罪行为发生地和犯罪结果发生地。

“犯罪行为发生地”包括为实施“套路贷”所设立的公司所在地、“借贷”协议或相关协议签订地、非法讨债行为实施地、为实施“套路贷”而进行诉讼、仲裁、公证的受案法院、仲裁委员会、公证机构所在地，以及“套路贷”行为的预备地、开始地、途经地、结束地等。

“犯罪结果发生地”包括违法所得财物的支付地、实际取得地、藏匿地、转移地、使用地、销售地等。

除犯罪地、犯罪嫌疑人居住地外，其他地方公安机关对于公民扭送、报案、控告、举报或者犯罪嫌疑人自首的“套路贷”犯罪案件，都应当立即受理，经审查认为有犯罪事实的，移送有管辖权的公安机关处理。

黑恶势力实施的“套路贷”犯罪案件，由侦办黑社会性质组织、恶势力或者恶势力犯罪集团案件的公安机关进行侦查。

12.具有下列情形之一的，有关公安机关可以在其职责范围内并案侦查：

(1)一人犯数罪的；

(2)共同犯罪的；

(3)共同犯罪的犯罪嫌疑人还实施其他犯罪的；

(4)多个犯罪嫌疑人实施的犯罪存在直接关联，并案处理有利于查明案件事实的。

13.本意见自2019年4月9日起施行。

四、部门规章

1.贷款通则

(中国人民银行令1996年2号发布　自1996年8月1日起施行)

第一章　总　　则

第一条　为了规范贷款行为，维护借贷双方的合法权益，保证信贷资产的安

全,提高贷款使用的整体效益,促进社会经济的持续发展,根据《中华人民共和国中国人民银行法》《中华人民共和国商业银行法》等有关法律规定,制定本通则。

第二条 本通则所称贷款人,系指在中国境内依法设立的经营贷款业务的中资金融机构。

本通则所称借款人,系指从经营贷款业务的中资金融机构取得贷款的法人、其他经济组织、个体工商户和自然人。

本通则中所称贷款系指贷款人对借款人提供的并按约定的利率和期限还本付息的货币资金。

本通则中的贷款币种包括人民币和外币。

第三条 贷款的发放和使用应当符合国家的法律、行政法规和中国人民银行发布的行政规章,应当遵循效益性、安全性和流动性的原则。

第四条 借款人与贷款人的借贷活动应当遵循平等、自愿、公平和诚实信用的原则。

第五条 贷款人开展贷款业务,应当遵循公平竞争、密切协作的原则,不得从事不正当竞争。

第六条 中国人民银行及其分支机构是实施《贷款通则》的监管机关。

第二章 贷款种类

第七条 自营贷款、委托贷款和特定贷款:

自营贷款,系指贷款人以合法方式筹集的资金自主发放的贷款,其风险由贷款人承担,并由贷款人收回本金和利息。

委托贷款,系指由政府部门、企事业单位及个人等委托人提供资金,由贷款人(即受托人)根据委托人确定的贷款对象、用途、金额、期限、利率等代为发放、监督使用并协助收回的贷款。贷款人(受托人)只收取手续费,不承担贷款风险。

特定贷款,系指国务院批准并对贷款可能造成的损失采取相应补救措施后责成国有独资商业银行发放的贷款。

第八条 短期贷款、中期贷款和长期贷款:

短期贷款,系指贷款期限在1年以内(含1年)的贷款。

中期贷款,系指贷款期限在1年以上(不含1年)5年以下(含5年)的贷款。

长期贷款,系指贷款期限在5年(不含5年)以上的贷款。

第九条 信用贷款、担保贷款和票据贴现：

信用贷款，系指以借款人的信誉发放的贷款。

担保贷款，系指保证贷款、抵押贷款、质押贷款。

保证贷款，系指按《中华人民共和国担保法》规定的保证方式以第三人承诺在借款人不能偿还贷款时，按约定承担一般保证责任或者连带责任而发放的贷款。

抵押贷款，系指按《中华人民共和国担保法》规定的抵押方式以借款人或第三人的财产作为抵押物发放的贷款。

质押贷款，系指按《中华人民共和国担保法》规定的质押方式以借款人或第三人的动产或权利作为质物发放的贷款。

票据贴现，系指贷款人以购买借款人未到期商业票据的方式发放的贷款。

第十条 除委托贷款以外，贷款人发放贷款，借款人应当提供担保。贷款人应当对保证人的偿还能力，抵押物、质物的权属和价值以及实现抵押权、质权的可行性进行严格审查。

经贷款审查、评估，确认借款人资信良好，确能偿还贷款的，可以不提供担保。

第三章 贷款期限和利率

第十一条 贷款期限：

贷款期限根据借款人的生产经营周期、还款能力和贷款人的资金供给能力由借贷双方共同商议后确定，并在借款合同中载明。

自营贷款期限最长一般不得超过10年，超过10年应当报中国人民银行备案。

票据贴现的贴现期限最长不得超过6个月，贴现期限为从贴现之日起到票据到期日止。

第十二条 贷款展期：

不能按期归还贷款的，借款人应当在贷款到期日之前，向贷款人申请贷款展期。是否展期由贷款人决定。申请保证贷款、抵押贷款、质押贷款展期的，还应当由保证人、抵押人、出质人出具同意的书面证明。已有约定的，按照约定执行。

短期贷款展期期限累计不得超过原贷款期限；中期贷款展期期限累计不得超过原贷款期限的一半；长期贷款展期期限累计不得超过3年。国家另有规定者除外。借款人未申请展期或申请展期未得到批准,其贷款从到期日次日起,转入逾期贷款账户。

第十三条 贷款利率的确定:

贷款人应当按照中国人民银行规定的贷款利率上下限,确定每笔贷款利率,并在借款合同中载明。

第十四条 贷款利率的计收:

贷款人和借款人应当按借款合同和中国人民银行有关计息规定按期计收或交付利息。

贷款的展期期限加上原期限达到新的利率期限档次时,从展期之日起,贷款利息按新的期限档次利率计收。

逾期贷款按规定计收罚息。

第十五条 贷款的贴息:

根据国家政策,为了促进某些产业和地区经济的发展,有关部门可以对贷款补贴利息。

对有关部门贴息的贷款,承办银行应当自主审查发放,并根据本通则有关规定严格管理。

第十六条 贷款停息、减息、缓息和免息;

除国务院决定外,任何单位和个人无权决定停息、减息、缓息和免息。贷款人应当依据国务院决定,按照职责权限范围具体办理停息、减息、缓息和免息。

第四章 借 款 人

第十七条 借款人应当是经工商行政管理机关(或主管机关)核准登记的企(事)业法人、其他经济组织、个体工商户或具有中华人民共和国国籍的具有完全民事行为能力的自然人。

借款人申请贷款,应当具备产品有市场、生产经营有效益、不挤占挪用信贷资金、恪守信用等基本条件,并且应当符合以下要求:

一、有按期还本付息的能力,原应付贷款利息和到期贷款已清偿;没有清偿的,已经做了贷款人认可的偿还计划。

二、除自然人和不需要经工商部门核准登记的事业法人外,应当经过工商部门办理年检手续。

三、已开立基本账户或一般存款账户。

四、除国务院规定外,有限责任公司和股份有限公司对外股本权益性投资累计额未超过其净资产总额的50%。

五、借款人的资产负债率符合贷款人的要求。

六、申请中期、长期贷款的,新建项目的企业法人所有者权益与项目所需总投资的比例不低于国家规定的投资项目的资本金比例。

第十八条 借款人的权利:

一、可以自主向主办银行或者其他银行的经办机构申请贷款并依条件取得贷款;

二、有权按合同约定提取和使用全部贷款;

三、有权拒绝借款合同以外的附加条件;

四、有权向贷款人的上级和中国人民银行反映、举报有关情况;

五、在征得贷款人同意后,有权向第三人转让债务。

第十九条 借款人的义务:

一、应当如实提供贷款人要求的资料(法律规定不能提供者除外),应当向贷款人如实提供所有开户行、账号及存贷款余额情况,配合贷款人的调查、审查和检查;

二、应当接受贷款人对其使用信贷资金情况和有关生产经营、财务活动的监督;

三、应当按借款合同约定用途使用贷款;

四、应当按借款合同约定及时清偿贷款本息;

五、将债务全部或部分转让给第三人的,应当取得贷款人的同意;

六、有危及贷款人债权安全情况时,应当及时通知贷款人,同时采取保全措施。

第二十条 对借款人的限制:

一、不得在一个贷款人同一辖区内的两个或两个以上同级分支机构取得贷款。

二、不得向贷款人提供虚假的或者隐瞒重要事实的资产负债表、损益表等。

三、不得用贷款从事股本权益性投资,国家另有规定的除外。

四、不得用贷款在有价证券、期货等方面从事投机经营。

五、除依法取得经营房地产资格的借款人以外,不得用贷款经营房地产业务;依法取得经营房地产资格的借款人,不得用贷款从事房地产投机。

六、不得套取贷款用于借贷牟取非法收入。

七、不得违反国家外汇管理规定使用外币贷款。

八、不得采取欺诈手段骗取贷款。

第五章　贷　款　人

第二十一条　贷款人必须经中国人民银行批准经营贷款业务,持有中国人民银行颁发的《金融机构法人许可证》或《金融机构营业许可证》,并经工商行政管理部门核准登记。

第二十二条　贷款人的权利:

根据贷款条件和贷款程序自主审查和决定贷款,除国务院批准的特定贷款外,有权拒绝任何单位和个人强令其发放贷款或者提供担保。

一、要求借款人提供与借款有关的资料;

二、根据借款人的条件,决定贷与不贷、贷款金额、期限和利率等;

三、了解借款人的生产经营活动和财务活动;

四、依合同约定从借款人账户上划收贷款本金和利息;

五、借款人未能履行借款合同规定义务的,贷款人有权依合同约定要求借款人提前归还贷款或停止支付借款人尚未使用的贷款;

六、在贷款将受或已受损失的,可依据合同规定,采取使贷款免受损失的措施。

第二十三条　贷款人的义务:

一、应当公布所经营的贷款的种类、期限和利率,并向借款人提供咨询。

二、应当公开贷款审查的资信内容和发放贷款的条件。

三、贷款人应当审议借款人的借款申请,并及时答复贷与不贷。短期贷款答复时间不得超过1个月,中期、长期贷款答复时间不得超过六个月;国家另有规定者除外。

四、应当对借款人债务、财务、生产、经营情况保密,但对依法查询者除外。

第二十四条　对贷款人的限制:

一、贷款的发放必须严格执行《中华人民共和国商业银行法》第三十九条关于资产负债比例管理的有关规定,第四十条关于不得向关系人发放信用贷款、向关系人发放担保贷款的条件不得优于其他借款人同类贷款条件的规定。

二、借款人有下列情形之一者,不得对其发放贷款:

(一)不具备本通则第四章第十七条所规定的资格和条件的;

(二)生产、经营或投资国家明文禁止的产品、项目的;

(三)违反国家外汇管理规定的;

(四)建设项目按国家规定应当报有关部门批准而未取得批准文件的;

(五)生产经营或投资项目未取得环境保护部门许可的;

(六)在实行承包、租赁、联营、合并(兼并)、合作、分立、产权有偿转让、股份制改造等体制变更过程中,未清偿原有贷款债务、落实原有贷款债务或提供相应担保的;

(七)有其他严重违法经营行为的。

三、未经中国人民银行批准,不得对自然人发放外币币种的贷款。

四、自营贷款和特定贷款,除按中国人民银行规定计收利息之外,不得收取其他任何费用;委托贷款,除按中国人民银行规定计收手续费之外,不得收取其他任何费用。

五、不得给委托人垫付资金,国家另有规定的除外。

六、严格控制信用贷款,积极推广担保贷款。

第六章　贷款程序

第二十五条　贷款申请:

借款人需要贷款,应当向主办银行或者其他银行的经办机构直接申请。

借款人应当填写包括借款金额、借款用途、偿还能力及还款方式等主要内容的《借款申请书》并提供以下资料:

一、借款人及保证人基本情况;

二、财政部门或会计(审计)事务所核准的上年度财务报告,以及申请借款前一期的财务报告;

三、原有不合理占用的贷款的纠正情况;

四、抵押物、质物清单和有处分权人的同意抵押、质押的证明及保证人拟同意保证的有关证明文件;

五、项目建议书和可行性报告;

六、贷款人认为需要提供的其他有关资料。

第二十六条　对借款人的信用等级评估:

应当根据借款人的领导者素质、经济实力、资金结构、履约情况、经营效益和发展前景等因素，评定借款人的信用等级。评级可由贷款人独立进行，内部掌握，也可由有权部门批准的评估机构进行。

第二十七条 贷款调查：

贷款人受理贷款人申请后，应当对借款人的信用等级以及借款的合法性、安全性、盈利性等情况进行调查，核实抵押物、质物、保证人情况，测定贷款的风险度。

第二十八条 贷款审批：

贷款人应当建立审贷分离、分级审批的贷款管理制度。审查人员应当对调查人员提供的资料进行核实、评定，复测贷款风险度，提出意见，按规定权限报批。

第二十九条 签订借款合同：

所有贷款应当由贷款人与借款人签订借款合同。借款合同应当约定借款种类，借款用途、金额、利率，借款期限，还款方式，借、贷双方的权利、义务，违约责任和双方认为需要约定的其他事项。

保证贷款应当由保证人与贷款人签订保证合同，或保证人在借款合同上载明与贷款人协商一致的保证条款，加盖保证人的法人公章，并由保证人的法定代表人或其授权代理人签署姓名。抵押贷款、质押贷款应当由抵押人、出质人与贷款人签订抵押合同、质押合同，需要办理登记的，应依法办理登记。

第三十条 贷款发放：

贷款人要按借款合同规定按期发放贷款。贷款人不按合同约定按期发放贷款的，应偿还违约金。借款人不按合同约定用款的，应偿付违约金。

第三十一条 贷后检查：

贷款发放后，贷款人应当对借款人执行借款合同情况及借款人的经营情况进行追踪调查和检查。

第三十二条 贷款归还：

借款人应当按照借款合同规定按时足额归还贷款本息。

贷款人在短期贷款到期1个星期之前、中长期贷款到期1个月之前，应当向借款人发送还本付息通知单；借款人应当及时筹备资金，按时还本付息。

贷款人对逾期的贷款要及时发出催收通知单，做好逾期贷款本息的催收工作。

贷款人对不能按借款合同约定期限归还的贷款,应当按规定加罚利息;对不能归还或者不能落实还本付息事宜的,应当督促归还或者依法起诉。

借款人提前归还贷款,应当与贷款人协商。

第七章 不良贷款监管

第三十三条 贷款人应当建立和完善贷款的质量监管制度,对不良贷款进行分类、登记、考核和催收。

第三十四条 不良贷款系指呆账贷款、呆滞贷款、逾期贷款。

呆账贷款,系指按财政部有关规定列为呆账的贷款。

呆滞贷款,系指按财政部有关规定,逾期(含展期后到期)超过规定年限以上仍未归还的贷款,或虽未逾期或逾期不满规定年限但生产经营已终止、项目已停建的贷款(不含呆账贷款)。

逾期贷款,系指借款合同约定到期(含展期后到期)未归还的贷款(不含呆滞贷款和呆账贷款)。

第三十五条 不良贷款的登记:

不良贷款由会计、信贷部门提供数据,由稽核部门负责审核并按规定权限认定,贷款人应当按季填报不良贷款情况表。在报上级行的同时,应当报中国人民银行当地分支机构。

第三十六条 不良贷款的考核:

贷款人的呆账贷款、呆滞贷款、逾期贷款不得超过中国人民银行规定的比例。贷款人应当对所属分支机构下达和考核呆账贷款、呆滞贷款和逾期贷款的有关指标。

第三十七条 不良贷款的催收和呆账贷款的冲销:

信贷部门负责不良贷款的催收,稽核部门负责对催收情况的检查。贷款人应当按照国家有关规定提取呆账准备金,并按照呆账冲销的条件和程序冲销呆账贷款。

未经国务院批准,贷款人不得豁免贷款。除国务院批准外,任何单位和个人不得强令贷款人豁免贷款。

第八章 贷款管理责任制

第三十八条 贷款管理实行行长(经理、主任,下同)负责制。

贷款实行分级经营管理。各级行长应当在授权范围内对贷款的发放和收回负全部责任。行长可以授权副行长或贷款管理部门负责审批贷款,副行长或贷款管理部门负责人应当对行长负责。

第三十九条 贷款人各级机构应当建立有行长或副行长(经理、主任,下同)和有关部门负责人参加的贷款审查委员会(小组),负责贷款的审查。

第四十条 建立审贷分离制:

贷款调查评估人员负责贷款调查评估,承担调查失误和评估失准的责任;贷款审查人员负责贷款风险的审查,承担审查失误的责任;贷款发放人员负责贷款的检查和清收,承担检查失误、清收不力的责任。

第四十一条 建立贷款分级审批制:

贷款人应当根据业务量大小、管理水平和贷款风险度确定各级分支机构的审批权限,超过审批权限的贷款,应当报上级审批。各级分支机构应当根据贷款种类、借款人的信用等级和抵押物、质物、保证人等情况确定每一笔贷款的风险度。

第四十二条 建立和健全信贷工作岗位责任制:

各级贷款管理部门应将贷款管理的每一个环节的管理责任落实到部门、岗位、个人,严格划分各级信贷工作人员的职责。

第四十三条 贷款人对大额借款人建立驻厂信贷员制度。

第四十四条 建立离职审计制:

贷款管理人员在调离原工作岗位时,应当对其在任职期间和权限内所发放的贷款风险情况进行审计。

第九章 贷款债权保全和清偿的管理

第四十五条 借款人不得违反法律规定,借兼并、破产或者股份制改造等途径,逃避银行债务,侵吞信贷资金;不得借承包、租赁等途径逃避贷款人的信贷监管以及偿还贷款本息的责任。

第四十六条 贷款人有权参与处于兼并、破产或股份制改造等过程中的借款人的债务重组,应当要求借款人落实贷款还本付息事宜。

第四十七条 贷款人应当要求实行承包、租赁经营的借款人,在承包、租赁合同中明确落实原贷款债务的偿还责任。

第四十八条 贷款人对实行股份制改造的借款人,应当要求其重新签订借款合同,明确原贷款债务的清偿责任。

对实行整体股份制改造的借款人,应当明确其所欠贷款债务由改造后公司全部承担;对实行部分股份制改造的借款人,应当要求改造后的股份公司按占用借款人的资本金或资产的比例承担原借款人的贷款债务。

第四十九条 贷款人对联营后组成新的企业法人的借款人,应当要求其依据所占用的资本金或资产的比例将贷款债务落实到新的企业法人。

第五十条 贷款人对合并(兼并)的借款人,应当要求其在合并(兼并)前清偿贷款债务或提供相应的担保。

借款人不清偿贷款债务或未提供相应担保,贷款人应当要求合并(兼并)企业或合并后新成立的企业承担归还原借款人贷款的义务,并与之重新签订有关合同或协议。

第五十一条 贷款人对与外商合资(合作)的借款人,应当要求其继续承担合资(合作)前的贷款归还责任,并要求其将所得收益优先归还贷款。借款人用已作为贷款抵押、质押的财产与外商合资(合作)时必须征求贷款人同意。

第五十二条 贷款人对分立的借款人,应当要求其在分立前清偿贷款债务或提供相应的担保。

借款人不清偿贷款债务或未提供相应担保,贷款人应当要求分立后的各企业,按照分立时所占资本或资产比例或协议,对原借款人所欠贷款承担清偿责任。对设立子公司的借款人,应当要求其子公司按所得资本或资产的比例承担和偿还母公司相应的贷款债务。

第五十三条 贷款人对产权有偿转让或申请解散的借款人,应当要求其在产权转让或解散前必须落实贷款债务的清偿。

第五十四条 贷款人应当按照有关法律参与借款人破产财产的认定与债权债务的处置,对于破产借款人已设定财产抵押、质押或其他担保的贷款债权,贷款人依法享有优先受偿权;无财产担保的贷款债权按法定程序和比例受偿。

第十章 贷款管理特别规定

第五十五条 建立贷款主办行制度:

借款人应按中国人民银行的规定与其开立基本账户的贷款人建立贷款主办

行关系。

借款人发生企业分立、股份制改造、重大项目建设等涉及信贷资金使用和安全的重大经济活动,事先应当征求主办行的意见。一个借款人只能有一个贷款主办行,主办行应当随基本账户的变更而变更。

主办行不包资金,但应当按规定有计划地对借款人提供贷款,为借款人提供必要的信息咨询、代理等金融服务。

贷款主办行制度与实施办法,由中国人民银行另行规定。

第五十六条 银团贷款应当确定一个贷款人为牵头行,并签订银团贷款协议,明确各贷款人的权利和义务,共同评审贷款项目。牵头行应当按协议确定的比例监督贷款的偿还。银团贷款管理办法由中国人民银行另行规定。

第五十七条 特定贷款管理:

国有独资商业银行应当按国务院规定发放和管理特定贷款。

特定贷款管理办法另行规定。

第五十八条 非银行金融机构贷款的种类、对象、范围,应当符合中国人民银行规定。

第五十九条 贷款人发放异地贷款,或者接受异地存款,应当报中国人民银行当地分支机构备案。

第六十条 信贷资金不得用于财政支出。

第六十一条 各级行政部门和企事业单位、供销合作社等合作经济组织、农村合作基金会和其他基金会,不得经营存贷款等金融业务。企业之间不得违反国家规定办理借贷或者变相借贷融资业务。

第十一章 罚 则

第六十二条 贷款人违反资产负债比例管理有关规定发放贷款的,应当依照《中华人民共和国商业银行法》第七十五条,由中国人民银行责令改正,处以罚款,有违法所得的没收违法所得,并且应当依照第七十六条对直接负责的主管人员和其他直接责任人员给予处罚。

第六十三条 贷款人违反规定向关系人发放信用贷款或者发放担保贷款的条件优于其他借款人同类贷款条件的,应当依照《中华人民共和国商业银行法》第七十四条处罚,并且应当依照第七十六条对有关直接责任人员给予处罚。

第六十四条 贷款人的工作人员对单位或者个人强令其发放贷款或者提供

担保未予拒绝的,应当依照《中华人民共和国商业银行法》第八十五条给予纪律处分,造成损失的应当承担相应的赔偿责任。

第六十五条 贷款人的有关责任人员违反本通则有关规定,应当给予纪律处分和罚款;情节严重或屡次违反的,应当调离工作岗位,取消任职资格;造成严重经济损失或者构成其他经济犯罪的,应当依照有关法律规定追究刑事责任。

第六十六条 贷款人有下列情形之一,由中国人民银行责令改正;逾期不改正的,中国人民银行可以处以5千元以上1万元以下罚款:

一、没有公布所经营贷款的种类、期限、利率的;

二、没有公开贷款条件和发放贷款时要审查的内容的;

三、没有在规定期限内答复借款人贷款申请的。

第六十七条 贷款人有下列情形之一,由中国人民银行责令改正;有违法所得的,没收违法所得,并处以违法所得1倍以上3倍以下罚款;没有违法所得的,处以五万元以上三十万元以下罚款;构成犯罪的,依法追究刑事责任:

一、贷款人违反规定代垫委托贷款资金的;

二、未经中国人民银行批准,对自然人发放外币贷款的;

三、贷款人违反中国人民银行规定,对自营贷款或者特定贷款在计收利息之外收取其他任何费用的,或者对委托贷款在计收手续费之外收取其他任何费用的。

第六十八条 任何单位和个人强令银行发放贷款或者提供担保的,应当依照《中华人民共和国商业银行法》第八十五条,对直接负责的主管人员和其他直接责任人员或者个人给予纪律处分;造成经济损失的,承担全部或者部分赔偿责任。

第六十九条 借款人采取欺诈手段骗取贷款,构成犯罪的,应当依照《中华人民共和国商业银行法》第八十条等法律规定处以罚款并追究刑事责任。

第七十条 借款人违反本通则第九章第四十二条规定,蓄意通过兼并、破产或者股份制改造等途径侵吞信贷资金的,应当依据有关法律规定承担相应部分赔偿责任并处以罚款;造成贷款人重大经济损失的,应当依照有关法律规定追究直接责任人员的刑事责任。

借款人违反本通则第九章其他条款规定,致使贷款债务落空,由贷款人停止发放新贷款,并提前收回原发放的贷款。造成信贷资产损失的,借款人及其主管人员或其他个人,应当承担部分或全部赔偿责任。在未履行赔偿责任之前,其他任何贷款人不得对其发放贷款。

第七十一条 借款人有下列情形之一,由贷款人对其部分或全部贷款加收利息;情节特别严重的,由贷款人停止支付借款人尚未使用的贷款,并提前收回部分或全部贷款:

一、不按借款合同规定用途使用贷款的。

二、用贷款进行股本权益性投资的。

三、用贷款在有价证券、期货等方面从事投机经营的。

四、未依法取得经营房地产资格的借款人用贷款经营房地产业务的;依法取得经营房地产资格的借款人,用贷款从事房地产投机的。

五、不按借款合同规定清偿贷款本息的。

六、套取贷款相互借贷牟取非法收入的。

第七十二条 借款人有下列情形之一,由贷款人责令改正。情节特别严重或逾期不改正的,由贷款人停止支付借款人尚未使用的贷款,并提前收回部分或全部贷款:

一、向贷款人提供虚假或者隐瞒重要事实的资产负债表、损益表等资料的;

二、不如实向贷款人提供所有开户行、账号及存贷款余额等资料的;

三、拒绝接受贷款人对其使用信贷资金情况和有关生产经营、财务活动监督的。

第七十三条 行政部门、企事业单位、股份合作经济组织、供销合作社、农村合作基金会和其他基金会擅自发放贷款的;企业之间擅自办理借贷或者变相借贷的,由中国人民银行对出借方按违规收入处以1倍以上至5倍以下罚款,并由中国人民银行予以取缔。

第七十四条 当事人对中国人民银行处罚决定不服的,可按《中国人民银行行政复议办法(试行)》的规定申请复议,复议期间仍按原处罚执行。

第十二章 附 则

第七十五条 国家政策性银行、外资金融机构(含外资、中外合资、外资金融机构的分支机构等)的贷款管理办法,由中国人民银行另行制定。

第七十六条 有关外国政府贷款、出口信贷、外商贴息贷款、出口信贷项下的对外担保以及与上述贷款配套的国际商业贷款的管理办法,由中国人民银行另行制定。

第七十七条 贷款人可根据本通则制定实施细则,报中国人民银行备案。

第七十八条 本通则自实施之日起，中国人民银行和各贷款人在此以前制定的各种规定，与本通则有抵触者，以本通则为准。

第七十九条 本通则由中国人民银行负责解释。

第八十条 本通则自一九九六年八月一日起施行。

2. 中国人民银行关于取缔非法金融机构和非法金融业务活动中有关问题的通知

（1999 年 1 月 27 日发布 银发〔1999〕41 号）

中国人民银行各分行、营业管理部：

《非法金融业务活动和非法金融机构取缔办法》（国务院〔1998〕247 号令）颁布以来，人民银行各分支行进一步加大了对非法金融业务活动的查处力度，同时，一些分支行也提出，在认定和查处非法金融业务活动中有些问题需要进一步明确，现通知如下：

一、非法集资是指单位或者个人未依照法定程序经有关部门批准，以发行股票、债券、彩票、投资基金证券或其他债权凭证的方式向社会公众筹集资金，并承诺在一定期限内以货币、实物及其他方式向出资人还本付息或给予回报的行为。它具有如下特点：

（一）未经有关部门依法批准，包括没有批准权限的部门批准的集资以及有审批权限的问题超越权限批准的集资；

（二）承诺在一定期限内给出资人还本付息。还本付息的形式除以货币形式为主外，还包括以实物形式或其他形式；

（三）向社会不特定对象即社会公众筹集资金；

（四）以合法形式掩盖其非法集资的性质。

二、《非法金融业务活动和非法金融机构取缔办法》（国务院〔1998〕247 号令）第六条规定“非法金融机构和非法金融业务活动由中国人民银行予以取缔。非法金融机构设立地或者非法金融业务活动发生地的地方人民政府负责组织、协调、监督与取缔有关的工作”。根据这个规定，对非法金融机构，由该机构所在地的人民银行认定和取缔；对非法金融业务活动，由行为发生地的人民银行认定和取缔。

三、《非法金融机构和非法金融业务活动取缔办法》(国务院〔1998〕247号令)第十三条规定:"中国人民银行发现金融机构为非法金融机构或非法金融业务活动开立账户、办理结算和提供贷款的,应当责令该金融机构停止有关业务活动。任何单位和个人不得擅自动用有关资金"。根据这个规定,人民银行在认定非法金融机构或非法金融业务活动后,有权责令金融机构停止为该非法金融机构或非法金融业务活动办理结算,停止从事非法金融活动的企业或个人账户上的资金往来,非法金融业务活动筹集的资金,任何单位和个人都不得动用。为此,人民银行可向金融机构发出停止非法金融机构或非法金融业务活动当事人结算账户支付的通知书,暂停该结算账户上存款的支付,直到收到人民银行书面的解除通知书为止。若非法金融机构或非法金融业务活动当事人已将敛取的资金划往异地,则由非法金融机构设立地或者非法金融业务活动发生地的人民银行发文给资金划往地的人民银行,由资金划往地人民银行发出停止结算账户支付通知书。

四、根据《非法金融机构和非法金融业务活动取缔办法》(国务院〔1998〕247号令)第六条、第十六条和第十七条的规定,中国人民银行在调查、取缔过程中,应及时向当地政府报告。非法金融机构或非法金融业务活动一经取缔,因非法金融业务形成的债权债务,由从事非法金融业务的机构负责清理清退;非法金融机构有批准部门、主管单位或组建单位的,由批准部门、主管单位或组建单位负责组织清理清退债权债务;没有批准部门、主管单位或组建单位的,由所在地的地方人民政府负责组织清理清退债权债务。人民银行应与有关部门协调、配合。

3. 中国人民银行关于取缔地下钱庄及高利贷行为的通知

(2002年1月31日颁布　银发〔2002〕30号)

中国人民银行各分行、营业管理部、省会(首府)城市中心支行,中国农业银行,中国农业发展银行:

近年来,在部分农村地区,民间信用活动活跃,高利借贷现象突出,甚至出现了专门从事高利借贷活动的地下钱庄,破坏了正常的金融秩序,影响了社会安定。为进一步整顿和规范金融市场秩序,依法打击、取缔非法金融活动和非法金融机构,现就有关问题通知如下:

一、人民银行各分行、营业管理部应严格按照国务院《非法金融机构和非法金融业务活动取缔办法》(国务院〔1998〕第247号令)的规定,依法取缔辖区内的非法金融机构和非法金融业务活动。

人民银行各分行、营业管理部要组织力量摸清当地地下钱庄和高利借贷活动的情况;对非法设立金融机构、非法吸收或者变相吸收公众存款以及非法集资活动,一经发现,应立即调查、核实,经初步认定后,及时提请公安机关依法立案侦查;对经调查认定的各类形式的地下钱庄和高利借贷活动,要坚决取缔,予以公告,没收其非法所得,并依法处以罚款;构成犯罪的,由司法机关依法追究刑事责任。

发现金融机构为非法金融机构和非法金融业务开立账户、办理结算和提供贷款的,应当责令该金融机构立即停止有关业务活动,并依法给予处罚。

二、严格规范民间借贷行为。民间个人借贷活动必须严格遵守国家法律、行政法规的有关规定,遵循自愿互助、诚实信用的原则。民间个人借贷中,出借人的资金必须是属于其合法收入的自有货币资金,禁止吸收他人资金转手放款。民间个人借贷利率由借贷双方协商确定,但双方协商的利率不得超过中国人民银行公布的金融机构同期、同档次贷款利率(不含浮动)的4倍。超过上述标准的,应界定为高利借贷行为。

三、人民银行各分支行应督促有关金融机构不断改进金融服务,加大对农村、农业和农民的信贷支持力度,逐步解决农民贷款难的问题。特别要注重引导各地农村信用社充分发挥农村金融的主力军和联系农民的金融纽带作用,全面推广农户小额信用贷款,简化贷款手续,拓宽服务范围,支持农户扩大生产经营,解决生活中的困难。

四、人民银行各分支行要会同有关部门,采取各种有效方式向广大群众宣传国家金融法规和信贷政策。特别是在地下钱庄和高利贷比较活跃的地方,要选择典型案例,宣传地下钱庄非法高利融资的危害性,教育广大群众增强风险防范意识,自觉抵制高利借贷活动,防止上当受骗。

五、取缔地下钱庄、打击民间高利贷工作要按照国务院《非法金融机构和非法金融业务活动取缔办法》的要求,充分发挥地方人民政府的组织、协调与监督作用。人民银行各分支行应密切关注辖区内非法金融机构和非法金融业务活动的情况,及时向所在地人民政府汇报打击取缔非法金融机构和非法金融业务活动的情况,积极参与由公安、工商和农村金融机构等部门参加的领导小组的工作,采取切实有效措施,加强对金融机构的监督管理,维护金融秩序的稳定。

4.中国人民银行关于人民币贷款利率有关问题的通知

(2003年12月10日发布 银发〔2003〕251号)

中国人民银行各分行、营业管理部,各政策性银行、国有独资商业银行、股份制商业银行:

为稳步推进利率市场化改革,充分发挥利率杠杆的调节作用。现就有关人民币贷款利率及计结息等有关事宜通知如下:

一、关于人民币贷款计息和结息问题。人民币各项贷款(不含个人住房贷款)的计息和结息方式,由借贷双方协商确定。

二、关于在合同期内贷款利率的调整问题。人民币中、长期贷款利率由原来的一年一定,改为由借贷双方按商业原则确定,可在合同期间按月、按季、按年调整,也可采用固定利率的确定方式。

5年期以上档次贷款利率,由金融机构参照人民银行公布的5年期以上贷款利率自主确定。

三、关于罚息利率问题。逾期贷款(借款人未按合同约定日期还款的借款)罚息利率由现行按日万分之二点一计收利息,改为在借款合同载明的贷款利率水平上加收30%~50%;借款人未按合同约定用途使用借款的罚息利率,由现行按日万分之五计收利息,改为在借款合同载明的贷款利率水平上加收50%~100%。

对逾期或未按合同约定用途使用借款的贷款,从逾期或未按合同约定用途使用贷款之日起,按罚息利率计收利息,直至清偿本息为止。对不能按时支付的利息,按罚息利率计收复利。

四、对2004年1月1日(含2004年1月1日)以后新发放的贷款按本通知执行。对2004年1月1日以前发放的未到期贷款仍按原借款合同执行,但经借贷双方当事人协商一致的,也可执行本通知。

五、本通知自2004年1月1日起执行。此前人民银行发布的有关人民币贷款利率的规定与本通知不符的,以本通知为准。

图书在版编目(CIP)数据

民间借贷案件裁判规则与法律适用 / 吴在存主编. -- 北京 : 法律出版社, 2020
ISBN 978 - 7 - 5197 - 4325 - 3

Ⅰ. ①民… Ⅱ. ①吴… Ⅲ. ①民间借贷 — 经济纠纷 — 审判 — 案例 — 中国②民间借贷 — 经济纠纷 — 审判 — 法律适用 — 中国 Ⅳ. ①D925.105

中国版本图书馆 CIP 数据核字(2020)第 045254 号

民间借贷案件裁判规则与法律适用
MINJIAN JIEDAI ANJIAN CAIPAN GUIZE YU FALÜ SHIYONG

吴在存 主编

策划编辑 邢艳萍
责任编辑 邢艳萍
装帧设计 李 瞻

出版 法律出版社
总发行 中国法律图书有限公司
经销 新华书店
印刷 永清县金鑫印刷有限公司
责任校对 马 丽
责任印制 吕亚莉

编辑统筹 法律应用出版分社
开本 710 毫米 × 1000 毫米 1/16
印张 32.5
字数 580 千
版本 2020 年 6 月第 1 版
印次 2020 年 6 月第 1 次印刷

法律出版社/北京市丰台区莲花池西里 7 号(100073)
网址/www.lawpress.com.cn
投稿邮箱/info@lawpress.com.cn
举报维权邮箱/jbwq@lawpress.com.cn
销售热线/400 - 660 - 8393
咨询电话/010 - 63939796

中国法律图书有限公司/北京市丰台区莲花池西里 7 号(100073)
全国各地中法图分、子公司销售电话:
统一销售客服/400 - 660 - 8393/6393
第一法律书店/010 - 83938432/8433
西安分公司/029 - 85330678
重庆分公司/023 - 67453036
上海分公司/021 - 62071639/1636
深圳分公司/0755 - 83072995

书号:ISBN 978 - 7 - 5197 - 4325 - 3
定价:118.00 元
(如有缺页或倒装,中国法律图书有限公司负责退换)